卓越教育

TOWARD EXCELLENCE

卓越教育　主编

走向卓越

中小学教师专业发展理论读本

（第二卷）

济南出版社

图书在版编目(CIP)数据

走向卓越：中小学教师专业发展理论读本（全 6 卷）/
卓越教育主编 . — 济南：济南出版社，2016.7
ISBN 978-7-5488-2232-5

Ⅰ . ①走… Ⅱ . ①卓… Ⅲ . ①中小学—师资培养—
研究 Ⅳ . ① G635.12

中国版本图书馆 CIP 数据核字（2016）第 179282 号

出版发行 济南出版社
地　　址 济南市二环南路 1 号(250002)
印　　刷 山东省东营市新华印刷厂
版　　次 2016 年 7 月第 1 版
印　　次 2016 年 8 月第 1 次印刷
开　　本 710 mm × 1 000 mm　1/16
总 印 张 174.75
总 字 数 3 050 千
印　　数 1–10000 套
总 定 价 598.00 元（全6卷）

(济南版图书，如有印装错误，可随时调换)

目 录

专题四　现代学习理论概述

专题五 现代教学理论概述

专题六 现代课程理论概述

专题四

现代学习理论概述

第一章　行为主义学习理论

第一节　行为主义学习理论沿革

行为主义学习理论的创始人是美国著名心理学家爱德华·桑代克。在美国哈佛大学，他成为心理学史上第一个用动物实验来研究学习的人。1898 年，桑代克发表了他的博士论文《动物的智慧：动物联想过程的实验研究》，从而奠定了他在行为主义心理学研究领域的重要地位。

后来，苏联的伊万·巴甫洛夫，美国的约翰·华生、埃德温·格斯里、威廉·埃斯蒂斯、克拉克·赫尔、D·F·斯金纳等人均是这一学派的代表人物。在格斯里、赫尔、桑代克、斯金纳等的影响下，行为主义学习理论在 20 世纪上半叶整个 50 年的时间里，在北美一直占据着统治地位。斯金纳更是将行为主义学习理论推向了高峰，他提出了操作性条件作用原理，并对强化原理进行了系统的研究，使强化理论得到了完善的发展。他根据操作性条件作用原理设计的教学机器和程序教学曾经风靡世界。

第二节　行为主义学习理论代表人物

一、桑代克及其迷箱实验

爱德华·桑代克（1874～1949），美国心理学家，动物心理学的开创者，心理学联结主义的建立者和教育心理学体系的创始人。他提出了一系列学习的定律，包括练习律和效果律等。1912 年当选为美国心理学会主席，1917 年当选为国家科学院院士。桑代克设计了迷箱实验，箱子里有一个打开门闩的装置——踏板，然后他把一只饥饿的猫放进迷箱，猫只要按下踏板，就能逃出迷箱，吃到食物。第一次，放进猫去，猫拼命挣扎，又咬又抓，试图逃出迷箱，终于猫偶然碰到了踏板，逃出了迷箱，吃到了食物。再放进猫去，猫又会撕咬挣扎，但找到踏板的时间缩短。经过多次实验，猫找到踏板用的时间越来越少，无效动作被排斥。最后只要把猫一放进箱子，猫就会立即去按动踏板，跑出迷箱，获得食物。猫学会了刺激与反应之间的直接联结，不是观念的联结。该实验揭示了动物的试误学习过程，打破了理智与本能、人类与动物的二元论，将动物学习方法用于人类学习者，认为人类与动物的基本学习方式都是一样的，所不同的仅仅是复杂程度不同而已。他认为所有的学习不是突然发生的，而是通过一系列细小的步骤按顺序逐渐达到的。桑代克在 1913 年说："学习即形成联结，教学则是安排各种情景，以便导致理想的联结。人是伟大的学习者，因为人可以形成非常多的联结，如理智的方面、性格的方面、技能的方面和气质的方面等。"换言之，一个人的理智、性格和技能，是他对各种刺激情景及其各种要素做出反应倾向的总和。一个受过教育的成年人可以拥有数百万个刺激—反应联结。教育的目的就在于形成、保持、消除或引导各种联结。他发现吃饱了的猫和饥饿的猫放在迷箱里，表现并不一样，吃饱了的猫会在迷箱里睡觉，根本不会去碰踏板，逃出箱外；即使饥饿的猫逃出箱外，如果没有食物，也会减弱猫逃出的积极性。在学习律的基础上，他得出了学习的准备律，即学生在学习时，必须有学习的需求和渴望。同时，他又得出了惩戒律，认为如果反应的结果是令人愉快的，那么学习就会发生；如果是烦恼的，学习的效果就会减弱。后来他又发现适度的惩罚也能促进学习效果的提高。因为猫是经过反应的不断重复，才逃出迷箱，于是桑代克又得出了练习律，即反应重复的次数越多，刺激—反应之间的联结越牢固。根据实验研究的结果，他的“学习无须意识参与的观点”受到后来行为主义者的关注。

二、巴甫洛夫与条件反射

伊万·巴甫洛夫（1849～1936），苏联著名的生理神经学家、心理学家。他的著名生理学和心理学实验，是用一只狗做的条件反射实验。实验过程是，拿一个铃铛和一块肉，在狗面前摇铃，不拿出肉来，狗未分泌唾液；拿出肉来，狗分泌唾液；然后摇铃的同时拿出肉来，狗分泌唾液；经过摇铃并拿肉的多次反复刺激，最后只摇铃，狗也会分泌唾液。此时的情况说明狗已经形成了条件反射。巴甫洛夫的研究深刻地揭示了学习要靠后天的习得，同时他发现的条件反射的减弱、消退、泛化、辨别的规律，对行为主义学习理论的研究和发展也很有价值。巴甫洛夫虽然不是一个专业的心理学家，而是一个神经学家，但他对心理学界的影响却是非常广泛的。

三、华生的小白鼠实验

约翰·华生（1878～1958），美国著名心理学家。他所进行过的小白鼠实验，证明人类的行为都是后天习得的，环境决定了一个人的行为模式，无论是正常的行为还是病态的行为都是经过学习而获得的，也可以通过学习而更改、增加或消除。华生认为查明了环境刺激与行为反应之间的规律性关系，就能根据刺激预知反应，或根据反应推断刺激，达到预测并控制动物和人的行为的目的。他认为，行为就是有机体用以适应环境刺激的各种躯体反应的组合，有的表现在外表，有的隐藏在内部，在他眼里人和动物没什么差异，都遵循同样的规律。华生把行为主义和刺激—反应心理学结成了一体，他使心理学家们相信，对行为的真正解释在于神经系统，一旦我们对大脑有了更好的了解，一切神秘的东西都会烟消云散。另外，他还使心理学家们相信，学习是一个最重要的决定因素，人的欣慰、个性和情绪等都是习得的。他认为“学习就是刺激—反应之间联结的加强”以及他对心理学的研究成果，除了对心理学产生了巨大的影响以外，对管理学也有着不可磨灭的贡献。

四、行为主义集大成者斯金纳

斯金纳（1904～1990），美国著名心理学家，行为主义学习理论集大成者。他认为“学习”即反映学习概率的变化，“理论”是对所观察到的事实的解释，“学习理论”所要做的是引起学习概率变化的条件。为此，他在心理学实验中设计了一个黑暗的隔音箱，也称为斯金纳箱。斯金纳箱的特点是，动物可以反复做出斯金纳称为“自由操作的反应”，即动物的行为不像在迷津里那样受到限制，动物的反应是主动作用（或操作）于环境。在斯金纳看来，行为实验关注的是环境事件（刺激）与有机体行动（反应）之间的关系，要考察实验操作是怎样引起行为变化的。斯金纳承认古典行为主义解释的某些行为是准确的，但他认为，人类与动物显示出来的许多反应，并不是明显受刺激发生的，因而对于“刺激—反应”，无论是观察到的还是观察不到的，并不是在任何情况下都是可以对学习做出精确有效地解释的核心。斯金纳认为心理学所关心的是可以观察到的外表的行为，而不是行为的内部机制。他认为科学必须在自然科学的范围内进行研究，其任务就是要确定实验者控制的刺激及继之而来的有机体反应之间的函数关系。当然他不仅考虑到一个刺激与一个反应之间的关系，也考虑到那些改变刺激与反应的关系的条件，他的公式为：$R = f(SA)$。行为主义的主要观点认为心理学不应该研究意识，只应该研究行为，把行为与意识完全对立起来。在研究方法上，行为主义主张采用客观的实验方法，而不使用内省法。行为主义者认为，学习是刺激与反应之间的联结，他们的基本假设是：行为是学习者对环境刺激所做出的反应。他们把环境看成是刺激，把伴随而来的有机体行为看作是反应，认为所有行为都是习得的。行为主义学习理论应用在学校教育实践上，就是要求教师掌握塑造和矫正学生行为的方法，为学生创设一种环境，尽可能在最大程度上强化学生的合适行为，消除不合适行为。

尽管行为主义学习理论这一学派中各家对学习的解释相差甚大，并提出了不同的研究框架，但一般而言，他们都把环境看作是刺激，把伴随而来的有机体行为看作是反应，因而他们关注的是环境在个体学习中的重要性。学习者学到什么是受环境控制的，而不是由个体决定的。他们共同的看法是：学习者行为是他们对环境刺激所做出的反应，所有行为都是习得的。几乎所有的行为主义心理学家都强调“邻近”和“强化”在学习中的价值。有的人关注刺激与刺激的邻近，有的人关注刺激与反应的邻近，有的人注重反应与强化的邻近，还有的强调刺激—反应联结的邻近。至于强化，那更是绝大多数行为主义学习理论家所信奉的圭臬。在他们看来，心理学就是一门行为科学。在教育方面，教师的职责就是要创设一种教学环境，尽可能地通过反复的训练来强化学生合适的学习行为。

第二章　认知主义学习理论

第一节　认知主义学习理论的沿革

与行为主义学习理论相对立，认知主义学习理论起源于德国格式塔心理学派的完形理论。格式塔的含义是完形，指被分离的整体或组织结构。格式塔心理学是以反对元素分析、强调心理的整体组织为其基本特征的。它认为每一种心理现象都是一个分离的整体，是一个格式塔，是一种完形。人脑对环境作组织的反应，提供一种组织或完形，即顿悟，其作用就是学习。格式塔心理学的创始人是德国心理学家魏特墨（M. Wertheimer）、科夫卡（K. Koffka）和克勒（Wolfgang Kohler）。

格式塔心理学派对学习的解释，往往倾向于使用知觉方面的术语。他们认为学习意味着要觉察特定情境中的关键要素，了解这些要素是怎样联系的，识别其中的内在结构。学习与知觉、认知几乎是同义词，所以，知觉重组是学习的核心。他们还认为通过对问题情境的内在性质有所顿悟的方式来解决问题，就可以避免与这一问题情景不相干的大量随机的、盲目的行为，而且有利于把学习所得迁移到新的问题情境中去。魏特墨认为，学校学习的目的，是要把习得的内容迁移到校外情景中去。通过机械记忆习得的内容，只能被用于非常具体的情景中去；只有通过顿悟理解的内容才能成为学生知识技能的一部分，才能随时用于任何情景中的类似的问题上去。真正的学习常常伴随着一种兴奋感，当学习者了解到有意义的关系、理解了一个完形的内在结构、弄清了事物的真相，会伴有一种令人愉快的体验。

施良方教授说："格式塔心理学派主要是在对德国的构造心理学的挑战中产生的，后来又在一定程度上与行为主义论战的过程中发展起来的，它对整个心理科学的发展起了很大的推动作用。"

格式塔心理学派经过一段时间的沉寂之后，再度复苏。20 世纪 50 年代中期，随着布鲁纳、奥苏伯尔等一批认知心理学家的大量创造性的工作，使学习理论的研究自桑代克之后又进入了一个辉煌时期。他们认为，学习就是面对当前的问题情境，在内心经过积极的组织，从而形成和发展认知结构的过程，强调刺激、反应之间的联系是以意识为中介的，强调认知过程的重要性，因此，认知主义的学习论在学习理论的研究中开始占据主导地位。美国心理学家吉尔伯特（G. A. Gilbert）认为："认知是一个人'了解'客观世界时所经历的几个过程的总称，它包括感知、领悟和推理等几个比较独特的过程，这个术语含有意识到的意思。"认知的构造已成为现代教育心理学家试图理解的学生心理的核心问题。

第二节　认知主义学习理论代表人物

一、发现学习的创始人布鲁纳

美国著名心理学家布鲁纳（1915～2016），是发现学习的创始人，哈佛大学教授。他于 1960 年创建了哈佛大学认知研究中心，任中心主任，1962～1964 年间任白宫教育委员会委员。主要著作有《教育过程》《思维的研究》《认知心理学》《发现的行为》。

布鲁纳的认知学习理论受完形说、托尔曼的思想和皮亚杰发生认识论思想的影响，认为学习是一个认知过程，是学习者主动地形成认知结构的过程。而布鲁纳的认知学习理论与完形说及托尔曼的理论又是有区别的。其中，最大的区别在于完形说及托尔曼的学习理论是建立在对动物学习进行研究的基础上的，所谈的认知是知觉水平上的认知，而布鲁纳的认知学习理论是建立在对人类学习进行研究的基础上的，所谈认知是抽象思维水平上的认知。

布鲁纳认为，人是主动参加获得知识的过程的，是主动对进入感官的信息进行选择、转换、存储和应用的。也就是说，人是积极主动地选择知识的，是记住和改造知识的学习者，而不是一个知识的被动的接受者。布鲁纳认为，学习是在原有认知结构的基础上产生的，不管采取怎样的形式，个人的学习都是通过把新得到的信息和原有的认知结构联系起来，去积极地建构新的认知结构的。

布鲁纳非常重视课程的设置和教材建设。他认为，无论教师选教什么学科，务必要使学生理解学科的基本结构，即概括化了的基本原理或思想，也就是要求学生以有意义地联系起来的方式去理解事物的结构。布鲁纳之所以重视学科的基本结构的学习，是受他的认知观和知识观的影响的。他认为，所有的知识，都是一种具有层次的结构，这种具有层次结构性的知识可以通过一个人发展的编码体系或结构体系（认知结构）而表现出来。人脑的认知结构与教材的基本结构相结合会产生强大的学习效益。如果把一门学科的基本原理弄通了，则有关这门学科的特殊课题也不难理解了。

在教学当中，教师的任务就是为学生提供最好的编码系统，以保证这些学习材料具有最大的概括性。布鲁纳认为，教师不可能把所有事物都讲到，要使教学真正达到目的，教师就必须使学生能在某种程度上获得一套概括了的基本思想或原理。这些基本思想、原理，对学生来说，就构成了一种最佳的知识结构。知识的概括水平越高，知识就越容易被理解和迁移。

总而言之，认知主义学习理论认为学习更在于内部认知的变化，学习是一个比 S–R 联结要复杂得多的过程。他们注重解释学习行为的中间过程，即目的、意义等，认为这些过程才是控制学习的可变因素。认知派学习理论为教学论提供了理论依据，丰富了教育心理学的内容，为推动教育心理学的发展立下了汗马功劳。认知派学习理论的主要贡献是：重视人在学习活动中的主体价值，充分肯定了学习者的自觉能动性。强调认知、意义理解、独立思考等意识活动在学习中的重要地位和作用，重视人在学习活动中的准备状态，即一个人学习的效果，不仅取决于外部刺激和个体的主观努力，还取决于一个人已有的知识水平、认知结构、非认知因素。准备是任何有意义学习赖以产生的前提。重视强化的功能。认知学习理论由于把人的学习看成是一种积极主动的过程，因而很重视内在的动机与学习活动本身带来的内在强化的作用。主张人的学习的创造性。布鲁纳提倡的发现学习论就强调学生学习的灵活性、主动性和发现性。它要求学生自己观察、探索和实验，发扬创造精神，独立思考，改组材料，自己发现知识、掌握原理原则，提倡一种探究性的学习方法。强调通过发现学习来使学生开发智慧潜力，调节和强化学习动机，牢固掌握知识并形成创新的本领。

认知学习理论的不足之处是没有揭示学习过程的心理结构。我们认为学习心理是由学习过程中的心理结构，即智力因素与非智力因素两大部分组成的。智力因素是学习过程的心理基础，对学习起直接作用；非智力因素是学习过程的心理条件，对学习起间接作用。只有使智力因素与非智力因素紧密结合起来，才能使学习达到预期的目的，而认知主义学习理论对非智力因素的研究是不够重视的。

二、认知学习理论的重要分支——建构主义

20 世纪 70 年代以来，认知学习理论的一个重要分支——建构主义学习理论在西方逐渐流行。随着多媒体计算机和网络教育应用的飞速发展，建构主义学习理论正愈来愈显示出其强大的生命力，并在世界范围内日益扩大其影响。其代表人物是瑞士著名心理学家皮亚杰（J. Piaget）、美国著名心理学家科恩伯格（O. Kernberg）、斯滕伯格（R. J. Sternberg）、卡茨（D. Katz）和苏联著名心理学家维果斯基（Vogotsgy）。

（一）维果斯基与建构主义

维果斯基是 20 世纪最具影响力的心理学家之一。其思想自 20 世纪 60 年

代传入西方后，备受西方学者关注，特别是他的认知发展理论更是对西方教育思想带来了强有力的冲击。美国著名心理学家布鲁纳真诚地指出："在过去四分之一世纪中从事认知过程研究的每一位心理学家，都应该承认维果斯基著作对自己的巨大影响。"维果斯基的"最近发展区"理论是指"儿童独立解决问题的实际发展水平与在成人指导下或在有能力的同伴合作中解决问题的潜在发展水平之间的差距"。维果斯基认为，儿童有两种发展水平：一是儿童的现有水平，即由一定的已经完成的发展系统所形成的儿童心理机能的发展水平，如儿童已经完全掌握了某些概念和规则；二是即将达到的发展水平。维果斯基认为，教育要促进儿童的心理发展，教育者必须把着眼点放在儿童心理发展的第二个水平上，因而教师在教学过程中应不断地向儿童提出新的、比儿童原有水平稍高一点的课题和任务，儿童在教师的帮助下，通过自己的努力能够达到这个目标，以激发儿童内部矛盾的发展，这样不断地把最近发展区的水平转化为现有水平，不断发展，从而推动儿童向更高的心理水平发展。

最近发展区理论对教育的启示是：

第一，最近发展区的思想更新了传统的教学观。传统的教学是根据儿童现有的水平组织教学的，指向儿童发展的昨天，面向已经完成的发展程序。最近发展区理论告诉我们，"教学必须走在发展的前面，促进学生的发展，这样的教学才是好的教学"。

第二，最近发展区的理论要求教学必须引起学生认知上的矛盾。教学过程必须建立起那些尚未成熟的心理机能，这样才能产生潜在水平和现有水平之间的矛盾。这种教学过程中的矛盾和由此引起的学生心理机能间的矛盾，是推动教学前进和学生心理发展的动力。在课堂教学中，如果学生轻而易举地掌握了知识点，对老师的任何问题都能不假思索地回答出来，没有任何疑问，那么这并不能说是一节非常成功的授课，因为没有引起学生的认知矛盾。

第三，最近发展区的思想揭示了在教学中师生间的关系。学生是教学的主体，教师在教学过程中起主导作用。教师主导作用的最重要表现是要根据学生的实际情况，调整教学大纲和教科书的内容，使之恰如其分地落入学生的最近发展区，指导、激励、帮助学生全面发展。这对我国传统的以讲授式为主的教学方法提出了挑战，要求教师不能只照课本内容进行授课，要进行适当调节，指导学生全面发展。

第四，最近发展区理论强调要重视交往在教学中的作用。儿童在与伙伴或成人的交往过程中，解决以前不能独立解决的问题，他的心理就获得了发展。师生之间、学生之间通过交往，相互沟通、协调、合作，从而共同完成教学目标。在交往中，学生在头脑中构筑自己对知识的理解，发现自我，增强主体性。这就要求教师在教学过程中要注意选择合适的教学方法，注重设计交往的条件和情景，鼓励学生在合作中解决问题，改变传统教学中教师“一言堂”的模式。达维多夫认为，教学过程中师生之间、学生之间的交往有助于形成儿童的行为规范，获得一定的社会经验，在集体中互相交流情感和表现个性特征，有助于青少年自我意识的觉醒和个性形成，同时对他们的道德观念、生活标准和生活方式产生重要影响。

第五，最近发展区理论强调教学的动态评价。现有的智力测验所确定的儿童智力发展水平是儿童的现有水平，因此对学生学习能力的充分了解不能离开教学的动态评价，必须在动态的过程中评价，即评价的对象是学生的潜能、学生的最近发展区。这需要教师用发展的观点，即时进行多次评价，使学生的认知能力得到最充分的发展。

（二）皮亚杰与儿童发展心理学

皮亚杰（1896~1980），瑞士心理学家，生于瑞士纳沙特尔，发生熟悉论的创始人。1915 年和 1918 年相继获纳沙特尔大学学士学位和科学博士学位，1921 年获法国国家科学博士学位。早年对哲学、生物学、心理学和逻辑学具有浓厚的兴趣，以后长期从事儿童心理学的研究，曾在苏黎世和巴黎从事过精神病诊治和儿童测验工作。1921 年任日内瓦大学卢梭学院研究主任；1929 年任日内瓦大学科学思想史教授，对儿童的动作和思维活动进行了大规模的研究；1940 年起任日内瓦大学卢梭学院院长兼心理实验室主任，后任瑞士心理学会主席；1954 年任国际心理学会主席；1955 年起，任日内瓦“发生认识论国际研究中心”主任，直至去世。他还是瑞士《心理学杂志》主编及日内瓦《心理学文库》、巴黎《儿童》和《辩证法》、美国麻省理工学院《语言学探究》等刊物的编委。他曾被哈佛、巴黎、布鲁塞尔、剑桥、耶鲁、坦普尔等20多所著名大学授予名誉学位，并获得埃拉斯穆斯·巴尔赞、桑代克等多种科学奖。皮亚杰是认知发展领域最有影响的一位心理学家，他所创立的关于儿童认知发展的学派被人们称为日内瓦学派。皮亚杰关于建构主义的基本观点是，儿童是在与周围环境相互作用的过程中，逐步建构起关于外部世界的知识，从而使自身认知结构得到发展的。儿童与环境的相互作用涉及两个基本过程：同化与顺应。同化是认知结构数量的扩充，而顺应则是认知结构性质的改变。认知个体通过同化与顺应这两种形式来达到与周围环境的平衡：当儿童能用现有图式去同化新信息时，他处于一种平衡的认知状态；而当现有图式不能同化新信息时，平衡即被破坏，而修改或创造新图式（顺应）的过程就是寻找新的平衡的过程。儿童的认知结构就是通过同化与顺应过程逐步建构起来的，并在“平衡—不平衡—新的平衡”的循环中不断地丰富、提高和发展。

皮亚杰发生认识论的根本观点就是把结构主义与建构主义紧密地结合起来。如皮亚杰所说，“认识的结构既不是在客体中预先形成的，因为这些客体总是被同化到那些超越于客体之上的逻辑数字框架中去；也不是在必须不断地进行重新组织的主体中预先形成的。因此认识的获得必须用一个将结构主义和建构主义紧密地联结起来的理论来说明，也就是说，每一个结构都是心理发生的结果，而心理发生就是从一个较初级的结构过渡到一个不那么初级的结构，或比较复杂的结构”。皮亚杰认为认识是不断建构的产物，建构物、结构对认识起着中介的作用。结构不断建构，从比较简单的结构到更为复杂的结构，而建构的过程依赖于主体的不断活动。

皮亚杰还探讨了逻辑、数学和物理学的关系问题。他认为这些认识活动都同样是不断建构的产物，人们可以越过那些可观察到的东西来尝试着建构结构，并不是从主体有意识地说或想的什么来形成结构，而是以解决新问题时，依靠自身的运算所“做”的什么来建构结构。

皮亚杰的建构结构论，强调的是主客体的相互作用，任何心理结构都是这种相互作用的结果。在他看来，主客体之间的界限绝不是预先确定的，并不是一成不变的。实际上，在每个动作中，主体与客体都融为一体。认识的起点既不产生于客体，也不产生于主体，而是产生于一开始是不可分割的——主体与客体之间的相互作用。

皮亚杰坚持认为，只有在学习者仔细思考时才会导致有意义的学习。学习的结果，不只是知道对某种特定刺激做出某种特定反应，而是头脑中认知图式的重建。决定学习的因素，既不是外部因素（如个体生理成熟），而是个体与环境的交互作用。在他看来，对儿童思维运演变化过程的描述，本身就构成了对学习的解释。

在皮亚杰看来，学习并不是个体获得越来越多外部信息的过程，而是学到越来越多有关他们认识事物的程序即建构了新的认知图式。他把研究的重点放在学习者在解决问题时，认知是如何发生变化的。

错误是有意义的学习所必要的。“错误是有意义的学习所必不可少的”，这一命题与新行为主义的观点是相悖的。在斯金纳看来，通过强化的安排，可以使学生在没有任何错误的情况下学习，程序教学就是建立在这一原理基础上的。但是皮亚杰认为，让学生犯错误是应该的。为了使学生从事自我调节这一平衡过程的实质性部分，学生需要经历某些冲突或不平衡。错误会引起学生顺化自己的知识结构，并把所观察到的结果同化到修正过了的知识结构中去。

皮亚杰认为，通过否定的行动解决矛盾、消除差异、排除障碍或填补间隙，这些都是否定的形式。随着儿童的发展，他们使用不同的否定类型；当儿童学习一个具体的概念时，会表现出不同的否定水平。

最后，皮亚杰提出“发展是一种建构的过程”“适应和建构是认知发展的两种机制”的建构主义发展观，是建构主义理论的开创者。

皮亚杰理论关于教育目标的解释（1981）为：通过互动情境，发展儿童的自主性；儿童能去中心化、协调各种观点；在学习中发展机敏性、好奇心、主动性和自信。这些目标可以纳入学校课程中，而不是取代学校课程的目标。皮亚杰的理论强调“适应发展的教育”观点，即在环境、课程、材料和教学等方面都与学生的生理和认知能力以及社会和情感的需要相适应的一种教育。

——教育不应该只关注儿童思维的结果，还应关注儿童思维的过程。

——认识到儿童的自主性、积极参与在学习活动中的重要作用。按照皮亚杰的理论，不主张给学生呈现现成的知识，而是鼓励儿童通过自发地与环境进行相互作用，去自主地发现知识，因此教师不进行说教式的教学，而是提供大量各种各样的活动，使儿童在活动中与现实世界直接互动。

——不强调对儿童进行成人化的思维训练。皮亚杰把“我们怎样才能加速发展”这个问题称为“美国人的问题”。皮亚杰曾访问过许多国家，他认为美国的心理学家和教育学家似乎对“运用什么技术才能加速儿童各个阶段的发展”这一问题最感兴趣。以皮亚杰理论为指导原则的教育方案也接受了皮亚杰的信条：与其过早地让儿童接受教学，还不如不教；因为这容易导致对成人规则的肤浅接受，而不能达到真正的认知理解。

——承认发展进程的个体差异。皮亚杰理论认为，所有儿童按照相同的发展顺序经过各个阶段，但发展速度不同，因此教师必须尽力为每个儿童和各个小组安排教学活动，而不是安排全班的活动。在评价上，也应如此。

综合以上观点，在实践教学工作中，应该努力做到：第一，教师应该为学生提供丰富的环境，引导学生主动探索，亲自参加社会实践活动，促进他们建构知识；第二，要重视学校的课程设计，依据学生之间的差异体现不同的难度水平，制造认知矛盾，促进学生的同化和顺应过程；第三，教师还应该为学生设计一些社会互动的活动，提供概念的实例，为认知发展过程提供环境资源。

怎样教会学生反思、积极学习？怎样理解反省抽象、激发学生的反省抽象？

在主客体相互作用过程中存在着各种关系，这种关系就是逻辑。逻辑是普遍存在的，因为关系中存在着一种不能被主客体所直接感知到的物理经验，即逻辑—数学经验。在逻辑—数学经验向逻辑—数学范畴转化的过程中，是凭借反省抽象进行的，是完全意义上的建构。反省抽象指的是将个体动作中的协调抽取出来，并在更高的层面上对这种协调进行重组的过程。同时，反省抽象本身也是不断建构的，随着反省抽象的发展，就能不断地建构出新的行为认知结构。

三、建构主义的新发展

在皮亚杰的“认知结构说”的基础上，科恩伯格对认知结构的性质与发展条件等方面进行了进一步的研究；斯腾伯格和卡茨等人强调个体的主动性在建构认知结构过程中的关键作用，并对认知过程中如何发挥个体的主动性做了认真的探索；维果斯基提出的“文化历史发展理论”，强调认知过程中学习者所处的社会文化历史背景的作用，并提出了“最近发展区”的理论。所有这些研究都使建构主义理论得到进一步的丰富和完善，为实际应用于教学过程创造了条件。

建构主义理论的内容很丰富，但其核心只用一句话就可以概括：以学生为中心，强调学生对知识的主动探索、主动发现和对所学知识意义的主动建构（而不是像传统教学那样，只是把知识从教师头脑中传送到学生的笔记本上）。以学生为中心，强调的是“学”；以教师为中心，强调的是“教”。这正是两种教育思想、教学观念最根本的分歧点，由此而发展出两种对立的学习理论、教学理论和教学设计理论。由于建构主义所要求的学习环境得到了当代最新信息技术成果的强有力支持，这就使建构主义理论日益与广大教师的教学实践普遍地结合起来，从而成为国内外学校深化教学改革的指导思想。

建构主义提倡在教师指导下的、以学习者为中心的学习，也就是说，既强调学习者的认知主体作用，又不忽视教师的指导作用，教师是意义建构的帮助者、促进者，而不是知识的传授者与灌输者。学生是信息加工的主体、意义的主动建构者，而不是外部刺激的被动接受者和被灌输的对象。建构主义使用的教学设计原则强调以学生为中心，这一点对于教学设计有至关重要的指导意义。因为从以学生为中心出发还是从以教师为中心出发将得出两种全然不同的设计结果。至于如何体现以学生为中心，建构主义认为可以从三个方面努力：（1）要在学习过程中充分发挥学生的主动性，要能体现出学生的首创精神；（2）要让学生有多种机会在不同的情境下去应用他们所学的知识（将知识“外化”）；（3）要让学生能根据自身行动的反馈信息来形成对客观事物的认识和解决实际问题的方案（实现自我反馈）。

建构主义的核心概念是：图式、同化、顺应、平衡。图式是指个体对世界的知觉理解和思考的方式，也可以把它看作是心理活动的框架或组织结构。图式是认知结构的起点和核心，或者说是人类认识事物的基础。因此，图式的形成和变化是认知发展的实质。认知发展受三个过程的影响，即同化、顺化和平衡。同化是指学习个体对刺激输入的过滤或改变过程。也就是说个体在感受刺激时，把它们纳入头脑中原有的图式之内，使其成为自身的一部分。顺应是指学习者调节自己的内部结构以适应特定刺激情境的过程。当学习者不能用原有图式来同化新的刺激时，便要对原有图式加以修改或重建，以适应环境。平衡是指学习者个体通过自我调节机制使认知发展从一个平衡状态向另一个平衡状态过渡的过程。

建构主义本身并不是一种学习理论流派，而是一种理论思潮，并且目前正处在发展过程中，尚未达成一致意见，存在着不同的取向。在目前的各种建构主义思潮中，对教育实践具有一定影响的主要有以下四种理论。

（一）激进建构主义（radical constructivism）

这是在皮亚杰思想基础上发展起来的建构主义，以冯·格拉塞斯费尔德（Von Glasersfeld）和斯泰费（Steffe）为代表。激进建构主义有两条基本原则：（1）知识不是通过感觉被个体被动地接受的，而是由认知主体主动地建构起来的，建构是通过新旧经验的相互作用实现的；（2）认识的机能是适应自己的经验世界，帮助组织自己的经验世界，而不是去发现本体论意义上的现实。激进建构主义者相信，世界的本来面目是我们无法知道的，而且也没有必要去推测它，我们所知道的只是我们的经验。所以格拉塞斯费尔德认为，应该用“生存力”来代替“真理”一词，只要某种知识能帮助我们解决具体问题，或能提供关于经验世界的一致解释，那它就是适应的，就是有“生存力”的，不要去追求经验与客体一致。为了适应不断扩展的经验，个体的图式会不断进化，所有的知识都是在这种个体与经验世界的对话中建构起来的，而这要以个体的认知过程为基础。激进建构主义以这些思想为基础，深入研究了概念的形成、组织和转变，其研究之深入是各家建构主义中独一无二的，但这种建构主义主要关注个体与其物理环境的相互作用，对学习的社会性的一面则重视不够。

（二）社会建构主义（social constructivism）

与激进建构主义不同，社会建构主义是以维果斯基的理论为基础的建构主义，以鲍尔斯费尔德（H. Bauersfeld）和科布（P. Cobb）为代表。它也在一定程度上对知识的确定性和客观性提出了怀疑，认为所有的认识都是有问题的，没有绝对优胜的观点，但它又比激进建构主义稍温和些。它认为，世界是客观存在的，对每个认识世界的个体来说是共通的。知识是在人类社会范围里建构起来的，又在不断地被改造，以尽可能与世界的本来面目相一致，尽管永远无法达到一致。另外，它也把学习看成是个体建构自己的知识和理解的过程，但它更关心这一建构过程的社会性的一面。它认为，知识不仅是个体与物理环境相互作用、内化的结果，而在此过程中，语言等符号具有极为重要的意义。学习者在自己的日常生活、交往和游戏等活动中，形成了大量的个体经验，这可以叫作“自下而上的知识”。它从具体水平向知识的高级水平发展，走向以语言实现的概括，具有理解性和随意性，而在人类的社会实践活动中则形成了公共文化知识。在个体的学习中，这种知识首先以语言符号的形式出现，由概括向具体经验领域发展，所以也可以称为“自上而下的知识”。儿童在与成人或比他成熟的社会成员的交往活动（特别是教学活动）中，在他们的帮助下，解决自己还不能独立解决的问题，理解体现在成人身上的“自上而下的知识”，并以自己已有的知识为基础，使之获得意义，从而把“最近发展区”变成现实的发展，这是儿童知识经验发展的基本途径。

（三）社会文化取向（socialcultural approach）

社会文化取向与社会建构主义有很大的相似之处，它也受到了维果斯基的影响，把学习看成是建构过程，关注学习的社会方面，但它又与后者有所不同。它认为，心理活动是与一定的文化、历史和风俗习惯背景密切联系在一起的，知识与学习都是存在于一定的社会文化背景中的，不同的社会实践活动是知识的来源，所以它着重研究不同文化、不同时代和不同情境下个体的学习和问题解决等活动的差别。社会文化取向借鉴文化人类学的方法，研究一定文化背景下的个体为达到某种目的而进行的实际活动，并认为这些实际活动是以一定的社会交往、社会规范、社会文化产品为背景的。个体以自己原有的知识经验为基础，通过一系列的活动，解决所出现的各种问题，最终达到活动的目标。学习应该像这些实际活动一样展开，在为达到某种目标而进行的实际活动中解决遇到的实际问题，从而学习某种知识。学生在问题的提出及解决中都处于主动地位，而且在其中可以获得一定的支持。这种观点提倡师徒式教学，就像工厂中师傅带徒弟那样去教学。

（四）信息加工建构主义（information-processing constructivism）

信息加工理论不属于严格意义上的建构主义。它认为认知是一个积极的心理加工过程，学习不是被动地形成 S-R 联结，而是包含了信息的选择、加工和存储的复杂过程。在此意义上，信息加工理论比行为主义大大前进了一步，但是信息加工理论假定，信息或知识是事先以某种形式存在的，个体必须首先接受它们才能进行认识加工，那些更复杂的认识活动也才得以进行。即便它看到了已有的知识在新知识获得中的作用，也基本不把它看成是新旧经验间的反复的、双向的相互作用过程。它只是强调原有知识经验在新信息的编码表征中的作用，而忽略了新经验对原有知识经验的影响。

信息加工建构主义比信息加工理论前进了一步。虽然它仍然坚持信息加工的基本范式，但完全接受了“知识是由个体建构而成的”观点，强调外部信息与已有知识之间存在双向的、反复的相互作用。新经验意义的获得要以原有的知识经验为基础，从而超越所给的信息，而原有经验又会在此过程中被调整或改造，但这种观点并不接受“知识仅是对经验世界的适应”的原则，所以信息加工建构主义也往往被称为“温和建构主义”。斯皮罗（R. J. Spiro）等人的认知灵活性理论（cognitive flexible theory）就是一种这样的建构主义。

客观地说，建构主义不仅是一种心理学思潮，更是一种哲学、文化学和教育学的取向，因此也有学者将建构主义划分为哲学建构主义、社会学建构主义和教育学建构主义。由于不同的建构主义者所持的建构主义程度不同，也有学者将其划分成激进建构主义和温和建构主义。不过，在教育心理学领域，更多的学者主张将建构主义划分成认知建构主义和社会建构主义两大类。其中，认知建构主义也称个人建构主义，强调个体自身在知识建构中的作用，主要以皮亚杰的发生认识论为基础，包括冯・格拉塞斯费尔德的激进建构主义和斯皮罗等人的认知灵活性理论等；社会建构主义也称文化建构主义，强调社会互动、历史文化在个人知识建构中的重要作用，主要以维果斯基的社会历史观为基础，包括上述的社会建构主义、社会文化取向和情境认知等。

四、认知主义学习理论大师加涅

加涅（1916～2002），美国教育心理学家，1916 年出生于美国马萨诸塞州北安多弗。在其学术生涯的后期，他吸收了信息加工心理学的思想和建构主义认知学习心理学的思想，形成了有理论支持也有技术操作支持的学习理论。这一理论解释了大部分课堂学习，并提出了切实可行的教学操作步骤。他是信息加工学的代表人物，1974 年获桑代克教育心理学奖，1982 年又获美国心理学会颁发的“应用心理学奖”。

加涅是 20 世纪最有影响的著名教育心理学家之一。他认为，学习是一个有始有终的过程，这一过程可分成若干阶段，每一阶段需进行不同的信息加工。在各个信息加工阶段发生的事件，称为学习事件。学习事件是学生内部加工的过程，它形成了学习的信息加工理论的基本结构。与此相应，教学过程既要根据学生的内部加工过程，又要影响这一过程，因而，教学阶段与学习阶段是完全对应的。在每一教学阶段发生的事情，即教学事件，这是学习的外部条件。教学就是由教师安排和控制这些外部条件构成的，而教学的艺术就在于学习阶段与教学阶段的完全吻合。

认知学派中的建构主义理论研究与发展为学习心理学解释人的学习目的、过程与方法提供新的视角。而美国著名学者加涅的认知领域的信息加工学习理论则在吸收现代心理学研究和科学技术发展成果的基础上，对学习的概念、要素和条件、学习层次、学习结果和学习过程又有了深入的探讨和研究，这一理论解释了大部分课堂学习，并提出了切实可行的教学操作步骤。尤其是在今天学校教育教学中广泛应用信息技术之后，更有不可替代的借鉴和指导意义。

加涅认为，学习的模式是用来说明学习的结构与过程的，它对于理解教学和教学过程以及如何安排教学事件具有极大的应用意义。他提出了影响深远的信息加工的学习模式（见下图）。

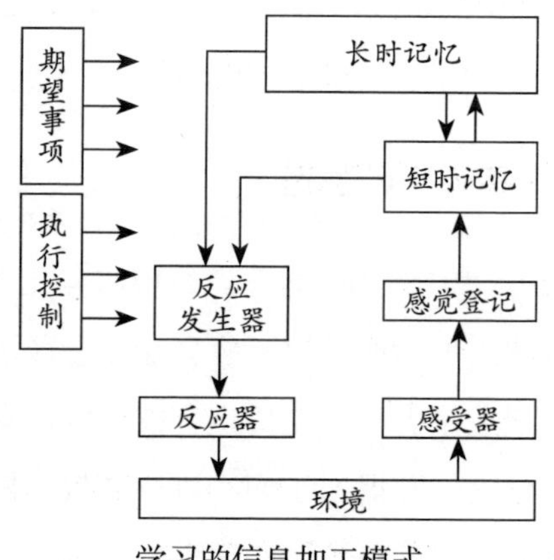

学习的信息加工模式

（一）信息流

从图中，我们可以看到信息从一个假设的结构流到另一个假设的结构中去的过程。首先，学生从环境中接受刺激，刺激推动感受器并转变为神经信息。这个信息进入感觉登记，这是非常短暂的记忆储存，一般在百分之几秒内就可把来自各感受器的信息登记完毕。有些部分登记了，其余部分很快就消逝了，这涉及注意或选择性知觉的问题。

被视觉登记的信息很快进入短时记忆，信息在这里可以持续二三十秒。短时记忆的容量很有限，一般只能储存七个左右的信息项目。一旦超过了这个数目，新的信息进来，就会把部分原有信息赶走。如果想要保持信息，就得采取复述的策略，但复述只能有利于保持信息以便进行编码，并不能增加短时记忆的容量。

当信息从短时记忆进入长时记忆时，信息发生了关键性转变，即要经过编码过程。所谓编码，不是把有关信息收集在一起，而是用各种方式把信息组织起来。信息是经编码形式储存在长时记忆中的，一般认为，长时记忆是个永久性的信息储存库。

当需要使用信息时，需经过检索提取信息。被提取出来的信息可以直接通向反应发生器从而产生反应，也可以再回到短时记忆，对该信息的合适性作进一步的考虑，结果可能是进一步寻找信息，也可能是通过反应发生器做出反应。

（二）控制结构

除信息流程之外，在学习的信息加工模式中，还包含着期望事项与执行控制。期望事项是指学生期望达到的目标，即学习的动机。正是因为学生对学习有某种期望，教师给予的反馈才会具有强化作用。换言之，反馈之所以有效，是因为反馈能肯定学生的期望。执行控制即加涅学习分类中的认知策略，执行控制过程决定哪些信息从感觉登记进入短时记忆，如何进行编码、采用何种提取策略等。由此可见，期望事项与执行控制在信息加工过程中起着极为重要的作用。加涅之所以没有把这两者与学习模式中其他结构联系起来，主要是由于这两者可能影响信息加工过程中的所有阶段，并且它们之间的关系目前还不太清楚。

从学习的信息加工模式中可以看到，学习是学生与环境之间相互作用的结果。学习过程是由一系列事件构成的。加涅认为，每个学习动作可以分解成八个阶段。在下图，左边是学习阶段，方框上面的文字是该阶段的名称，里面是该阶段内部的主要学习过程；右边则是教学事件。这样，学生内部的学习过程一环接一环，与此相应的学习阶段把这些内部过程与构成教学的外部事件联系起来了。

1. 动机阶段

有效的学习必须要有学习动机，这是整个学习的开始阶段。动机的形式多种多样，在教育教学情境中，首先要考虑的是激发学生进行学习活动的动机，即学生力图达到某种目的的动机。它是借助于学生内部产生的心理期望过程而建立起来的。期望就是指学生对完成学习任务后将会得到满意结果的一种预期，它可以为随后的学习指明方向。

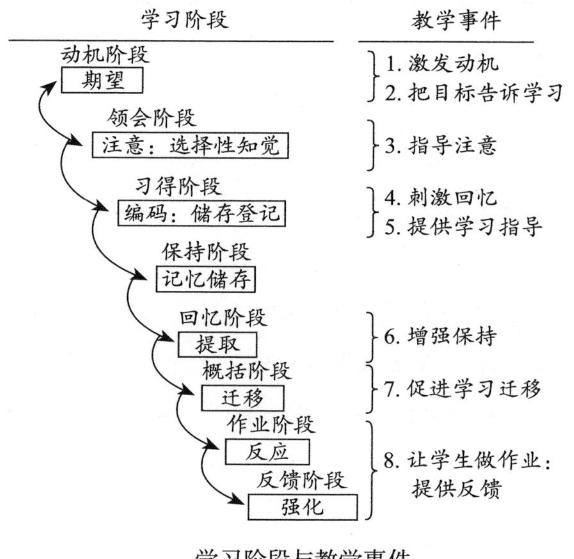

学习阶段与教学事件

但是，在有些场合，学生最初并没有被达到某种目的的诱因所推动，这时就要帮助学生确立学习动机、形成学习期望。理想的期望只有通过学生自己的体会才能形成，而不能仅仅通过教师告诉学生学习的结果来形成。因此，为了使学生形成理想的期望，在学生实际获得某种知识和技能之前，应先做出安排使学生达到某种目标，以便向学生表明他们能够达到预期的目标。

2. 领会阶段

有了学习动机的学生，首先必须接受刺激，即必须注意与学习有关的刺激，而无视其他刺激。当学生把所注意的刺激特征从其他刺激中分化出来时，这些刺激特征就被进行知觉编码，储存在短时记忆中。这个过程就是选择性知觉。

为了使学生能够有效地进行选择性知觉，教师应采用各种手段来引起学生的注意，如改变讲话的声调、手势动作等；同时，外部刺激的各种特征本身必须是可以被分化和辨别的。学生只有对外部刺激的特征做出选择性知觉后，才能进入下一阶段的学习。

3. 习得阶段

当学生注意或知觉外部情境之后，学生就可获得知识。而习得阶段涉及的是对新获得的刺激进行知觉编码后储存在短时记忆中，然后再把它们进一步编码加工后转入长时记忆中。

在短时记忆中暂时保存的信息，与被直接知觉的信息是不同的。在这里，知觉信息已被转化成一种最容易储存的形式，这种转化过程被称为编码过程。当信息进入长时记忆时，信息又要经历一次转换，这一编码的目的是为了保持信息，如用某种方式把刺激组织起来，或根据已经习得的概念对刺激进行分类，或把刺激简化成一些基本原理，这些都会有助于信息的保持。在此过程中，教师可以给学生提供各种编码程序，鼓励学生选择最佳的编码方式。

4. 保持阶段

学生习得的信息经过复述、强化后，以语义编码的形式进入长时记忆储存阶段。对于长时记忆，人类至今了解不深，但有几点目前是清楚的：第一，储存在长时记忆中的信息，其强度并不随时间进程而减弱，如七八十岁的老人回忆孩提时的事情往往比当天的事情更清楚；第二，有些信息因长期不用会逐渐消退，如一个人已习得的外语单词会因经常不用而遗忘；第三，记忆储存可能会受干扰的影响，新旧信息的混淆往往会使信息难以提取。因此，如果教师能对学习条件作适当安排，避免同时呈现十分相似的刺激，可以减少干扰的可能性，从而提高信息保持的程度。

5. 回忆阶段

学生习得的信息要通过作业表现出来，信息的提取是其中必需的一环。相对其他阶段而言，回忆或信息提取阶段最容易受外部刺激的影响。教师可以利用各种方式使学生得到提取线索，这些线索可以增强学生的信息回忆量，但作为教师，最重要的是指导学生，使他们为自己提供提索，从而成为独立的学习者。所以，对于教学设计来说，通过外部线索激活提取过程固然重要，但更重要的是使学生掌握为自己提供线索的策略。

6. 概括阶段

学生提取信息的过程并不始终是在与最初学习信息时相同的情境中进行的。同时，教师也总是希望学生能把学到的知识运用于各种类似的情境中去，以达到举一反三的目的。因此，学习过程必然有一个概括的阶段，也就是学习迁移的问题。为了促进学习的迁移，教师必须让学生在不同情境中学习，并给学生提供在不同情境中提取信息的机会。同时，更为重要的是，要引导学生概括和掌握其中的原理和原则。

7. 作业阶段

一个完整的学习过程需要有作业阶段似乎是不言而喻的，因为只有通过作业才能反映学生是否已习得了所学的内容。作业的一个重要功能是获得反馈；同时，学生通过作业看到自己学习的结果，可以获得一种满足。

当然，作业主要是给教师看的。一般来说，仅凭一次作业是很难对学生的学习情况做出判断的，有些学生可能碰巧做得很好，有些学生则可能碰巧做得不理想，因此教师需要几次作业才能对学生的学习状况做出判断。

8. 反馈阶段

当学生完成作业后，他马上意识到自己已经达到了预期的目标。这时，教师应给予反馈，让学生及时知道自己的作业是否正确，从而强化其学习动机。当然，强化在学习过程中之所以起作用，是因为学生在动机阶段形成的期望在反馈阶段得到了肯定。

教师在提供反馈时，不仅可以通过“对”“错”“正确”或“不正确”等词汇来表达，而且可以使用点头、微笑等许多微妙的方式反馈信息。同时，反馈并不总是需要外部提供的，它也可以从学生内部获得，即进行自我强化，例如学生可以根据已经学过的概念、规则，知道自己的答案是否正确。

总之，加涅认为教师是教学活动的设计者和管理者，也是学生学习效果的评定者。一个完整的学习过程是由上述八个阶段组成的。在每个学习阶段，学习者的头脑内部都进行着信息加工活动，使信息由一种形态转变为另一种形态，直到学习者用作业的方式做出反应为止。教学程序必须根据学习的基本原理来进行。在学习结果（即言语信息、认知策略、智慧技能、动作技能、态度）确定之后，它们必须按照教学工作目标的适当顺序安排。有效的教学要求教师根据学生的内部学习条件，创设或安排适当的外部条件，促进学生有效地学习，以实现预期的教学目标。

加涅学习理论的一个重要特点，是博采众家之长，其最大的优点是把学习理论研究的成果应用到教学实践之中。我们应该承认，加涅对学习内部条件和外部条件的认识是颇具辩证精神的。他认为教学过程既要根据学生内部加工过程，又要通过教学指导并影响这一过程。简单地说，影响学生学习的因素是由教学决定的，但教学若有效，一定要依据学生的内部条件，如认知基础、学习兴趣以及学习的主动性等。

第三章　人本主义学习理论

第一节　人本主义学习理论沿革

20 世纪 50 年代，在美国，有一些心理学家感到现在的心理学（主要是指行为主义）没有恰当地探讨人类的思维能力、情感体验和主动发展等问题。他们反对现有心理学往往过于关注“严格”的研究方法，把对小白鼠、鸽子、猫和猴子的研究成果应用于人类学习，从而忽视了人之所以成为人的实质性东西。新的心理学家主张像精神分析学家那样采取个案研究方法，而不是用实验步骤来揭示人的学习本质。到了 60 年代，这些心理学家的观点已经形成一种学派，并构成了一场对传统心理学挑战的运动，这就是人本主义心理学，在学习理论研究上称为人本主义学习理论。其代表人物有罗杰斯·卡尔·兰塞姆（Rogers Carl Ransom）、亚伯拉罕·哈罗德·马斯洛（Abraham Harold Maslow），弗罗姆（E. Fromm）、库姆斯（A. Cobs）和奥尔波特（G. W. Allport）等人对人本主义心理学也有显著的贡献。相比之下，罗杰斯对学习研究论述较多，他的《自由学习》是专门探讨学习理论的论著，此书一版再版，在学术界产生了广泛的影响。

人本主义心理学起初并非形成于对学习和学习过程的研究，而是从临床心理学家、社会工作者和心理咨询工作者等一些对人类行为的基本原理和基本假设持有相似观点的心理学家的应用研究中产生的。人本主义心理学研究的主题是人的本性及其与社会生活的关系。他们强调人的价值和尊严，既反对精神分析学派的性本能倾向，又反对行为主义的机械化倾向，主张心理学要研究对个人和社会进步富有意义的问题。在人本主义心理学家看来，要理解人的行为，就必须理解行为者所知觉的世界，即要从行为者的角度来看待事物。在了解人的行为时，重要的不是外部事实，而是事实对行为者的意义。

人本主义心理学家试图从行为者而不是从观察者的角度来解释和理解行为，对于学习问题的看法也是如此。在他们看来，如果学习内容对学生没有什么个人意义的话，学习就不大可能发生，因此他们感兴趣的是学习的潜能、学习动机、自我概念、人际关系以及学习情感方面的内容。

第二节　人本主义学习理论代表人物

一、罗杰斯生平简介

罗杰斯，美国心理学家，人本主义心理学的代表之一，美国人本主义心理学的理论家和发起者、心理治疗家。

1902 年 1 月 8 日，罗杰斯生于美国伊利诺斯的奥克派克，1919 年考入威斯康星大学，选读农业，后转修宗教，1924 年获威斯康星大学文学学士学位。在此期间，他作为“世界基督教学生同盟”成员被选派到北京学习 6 个月。他说，他的新的经历扩展了他的思考，于是他对自己的一些宗教基础观念开始质疑。同年考上纽约联合神学院，两年后转到哥伦比亚大学读临床心理学和教育心理学，1928 年获文科硕士学位，1931 年获哲学博士学位。他曾出任纽约罗切斯特禁止虐待儿童协会儿童社会问题研究室主任、罗切斯特儿童指导中心主任。1942 年，他的《咨询与心理治疗：实践中的新概念》一书问世。1946 ~ 1947 年担任美国心理学会主席。1951 年，他出版了《患者中心治疗：它目前的实施、含义和理论》一书，10 年后，《成为一个人：一个治疗者的心理治疗观点》问世。

二、罗杰斯与人本主义学习理论

罗杰斯认为学习可以分为两类：一类学习类似于心理学上的无意义音节的学习。学习者要记住这些无意义音节是一项困难的任务，因为它们是没有生气、枯燥乏味、无关紧要、很快就会忘记的东西。它们一方面不容易学习，另一方面又容易遗忘。在罗杰斯看来，学生在课堂里学习的内容，有许多对学生来说具有这种无意义的性质。几乎每个学生都会发现，他们课程中有很大一部分内容对自己是无个人意义的。无意义学习只涉及心智，是一种“在颈部以上”发生的学习，它不涉及人的感情或个人意义，与完整的人无关。罗杰斯还认为，现代教育的悲剧之一，就是认为唯有认知学习是重要的。

另一类是意义学习。所谓意义学习，不是仅仅涉及事实累积的学习，而是指一种使个体的行为、态度、个性以及未来选择行动方针时发生重大变化的学习。不仅仅是一种增长知识的学习，而且是一种与每个人各部分经验都融合在一起的学习。例如，如果一个 5 岁小孩迁居到另一个国家，让他每天与新的小伙伴们一起自由地玩耍，完全不进行任何语言教学，他在几个月内就会掌握一种新的语言，而且还会习得当地的口音。因为他是运用一种对自己有意义的方式学习的，所以学习速度极快。倘若请一个教师去教他，在教学中使用对教师有意义的材料，那么学习速度将会极其缓慢，甚至停滞不前。

为什么让儿童自己去学习时，速度很快且不易遗忘并且有高度的实际意义，而当用一种只涉及理智的方式教他们时情况就糟了呢？罗杰斯认为，关键在于后者不涉及个人意义，只是与学习者的某个部分（如大脑）有关而与完整的人无关，因而他不会全身心地投入这种学习。由此可见，罗杰斯的意义学习与奥苏贝尔的有意义学习是不同的，前者关注学习内容与个人之间的关系，而后者是强调新旧知识之间的联系。按照罗杰斯的观点，奥苏贝尔的有意义学习也只是一种在“颈部以上发生的学习”。罗杰斯说：“意义学习把逻辑与知觉、理智与情感、概念与经验、观念与意义等结合在一起，当我们以这种方式学习时，我们就成了一个完整的人，即成为能够充分利用我们自己所有阳刚和阴柔方面的能力来学习的人。”罗杰斯认为，意义学习包括四个要素：第一，学习具有个人参与的性质，即整个人都投入学习活动；第二，学习是自我发起的，即便刺激来自外界时，也要求发现、获得、掌握和领会的感觉是来自内部的；第三，学习是渗透性的，它会使学生的行为、态度，乃至个性都发生变化；第四，学习是由学生自我评价的，因为只有学生最清楚某种学习是否能够满足自己的需要，是否有助于导致他想要知道的东西。

罗杰斯对学习性质的理解主要集中在四个方面：

一是，学习即理解。学习不是机械的刺激和反应之间的联结的总和。个人的学习是一个心理过程，是个人对知觉的解释。具有不同经验的两个人在知觉同一事物时，往往会出现不一致的反应。罗杰斯认为这并不是所谓联结的不同，而是因为两个人对知觉的解释不同，所以他们所认识的世界以及对这个世界的反应也不同，因此要了解一个人的学习过程，只了解外界情境或外界刺激显然是不够的，更重要的是要了解学习者对外界情境或刺激的解释。其他人本主义心理学家对学习的看法与罗杰斯类似。

二是，学习即潜能的发挥。人类具有学习的自然倾向或学习的内在潜能，人类的学习是一种自发的、有目的、有选择的学习过程。人本主义的学习观把学生看作是一个有目的、能够选择和塑造自己行为并从中得到满足的人。因此，教学的任务就是创设一种有利于学生学习潜能发挥的情境，使学生的潜能得以充分的发挥。罗杰斯强调教学要以学生为中心，教师的任务是帮助学生增强对变化的环境和自我的理解，而不应该像行为主义学习理论所主张的那样，用安排好的各种强化去控制或塑造学生的行为。此外，人本主义还认为学习过程对于学习者来说是一个愉快的过程，在教学中不应把惩罚、强迫和种种要求或约束作为促进学生学习的方法。

三是，学习即形成。人本主义学习理论特别强调学习方法的学习和掌握，强调在学习过程中获得知识和经验。最好的学习是学会如何进行学习。罗杰斯指出：“只有学会如何学习和学会如何适应变化的人，只有意识到没有任何可靠的知识，唯有寻求知识和过程才是可靠的人，才是有教养的人。”现代世界中，变化是唯一可以作为确立教育目标的依据，这种变化取决于过程而不取决于静止的知识。很多有意义的知识或经验不是从现成的知识中学到的，而是在做的过程中获得的。学生通过实际参加学习活动，进行自我发现、自我评价和自我创造，从而获得有价值、有意义的经验，获得如何进行学习的方法或经验，所以最有用的学习是学会学习，它导致对各种经验的不断感受以及对变化的耐受性。

四是，学习是对学习者有价值的学习。马斯洛和罗杰斯都强调，学习的内容应该是学习者认为是有价值、有意义的知识或经验。罗杰斯认为，只有当学生正确地了解所学内容的用处时，学习才成为最好的、最有效的学习。一般说来，学生感兴趣并认为是有用处、有价值的经验或技能比较容易学习和保持，而那些学习者认为价值小、效用不大的经验或技能往往学习起来很困难，也容易遗忘。如果某些学习内容需要学习者改变自己的兴趣或自我结构，那么这些学习就可能受到学生的抵制。人本主义这一学习观提示教师要尊重学生的兴趣和爱好，尊重学生自我实现的需要，在课程内容的设置上给学生以充分的自由，允许学生根据自己的兴趣和爱好以及自我理想来选择有关学习内容，而不应把学生不喜欢的东西强行地灌输给学生。

罗杰斯根据自己的研究和借鉴吸收其他学习理论的研究成果，总结出了有助于促进学生学习的 10 种方法，具体如下：

一是，构建真实的问题情境。罗杰斯认为，儿童在相当程度上是受本能驱动的，环境中的许多因素都在向他们挑战，他们对此感到好奇，并渴望发现、渴望认识、渴望解决问题，因此要求教师善于发现那些对学生来说是现实的，同时又与所教课程相关的问题，构建一种让每个学生都面临的非常真实的问题情境。

二是，尽量多地提供学习的资源。充分利用图书资料、实验室、学校中的人力资源以及社区中的人力资源。

三是，使用合约。罗杰斯认为，在传统教学中，学生的学业成绩标准是教师单方面制定的，学生对此没有发言权，而在使用合约以后，学生有机会参与确定评价标准，允许学生在课程规定的范围内制定目标和学习计划，规划自己想要做的事情，凸现学生的责任感。

四是，利用社区。

五是，同伴教学。罗杰斯通过实验得出结论认为，同伴互助、同伴学习是促进学习的有效方式，而且对双方学生都有好处。

六是，分组学习。尽管罗杰斯十分推崇自由学习，但他也认识到，如果把自由强加给那些不要这种自由的人同样是不合情理的，因此他强调由学生自由组合，进行分组学习。

七是，探究训练。罗杰斯认为教学要尽可能地为学生提供探究的方便，创造探究的环境，制定探究的步骤，使学生达到自主发现，成为在简单层次上的科学家，寻找真正的问题答案，自己品尝科学家研究的艰辛和快乐。

八是，提倡程序教学。罗杰斯认为一种编制合理、使用恰当的程序，可以有助于学生体验到满足感，掌握知识内容，理解学习过程，以及增强自信心，感到任何内容都是可以学会的。在罗杰斯看来，强调及时强化和奖励，而不是惩罚和评价，这是程序教学的有利因素。

九是，交小朋友。罗杰斯认为，这样做可以给人以深刻的个人经验，要使每个参与者面临一种与人坦诚交流的情景，从而有助于解除各种戒备心理，以便在人与人之间形成一种自由、直接和自发的沟通，大大地促进人与人之间更直接的交往，增加对自我的理解，使个体更真实和更独立，即增加对他人的理解和接受的程度。

十是，强调自我评价。罗杰斯认为，学习者的自我评价是使自我发起的学习成为一种负责任的学习的重要手段之一。只有当学习者自己决定评价的标准和学习的目的以及达到目的的程度等负起责任来时，他才是在真正地学习，才会对自己学习的方向真正地负责任。

总之，罗杰斯的人本主义学习理论，在于他试图把认知和情感合二为一，注重学习的过程，注重学生的体验和感悟，注重学生经验的积累，以便培养出完整的人。

第四章　折中主义学习理论

第一节　折中主义学习理论沿革

最早的折中主义学习理论是在行为主义学习理论的怀抱中发展起来的，后来的折中主义更多地受到了认知主义学习理论的影响，因此它既不属于行为主义学习理论，也不是完全的认知主义学习理论，它集中了以上两种理论甚至其他学习理论的长处，或兼而有之。施良方教授称之为折中主义学习理论，其代表人物有美国著名心理学家爱德华·托尔曼（Edward C. Tolman）、罗伯特·加涅（Robert M.Gagne）、本杰明·布鲁姆（Benjamin S. Bloom）、艾伯特·班杜拉（Albert Bandura）等。

第二节　折中主义学习理论代表人物

一、爱德华·托尔曼与折中主义

爱德华·托尔曼（1886~1959）是美国心理学家，1937 年当选美国心理学会主席，1957 年获美国心理学会杰出贡献奖。托尔曼在 1922 年发表的《行为主义的一种新程式》一文中，最初发表了他的见解，1932 年出版的《动物与人的目的性行为》一书则形成了他的理论体系。在他的研究中，用小白鼠做了一系列实验，提出了信号学习、位置学习、奖励预期和潜在学习等理论。他认为当有机体对某种特定目标物体有某种要求时，就会急于行动。要求是受两种因素支配的：剥夺和诱因动机。他认为学习有六种类型，即形成精力投入、形成等值信念、形成场的预期、形成场—认知方式、形成驱力辨别、形成运动方式等。他强调行为的整体性，认为行为是指向一定目的的，行为具有认识的性质，行为不是机械的、固定的，而是适应性的。施良方教授说："托尔曼的最大贡献是富有创造性地设计了各种精密的实验，并用实验的方式来探讨认知问题，从而促使人们为承认比格式塔心理学更激进的认知主义做了准备。这为当代认知心理学，如布鲁纳、皮亚杰、乔姆斯基和香农信息加工理论的出现打开了通道。"

二、加涅与折中主义

加涅的理论代表现代认知派和行为主义学派学习观的一个新动向、新发展。加涅的主要著作有《学习的条件》《教学设计原理》等。加涅是被公认的行为主义与认知心理学派的折中者，他自已也坚持认为，他实际上不是在系统论述一种新的学习理论，而是从各理论流派中汲取所需要的成分。加涅一方面承认行为的基本含义是刺激与反应的联结，另一方面又注重探讨刺激与反应之间的中介因素——心智活动。尤其是在70年代后，他在学习理论的探讨中，试图阐明学生的认知结构，并着重用信息加工模式来解释学习活动。在他看来，信息加工理论代表了人类对学习研究的重大进步。加涅认为，人类的学习是复杂而多样的，简单的低级学习是复杂高级学习的基础。他把学习分为八个层次，即（1）信号学习；（2）刺激—反应学习；（3）连锁学习；（4）词语联想学习；（5）辨别学习；（6）概念学习；（7）原理的（规则的）学习；（8）解决问题的学习。他指出每一类学习中蕴藏着前一类的学习。同时加涅也提出构成一个人学习行为的八个有机联系系统（动机→领会→习得→保持→回忆→概括→操作→反馈），并指出每一阶段有其各自的内部心理过程和影响它的外部事件。教学就是遵循学习者学习过程的这些特点，安排适当的外部学习条件。教师是教学的设计者和管理者，也是学生学习的评价者，他担负发动、激发、维持和提高学生学习活动的教学任务。加涅的学习条件论提醒教师，提高教学质量要重视学习者的内外条件，并应创造良好的教学环境和条件。

三、布鲁姆与折中主义

本杰明·布鲁姆（1913～1999），美国当代著名的心理学家、教育家，芝加哥大学教育系教育学教授，曾担任美国教育研究协会会长，是国际教育评价协会评价和课程专家。著有《人类特性和学校学习》；20世纪70年代，他又提出“掌握学习”的学校教学理论，著有《我们的儿童都能学习》《掌握学习理论导言》。布鲁姆提出的关于“人类特性”和学校教学的理论，曾经被列为美国“最有意义的教育研究成果之一”。布鲁姆在面临各国教育从满足于培养少数优秀人才到努力提高劳动者的科技文化素质的深刻变革的情况下，在美国J. B. 卡罗尔“学校学习模式”的基础上，创建了适应学生个体差异的掌握学习教学理论。该理论在战后世界性教学改革热潮中产生了广泛的影响。布鲁姆认为，20世纪以来由于科学技术的迅速发展，现代社会发生了深刻的变化，各国的教育都面临着系统、深刻的变革。它已不再满足于选择和培养少数优秀人才，而要求大力普及教育，努力提高劳动者大军的科学文化素质。因此，我们必须变革传统的教育观念，关心每个学生的发展，让所有学生都掌握在复杂社会中求得自身发展所必须具备的知识和技能。

布鲁姆对传统的班级授课制带来的弊端具有清醒的认识。他认为教师在班级授课中虽企图为班内所有学生提供均等的学习机会，但在实际的教学过程中，教师却只能对班内 1/3 弱的学习良好的学生给以更多关注和鼓励，这样必然产生学生的学习误差，班内学习的分化现象便出现了。长此以往，就导致了教师使用正态分布曲线来对学生的学习成绩进行评价，认为学习上的差生的存在符合正态分布规律，从而把对多数学生的教学失败看成是教学过程的必然结果。因为布鲁姆的研究证实，能力倾向和学习成绩之间的相关接近于零。他认为，当教学处于最理想状态时，能力不过是学生学习所需要的时间。他经过对学习的长期观察和研究后指出："正态曲线并不是什么神圣的东西，它不过是最适合于偶然与随机活动的分布而已。"布鲁姆认为教学是一种有目的、有意识的活动，如果我们的教学富有成效的话，学生的学习成绩分布应该是与正态分布完全不同的偏态分布。

布鲁姆的掌握学习教学原理是建立在卡罗尔关于"学校学习模式"的基础上的。卡罗尔认为，学习的程度是学生实际用于某一学习任务上的时间量与掌握该学习任务所需的时间量的函数，即学习程度 = f（实际用于学习的时间量 / 需要的时间量），实际用于学习的时间量是由机会（即允许学习的时间）、毅力和能力倾向三个变量组成的。需要的时间量是由教学质量、学生理解教学的能力和能力倾向三个变量组成的。布鲁姆接受了卡罗尔上述"学校学习模式"中的五种变量，即允许学习的时间、毅力、教学的质量、理解教学的能力、能力倾向。布鲁姆认为上述掌握学习教学的五种变量相互作用地对教学效果产生影响，教师的任务是控制好这些变量及其关系，使它们共同对教学发挥积极的影响。

依据布鲁姆及其同事对掌握学习教学实施步骤的论述，掌握学习教学的程序概要如下：一是掌握学习定标、定向。布鲁姆认为，教学是按预期的教学目标改变学习者行为的过程，因此掌握学习教学的第一步是使学生掌握定标、定向。布鲁姆的一项重要贡献，就是对教育目标做出由浅入深的等级分类。他将教育应达到的全部目标分为认知领域、情感领域、动作技能领域三个组成部分。各领域又分为若干层次，使目标要求逐渐加深。二是，为掌握而反馈—矫正。掌握学习教学则是群体教学并辅之以每个学生所需要的频繁的反馈与个别化的矫正性帮助。教师依据上述教育目标和学生的基础状况进行互为衔接的各个单元（一般是教材的一章、一个专题）教学。每授毕一个教学单元，即用20～30分钟时间进行诊断测验（形成性评价），诊断学生学习上存在的缺陷或发现学生学习进步状况，为师生及时提供教与学的反馈信息。通常由学生自己批阅测验试卷，若学生能掌握80%～90%的测验内容，便算达到本单元的掌握学习水平。如果在测验中发现学生在解题中存在共同问题，教师就对全班学生进行补充、深化性的辅助教学和个别指导。个别指导除教师自己进行外，还可以组织小助手，也可以发动家长协助。在此基础上，教师针对学生测验中所显示出来的“缺漏”，再进行一次内容要求与上述测验相类似的平行性测验，达到所要求掌握水平的学生，可以进行下一个单元的学习；若学生的成绩低于所规定的掌握水平，就应当重新学习这个单元的部分或全部，然后再测验，直到掌握。掌握学习教学法设置系统的反馈—矫正程序，目的是让绝大多数学生达到掌握学习水平。三是，为掌握而分等。掌握学习教学在每一学科各单元的循环往复的形成性评价的基础上，于学期结束时进行总结性考试（总结性评价），以分出学生掌握学习的等第。

布鲁姆的掌握学习教学理论把使大多数学生获得发展作为核心思想，注重从某一具体学习任务来分析教学的变量，强调形成性评价，从而使大多数学生达到对课程材料的真正掌握，并增强了学习的兴趣，促进了心理健康。因此，该理论受到许多国家教育理论家的关注并以其推动当代教学改革。当然，掌握学习教学理论也存在不足之处：它偏重于认知领域教育目标的测定；对学生独立学习的帮助较小；为了使所有学生达到掌握学习水平，往往需要较多的教学时间。布鲁姆的学生安德森（Anderson）继承和发扬了布鲁姆的理论学说体系，曾提出广义知识的分类，影响深远。1999年，安德森博士和同事一起出版了布鲁姆分类法的修订版，该版本考虑了影响教和学的更广泛的因素，试图纠正原分类法中存在的某些问题。与1956年版本不同的是，该版本区分了“知道什么”（思维的内容）和“知道怎样做”（解决问题时采取的步骤）。知识这个维度是“知道什么”，它分为四大类：事实性知识、概念性知识、程序性知识和元认知知识。事实性知识包括独立的信息，如词汇的定义、有关细节的知识等；概念性知识由信息的系统构成，如分级和分类的信息；程序性知识包括运算法则、动手探究或操作规则、技术、方法，以及何时使用这些程序的知识；元认知知识指拥有关于思维过程的知识，以及如何有效地操控过程的信息。认知过程的这个维度与布鲁姆原分类法一样有六种技能，按照从最简单到最复杂的顺序排列它们是：记忆、领会、应用、分析、评价和创造。安德森主要投身于两方面工作：一是围绕 ACT 理论，建立智能化的计算机辅导系统；二是努力突破 ACT 理论，认识人类复杂的认知现象。1988～1999 年，安德森担任认知科学学会主席，1994 年获美国心理学会杰出科学成就奖。安德森的学生玛扎诺又将安德森的学说发扬光大，著有《新教育目标分类》。布鲁姆的掌握学习理论对我国目标教学影响很大。

四、跨界学习理论的大师班杜拉

阿尔伯特 · 班杜拉（1925～），新行为主义的主要代表人物之一，社会学习理论的创始人。班杜拉是美国当代著名心理学家，现任斯坦福大学心理学系约丹讲座教授。他是新行为主义的主要代表人物之一，社会学习理论的创始人。他所提出的社会学习理论是在与传统行为主义的继承与批判的历史关系中逐步形成的，并在认知心理学和人本主义心理学几乎平分心理学天下的当代独树一帜，影响波及实验心理学、社会心理学、临床心理治疗以及教育、管理、大众传播等社会生活领域。他认为来源于直接经验的一切学习现象实际上都可以依赖观察学习而发生，其中替代性强化是影响学习的一个重要因素。有人称他为社会学习理论的奠基者、社会学习理论的集大成者或社会学习理论的巨匠。社会学习理论着眼于观察学习和自我调节在引发人的行为中的作用，重视人的行为和环境的相互作用。

班杜拉不同意华生和斯金纳的外界刺激是行为的决定因素的观点。相反，他认为人的认知能力对行动结果的预期直接影响人的行为表现。他把强化视为个体对环境认知的一种信息，即强化物的出现等于告诉个体行为后果将带给他的是惩罚或奖赏，人们正是根据这种信息的预期决定自己的行为反应的。同时，班杜拉还认为人类的学习大多发生于社会情境中，只有站在社会学习的角度才能真正理解发展。他将自己的理论称为社会认知学习理论。

1. 观察学习

班杜拉认为在社会情境下，人们仅通过观察别人的行为就可迅速地进行学习。当通过观察获得新行为时，学习就带有认知的性质。

在一个经典研究中，班杜拉（1965）让 4 岁儿童单独观看一部电影。在电影中一个成年男子对充气娃娃表现出踢、打等攻击行为，影片有三种结尾，将孩子分为三组，分别看到的是结尾不同的影片。奖励攻击组的儿童看到的是在影片结尾时，进来一个成人对主人公进行表扬和奖励；惩罚攻击组的儿童看到另一成人对主人公进行责骂；控制组的儿童看到进来的成人对主人公既没奖励，也没惩罚。看完电影后，将儿童立即带到一间有与电影中同样的充气娃娃的游戏室里，实验者透过单向镜对儿童进行观察。结果发现，看到榜样受到惩罚的孩子表现出的攻击行为明显少于另外两组，而另外两组则没有差别。在实验的第二阶段，让孩子回到房间，告诉他们如果能将榜样的行为模仿出来，就可得到橘子水和一张精美的图片。结果，三组孩子（包括惩罚攻击组的孩子）模仿的内容是一样的，说明替代性惩罚抑制的仅仅是对新反应的表现，而不是获得，即儿童已学习了攻击的行为，只不过看到榜样受罚没有表现出来而已。

班杜拉认为观察学习包括四个部分：（1）注意过程。如果没有对榜样行为的注意，就不可能去模仿他们的行为。能够引起人们注意的榜样常常是因为他们具有一定的优势，如更有权力、更成功等。（2）保持过程。人们往往是在观察榜样的行为一段时间后，才模仿它们。要想在榜样不再示范时能够重复他们的行为，就必须将榜样的行为记住，因此需要将榜样的行为以符号表征的形式储存在记忆中。（3）动作再生过程。观察者只有将榜样的行为从头脑中的符号形式转换成动作以后，才表示已模仿行为。要准确地模仿榜样的行为，还需要必要的动作技能，有些复杂的行为，个体如不具备必要的技能是难以模仿的。（4）强化动机过程。班杜拉认为学习和表现是不同的。人们并不是把学到的每件事都表现出来。是否表现出来取决于观察者对行为结果的预期，预期结果好，他就会愿意表现出来；如果预期将会受到惩罚，就不会将学习的结果表现出来。因此，观察学习主要是一种认知活动。

2. 自我调控

随着社会化程度的不断加深，人们对外部奖励与惩罚的依赖越来越少，更多的是依靠自己的内在标准对自己的行为进行奖励和惩罚，即对行为进行自我调控。自我调控包括自我观察、自我评价和自我强化三种成分。人们进行自我评价的标准是怎样获得的呢？班杜拉认为既是奖励与惩罚的产物，同时也是榜样影响的结果。例如，如果父母只在孩子取得高分时才予以表扬，孩子很快就会把这种高标准变为自己的标准。同样，如果榜样为自己设立高标准，受其影响，儿童也会为自己设立高标准。然而，在现实生活中，存在大量的榜样，其中有些人为自己设定的是高标准，但为自己设定低标准的也不乏其人。那么，儿童会采纳谁的标准呢？班杜拉认为儿童更愿意采纳同伴而不是成人的标准，因为相对来说，同伴的低标准更易达到。要使儿童为自己设定高标准，班杜拉则建议说，可让儿童接触那些为自己设定高成就标准的同伴，或为儿童提供因高标准而得到回报的例子。

为自己制订高标准的人通常都是勤奋努力的人，努力也会带来成就，但同时，要达到高标准也是相当困难的。为自己设立高目标的人，更易体验到失望、挫折和抑郁。为避免抑郁，班杜拉建议把长远目标分成若干子目标，这些子目标应该是现实的、可实现的，当达成子目标时，即对自己进行奖励。

3. 自我效能

外在奖赏及榜样对高标准的设定和维持有重要影响是毫无疑问的。班杜拉认为，自我控制和坚持严格的成就标准的原始动机来自于个体的内心，而非外在的环境。当人们实现了追求的目标时，就会觉得有能力，就会感到自豪、骄傲；如果无法达到标准时，就会感到焦虑、羞愧和没有能力。这种从成功的经验中衍生出来的能力信念叫作自我效能（self-efficacy）。自我效能影响人们对任务的选择、遇到困难时的坚持性及努力的程度。例如，一个学生认为自己擅长数学，就会选择具有挑战性的数学问题；当面临困难时，由于对自己的能力有信心就会坚持不懈，付出更大的努力。而对自己能力缺乏信心的学生，可能就会选择较为简单的任务，这些任务并不能使他的能力进一步提高；在遇到困难时，也更容易放弃，结果是阻碍了能力的发展。自我效能信念不仅影响了我们选择什么样的活动，也决定了我们是什么样的人以及将成为什么样的人。

个体的效能信念主要受到四个方面的影响。第一，掌握的经验，这是形成高的效能信念的最有效途径。成功有助于建立较高的效能信念，失败则会降低效能信念，尤其是个体稳定的效能信念尚未建立起来时，失败对效能的负面影响就更大。通过掌握的经验来发展自我效能，并不是运用已经形成的习惯完成任务从而获得成功的体验，而是要运用认知的、行为的以及自我调控的工具来管理不断变化的生活环境。如果人们只体验到简单的成功，就会急功近利，并很容易因失败而气馁。真正能经受住失败考验的效能信念必须有经过持久的努力从而克服困难取得成功的体验。第二，通过观察榜样而得到的替代性体验（vicarious experiences）也能影响个体的效能信念。看见与自己相似的人通过不懈的努力而取得成功，会令人们相信自己也具有掌握活动的能力。同样，观察到别人通过很大的努力而失败也会降低自己的效能信念，并降低动机水平。榜样对个人效能信念的影响主要取决于个体与榜样之间的相似程度，相似性越大，榜样成功与失败的事例越具有说服力；如果榜样与个体很不同的话，个体的效能信念就不会受榜样的强烈影响。第三，社会说服（social persuasion）也是增强个体取得成功信念的重要因素。用语言说服人们相信自己具有掌握给定任务的能力，会使个体在遇到困难时付出更大的努力。但是社会说服不仅可以提升个体的效能信念，同时也会降低效能信念。不现实地提升效能信念很快会被令人失望的结果所粉碎，使个体放弃努力。所以成功地建立效能信念不只是要传递正面的效能信息，而且要建构能带来成功、避免失败的情境，并鼓励个体根据自己的进步来衡量成功，而不是与他人进行比较。第四，效能信念还部分依赖于进行能力判断时的生理和情绪状态。人们把自己的紧张反应和紧张程度作为表现不佳的信号。正面的情绪能增强自我效能信念，失望的情绪状态会降低自我效能信念。所以可以通过增强身体状态，减少紧张和负面的情绪倾向以及纠正对身体状态的错误解释来改变效能信念。

社会学习理论认为儿童不需要强化，仅通过观察榜样的行为就可获得学习，因此榜样对儿童有重要影响。对儿童来说，不仅教师、父母、同伴是重要的榜样，大众传媒也是重要的榜样。这就要求教师和父母以身作则，为儿童树立正面的榜样，同时要注意儿童与哪些人交往，阅读的书籍，观看的电影、电视、录像是否健康等。

儿童的行为由外塑而逐渐内发，这既是个体逐渐成熟的结果，更是教育引导的结果。不仅要用各种标准来规范儿童的行为，更重要的是引导学生认同、采纳这些标准，并对自己的行为进行调节，成长为具有自我调控能力的人。

自我效能是一种期望结构，具有动机的性质。学生自我效能的高低，影响他对任务的选择、投入、努力的大小及遇到困难时的坚持性。教师应帮助学生保持相对准确但却是较高水平的期望和效能，避免让学生产生无能的错觉。要培养学生树立能力是可变的信念，减少相对能力信息。通过给学生布置有相当挑战性但难度又合理的任务和作业，让他们在这些任务上取得成功来提升学生的自我效能信念，这样做往往比说教更有说服力。

第五章　学习理论的新发展

第一节　脑认知科学学习理论

现代神经生理学研究表明，学习不仅可以改变人的思想和行为，甚至可以改变人的大脑的物质结构，大脑结构的变化又改变大脑的功能组织。换言之，学习能够组织和重组大脑。

一、脑认知科学学习理论简述

脑认知科学是20世纪世界科学标志性的新兴研究门类，它作为探究人脑或心智工作机制的前沿性尖端学科，已经引起了全世界科学家们的广泛关注。一般认为认知科学的基本观点最初散见于20世纪40年代到50年代的一些各自分离的特殊学科之中，60年代以后得到了较大的发展。脑认知科学是一门相当年轻的学科，然而却为揭示人脑的工作机制这一最大的宇宙之谜做出了不可磨灭的贡献。

20世纪七八十年代，由于脑科学研究技术的进步，神经生理学研究取得了重大成就。有人认为，这几十年脑研究取得的成果要比过去两千多年人类对大脑的认识还要多。神经科学的这些研究使人们对学习的大脑神经生理机制获得了更深入的了解。

大脑由神经细胞和神经胶质细胞构成，前者是信息贮存和传导的基本单元，后者为前者提供结构支持并提供保护，使之免受日常生活中的冲击和震动。一般认为，人脑大约有 120 亿个神经细胞和 10 倍于神经细胞的神经胶质细胞。神经细胞与人体其他组织或器官的细胞不同，它们具有特殊的结构，而且具有特殊的敏感性。神经细胞是构成神经的基本单位，故又称为神经元（neuron）。

神经元主要包括细胞体、树突和轴突三部分。（见下图）树突是从细胞体内发出的分支，多而短，呈树枝状。轴突是从细胞体发出的一根较长的分支，从细胞体发出的这两种分支通常又被称为神经纤维。它们有的在特定区域传递信息，有的贯穿于大脑各区域之间，形成长达几十万千米的神经元环路。

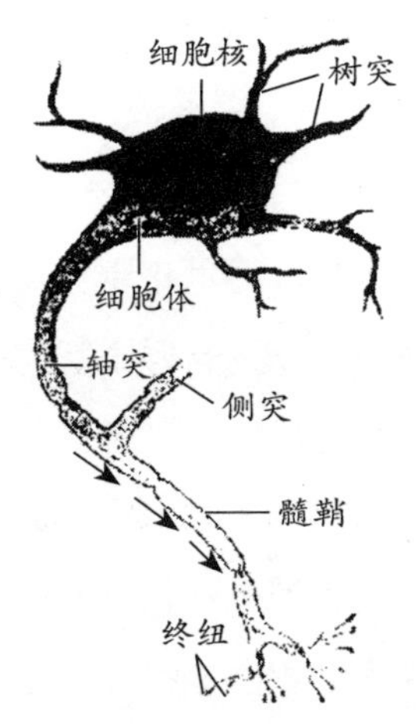

图 1　神经元（理想的神经元结构图。树突或细胞体的刺激激活神经冲动，冲动沿轴突传送至它的终纽。轴突由髓鞘包围，有助于提高传递神经冲动的速度）

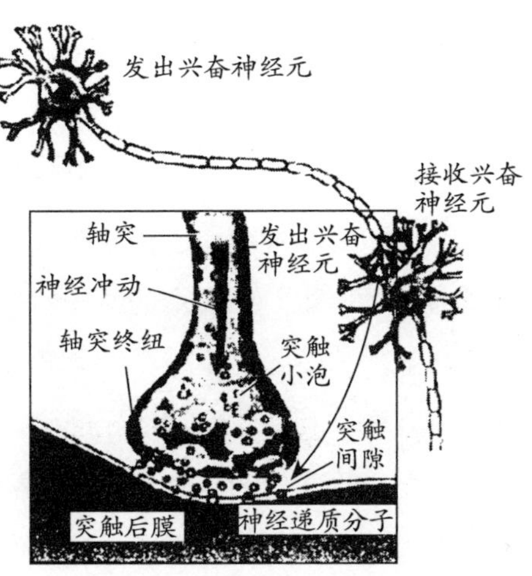

图 2　神经元之间的突触联系

两个相邻神经元之间事实上并未直接相连，其间有百万分之一英寸小的空隙，由一种被称为突触的特殊联系结构相联结。来自树突和细胞体的神经冲动（电流）沿轴突只能传递至其终纽。而终纽与另一神经元之间的冲动传递依靠突触部分所发生的极为复杂的生理化学作用，终纽内的细胞质中含有极复杂的化学递质。

目前已经发现 50 多种化学递质。当神经冲动传至终纽时，细胞中的化学递质产生变化，导致终纽外膜移动，最后使其小泡破裂，而将神经传导的化学递质注入突触间隙，引起一种放电作用，从而激起另一神经元的兴奋，立即连续传导神经冲动，神经环路中形成约百万个神经激活模式。

婴儿出生后，在遗传基因和环境刺激的作用下，大脑神经系统，尤其是与复杂思维有关的神经系统有很大发展，为新生儿认知、学习和行为提供了生理学基础。

二、大脑神经系统的成熟

成熟指正常的自然条件下，也就是在没有专门外来干预的条件下，个体的生长和发育。大脑神经系统的成熟表现在生理生长、髓鞘形成和大脑前叶发展。

1. 生理生长

人类大脑的重量从出生时的约 350 克长到约 1 350 克。所谓“生长”，指的是连接细胞体和其他神经元的神经纤维增长和分支增加。通过正常分裂的神经元以极高的速度增生，在发育的某一阶段，能以每秒形成 4.8 万个新的神经细胞的速度增生。在婴儿出生时，绝大多数神经元已经形成。一旦神经元形成时期结束，以后将不会有新的神经元产生。因疾病、伤害或正常死亡失去的神经元不可能再生。胎儿约 8 周时，其构成神经系统的基本解剖结构已产生，可对刺激产生某些基本形式的反射性反应，但与其他哺乳动物的新生儿相比，人类新生儿的神经系统不成熟，大脑的结构和功能在出生后两年有显著变化。婴儿自出生至 1 岁脑容量增加 1 倍。到 1 岁时，婴儿大脑的大小是成人的一半，至 2 岁时，生长速度仍很快。

2. 髓鞘形成

神经元的髓鞘化过程影响其传递神经冲动的传播速度和技能的专门化。髓磷脂是一种脂肪鞘，对外因和中枢神经纤维起绝缘作用，保证神经性兴奋在神经纤维中传导的速度和精确性。人类在出生前，髓鞘化过程已经开始，到 8 至 12 个月时，与感知运动机能有关的神经系统部分的髓鞘化程度与成人的一致。一般而言，人类髓鞘化过程是由内而外的，与复杂行为有关的皮层的髓鞘化要延续到青春期以后甚至要到 30 岁时才完成。研究表明，由于疾病或人为实验操作，神经系统髓鞘受损，其传导冲动速度减慢或传导失败，从而导致神经机能失调。

3. 大脑前叶发展

心理生理学家认为，大脑前叶支配人的自我调节和自我控制，对于良好的信息加工也是很重要的。在婴儿出生后两年内，前叶有重大发展，随之其行为也发生很大变化。前叶的变化表现在：新生儿 1 至 2 岁内，前叶皮层增厚，在 1 岁前，突触分支明显增多，联结更密。在生命的头几个月髓鞘缺乏，但至 1 岁时就发展了。而且，婴儿与学前儿童相比，神经元密度大，因为某些神经元会在正常发展中消亡。

与此相应，在 1 岁内，婴儿行为有显著变化。研究表明，前叶发展与认知机能变化的关系密切。

三、经验与环境在脑神经系统发展中的作用

1. 经验与突触的发展变化

大脑发展早期突出地表现在突触的发展。据估计，人脑有万亿以上的突触。但新的研究表明，海马的部分神经元可以再生。

新生儿刚出生时，仅有三分之一的突触已经形成，其余三分之二是在出生后逐渐生成的。突触以两种基本方式生成，不同的突触生成方式发生在人的不同成长年龄阶段，具有不同的适应意义。

第一种方式是，突触先超量生成，然后选择性地消失。这种情况通常出现在发展的早期，是由基因预先决定的。这样生成的突触被称为期待经验的突触（experience-expectant synapses），其消失受后天环境的影响，例如与成人相比，出生后 6 个月的婴儿控制视觉大脑皮层区有更多突触。这是因为在生命的最初几个月，突触超量生成，接着选择性地大量消失。就视觉系统而言，期待经验的突触对光刺激敏感。当它们遇到适当光刺激时，神经元被激活，这种激活导致突触与其他神经元建立永久联结，于是突触就被固定下来。得不到适当光刺激的突触便会消失。因为这种消失是由于得不到环境刺激而发生的，所以被称为选择性消失。期待经验的突触的存在清楚地表明，遗传基因和环境两者都对学习起决定作用。不同物种的每一个成员对特殊刺激敏感，是先天决定的，但

只有当个体经历那种环境刺激的作用后，学习才能发生。

期待经验的突触生成具有关键期。如果在生长的关键期得到适当的刺激，它们就被稳定下来；若得不到适当刺激，它们就会消失。感觉系统的关键期出现得早。研究表明，小猫生下来头 8 周未见光线，当它们首次见到光后，似乎是睁眼瞎，原因是它的视神经在对光线敏感的关键期未受到光刺激，期待经验的突触已经消失。对人来说，视觉刺激的关键期不限于 8 周，例如，通过斜视的矫正研究表明，5 岁之前进行过矫正的，未导致长久损害，之后超过 4 年未矫正处理的，对视觉系统的组织就产生了显著的功能失调影响。

第二种方式是，新突触的增生。这些新突触是由经验决定的，被称为依赖经验的突触（experience-dependent synapses）。其增生过程可延续至人的一生。环境给机体提供了未期待的刺激。由于依赖经验的突触能稳定下来，所以未期待的信息能被机体习得，而且这类突触可以在人生的任何年龄阶段生成和稳定下来。有人用雕塑来比拟突触的这两种生长。雕塑家先塑出一个形体的大致形象，然后根据需要，将多余的部分修剪掉，保存有用的部分；另一方面为了使形象更逼真，他还要在修剪过的形体上增添许多细节。

美国著名生理学家赫布在《行为组织》一书中率先提出，通过重复激活彼此邻近的神经元，其突触联结可以稳定下来。由于一般的学习涉及两个以上的神经元，赫布认为，通过学习形成的是神经细胞组合（cell assembly）。某一组合一旦形成，这一细胞组合就可能被内部刺激或外部刺激的组合激活。在某个细胞组合被激活时，我们就会体验到与这一组合相对应的、关于环境中事物或事件的思想。对于赫布来说，细胞组合就是某种思想或观念的神经基础。

2. 学习在神经系统发展中的作用

研究表明，学习使神经细胞的活动更有效和更有力。例如，有人（1987）曾以两组动物做实验，一组在复杂环境中喂养，另一组在笼子内喂养，其结果是，前者每一个神经细胞中有更多毛细血管，因而能给大脑提供更多血液；后者不论是单独喂养还是成对喂养，它们每个神经细胞中的毛细血管都较少，这就意味着它们将得到较少的氧和其他营养物。星形细胞（astrocyte）是为神经元提供营养并排出废物的细胞。用它们作为指标，复杂环境中生长的动物比笼子内喂养的动物有更多的星形细胞。

经验怎样影响正常的脑和认知结构的发展？为了回答这个问题，有人（1976）用白鼠做了如下实验：一组白鼠生活在复杂环境中，它们有探索和游戏的机会，因为它们生活环境中的物体每天变换，而且被重新安排；对照组从断奶到成熟一直被置于典型的实验笼子中。两组动物分别在非常丰富的环境和被剥夺的环境中生活。当它们面对学习任务时，前者一开始犯的错误就少，而且以后的学习速度也快。研究表明，学习改变了白鼠的大脑，生活在复杂环境中的白鼠比生活在笼子中的白鼠的每个视觉皮层神经细胞多 20% ~ 25% 的突触。这表明，通过学习，大脑神经之间的联结线路增多了。

进一步的研究表明，学习能使突触数量增加，但单纯的练习并不能使突触数量增加。实验白鼠被分成四组：A 组被称为“杂技演员”，通过一个月左右的练习，它们要学会穿越设有障碍物的路程；B 组被称为“强制操练者”，每天被置于踏车上一次，每跑 30 分钟后休息 10 分钟，再跑 30 分钟；C 组被称为“自愿操练者”，它们的笼中带有活动轮盘，它们可以自由使用该轮盘进行活动；D 组被称为“笼中土豆”的控制组，无操作活动。结果表明，“强制操练者”和“自愿操练者”同另外两组相比，血管密度提高。A 组由于学习的是复杂的动作技能，活动量并不大，血管密度未增加，而突触数量增加显著。这似乎表明，不同种类的经验以不同方式制约大脑。突触形成和血管形成是脑适应的两种重要形式，但它们是受不同生理机制和不同行为事件驱动的。

研究还发现，动物学习特殊任务导致与任务相应的皮层的特殊区域发生变化，例如训练白鼠走迷宫，在它们的大脑皮层的视觉区会发生结构变化。当它们在学习时，一只眼睁开，而另一只眼被遮挡，结果只有与睁开的眼相联系的皮层区发生变化。当它们学习一套复杂的动作技能时，结构的变化出现在大脑皮层的运动区和小脑。这表明，学习使脑产生了新的组织模式。这种现象被神经细胞活动的生理学记录证实，用猫、猴子和鸟做的实验也发现了上述变化。这也说明，大脑可塑性变化不限于生命早期。

在人类中也发现上述变化。例如对大学生和高中辍学生的尸检研究表明，大学生比高中辍学生的触突联结多 40%，然而未接受丰富刺激的大学生的触突较少。研究也表明，生活中的认知挑战也能提供一些保护，以对抗老年痴呆症。尸检研究表明，接受较多教育的个体，尽管其脑细胞受损，也不会表现出早老性痴呆症状。

近年来，在大脑处理信息整体运作机制研究方面有了一些新的进展，如近年发表的《大脑处理信息量化模型和细节综合报告》等一系列论文，综合整理、分析已有的各层面的知识，建立有坚实解剖学基础、能联系各层面、量化描述大脑信息处理过程的模型和框架，用量化模型结合结构风险最小化相关理论，分析说明时序控制作用对大脑高效、可靠地处理信息的意义；汇总介绍量化模型中的细节；分析了大脑能正确而高效地处理信息，使智力能够诞生的原因；分析了理论建立和应用过程的神经生理学原理，还建立和介绍了另外一种量化分析方案等。

根据奥尔登大学认知科学研究所所长席勒尔的意见，脑“认知科学”（cognitive science）一词于1973年由朗盖特·系金斯开始使用，20世纪70年代后期才逐渐流行。1975年，“斯隆基金会”（系纽约市的一个私人科研资助机构）开始考虑对认知科学的跨学科研究计划给予支持，该基金会的资助一直持续至今，对这门新学科的制度化起了重要的作用。因为斯隆基金会通过组织第一次认知科学会议并确立研究方案，在推动认知科学方面起了决定性作用。

心智是脑和神经的功能，而脑与心智之间的桥梁就是认识。脑认知科学就是关于心智研究的理论和学说。认知科学的发展首先在原来的6个支撑学科内部产生了6个新的发展方向，这就是心智哲学、认知心理学、认知语言学（或称语言与认知）、认知人类学（或称文化、进化与认知）、人工智能和认知神经科学。这6个新兴学科是认知科学的6大学科分支，这6个支撑学科之间互相交叉，又产生出11个新兴交叉学科：（1）控制论；（2）神经语言学；（3）神经心理学；（4）认知过程仿真；（5）计算语言学；（6）心理语言学；（7）心理哲学；（8）语言哲学；（9）人类学语言学；（10）认知人类学；（11）脑进化。

认知是脑和神经系统产生心智（mind）的过程和活动。一般而言，只要有脑和神经系统的动物都有某种程度的心智。认知科学就是以认知过程及其规律为研究对象的科学。认知涉及学习、记忆、思维、理解以及在认知过程中发生的其他行为，因此，语言和心理、脑和神经是认知科学的重要研究内容。就人类心智而言，因为人是社会的动物，因此，语言和哲学、文化和进化，以及人所特有的工具——计算机及其科学理论也成为认知科学研究的对象。

近代以来，甚至可以追溯到古代，身心问题一直是困扰哲学家的一个根本问题。笛卡儿的著名命题“我思故我在”反映了人类能够认识自身的本质特征。他的“身心二元论”是“身心”问题（Body&Mind）的一个重要版本。

四、脑科学研究新成果

20 世纪中叶以来，由于心理学、脑与神经科学的发展，特别是认知科学建立以后，这个问题变成了著名的“脑智”（Brain&Mind）问题。很显然，认知科学对“心智”和“脑智”的研究，与哲学史和科学史上对身心问题的研究是非常不同的。其主要的区别是，认知科学对心智的研究已经不再是哲学的思辨，也不仅仅是心理学、生理学等单一学科的实证研究，而是建立在脑科学发展基础上多学科的综合研究。

脑认知科学的重要进展，得益于脑科学的发展，而脑科学的发展又得益于脑成像技术的长足进步。计算机 X 射线断层摄影术（CT）、核磁共振成像技术（MRA）、功能性核磁共振成像技术（FMRI）、正电子发射摄影术（PET）等多种技术被广泛应用于脑和神经科学的研究，促进了脑和神经科学的发展。脑科学的这些发展，为我们揭开心智的秘密准备了条件。

2000 年，当人类刚刚跨入新世纪的门槛时，美国国家科学基金会（NSF）和美国商务部（DOC）共同资助 50 多名科学家开展了一个研究计划，目的是要弄清楚在新世纪哪些学科是带头学科。研究的结果是一份长达 680 多页的研究报告，但结论只有 4 个字母——NBIC。它们分别代表纳米技术（nanotechnology）、生物技术（biotechnology）、信息技术（informational technology）和认知科学（cognitive science）。

认知科学的一些研究领域包括：语言习得、阅读、话语、心理模型、概念和归纳、问题解决和认知技艺获得、视觉的计算、视觉注意、记忆、行为、运动规划中的几何和机械问题、文化与认知科学中的哲学问题、身心问题、意向性、可感受的特质、主观和客观等等。

以哲学的发展为例。在人类认识的早期，人们把自己的意识投向外界，思考世界的本原是什么的问题，这就是古代的本体论哲学；近代以后哲学研究的对象转向主体自身，研究认识如何可能的问题，这就是近代的认识论哲学；20世纪中叶以后，哲学的眼光开始转向主体与客体的中间环节语言，这就是当代西方的语言哲学；在语言学和语言哲学的研究过程中，语言学家和语言哲学家们发现，语言是心智的反映，而心智又是大脑的功能，他们中的很多人都从语言的研究走向了心智和认知的研究。乔姆斯基说："语言是心灵之镜。"塞尔说："语言是人类心智的基本功能。"20 世纪 70 年代中期以后，哲学的对象自然就转向人类自身的心智。塞尔认为，"在认知科学中最重要的发展，是认知科学家从认知科学的计算模型转移到认知神经科学模型"。这说明大脑已经取代数字计算机作为认知的基础。我们将神经生物学的大脑看作人类认知的基础，这是一个非常重要的转变。他还说："最有希望的研究领域就是认知神经科学，而不仅仅是脑的微纳米技术。希望在于认知神经科学，我认为这就是那个将要出现最激动人心研究结果的领域。"

首先，脑认知科学研究将要破解人类心智的奥秘，它的最终目标是要制造出一种人工神经网络系统。根据塞尔（John R. Searle）的人工智能模型，目前的计算机系统是没有智能的，而人工神经网络系统却是具有人类大脑功能的智能系统。只需设想一下人工神经网络系统在现代科学技术和人类现实生活中可能的应用，认知科学的重要性是不言而喻的。

其次，在 21 世纪的 4 个带头学科（NBIC）中，认知科学是最重要的，它是 4 个带头学科中的带头学科。认知科学与纳米技术、生物技术和信息技术结合在一起，再加上社会科学的发展，将会从根本上改变人类的生存方式，甚至改变我们的物种。

人类心智的奥秘被称为上帝最后的秘密，因为人类心智的奥秘一旦揭开，上帝再无任何秘密可言。所以，有的人（包括有的科学家）断言，认知科学的这个目标是根本不可能实现的。不是上帝不让我们实现，而是我们自己就做不到。一个系统不可能认识自身的运动，这是系统科学的一条基本定律。

既然如此，人类为什么还要试图去认识自身呢？这是因为，大多数科学家认为，人类试图认识自身并没有违背任何科学规律。人类具有认知自身的能力，因为人的思维能够指向自身——这就是自我意识。在所有动物中，只有人和高级灵长类动物如大猩猩才具有自我意识。不仅如此，人还具有能够反映这种自我意识的、能够自指的语言。具有自我意识和能够自指的语言，是人类区别于其他动物的根本标志之一。所以，人类能够认识自身。

作为科学发展必然产物的认知科学，不仅与科学自身具有同一性，也具有很大的差异性。认知科学甚至可以看作是过去的科学理论的一种“反叛”。在认知科学产生以前，科学理论解决的是认识的普遍性问题：科学原理适用于一切人。认知科学的发展却要解决认识的个体差异性问题：认知科学会针对每个人开出不同的处方。认知科学是“涉身的”（embodied），它研究与个人的身心相关的认识问题。

脑认知科学尚未成熟，作为一个独立的学科，也尚未得到足够的统一和整合。对于什么是认知科学，也还存在着很大的分歧。1978 年 10 月 1 日，认知科学现状委员会递交斯隆基金会的报告（席勒尔，仕琦译，1989）把认知科学定义为“关于智能实体与它们的环境相互作用的原理的研究”。然后，该报告作者们沿着两个方向展开这一定义。第一个是外延的：列举了认知科学的分支领域以及它们之间的交叉联系。列举的分支领域有计算机科学、心理学、哲学、语言学、人类学和神经科学。第二种展开是内涵的：指出共同的研究目标是“发现心智的表征和计算能力以及它们在人脑中的结构和功能表示”。以上对认知科学的界定集中体现了“符号处理”或“信息处理”范式，但是随着 20 世纪 80 年代中期联结主义重新崛起之后，关于认知科学的定义也就出现了极其微妙的变化。但是，符号主义和联结主义二者的争执主要影响到认知科学定义的内涵，而对其外延却是没有什么影响的，因为这两种范式都能包含上面所提及的认知科学的分支学科。

认知学家的兴趣在于研究人如何获取、加工、保持和利用信息，并据以作为行为和获得后续知识的基础。他们采用两条基本策略来研究这些问题。第一条策略是建立认知过程的计算机模型，例如进行抉择，然后将模型的运行状况与相似条件下人体受试者的行为进行比较，以进一步改良模型。由于这种方法依赖于电脑而不是人脑，因此有时被称为“干认知科学”（dry cognitive science，简称 DCS）策略。第二条策略是研究对真正的脑进行电刺激或化学刺激的效应，观察脑损伤的影响，或者记录正在进行各种信息处理作业的受试者的脑活动。由于这种方法依赖于真正的脑，因此常被称为“湿认知科学”（cognitive science，简称 WCS）策略。在关于精神状态的本质及其与物质世界的关系的问题上，这两种不同的实验方法导致了两种不一致的看法。

持干认知科学观点的认知学家常把人脑和计算机类比，借以来解释物质世界和精神世界之间的联系。在计算机内部，晶体管的不同状态代表着不同的图像或声音，各种计算机程序对这些被储存的模式进行加工处理。这个过程正如我们把一张图片扫描入计算机，然后使用一个类似 Adobe Photoshop 这样的软件对图像进行处理。当然，我们也可以使用摄像机来获得图像，并使用更复杂的软件来识别图像中的物体、字母或单词，这正是智能机器人“脑”的工作方式。

这种计算机比喻很容易使人相信，脑内神经细胞起了与计算机晶体管相似的作用。也就是说，映入我们眼睛的图像被迅速转换成为一种神经冲动的模式，然后，视觉系统的软件程序对这个神经模式进行处理。神经模式仅简单地对应着外界事物的特征，而认知过程，例如观察和思考，这反映了操作处理这些符号的计算程序。

大多数 DCS 的支持者将脑视作一台通用的生物计算机，能够运行多种软件程序，由于同样的计算机程序可以在诸如麦金托什（Macintosh）和国际商业机器公司（简称 IBM）等不同的通用计算机上运行，DCS 认为脑的实际结构对于理解精神过程无关紧要。

并非所有的 DCS 工作者都同意机—脑类比的所有细节。有些研究者相信，当我们看着一个红苹果时，脑子里其实并没有红色，而只是神经细胞的状态，这种状态与外部世界的属性，如苹果的红色相对应。另一些人则认为，意识体验，例如红色，确实产生于神经系统，但它们仅仅是没有功能作用的无关的副现象。这样的“红色”犹如计算机发出的嗡嗡噪声。它由于脑的活动而产生，但实际上它并不重要，因为它与神经细胞的工作及其程序化了的相互作用无关。也就是说，主观体验，譬如红色，不是真正必需的，只不过是神经系统执行功能时偶然的副产品而已。尽管还存在其他种种观点，DCS 普遍认同的是，脑的行为像一台计算机，也许是一台平行处理器，精神官能则是这台通用机器执行的软件程序。

湿认知科学根据对真实的脑进行研究的结果，提出了关于意识精神状态本质的不同看法。多年前，神经科学家就了解到，刺激、损伤或脑内神经化学的轻微改变可以影响人体精神的几乎所有方面，比如一定剂量的氟西汀（Fluoxetine）能够缓解多年的抑郁。对脑进行电或化学的刺激能轻易地改变感觉和知觉。我们对现实的体验更多地依赖于身体内部的化学反应，而不是身体以外的外部世界。“外面”世界的信息输入对于意识体验的形成甚至是不需要的。

似乎可以认为，我们精神的意识特性，比如感觉和情感，与脑的物理和化学结构组成密切相关，它们的产生无须任何外界信息的传入。我们能在梦中看见红苹果，而此时并没有光线进入眼睛。

湿认知科学的主要结论是，精神的意识属性，如感觉和情感，是脑的物理和化学组成的产物。这一看法与干认知科学将脑视为通用计算机的看法截然不同。传统的干认知科学认为，计算机和人脑中并没有红色，而只有代表这些外部世界属性的符号。相反，湿认知科学的研究结果则清楚地表明，意识体验是神经系统的产物，即使在缺乏环境信息输入的情况下，也能够被脑的化学或电刺激所诱发。湿认知科学本身没有解释我们怎样或为什么拥有意识体验，但它明确地阐述，意识体验是由人脑的神经活动产生的。

对认知科学范围的了解，还可以从认知科学的内容上来看，到目前为止认知科学所涉及的主要内容，有感知觉（包括模式识别）、注意、记忆、语言、思维与表象、意识等。这似乎都是心理学家们所关注的问题，但其实也同样是哲学家、语言学家、计算机科学家、神经生理学家、人类学家们所关心的内容。只是不同专业背景的研究者，对同一个问题，所采取的具体研究方法不同罢了。我国学者指出，人工智能、认知心理学和心理语言学是认知科学的核心学科，神经科学、人类学和哲学是认知科学的外围学科。

由于认知系统的复杂性，对它要进行多维度的研究，认知科学需要运用多门学科所使用的工具和方法，从完整的意义上对认知系统进行全方位的综合研究。可以说，认知科学迄今为止所取得的成就，是与其跨学科的研究方法紧密联系在一起的，但是跨学科的研究方法也给认知科学带来了不少问题和挑战。

认知科学是研究人类感知和思维信息处理过程的科学，包括从感觉的输入到复杂问题求解，从人类个体到人类社会的智能活动以及人类智能和机器智能的性质。认知科学是现代心理学、信息科学、神经科学、数学、科学语言学、人类学乃至自然哲学等学科交叉发展的结果。

认知科学的兴起和发展标志着对以人类为中心的认知和智能活动的研究已进入到新的阶段。认知科学的研究将使人类自我了解和自我控制，把人的知识和智能提高到前所未有的高度。生命现象错综复杂，许多问题还没有得到很好的说明，而能从中学习的内容也是大量的、多方面的。如何从中提炼出最重要的、关键性的问题和相应的技术，这是许多科学家长期以来追求的目标。要解决人类在 21 世纪所面临的许多困难，诸如能源的大量需求、环境的污染、资源的耗竭、人口的膨胀等，单靠现有的科学成就是很不够的。必须向生物学习，寻找新的科技发展的道路。

学习是基本的认知活动，是经验与知识的积累过程，也是对外部事物前后关联地把握和理解的过程，以便改善系统行为的性能。学习的神经生物学基础是神经细胞之间的联系结构突触的可塑性变化，已成为当代神经科学中一个十分活跃的研究领域。突触可塑性条件即在突触前纤维与相连的突后细胞同时兴奋时，突触的联结加强。1949 年，加拿大心理学家赫布（Hebb）提出了赫布学习规则，他设想在学习过程中有关的突触发生变化，导致突触联结的增强和传递效能的提高。赫布学习规则成为联结学习的基础。神经网络是由具有适应性的简单单元组成的广泛并行互连的网络。科荷伦（Kohonen）提出自组织映射网络。哈肯（Haken）根据协同形成结构、竞争促进发展的规律，将协同的非线性动力理论与神经网络有机结合，提出了协同联想记忆网络。阿马里（Amari）提出用微分流形和统计推理来研究神经网络。在阿马里理论的基础上史忠植等提出了一种神经场模型，由场组织模型和场效应模型构成。

感知学习是发生在感知水平上的学习，主要研究如何从低级的传感器输入的原始数据中获取相关的抽象数据。感知学习主要考虑通过视觉和听觉的学习，研究从非结构与半结构信息到结构信息的变换方法，研究图像的语义描述及其快速提取技术，研究感知学习中的注意机制与元认知等。

认知学习理论认为在人的行为背后都有一个相应的思维过程，行为的变化是可观察的，并且通过行为的变化也可以推断出学习者内心的活动。在认知学习理论中，如奥苏贝尔提出的有意义学习理论（又称同化理论），其核心思想是获得新信息主要取决于认知结构中已有的有关观念；意义学习是通过新信息与学习者认知结构中已有的概念相互作用才得以发生；由于这种相互作用的结果，导致了新旧知识意义的同化。盖恩（Gagne）提出的信息加工学习理论则将学习过程类比成计算机的信息加工过程，学习结构由感受登记器、短时记忆、长时记忆、控制器、输出系统组成，认知过程可分为选择性接收、监控、调节、复述、重构。在这个信息加工过程中，非常关键的部分是执行控制和期望。执行控制是指已有的学习经验对当前学习过程的影响，期望是指动机系统对学习过程的影响，整个学习过程都是在这两个部分的作用下进行的。

内省学习是一种自我反思、自我观察、自我认识的学习过程。在领域知识和范例库的支持下，系统能够自动进行机器学习算法的选择和规划，更好地进行海量信息的知识发现。

内隐学习就是无意识获得刺激环境复杂知识的过程。在内隐学习中，人们并没有意识到或者陈述出控制他们行为的规则是什么，但却学会了这种规则。在 80 年代中期之后，内隐学习成了心理学界，尤其是学习和认知心理领域最热门和最受关注的课题，成了将对认知心理学的发展产生深远影响的最重要课题之一。内隐学习具有以下三个特点：内隐知识能自动地产生，无须有意识地去发现任务操作的外显规则；内隐学习具有概括性，很容易概括到不同的符号集合；内隐学习具有无意识性，内隐获得的知识一般不能用语言系统表达出来。

五、几种基于脑的学习理论介绍

基于脑的学习是有关学习过程的一种思路，它不包治百病，也不是应对所有问题的解决方案，不是为教师提供的程序、教条或处方，而是一系列原则，是一种我们可以赖以做出有关学习过程的更好决策的知识技能的基础。

1. 凯恩夫妇：12 条基于脑的学习原理

1990 年经过多年的脑认知科学研究，凯恩夫妇提出了 12 条基于脑的学习原理，随后在 1991 年出版并与 1994 年修订的《创设连接：教学与人脑》一书及 1997 年出版的《可能性边缘的教育》中进行了修改。这 12 条原则是：（1）大脑是复杂的适应性系统；（2）大脑具有社会性；（3）对意义的探寻是与生俱来的；（4）对意义的探寻是通过“模式化”而发生的；（5）情绪对于模式的创建是非常关键的；（6）脑同时感知与创造部分和整体；（7）学习既包括集中注意，又包括边缘性感知；（8）学习总是包括有意识和无意识的过程；（9）我们至少有两种组织记忆的方式；（10）学习是发展性的；（11）学习因挑战而增强，因威胁而抑制；（12）每个脑都是独一无二的。在此基础上，凯恩夫妇又增加了 3 条，即（1）编排的浸润状态；（2）放松的警觉；（3）积极地加工。

2. 苏萨：11 个基于脑的教学要素

他认为基于脑的教学要素有：（1）营造积极的课堂氛围；（2）课堂内容的安排“少即多”；（3）有效地运用新颖性；（4）课堂时间安排“短即好”；（5）回顾促进学习；（6）把想象作为保持的策略；（7）学生的讲述和运动有利于学习；（8）独立学习要在有指导的练习之后；（9）运用概念图；（10）鼓励高层次思维；（12）课程满足所有学习者的需要。

3. 劳拉·厄劳尔：7 条适用于脑认知学习的基本原则

厄劳尔是一位从教学一线逐步走上校长岗位的女教师，具有丰富的管理经验和教学经验，她在教学过程中逐步总结出了 7 条适用于脑的基本原则：（1）情感健康与安全的环境；（2）锻炼身体、参加运动促进脑认知学习；（3）学习内容的关联性与学生选择；（4）时间、时间、更多的时间；（5）充实学生的大脑；（6）评价与反馈；（7）相互协作。她不仅提供了这些基本原则，而且还提供了可以立即使用的具体教学策略。

4. 约翰·梅纳迪：12 条大脑学习规律

约翰·梅纳迪在《让大脑自由》一书中，提出了 12 条大脑学习规律：（1）越运动，大脑越聪明；（2）大脑一直在进化；（3）每个大脑都不同；

（4）大脑不关注无聊之事；（5）短期记忆取决于最初几秒钟；（6）长期记忆取决于有规律的重复；（7）睡得好，大脑才会转得快；（8）压力和消极情绪会损伤你的大脑；（9）大脑喜欢多重感觉的世界；（10）视觉是最有力的感官；（11）大脑也有性别差异；（12）我们是天生的探险家。梅纳迪认为，虽然我们对大脑是如何运转的还知之甚少，但是人类的进化史告诉我们一个这样的事实：在一个不稳定的室外环境下生存，人类会遇到各种各样的问题，我们大脑的主要功能就是解决这些问题。

5. 李金钊：大脑学习的四个属性

李金钊几乎完整地整合了当前国际上心理学界关于脑认知学习的理论。在《基于脑的课堂教学框架设计与实践应用》一书中，他认为学生学习以大脑的四个属性为基础，称之为“生理的脑”“认知的脑”“情绪的脑”和“社会的脑”，有效的学习和教学必须能够满足学生以上大脑属性的需求。

（1）基于“生理的脑”的学与教，要求教师和学生都要了解自己特别是学生大脑的生长发育和功能发挥的规律，环境创设、教学内容和活动安排都要符合大脑的生理要求。他认为：①大脑是高耗能的器官，占人体重 5% 的大脑，却消耗了 20% 的营养，充足的营养和合理膳食是保障大脑高效学习的前提；②充足的睡眠和积极的休息很重要，使原来紧张学习的大脑部位得到休息，而去激发大脑其他部位的兴奋性；③大脑峰谷交替运行，大脑的注意力集中程度不同，不同的高峰和低谷应提供不同的学习机会和学习难度；④学习敏感期，在某一年龄段或某时间，某种学习更容易发生，过了这段时间，此类学习将非常困难。如运动发展：出生至 6 岁；情绪控制：出生 1 月后至 2 岁 10 个月；词汇：出生后 8 个月至 6 岁；语言：出生至 10 岁；5. 数学逻辑：1 岁至 4 岁；6. 器乐演奏：3 岁至 10 岁；7. 抽象思维：9 岁是关键期；⑤最佳学习状态，大脑在放松、安全的环境下，才能发挥出最大的学习效率。

（2）基于“认知的脑”的学与教，要求教师按照学生认知发展规律和知识学习规律，合理安排和处理教学内容，采取有效的教学方法，让学生的学习更加有意义。他认为：①追寻意义，大脑的学习本质上是一个追寻意义的学习过程。大脑喜欢简单、有序、新奇、有刺激的知识，喜欢神经连接，学习新知识最好与已有知识和经验相联系，如英语老师对单词记忆敏感，作家善于记忆情节和故事等；②左右脑联合学习，左右脑虽然有所分工，但整个大脑以整合的方式开展工作、联合学习；③多元智能；④多感官参与，视觉、听觉、味觉、嗅觉、触觉、温度感等都能给大脑提供学习信息；⑤内隐学习，给学生创设一个安全、浸润性的学习环境，让学生在潜移默化中学习有助于提高学习效率，习惯化自动运行的知识消耗较低的脑资源等，如熟练掌握的知识不用回忆会脱口而出，下意识和潜意识等；⑥科学运用记忆规律，遗忘是有规律的，如果能够及时复习，养成自己科学的记忆习惯，就能极大地提高学习效果。

（3）基于“情绪的脑”的学与教，要求教师考虑到学生的情感要求，激发学习积极性，体验学习的乐趣。①情绪的作用。在脑资源的整体中，情绪神经占据的资源对思维的控制制约和影响作用巨大；②情绪作为学习目标，情绪智力对一个人的学习和事业成功的作用有时要大于认知。③积极情绪的获得。强迫、焦虑、恐惧和愤怒都会降低学习效率。脑科学发现大脑只听自己的，尤其是在顿悟时大脑会产生推动自己行动的巨大能量。④适度挑战的意义。大脑对适度挑战性的学习最感兴趣。

（4）基于“社会的脑”的学与教，要求教师在教学组织中能够满足学生社会性发展的需求，增强学生的自尊感、成就感、自我效能感，促进学生的社会交往。①社会交往需求满足的条件。合作学习、互助学习、榜样学习、展示讨论都是满足学生社会交往的有效途径。②人际关系的重要性。师生关系、生生关系、学生社团和学生亚群体等构成了一个学生学习最重要的社会环境，这个环境的优劣（如安全感、归属感、凝聚力等）都直接影响着学习效果。③自我效能感。每个人都需要得到他人和社会的认可，都需要体验成功的感觉，所以自我效能感、自尊心等因素也会对学习产生重要的影响。在课堂上，让学生有机会向他人表达自己的观点，向他人展示自己的作品，有机会为他人服务，是满足学生社会性发展需求的有效方法。

6. E·詹森：基于脑的学习理论与策略

E·詹森是美国脑认知学习理论和脑认知学习策略的集大成者。在他的著作《基于脑的学习——教与学训练的新科学》一书中，详尽论述和介绍了当前最先进的脑认知学习理论和学习策略，提出了围绕脑的自然学习的最佳方式创设组织，可能是最简单和最为关键的教育改革，发展基于脑的学习取向会获得对于所投入的时间、精力和金钱的最佳回报，至今对于指导学生的学习和教师的教学仍具有十分重要的参考价值。

詹森认为：（1）脑首先关心的是生存，不是教，只有发现有意义和脑的基本生存需要得到满足时，脑才会将注意集中在教学上。要提供复杂的、多感觉多通道的浸润环境。减少和避免一门课程固定步骤教学，提供有选择的学习，例如，在教室某处播放录像，这边有阅读区，那边还有讨论和学习会议；房间里布置丰富多彩的标语、图标、动态作品和心理地图；应用掌握学习中心或依据共同兴趣分组活动；播放低音量音乐；鼓励多身份多年龄小组合作项目。从丰富的、多种形式影响，如野外旅行、模仿、游学、讨论、真实生活项目和个性化活动中，我们学习得更多，因此要丰富学习环境。

（2）每个人的脑不仅是唯一的，而且都以自己的速度扩展。提供有差异的学习。学习过程要增加变化、选择和灵活性。给学生机会表达他们自己和彼此相互作用。减少全班性的练习，将“学习站”、同伴导向学习和个别化掌握学习结合在一起。告诉学习者，如果对学习过程提出要求，他们将会更加意识到他们怎样才能学得最好。

（3）脑的左半球加工“部分”（顺序），右半球加工“整体”（随机的）。左脑支配的学习者可能更喜欢有序的事物，从部分到整体学习得最好，更喜欢语音阅读系统，喜欢词汇、符号和字母，宁可首先阅读主题，要汇集相关事实信息，更喜欢详细有序的教学，更关注内在经验，要结构性和可预测性。右脑支配的学习者可能更喜欢随机事物，从整体到部分学习得更好，更喜欢整体语言阅读系统，喜欢图画、图像和图表，宁可首先看见和经历主题，要汇集有关实物之间关系的信息，更喜欢自然的、随波逐流的学习环境，更关注外部经验。

（4）典型的学习者不是带着“一块空白石板”来的，而是带着一颗堆积着经验、高度习惯化的脑袋来的，最好的学习可以预知学习顺序。第一个阶段是预先呈现阶段，要求为新的学习提供一个框架，预先为学习者的大脑提供可能的链接，这一个阶段可包括学科的概述与有关主题形象化的表述。学习者的学习背景越多，吸收与加工新信息就越快；第二个阶段是获得，既可以通过直接的方式如直接提供达成，也可用间接方式如形象化呈现达成，两种方式都有效，它们是互相补充的；第三个阶段是精细加工，探索主题间的相互联系并鼓励深入理解；第四个阶段是形成记忆，巩固学习以便到周四还能记起周一习得的内容；第五个阶段是功能整合，提醒我们应用新知识，以进一步强化与拓展。学习难度较大的知识，合理的学习时间是：预先呈现的时间占 5%，获得的时间占 45%，精致 / 加工的时间占 45%，停工时间占 5%。学习难度较小的知识，合理的学习时间是：预先呈现的时间占 10%，获得的时间占 30%，精致 / 加工的时间占 50%，停工时间占 10%。

（5）神经网络通过尝试与错误得以发展，试验与反馈越多，神经网络的质量就越好。好的学习方式由同伴合作复习、小组活动、学生编写章节标题、答案单、配对分享、视频与音频的录制时间、自我评价等构成。当启用多种反馈资源时，学生不仅学得更多、更精确，而且还能深化他们的内部动机。

（6）大多数神经学家都同意，学生不是学习的机器，相反，学生的行为深受生物节奏律的影响。要帮助学生了解他们自己的最佳学习时间，比如在一天中学生的逐字记忆是逐步衰退的，最有效率的方式是要使学生学习与个人经验相联系。上午呈现新信息，而下午用于整合新信息与先前的知识。据研究“学习的节奏”研究介绍，上午 9 时到 11 时，脑完成短时记忆任务的有效性超过 15%；上午 9 时到 12 时，最有效习得的学习任务是机械学习、拼写、问题解决、测验复习、撰写报告、数学、理论和科学；中午至下午 2 时最适合运动、定向任务、文书工作、操作、音乐、计算机工作、歌唱和艺术；下午 2 时至 5 时，最适合学习文学与历史以及运动、音乐、戏剧和手工。因为有些人是“百灵鸟”，有些人是“夜猫子”，学习的最佳时间存在着 2 到 4 小时的变化。

（7）信息输入的方式决定了知识储存的结果，而信息提取应用也影响着信息储存，所以说提取应用是更好的学习。“提取式”学习的有关方法：互动式教学、对话教学，学生在对话中需要不断地提取学习信息；经常性的诊断性测验，测验本身就是一个知识的提取过程；主题探究学习，围绕一个主题，学生需要建构学习框架，为此需要提取信息完成这样的学习；过电影式学习，每天晚上睡觉前，或者在适当的时间，学习者在脑海中将一天所学的知识过滤一遍，这个过程就是信息提取的过程。如果能做到可视化，效果会更好。

（8）大脑喜欢自由的思考，思维是大脑活动的核心。如果教师对学生学习控制太多，即使是最好的课时计划都会失败。高控制会使学生失去自主选择、自信心和主动性，在学习过程中往往被动应付。

（9）脑的 90% 的感觉信息输入来自于视觉，对于符号、画像和其他简单的形象立即和原生的反应。我们要充分利用脑的视觉系统的价值，用实物、照片、图表、图像、幻灯片、录像片、展示板和色彩使讲授交流呈现更加坚强有力地影响脑。为使影响最大化，可适当频繁地更换媒介——从激励人的录像和生动的海报，到心理地图、绘画、班级拼贴和符号。

（10）照明影响视力，也影响学习。过亮刺激眼睛，黑暗影响学习心情。越来越多的教育者认为喝一些纯水有益于学习，别忘了提醒学生隔 45 分钟就要饮水。班级里适当放置一些绿色植物，也有益于大脑学习。

詹森对大脑认知学习学习规律的研究和揭示还不仅止于此，另外，他对于建设基于脑、适于脑和发展脑的学校环境，还提出了一系列宝贵建议。如使学校更像真实生活：整合课程，结合真实问题，组织模拟活动，提供大量新异性和反馈，并且通过赢得他们的兴趣和尊敬寻求学生合作。校长要带领师生评估学校现存文化，建立共同行为的愿景，建立学习气氛，组织团队学习，鼓励系统思考和协同创新，培育教育梦想，真正的学校必须有长期的、个人的、系统的和组织的改变——任何的不足都注定要失败。应避免的致命歧途和错误做法：

（1）消除学生的选择和吸纳，100% 接受课程命令；

（2）进行高奖赏测验，为测验而教并导致学生的脑的“最小化”，用于代替有创造性而频繁的评估和采用多种评估策略。

（3）增加教职工达成基于结果的标准的压力（更多应激而没有支持的措施使教师感到无能，学生也一样）。

（4）主要专注于短时评估（测量语义学习是多余的，因为会在测验后很快忘记）。用于代替（外界的要求）向学习者提供丰富的和经常不断的反馈流。

（5）应用仅关注立即的或容易测量的结果的评估练习（真实学习的许多方面不能够即时测量），取代专注学习的快乐和我们如何学得最好。

（6）期望教师提高学生的学业成绩，而不提供为满足学生各种各样的需要所必需追加的训练和支持。

（7）以牺牲向教师和学生保证容易引起反应的组织气氛为代价，以回应官僚作风的要求。

（8）实施严格的教师表现评价。

（9）在课堂上强化教师控制，制造怨恨和冷漠。

（10）鼓励依靠讲课、讲课、还是讲课的"站着传授"的教学实践。

（11）为所谓的"天才"和有天资的学习者提供特殊计划；所有学习者都应该得到供给"天才"的丰富学习环境（并且天才学习者会促进常规课堂）。

（12）鼓励惩罚的学科测量、奖赏、贿赂和控制战术。学校不是监狱，应给予学生以尊重和尊严，期望他们为学习而学习，应使学习有趣，在学习中寻找快乐。

对于脑认知科学理论及其学习策略和教学原则的研究，阿尔康（Alkon）、盖奇（Gage）、加扎尼加（Gazzaniga）、格里诺（Greenough）、科斯林（Kosslyn）、加尔文（Galvin）、皮特（Pete）、赫伯特（Herbert）、埃德尔曼（Edelman）和中国的皮连生、金洪源、董奇、周加仙等著名学者也多有建树，对于指导中小学学生学习和课堂教学改革很有意义，但限于篇幅，在此不再赘述。

第二节　元认知学习理论

一、元认知学习理论定义

元认知，就是对认知的认知，具体地说，是关于个人自己认知过程的认识和调节这些过程的能力，对思维和学习活动的认识和控制。元认知由三种心理成分组成：一是元认知知识，主要包括个体对自己或他人的认知活动的过程、结果等方面的知识；二是元认知体验，指伴随认知活动而产生的认知体验和情感体验；三是元认知监控，指认知主体在认知过程中，以自己的认知活动为对象，进行自觉的监督、控制和调节。元认知监控主要包括确定认知目标、选择认知策略、控制认知操作、评价认知活动并据此调整认知目标、认知策略和认知操作等环节。元认知监控是元认知最重要的心理成分。

近二十几年来，元认知成为心理学研究的热点之一，并对教育实践产生了一定影响。本文力图对“元”概念的产生，元认知的性质、结构、评定方法等有关研究进行概述，并对其中存在的问题进行分析，同时对未来研究提出展望。

元认知（metacognition）一词最早出现自美国儿童心理学家弗拉维尔（J. H. Flavell）在1976年出版的《认知发展》一书。所谓元认知就是对认知的认知，具体地说，是关于个人自己认知过程的知识和调节这些过程的能力，对思维和学习活动的监督和控制。

元认知包括元认知知识和元认知控制。例如在教学心理学中常提到“学习如何学习”，指的就是这种次认知。元认知的实质是对认知活动的自我意识和自我调节。

“元”概念产生于对内省法的自我证明悖论的哲学思索，孔德（Comte）认为内省法存在“自我证明悖论”。同一器官如何能够同时既是观察者又是被观察者？1956 年，哲学家阿尔佛雷德·塔斯基（Alfred Tarski）为解决这一悖论引进了“meta”即“元”的概念。他针对客体水平提出了元水平的概念，客体水平是关于客体本身的表述，而元水平则是关于客体水平表述的表述。存在于客体水平和元水平之间的这种区别，使得我们可以将一个过程作为两个或两个以上同时进行的过程来分析。其中，任何一个较低层次的过程都可成为一个较高层次过程的对象。因此，内省可看作是认知主体对客体水平所进行的意识做出元水平的言语表述，这样一来，关于内省法的自我证明悖论就得到了解决。塔斯基的“元”概念在解决了自我证明悖论的同时，也给心理学家以某种启发，从而导致意识及认知的元认知模型的产生。这一模型有三个特征：

（1）监测，即信息从客体水平向元水平流动，它使元水平得知客体水平所处的状态；

（2）控制，即信息从元水平向客体水平流动，它使客体水平得知下一步该做什么；

（3）元水平具有某种模型，这一模型包括目标以及达到目标的方式。在元认知模型中，元水平通过与客体水平之间进行信息的往返交流（亦即反复的监测和控制）达到认知目标。

在众多的元认知定义中，以元认知研究的开创者弗拉维尔所做的定义最具代表性。1976 年，他将元认知表述为“个人关于自己的认知过程及结果或其他相关事情的知识”，以及“为完成某一具体目标或任务，依据认知对象对认知过程进行主动的监测以及连续的调节和协调”。1981 年，他对元认知作了更简练的概括：“反映或调节认知活动的任一方面的知识或认知活动”。布朗（A. Brown）与贝克（L. Baker）也认为，元认知是“个人对认知领域的知识和控制”。可见，元认知这一概念包含两方面的内容，一是有关认知的知识，二是对认知的调节。也就是说，一方面，元认知是一个知识实体，它包含关于静态的认知能力、动态的认知活动等知识；另一方面，元认知也是一种过程，即对当前认知活动的意识过程、调节过程。作为“关于认知的认知”，元认知被认为是认知活动的核心，在认知活动中起着重要作用。

1. 布朗认为元认知包含两大成分：关于认知的知识和对认知的调节。关于认知的知识是个体关于他自己的认知资源及学习者与学习情境之相容性的知识，即个体关于自己的认知能力、认知策略等的知识，以及在何种问题情境下应该运用何种认知策略、如何最佳地发挥自己能力的知识。对认知的调节指一个主动的学习者在力图解决问题的过程中所使用的调节机制，包括计划、检查、监测、检验等。这两部分具有不同的性质。关于认知的知识是稳定的、可意识到、可表述的，它随着个体年龄的增长而发展。对认知的调节不太稳定，通常是无意识地进行的，故不易表述，它更多地依赖于任务和情境，而不依赖于年龄。即使是年幼的儿童，在某些任务中也能运用这种调节过程，这些任务通常是那种对个体来说具有一定难度但又不是太难的任务。

2. 弗拉维尔认为元认知的两大主要成分是元认知知识和元认知体验。所谓元认知知识，是指个体所存储的既和认知主体有关又和各种任务、目标、活动及经验有关的知识片断。弗拉维尔认为元认知知识主要有三类：（1）个体元认知知识，即个体关于自己及他人作为认知加工者在认知方面的某些特征的知识；（2）任务元认知知识，即关于认知任务已提供的信息的性质、任务的要求及目的的知识；（3）策略元认知知识，即关于策略（认知策略和元认知策略）及其有效运用的知识。同时弗拉维尔特别强调这三类知识的交互作用，他认为，不同个体会依据特定的认知任务对策略做出优劣的判断。所谓元认知体验，即伴随并从属于智力活动的有意识的认知体验或情感体验。弗拉维尔认为有很多元认知体验是关于在某一认知活动中你已取得的进展或你将取得的进展的信息。弗拉维尔认为，在认知活动中，元认知知识和元认知体验是相互作用的。一方面，元认知体验能导致元认知知识的增加、删除或修改，个体在认知活动中会发现目标、策略、元认知体验和任务之间的关系，然后将这些发现同化至现有的元认知知识系统中；另一方面，元认知知识可以帮助个体理解元认知体验的意义以及元认知体验对于认知行为的暗示。两者的关系还体现在：有时它们是部分重叠的，有些元认知体验可看作是进入意识的元认知知识片断。

3. 比较与综合。对照布朗和弗拉维尔对元认知结构的分析，可以发现，两人都认为元认知知识是元认知的成分之一，但关于元认知的另一成分，他们却有不同的看法。布朗分析中的另一成分是对认知的调节，而弗拉维尔则没有这一表述。这一区别的来源在于，弗拉维尔分析的是作为静态的知识结构的元认知，而布朗分析的则是既是知识实体又是动态过程的元认知，即分析对象的不同造成了分析结果的差别。其实，从两人对元认知的定义可以很清楚地看出，他们都认为元认知不仅包括关于认知的知识，也包括对认知的调节。弗拉维尔的另一成分是元认知体验，而布朗并没有提及。其实，布朗所提出的调节技巧如计划、检查、监测、修改、评价等，无一不是与所谓的元认知体验紧密相连的。有些技巧的应用会导致元认知体验的产生，有些技巧的应用则受到元认知体验的驱动和指引。也就是说，元认知体验伴随着认知调节的整个进程，离开了它，认知调节是不可能进行的。因此，综合两人的观点，我们认为元认知由三个部分组成：元认知知识、元认知体验、认知调节。也就是说，其一，我们认为元认知具有双重状态，它既是一个静态的知识实体，也是一个动态过程，因此，认知调节应属基本成分之一；其二，元认知体验与认知调节在性质上是不同的，前者是认知主体的一种情感或认知的体验状态，而后者是一种过程（或技巧），因此应该将元认知体验与认知调节分离开来，作为两个相对独立的成分。这三个方面虽然相对独立，实则密不可分。一方面，认知调节既受到元认知体验的激发和指引，同时又以元认知知识为基础；另一方面，认知调节的每一步都会使个体产生新的元认知体验，同时也会丰富、发展个体的元认知知识，并且元认知知识和元认知体验之间也是相互影响的。这三个方面相互作用、循环往复，三者动态有机的结合即构成了元认知。

二、元认知理论简述

元认知的实证研究必然涉及元认知的评定。元认知的评定方法主要有自我报告法、出声思考法、对自发的个人言语的观察、作业评定法等。1. 自我报告法是评定元认知最常用的方法，即提供某一任务，让被试报告他们在完成任务时的元认知活动。一种程序是让儿童完成任务，然后进行事后报告；另一种则不进行实际操作，而要求儿童设想自己在操作时的可能情况并做出报告。提问的方式也有两种：开放性问题和选择性问题。关于计分方法，选择性问题计分比较简单，而开放性问题计分较复杂，有两种可行的方式：定性分析，如评价报告的流畅性如何；量化计分，如计算被试所报告的不同策略的数量或它占所有可能的策略的总和的百分比。量化计分也可以辅以定性分析，如以等级来标定被试报告的抽象性、普遍性、分化性等。2. 出声思考法要求被试在进行任务操作时，用语言表达自己所思所想的一切，以推断元认知水平。如亨肖（Henshaw）在一项研究中，先将被试出声思考的内容按下列项目归类：回顾已有信息、策略单元、解决方案单元、促进性中介、妨碍性中介、沉默；然后对被试的六类言语进行“马尔可夫链”分析，观察被试整个任务过程中思考方式的一贯性，以此推断被试的元认知水平。3. 通过观察被试在解决问题的过程中自然发生的、不是为了与他人进行交流的自言自语，也可以评定元认知。具体程序与出声思考法相似。作业评定法即直接依据被试的作业来评定元认知。要求被试解决某一问题，或对同伴进行指导；通过观察、分析被试的解题过程或对同伴的指导，来推断被试的元认知能力。以上列举的是几种主要的元认知评定方法，它们各有利弊。在进行研究时，最好能综合使用两种甚至两种以上的方法，取长补短，以获取更全面、更准确的资料。

（一）元认知知识就是有关认知的知识

即人们对于什么因素影响人的认知活动的过程与结果、这些因素是如何起作用的、它们之间又是怎样相互作用的等问题的认识。元认知知识主要包括以下三方面的内容：

1. 有关个人作为学习者的知识，即有关人作为学习着或思维着的认知加工者的一切特征的知识。这方面的知识可以再细分为以下三类：关于个体内差异的认识，比如正确地认识自己的兴趣、爱好、学习习惯、能力及其限度，以及如何克服自己在认知方面存在的不足等；关于个体间差异的认知，比如知道人与人之间在认知方面以及其他方面存在的种种差异；关于主体认知水平和影响认知活动的各种主体因素的认识，比如知道记忆、理解有不同的水平、知道注意在认知活动中的重要性、知道人的认知能力可以改变。

2. 有关任务的知识，在有关认知材料方面，主体应当认识到，材料的性质（如图形材料与文字材料）、材料的长度（如一段短文与一篇长文）、材料的熟悉性（如熟悉的材料与不熟悉的材料）、材料的结构特点（如论说文与叙述文）、材料的呈现方式（如听觉呈现与书面呈现）、材料的逻辑性（如有组织的材料与无组织的材料）等因素都会影响我们的认知活动的进行和结果；在有关认知目标、任务方面，主体是否知道不同认知活动的目的和任务可能是不同的，有的认知活动可能有更多、更高、更难的要求，比如要求回忆一篇文章的大意要比要求回忆该文章的准确词序的任务困难得多。

3. 有关学习策略及其使用方面的知识，这方面涉及的内容很多，比如，进行认知活动有哪些策略，各种认知策略的优点和不足是什么，它们应用的条件和情境如何，对于不同的认知活动和不同的认知任务，什么样的策略可能是有效的，等等。

（二）元认知控制是对认知行为的管理和控制

在主体进行认知活动的全过程中，以自己正在进行的认知活动为意识对象，不断地对其进行积极、自觉的监视、控制和调节。这种过程在工作记忆中进行操作。

元认知控制包括检查是否理解、预测结果、评价某个尝试的有效性、计划下一步动作、测查策略、确定当时的时机和努力、修改或变换策略以克服所遇到的困难等。概括起来，包括这样三个方面：

1. 计划，即根据认知活动的特定目标，在一项认知活动之前计划各种活动，预计结果、选择策略，想象出各种解决问题的方法并预估其有效性。

2. 监视，即在认知活动进行的实际过程中，根据认知目标及时评价、反馈认知活动的结果与不足，正确估计自己达到认知目标的程度、水平；根据有效性标准评价各种认知行动、策略的效果。

3. 调节，即根据对认知活动结果的检查，如发现问题，则采取相应的补救措施，根据对认知策略的效果的检查，及时修正、调整认知策略。一般来说，元认知控制与认知目标、认知课题和情境等因素密切相连。

值得一提的是，有人认为元认知包括三个方面的内容（董奇，1989）。一是元认知知识，即个体关于自己或他人的认识活动、过程、结果以及与之有关的知识；二是元认知体验，即伴随认知活动而产生的认知体验或情感体验；三是元认知监控，即个体认知活动进行的过程中，对自己的认知活动积极进行监控，并相应地对其进行调节，以达到预定的目标。在实际的认知活动中，元认知知识、元认知体验和元认知监控三者是相互联系、相互影响和相互制约的。元认知过程实际上就是指导、调节我们的认知过程，选择有效认知策略的控制执行过程，其实质是人对认知活动的自我意识和自我控制。

第三节　元认知干预策略理论

元认知的中文译法主要有这样几种：反审认知、反省认知、超认知、后设认知。元认知策略是一种典型的学习策略，指学生对自己整个学习过程的有效监视及控制的策略。

学习时，学习者要学会使用一些策略去评估自己的理解、预计学习时间、选择有效的计划来学习解决问题，例如，假如你读一本书，遇到一段读不懂，你该怎么办呢？你或许会慢慢再读一遍；你或许会寻找其他线索，如图、表、索引等来帮助理解；或许你还会知道这一章更前面的部分。这意味着你要学会如何知道你什么地方不懂，以及如何去改正你自己。此外，你还要能预测可能会发生什么，或者能说出什么是明智的，什么不是明智的，所有这些都属元认知策略。

概括起来，元认知策略大致可分以下三种：

一、计划策略

计划策略包括设置学习目标、浏览阅读材料、产生待回答的问题以及分析如何完成学习任务。给学习作计划就好比是足球教练在比赛前针对对方球队的特点与出场情况提出对策。不论是完成作业，还是为了应付测验，学生在每一节课都应当有一个一般的“对策”。成功的学生并不只是听课、做笔记和等待教师布置测查的材料。他们会预测完成作业需要多长时间，在写作前获取相关信息，在考试前复习笔记，在必要时组织学习小组以及使用其他各种方法。换句话说，成功的学生是一个积极的而不是被动的学习者。

二、监控策略

监控策略包括阅读时对注意加以跟踪、对材料进行自我提问、考试时监视自己的速度和时间。这些策略使学习者警觉自己在注意和理解方面可能出现的问题，以便找出来并加以修改。当你为了应考而学习时，你会向自己提出问题，并且会意识到某些章节你并不懂、你的阅读和记笔记方法对这些章节行不通，你需要尝试其他的学习策略。下面说说两种具体的监控策略——领会监控和集中注意。

1. 领会监控

熟练的读者在阅读时自始至终都持续着这一过程。熟练的读者在头脑里有一个领会的目标，诸如发现某个细节、找出要点等，于是为了该目标而浏览课文。随着这一策略的执行，如果找出了这个重要细节或抓住了课文的要点，熟练的读者会因达到目标而体验到一种满意感，但是如果没有找到这个细节或者不懂课文，则会产生一种挫折感。如果领会监控最终显示目标没有达到，就会采取补救措施，比如重新浏览材料或者更仔细地阅读课文。

一些研究表明，从幼儿到大学生有许多人都缺乏这种领会监控技能，好多学生总是把重复（如再读、抄笔记等）作为他们的主要策略，从课本或讲演中学习新知识。为了帮助这样的学生，德文（Devine，1987）建议他们使用以下策略以监视并提高他们的领会：（1）变化阅读的速度，以适应对不同课文领会能力的差异。对于比较容易的章节读快点，抓住作者的整体观点；对于较难的章节，则要放慢速度。（2）中止判断。如果某些事不太明白，继续读下去，作者可能会在后面填补这一空隙，增加更多的信息或在后文中会有明确说明。（3）猜测。当所读的某些事不明白时，养成猜测的习惯，猜测不清楚段落的含义并且读下去，看看自己的猜测是否正确。（4）重读较难的段落。重新阅读较难的段落，尤其是当信息仿佛自相矛盾或模棱两可时，最简单的策略往往是最有效的。

2. 集中注意

注意和金钱、能源一样，是一种有限的资源，在某一时刻，只能注意有限的事物。当教师要求学生将他们有限的注意能量全都花在他所说的每一件事上时，学生只得放弃对其他刺激的积极注意，只得变换优先度，将其他刺激全部清除出去，例如当人们全心全意注意一个有趣的谈话者时，他们就意识不到细微的身体感觉（如饥饿），甚至充耳不闻视而不见其他刺激。有经验的讲演家知道，听众一旦心不在焉时，他们已经不再集中注意听讲了，可能已经转向注意午餐或其他活动了，因此就要重新抓回他们的注意力。

三、调节策略

根据对认知活动的结果的检查，如发现问题，则采取相应的补救措施，根据对认知策略的效果的检查，及时更正、调整认知策略。

调节策略与监控策略有关，例如，当学习者意识到他不理解课的某一部分时，他们就会退回去读困难的段落；在阅读困难或不熟的材料时放慢速度；复习他们不懂的课程材料；测验时跳过某个难题，先做简单的题目等。调节策略能帮助学生矫正他们的学习行为，使他们补救理解上的不足。

元认知策略总是和认知策略一道起作用的。如果一个人没有使用认知策略的技能和愿望，他就不可能成功地进行计划、监视和自我调节。元认知过程对于帮助我们估计学习的程度和决定如何学习是非常重要的；认知策略则帮助我们将新信息与已知信息整合在一起，并且存储在长时记忆中，因此，我们的元认知和认知必须一道发生作用。认知策略（如画线、口头复述等）是学习内容必不可少的工具，但是元认知策略则监控和指导认知策略的运用，也就是说，可以教学生使用许多不同的策略，但如果他们没有必要的元认知技能来帮助他们决定在某种情况下使用哪种策略或改变策略，那么他们就不是成功的学习者。

随着素质教育的深入发展，现代教育越来越关注如何使学生学得更省时、省力且高效，无疑地，这便涉及一系列的学习策略问题。然而，任何一个有效的策略背后，必然有一个完善的理论体系予以支持。元认知的相关理论即是学习策略最适宜的支持理论。相反，任何一个理论也必须由相应的实践活动来展示它的生命力及魅力。

第四节　基于互联网的学习理论

一、关联主义学习理论

随着网络通信技术的迅速发展，人们的学习技术和手段越来越多样化与先进化，从而导致了人们学习方式的改变。参与网络学习共同体的学习作为新型学习方式的代表，集中了数字时代学习的全部特点，是当代学者竟相研究和实践的热门领域。在网络学习共同体中，知识的流通较之知识的习得更为重要，新知识的学习可以有多种方式完成，但知识的流通、更新、循环、再生则是由学习共同体的运转机制决定的。如果知识在共同体内部成员之间可以实现上述的良性循环，就能促进有效学习的发生，培养学习者的学习能力，进而发挥网络学习共同体的最大效益。

关联主义学习理论的提出是数字时代的需要，由于网络技术与连接的建立为学习提供了便利，使人们不再必须亲身经历才能习得知识，人们的学习能力可以来自于各种连接的建立。卡伦·斯蒂芬森认为："长期以来，经历被认为是知识的最好的老师。但我们无法经历所有的事，因此他人的经历，乃至其他人，都成为知识的代名词。'我把我的知识储存在朋友处'是一种通过收集人数来收集知识的公理。"在数字时代，培植各种连接，建立各种连接节点，就可以存储和流通知识。而关联主义就是将这种时代特征吸纳其中建立的理论体系。

关联主义是一种经由混沌、网络、复杂性与自我组织等理论探索的原理的整体。学习是一种过程，这种过程发生在模糊不清的环境中，将核心成分置于个人的控制之下。学习（被定义为动态的知识）可存在于我们自身之外（在一种组织或数据库的范围内）。我们可将学习集中在将专业知识系列化的连接方面，这种连接能够使我们学到比现有的知识体系更多、更重要的东西。

关联主义的基本原理有：（1）学习与知识建立于各种观点之上；（2）学习是一种将不同专业节点或信息源连接起来的过程；（3）学习可能存在于非人的工具设施中；（4）持续学习的能力比当前知识的掌握更重要；（5）为促进持续学习，需要培养与保持各种连接；（6）看出不同领域、理念与概念之间联系的能力至关重要；（7）流通（精确的、最新的知识）是所有关联主义学习活动的目的；（8）决策本身是一种学习过程。选择学习内容，根据不断变化的实际情况理解新信息的意义。关联主义还提出了许多团体在知识管理活动中所面临的挑战。存在于数据库中的知识需要与合适的领域中合适的人连接在一起，从而形成学习分类。相反，行为主义、认知主义与建构主义没有提及关于有组织的知识与知识转移方面的挑战。

数字时代的关联主义学习理论的发展给网络学习的研究带来了新的视角，关联主义主张技术可以代替部分认知，建立连接也是一种学习结果。这样新颖的思路，符合技术伴随终身的未来学习的需要。用关联主义的视角分析网络学习共同体的构建策略和组织原则，可以解释网络学习共同体的深层内涵，实现网络学习共同体的终极目标，为学习者终身学习能力的培养提供借鉴。本文在关联主义的视野下，对网络学习共同体中的问题进行了新的诠释，希望能对网络学习的研究提供新的思路和启发。

二、泛在学习理论

关于泛在学习，它有多种名称，如无缝学习、普适学习、无处不在的学习等。泛在学习是由“泛在计算”衍生而来的，是美国的马克·威士（Mark Weiser）重新审视了计算机和网络应用后提出的概念。他发现，对人们影响最深、作用最大的是那些在使用过程中不可见的东西。他设想把计算机做成各种大小嵌入到每件事物中，然后让计算机通过无线通信悄无声息地为人们服务。泛在计算的最高目标是使计算机广泛存在而且不可见，正如他在《21世纪的计算机》一文中所说的：“最深刻的技术是看似消失的，它们融入了每天的生活当中以至于不可分辨了。”在此基础上，日韩及欧盟、北美的一些学者先后提出了类似的概念，认为泛在学习就如同空气和水一样，自然地融入人类日常的社会生活中。有关泛在学习的特点，不少学者对其进行了归纳总结。陈（Chen）和高（Kao）（2002）指出泛在学习具有如下几个主要的特点：永久性、可获取性、即时性、交互性和教学行为的场景性。鲍姆道夫（Bomsdorf，2005）在前者的基础上增加了“适应性”这一特点，张（Zhang）和金（Jin）（2005）归纳出泛在学习具有以下特征：（1）学习环境存在的无意识；（2）普遍可及的学习内容；（3）自然的学习界面；（4）多样化的通信方式；（5）高性能的通信。鲍因勃德（Boyinbode）等（2008）认为泛在学习环境最明显的特征在于学习的泛在性，体现在以下三个方面：（1）泛在的学习行为；（2）泛在的学习接口；（3）泛在的学习支持服务。国内有学者认为泛在学习优化了数字化学习与移动学习的优势，具有以下特点：（1）易获取性；（2）即时性；（3）移动性；（4）虚拟现实；（5）交互性；（6）协作与共享。也有人认为泛在学习主要包括按需学习、即时学习、适量学习等三个特征。有学者认为泛在学习具有非正式、情境性、社会性、高级分布式认知等核心特征。也有人认为泛在学习的根本特征主要体现为学习和生活的“融合”和操作的“透明性”。

泛在学习理论强调要将个体认知置于更大的物理和社会情境以及文化建构的工具和意义中，充分体现了分布式情境认知范式的基本特点。泛在学习采用了一种信息从学习辅导设备到学习者的传输模型。它可以利用普适计算设备提出一个问题（刺激），再由学习者提出解决方案（反应），并由系统反馈强化这一过程。泛在学习设计中注重学习内容和学习者特征分析、学习环境和教学策略设计，并把重点放在组织策略上，强调个别化学习，强调学习对象的小规模学习。泛在学习理论认为知识不是通过教师传授得到的，而是学习者通过已有的认知结构，主动加工建构形成的。泛在设备的计算与信息管理功能，可以作为学习者的建构工具来支持、指引和扩充学习者认知结构或思维模式，促进知识建构与问题解决。因此，泛在学习是建构主义学习理论应用的最佳场所，能够很好地满足“以学生自我导向”为本的学习环境的建构。

“我们要做的不是寻求一条最好的途径，而是寻求不同的途径以到达不同的目标”，这种观点更具有开放性和包容性，植根于各种文化背景，使不同文化背景下的每一个学习者能以不同方式、最大限度地享受教育。后现代主义关于世界、技术、知识等思想对泛在学习起到一种潜移默化的影响。泛在学习赖以实现的“隐匿性技术环境”与后现代主义批判技术至上的思想，与主张以冷静的方式全方位审视技术的功能的观点殊途同归。

泛在学习理论认为学习的本质是个体与他人、环境参与实践，构成群体之间的合作与互动的过程。知识和概念都只有通过社会化的运用才能得到充分的理解，个体参与实践活动与环境相互作用是学习得以发生的根本机制。它关注物理的和社会的场景与个体活动的交互作用，认为学习不可能脱离具体的情境而产生，情境不同，学习者受到具体的情境影响也不同。

研究表明，泛在学习为学习者提供一种无缝的学习空间，符合人类终身化学习的需求，将是一种新型的 5A（anytime、anywhere、anyone、anydevice、anything）学习模式。而且泛在学习可以将课内与课外学习、正规学习与非正规学习相结合，它还能促进各种学习协作和传统教学模式的改变。

理想的泛在学习环境是一个交互性强、无缝的学习空间。学习者根据各自的需要在这种多样的空间中以不同的方式进行学习，使所有的实际生活空间成为学习空间。知识的获取、储存、编辑、呈现、传播、创造等最优化的智能环境将促进学习者信息素养和综合能力的提高。泛在学习资源环境不仅把整个互联网络拥有的信息资源纳入其中，甚至把整个社会和自然界都纳入其中；不仅包括狭义的信息资源，也涉及技术资源、设施资源、人力资源和环境资源。创造智能化的环境让学习者充分获取学习信息，这与学生到图书馆、学校进行学习或通过网络获取学习信息有很大的差异。泛在学习能否产生效应主要取决于学习者周围的情境，并不是每一个人能够拥有或者适应这个环境，智能化环境如何创设问题是研究泛在学习首先需要关注的焦点。

泛在学习中设备的先进性使学习的泛在成为可能。一般认为泛在学习使用带有射频识别（RFID，俗称电子标签）、红外数据通信端口、蓝牙端口等通信接口的 PDA、智能手机、笔记本电脑等移动设备，利用无线通信技术，在任何地点、任何时间学习任何自己感兴趣的内容。泛在学习需要嵌入式系统中的 CPU

架构，在网络方面以无线为主、有线为辅，需要分辨率较高、尺寸大小适中的屏幕。此外，在输入方式、电池的大小和使用时间以及应用软件等方面也有较高的要求。作为一种新型的学习理论体系，泛在学习的实现需要数字化技术环境和学习资源、整合多种教学模式和弹性、灵活的学习支持服务等多方面资源的支撑。

泛在学习的泛在性突破了物理空间和信息空间的制约。泛在学习是一种随时、随地、随设备学习的“三随”的自主学习方式，创造智能化的环境使学生能够充分获取学习信息，对传统的教育和思维方式产生了冲击。对整个教育机构来说，泛在学习应与学校教育融为一体。泛在学习的目标就是创建让学生随时随地、利用任何泛在终端设备进行学习的资源环境，更有效地实现以学习者为中心的教学。学习资源扩展化使得知识不再是教师的专利，在教育功能真正得到扩张的同时，也向教师提出了严峻的挑战：教师的作用何在？教师应该为学生提供怎样的资源环境才能满足学生的需要？如何把握教师在学生学习过程中的参与程度？ 如何使学生与泛在的学习资源环境进行无缝链接？如果有必要对现有的教学方式和教学过程进行改变，从而使得学习资源能够在大范围中被重复使用，我们将如何使这个变化过程变得容易等一系列问题都值得我们关注。

总之，泛在学习是数字化学习、移动学习和终身学习等多种学习参与后的一种学习状态的体现和必然的发展阶段；移动学习、数字化学习和终身学习则是实现泛在学习的重要手段和具体表现形式。

三、混合学习理论

混合学习的理论，大致是 20 世纪 90 年代末以来，在线学习（e-learning）在教育领域得到迅速应用与发展的，由此推动了教育革新，并产生了许多新的教育思想与理念。人们在应用在线学习的过程中逐渐体会到，不同的问题需要用不同的方案来解决。通过对在线学习的反思，在企业培训领域中首先出现并经常使用一个词语：“混合学习”（blended learning）。2002 年，印度的 NIIT 公司在美国培训与发展网站上发表了《混合学习白皮书》，文章中提出了他们的观点：混合型学习被定义为一种学习方案，包括面对面的（face-to-face）、实时电子的（live e-learning）和自定步调的（self-paced）学习。通常混合学习也用来描述不同传递媒体之间的结合以及电子绩效支持和知识管理实践的一种混合。另一位学者迈克尔·欧瑞（Michael Orey）的研究，总结了三种不同的角度和观点来定义“混合学习”：（1）从学习者的角度，“混合学习”是一种能力，指从所有可以得到的，并与自己以前的知识和学习风格相匹配的设备、工具、技术、媒体和教材中进行选择，以便适合于自己达到教学目标。（2）从教师和教学设计者的角度，“混合学习”是组织和分配所有可以得到的设备、工具、技术、媒体和教材，以达到教学目标，即使有些事情有可能交叉重叠。（3）从教育管理者的角度，“混合学习”是尽可能经济地组织和分配一些有价值的设备、工具、技术、媒体和教材，以达到教学目标，即使有些事情有可能交叉重叠。这些设备、工具、技术、媒体和教材包括书籍、计算机、学习小组、教师、教室、虚拟教室、非传统教室、教学指南等。中国学者李克东教授认为：“混合学习是人们对网络学习进行反思后，出现在教育领域，尤其是教育技术领域中较为流行的一个术语，其主要思想是把面对面教学和在线学习两种学习模式有机地整合起来，以达到降低成本、提高效益的一种教学方式。”

混合学习的发展使其内涵越来越广泛：混合在线与离线学习，混合自定步调与实时协作，混合结构化与非结构化的学习，混合学习实践和绩效支持，混合多种教学资源，混合多种环境，混合多种支持服务。下面主要介绍前三种。

（1）混合在线与离线学习：在线学习形式通常指通过网络的学习，离线学习形式主要指在传统的教室环境中的学习。混合学习应该包括在线和离线的学习。

（2）混合自定步调与实时协作：自定步调的学习是指按照个人学习需求自我调控的学习，实时协作学习是指多个学习者之间交流、分享共同获得知识的学习。

（3）混合结构化与非结构化的学习：结构化学习是指学习时在过程和目标上有明确的结构、有高度的组织和学习目标的学习，学习具有一定的盲目性，是很多学生学习效率不高和知识掌握层次受到限制的主要原因。非结构化学习是指那些没有提前考虑好的或者没有像书本上的章节一样按一定顺序组织的正式的学习。非结构化的学习资源主要有六种：①网络教师，作为资源，网络教师是重要的人力资源，也是极有价值的学习资源；②学习伙伴，包括学习者、网友等，网络教师也可以看作学习伙伴；③博客（blog）资源；④ BBS 论坛资源；⑤ WIKI（维基）资源；⑥书签资源。“非结构化学习资源”设计的目的是要让看似无结构的、零散的、动态的学习资源被学习者高效地利用，从而创造出更多的智慧资源。现阶段很多工作中的学习都是通过如视频会议、网上论坛、电子邮件及聊天等非结构化的形式完成的。

混合学习模式充分体现了人本主义，根据学习者自身的条件来决定学习工具、学习环境、学习内容、学习步调和学习者之间的交互。既包含了共同接受学习的要求，又给出了个别化学习的机会。总体来说，混合学习就是各种学习内容、学习媒体、学习模式、学习方法以及学习环境和学生支持服务的混合。

混合学习的模式，是指用来清晰地描述混合学习过程，明确混合学习的各个环节的一种表述方式。混合学习的模式有多种，主要包括技能驱动型模式、态度驱动型模式、能力驱动型模式以及巴纳姆（Barnum）和帕曼（Paarmann）模式等四种类型的混合学习应用模式。

（1）技能驱动模式（skill-driven model）

技能驱动模式是将自定步调的自主学习同教师的在线指导相结合的模式。在这种模式中，自定步调的学习者同教师之间主要通过电子邮件、论坛等进行交互。在这种模式中，教师的指导作用十分重要，是有效学习的重要组成部分。教师可以监督学习进程，利用电子邮件或者论坛指导学习者处理学习过程中的问题。由此可见，自定步调的学习（自主学习）同教师的指导结合在一起，是一种有效的混合学习模式，它能有利于消除学习者的孤独感，促使学习者完成学习。

（2）态度驱动模式（attitude-driven model）

这种模式是传统的课堂学习和在线协作学习的结合。首先通过面对面的方式把协作学习中的内容、属性、预期结果以及通过什么样的网络技术支持进行等有关的事项向学习者进行交代。这种模式要求学习者在相对安全的环境中，利用在线协作的方式尝试学习新的内容，例如让学习者通过网络课程、论坛、网络视频会议和利用聊天室、在线辩论等方式学会沟通的技能。

（3）能力驱动模式（competency-driven model）

能力驱动模式是指学习者与专家共同活动并通过在线方式进行互动以获取知识的混合学习模式。这种模式主要适用于隐性知识的获得。这种隐性知识的获得，主要是通过在工作中对专家的观察和同专家的交流，因此这种模式包括学习者与专家实时的共同活动，并通过实时在线交流进行互动。

（4）巴纳姆和帕曼模式

这是巴纳姆和帕曼于2002年提出的一个关于混合学习的模式，该模式包括四个阶段：①基于Web的传输。将学习资料放到Web页面上，学习者根据需要随时浏览资料。这种方式非常有利于学习，可以随时随地查阅所需内容，并且能够促进独立性和自信心。②面对面加工。学习者和教师、学习者和学习者之间面对面的交流有利于加强彼此间的深入理解。面对面的过程应该是一个知识建构的过程。③形成一定的产品。有了学习的资料和进行了面对面的交流后，还需要形成最后的成品。在教师面对面的指导之后，学生应该将有关学习的心得体会、作业、练习等记录下来，并将这些内容与教师、学习伙伴通过电子邮件或论坛等方式进行交流，这样有利于学习者充分思考所要解决的问题；发布写作纲要，供教师和小组成员观看，并相互之间进行评论等反馈；完成作业的最后版本，并将其发布在网页上或发送给教师以及学习伙伴。④协作扩展学习。学生们可以分为一定小组，每组包括固定人数。这些小组保持每间隔不太长时间聚集一次，每次时间2小时左右，以分享彼此在完成同一作业时的经历与体会。其他时间小组成员间可以通过电子邮件、论坛或网络学习社区保持联系。

混合学习方式就是要把传统的课堂学习方式和现代的在线学习方式的优点结合起来，既发挥教师在整个学习过程中的主导作用，又体现学生作为学习主体的主动性、积极性和创造性，二者优势互补，达到最佳的学习效果。这是当代国际教育技术界关于教育观念和思想的转变与提高，是当代教育技术理论的回归。

以上引述了十几种有针对性的课堂指导理论，实际上也不至于罗列这么多，也可能引述得还不够，我们可以在课堂教学改革的实践中不断探索和研究，创造更多的先进理论来指导我们的课堂教学改革。

现代学习理论的新发展，为学生的学和教师的教提供了重要的启示和指导，在教师的实际教学中，可有意识地吸取各种学习理论的合理成分，灵活加以运用。

关联拓展阅读之一

综合性学习的基本含义和价值论析

刘学智

21世纪的学校向何处去？这是中小学教育面临的严峻课题。为适应新时代的要求，日本教育课程审议会明确提出，“以基础内容的获得为着眼点，减轻学生的学习负担，削减教育内容”，并提出了“综合性学习”的概念（1996年6月审议的总结报告）。综合性学习是目前教育理论和实践中的热点问题。综合性学习的内涵，因其在实践上的复杂形态而表现出提法的多样性。

一、综合性学习的基本含义

（一）从多维的视角定义综合性学习的内涵

从系统科学出发，主张综合性学习应从多维度体现其综合性。这一观点强调课程从学习的目的到结果，都能使学生体验、认识和思考学习课题的事物，能够从多样性的观点来对待复杂的社会现实生活问题。同时，学生在解决复杂的综合课题中，必然能动地培养起综合解决问题的能力。如日本学者安井一郎认为，“综合性学习就是基于许多教科书无法解决的现实问题和学际的问题，各研究领域在独立的问题的基础上，在既存的框架中，通过课题自身的逻辑推理性和学习者的内在的系统性，把似乎看来相互割裂的知识等统合起来，从而完成学习者自身的生活世界的再构造。”由此可见，把相互独立的各科学习统合为相互融合的学习形态，即课程的编成和实施的过程就是综合性学习。我国台湾学者黄政杰认为，“所谓统合，系指合成一体或关联起来的意思。课程的内容和活动组织必须使学习者将所学的概念、原理、原则关联起来，成为有意义的整体”。统合的观点主要涉及教师队伍的统合、正式课程和非正式课程的统合、以学生需要为中心的统合、以社会需要为中心的统合、教学时间的统合、教育情报和技术方法的统合等几个问题，这说明知识的综合发生在问题的解决的过程中。在解决问题的探索中，一切知识、经验、方法和手段都被激活、动员起来，严格的学科界限如果不被打破，就会成为解决问题的障碍。很显然，问题成了引起教学中知识综合的原因。

也有人从质和量的方面来看待综合性学习。从量的角度看，主要强调内容的综合，这只是一种外在的、形式化的综合，并非能够达到实质的综合。如单纯考虑课题的一个方面的综合性而忽视其他，其结果必然降低课题的总体综合水平。从质的方面看，寻求的是过程和结果的综合，即把外在的形式上的综合转化为学生发展的内在的、本质的综合，实现通过综合性学习促进学生综合能力的形成的过程。

（二）从发展的角度探讨综合性学习的内涵

目前一些学者认为，综合学习应注重发展、动态性。如日本学者儿岛邦宏认为，“综合性学习应着眼于学习主体的综合化”。由于学习主体，即学生的发展存在着复杂性和可塑性，所以综合性学习必须适应学生身心发展的各个阶段的需要。综合性学习要适应学生各个发展阶段性的要求，使不同年段的学生群体获得内在的、统一的、全面的发展。因此，教育工作者要选择学校的基本问题和社会问题作为学习的对象，并据此编制出综合性学习的活动和内容。由于这些课题自身包含着复杂性和多样性，学习者在学习的过程中一方面能把各学科的知识统合起来；另一方面能够把各种学习方法统合起来，实现内容和方法的统一。因为找到了综合的着力点，为最终实现教师—内容的综合，转化为学生主体的综合创造了条件。

那么，应如何理解综合性学习呢？综合性学习在形式上应是一种学习形态，而实质则是体现学生综合能力形成的课程。综合性学习应理解为如下几层含义：

1. 学习者自身的综合

即解决为何而学习的问题。学习者自身的综合，不是从教科书等习得的全部知识总和的意思，而是作为生存的全体而存在的意思。具体来说，学习者为了把握住自己的宝贵的人生，为了过去、现在和未来，把包围自己的丰富多彩的世界和多面的、发展的相互关系（认识、价值、行为）作为主体，从而确立的学习过程和学习形态。此时，学习者作为学习主体的同时，在和生活世界的相互关系中，把自己作为学习的教材加以客体化。由此看来，在同一的学习过程内，作为学习主体的自己和作为客体的自己相互统一、相互依存是综合性学习的典型特征。

2. 学习内容的综合

即解决学什么的问题。综合性学习所选择的内容不能是与学习者的主体需要毫无关系的、事先限定好的内容，这些内容的选择必以学习者的兴趣、爱好、问题意识为基础。就是说，从学生的生活环境之外所选取的内容必须是学生切实关心的问题，甚至于所择定的内容是游离于教科书框架的，与教科书的认识、价值、行为等存在着不一致性，这样的内容对学生的综合能力的发展才是有价值的。

3. 学习方法的综合

即解决怎样学习的问题。为使生活世界的多面的相互联系变成可能，采用适应学习者以及课题的特征、学习的展开过程的学习方法是十分关键的。可以说，和学习内容无关的学习方法是毫无意义的。学习方法的运用的过程，究其实质，也是把所关注的课题内化的过程，学习方法的应用、发展，新的学习方法的开发必是学习者这一主体的创造的过程。

4. 学习环境的综合

即解决什么时候、在那儿、和谁学习的问题。就综合性学习而言，如何把学校和地域作为学习环境加以有效、灵活地利用是非常重要的。由于综合性学习与时间、空间以及人、物相关，所以静止地利用学习环境是不可能的，贵在灵活地、创造性地使用学习环境，这一点是综合性学习的要点。和学习环境的相互联系越大、越广，综合性学习越有实效性。

5. 学习评价的综合

即解决学到了什么的问题。综合性学习不是限定性的学习终点，不是预定的学习目标，而是学习终点相对自由、学习目标相对宽幅的学习活动。可以说，学习者的问题意识的展开过程就已经把自己的学习目的包含在内了。因此，对学习者的课题探讨，给予灵活多样的即时评价是非常重要的。如前所述，把握学习者的片断的发展变化并不是综合性学习的评价目标，把握学习者的整体，即“现在”（过去、今天和未来）的经验的再构成的过程才是综合性学习评价的真实目的。

总而言之，我们对综合性学习的基本概念可作如下概括：综合性学习作为一种独立的学习形态，是以人类社会的现实问题和学生关心的问题为基础内容，通过主体的再创造，从而实现主体知识、技术、价值的自己再综合、再构造，并获得综合性解决问题的能力的过程。

二、综合性学习的价值

应该说，综合性学习在学校教育中的地位越来越显得举足轻重。各国政府都把综合性学习列为教育改革的重点，如日本教育课程审议会在 1996 年就明确提出，要给予学校更多的“综合性学习的时间”；之后，在第十五期中央教育审议会第一次答申中再一次强调“推进横断的综合性学习”，由此引发了日本中小学校以综合性学习为核心的一系列的学校教育改革。那么，综合性学习的价值体现在哪几方面呢？

（一）综合性学习促进了教育课程的改革

目前，分科构成的教育课程依然是学校课程的主流。各学科仍然以固有的系统和理论为基础进行教学。在这样的课程组织下，许多社会的、自然的、现实的、学生感兴趣的课题被排斥在教育内容之外，大大缩小了学生的信息量；同时，单纯的分科教学又使学生形成的知识结构处于分裂状态，很难综合起来，学生的“生存能力”的培养大大降低。基于此，把综合性学习放到教育课程的核心，就会彻底改变肢解的分科课程状态，给课程改革注入全新的活力。

把综合性学习摆放到教育课程的核心位置，对培养学生的生存能力的作用是显而易见的。在单纯的分科教学中，学生对自己的发展方向并不知晓，即不知自己为什么去上学，为什么去学习。这是因为教育课程存在的弊端造成的，在现有的课程体系下，只能部分地反映学习者的整体价值，部分地培养学生的生存能力，所以，学生对自己的人生目标和人生理想是模糊的，缺少持久的学习动机。把综合性学习引入到课程结构中来，就可以改变这种不良结构，一方面使课程体系更加科学；另一方面使学习者的智力结构中的诸因素趋于融合，形成学习者内在的生存能力的智力基础。表现为，学习者对自己进行崭新的认识，即再发现作为主体的学习者和作为生活者的自己的存在，从而站在生存的角度去看待学习，从现实生活的高度去体验学习，从而形成愉快、持久的学习动机。

把综合学习放到课程的核心位置，是对分科课程的有益的补充，如日本把综合性学习视为“和各科、道德、特别活动并列的第四学习活动领域（解决特别问题的综合性学习）”。从综合性学习与各科、道德和特别活动的关系角度看，它们之间是相互促进、相互作用的关系，是其他学习活动的发展、深化和补充，并且具有把学校整个教育活动统合起来的核心功能。综合性学习与各科等的关系，具体讲有这样几方面：（1）各科学习是综合性学习的基础。综合性学习是在各科等学习活动的基础上展开的，学习者有了一定程度的知识和技能后，开始对自己的日常生活和人类社会等方面的问题发生兴趣，进而质疑和关心，渐渐地培养起问题意识。综合性学习正是在所培养起来的问题意识的基础上，对所设定的课题进一步学习的过程。（2）综合性学习又是各科学习等学习活动发展的基础。在综合性学习过程中，会产生各种各样的疑问、兴趣等，学生就可以通过各科学习到的基本科学原理、艺术观点加以分析和检验，进而进行更深入的研究；对特别活动、道德的观念，可以在班级、学校或者社区的实际生活中加以实践，促进自己生活方式、道德行为习惯的养成。

此外，综合性学习有利于学生和教师的协同创造性的发挥。可以说，学习者自身的问题意识和课题自体的展开的过程，即是学习主体的选择、判断和创造的过程。就是说，综合性学习打破了各科学习的固定的、局限性模式和学习轨迹，而是以学校内外、自己的生活等多个轨迹展开学习并且不断创新自己的学习活动。这就意味着，在综合性学习中，学习者可以在教师的帮助下，不断地超越学校的课程而创造出具有自己色彩的“个人的课程”。“个人的课程”并不是学生单个人的课程，而是学生和教师协同创造的表现，是学生和教师形成“这个想学”“这个想教”的相互作用关节点的标志，是教合、学合、帮助合、提高合的学习过程。由此，“个人的课程”的形成更大程度上是在学生和教师共同创造学校学习生活的过程中产生的，学生和教师是创造“个人的课程”的双主体。

（二）综合性学习使学生的主体地位得到复归

以灌输知识为核心的教育观念像毒藤一样，长期统领着教育领域。灌输教育以“应试”为目标，必然误入歧途。一方面，学习者为了“应试”而学习，适应社会发展的诸多能力难以培养和形成；另一方面，在灌输教育背景下，学生苦于学习，久而久之学无兴趣、学无动机、学无快乐，厌学是必然的，严重束缚了学生主体性的发展，学生无法成为学习的主人。实施综合性学习，则使传统的灌输教育得到彻底摒弃。

首先，综合性学习的实施，促成教育者进一步更新观念，树立学生是学习的主人的新理念。教育工作者的观念更新，必然使教育教学活动走上素质教育的轨道，不断改进教育教学方法，并从学生是学习主人的视角去拓宽思维，积极参与到各项改革中去，不断创造和完善适应学生发展、成长的教育环境。同时，学生学习主人地位的回归，使学生产生高涨的学习热情和稳定的学习动机。综合性学习，给予学生宽裕的学习时间，学生在学习过程中一改被动求知的状态，而转为主动求知、主动思考。综合性学习提倡进行体验性学习，学生在教师的指导下，针对自己感兴趣、关心的课题，运用所学的知识去创新性地解决问题，进而开发自己的潜能，形成自己的综合能力。综合性学习使学生获得了全新的体验，重新发现了知识的价值，发现了自己学习的真实性目的。可以说，综合性学习是革除“应试教育”的一把金钥匙，是学生从学习重压、考试重压中解放出来的理想途径。综合性学习使学生摆脱了学无所用和知识片面、能力片面的困境，而步入全面发展自己的综合能力、不断形成自己的生存能力的学习正轨。

（三）综合性学习有利于教师作用的全面发挥

在学校教育的悠久历史中，经历了无数次的变革，但也有恒定的内容，这就是无论哪个时代都有教师（培养人才的人）的存在。因此，综合性学习在致力于学生主体性发挥的同时，也要注重教师作用的发挥。那么，如何看待综合性学习中的教师作用呢？

1. 教师是开发综合性学习课程的主体力量

传统的课程开发往往是与教师无缘的，教师不过是各学科课程的教授者。综合性学习掀开了课程改革的新篇章，既往的课程基础发生了动摇。一方面环境、福利、国际理解等现代社会的诸问题是各科课程无法全部包容的，因而打破以往的知识框架、打破现存的课程体系是课程改革的新方向。从这一观点出发，寻求各科课程与综合性学习的关联点是课程改革的要点，而完成此任务的担当者则是教师。目前，日本 2002 年开始实施的“新学习指导要领”明确提出，“在综合性学习时间里，各学校的教师要在课程改革上不断创新，不断向学生提供有益的学习经验，并把丰富多彩的现代社会变成学生育成自己生存能力的课堂”。这里，对综合性学习而言，是把教师作为促进主体性课程开发的核心力量看待的。就是说，综合性学习的实施使教师的作用变得多面性，教师不再是单纯的教学担当手，他们理应投身到课程的改革中去，成为课程改革的核心生力军。

2. 综合性学习使教师的指导性教学更具有价值和活力

教师在综合性学习中要发挥自己的应有价值，就必须致力于授课质量的改善。因为以往的知识传达、机械灌输的教学模式严重桎梏了学生主体性的发挥，在这种教学模式下，是无法培养学生的综合性能力的。所以，综合性学习必须坚持指导性方向依据学生的兴趣和所具备的知识、能力基础，选取有价值的人文问题、自然科学问题等，引导学生去探究，这是教师发挥作用的关键。就是说，在综合性学习中，教师应彻底改变以知识获得为目标的教授方式，而转变到以能力形成指导为核心的指导方式。就是说，教师必须对综合性学习的指导价值有明确的认识，要侧重于思考方向的指导，要以“促使学生去想去做，有欲望地学习”为指导目标。教师如果总是在知识量的多少上下功夫或者就此方面出现的问题加以指导，就必然偏离综合性学习的目标，那么培养学生的生存能力也就成为一句空话。由此而论，在综合性学习中，教师的指导价值和活力应体现在学法的指导和思考力的养成上，引导学生学会发现问题、学会自己思维、学会归纳总结才是教师指导的初衷。

选自人民教育出版社官方网站

关联拓展阅读之二

十二条脑科学原理正改变我们的学习

于春祥

对于教育工作者来说，重要的不是理解人脑功能解剖学上的复杂性，而在于人脑功能对教育的启示，如何开发人脑的巨大潜力。

原理一：脑是一个并行处理器。脑不间断地、同步地行使着许多功能。好的教学，应能协调学生的头脑并行处理的各个方面，如思想、情感、想象和体质等方面，但没有一种方法或技术能充分包含人脑的各种变化，教师应将各种科学的方法加以优化组合。

原理二：学习涉及整个人的生理机制。神经元的成长、营养及神经突触的彼此作用，与整合形式、经验的感知和解释有关。脑的“路线”是受学校和生活经历影响的，反过来任何影响我们生理功能的事物都影响我们的学习能力。因此，教学给学习的压力要适度，并注意学生身体休养等方面。

原理三：意义的搜寻是与生俱来的。人是有意义的建构者，对于意义的搜寻不会终止，只会不断集中。这就要求教学提供一种稳定和熟悉的环境，并尽可能满足学生头脑中的巨大好奇心，以及对新奇事物的发现与挑战的渴望。

原理四：意义的搜寻是通过形成范式发生的。人脑能感知和生成范式，因此强加于它的范式变得没有意义。尽管学生学习的内容大部分是由教师选择的，但教师不能试图将各种范式强加于学习者，而必须允许学生呈现信息。为使教学真正有效，一个学习者必须去创造有意义的，与个人相关的范式。

原理五：情感对于范型形成是十分关键的。学生的学习是受情感和思维模式影响的，这包括期望值、个人偏见和成见、自尊以及对社会活动的需要。情感氛围，是通过相互尊重和彼此接受而获得支持的，并以此为标志。这就要求师生间相互尊重和真诚地支持。

原理六：脑是同时感知和创造部分与整体的。在一个健康人身上，无论是处理文字、数学、音乐还是艺术，脑的左右两侧都能以不可分解的方式相互作用。两脑之一将信息还原成局部，而另一脑则将信息作为整体或整体的系列加以感知和处理。学习中忽略了局部或整体，都会造成学习困难。局部与整体在概念上是相互作用的。

原理七：学习既包括集中注意，又包括边线性感知。脑吸收的信息是它直接领悟的和注意到的，也吸收超出注意焦点外的信息和信号。教师应将处于学习者注意焦点外的材料组织起来。噪音、墙面、展现的艺术品变化、音乐、源于教师的细微信号，如声色、姿态等都是边缘的刺激，都会影响学生学习。教师要通过自己的热情、榜样和指导，去影响学生学习。

原理八：学习包括有意识与无意识的过程。我们所学习的，大大超出我们已经有意识理解的。我们以边缘方式感知的大部分信号在不知不觉中进入我们的脑，并在无意识水平上相互作用。教学设计应帮助学生在无意识水平上相互作用，从无意识的加工中最大限度地受益。教师应当引导、促进学生“积极地加工”其经验，对学习的过程和怎样学习进行反思，了解自己的学习风格等。

原理九：我们有两套记忆。一套空间记忆系统，一套机械记忆系统。空间记忆系统通常以三维空间形式登记我们的经验。这一记忆系统是由新颖性驱动的。当信息与技能越孤立于原先的知识和真实的经验，就越多地依靠机械记忆和重复，如果过于集中于与事实和经验无关的回忆，是对脑无效的运用。

原理十：当事实、技能镶嵌在丰富的空间记忆中时，脑的理解与记忆最佳。空间记忆，可通过经验学习以最佳方式进行调用。教师必须利用大量的“真实生活”活动，其中包括课堂演示、实地考察、影像、表演、做事、叙述、隐瞒、互动等，例如词汇可通过幽默故事来体验，而语法课通过故事和学做在过程中学习等。成功的学习，往往取决于通过使学习者沉浸于大量的情境与互动经验之中而充分运用人所有的感官。

原理十一：学习因挑战而增强，因威胁而抑制。当脑获得适宜的挑战时，它能以最优的方式学习；当觉察到威胁时，脑则会变得功能低下。作为边缘系统重要部分的海马，似乎有这样一种功能：对于脑的其他部分而言，它部分地是一种传递中心，是脑对压力最为敏感的一部分。

原理十二：虽然我们都拥有同样结构的脑系统，但每个脑都是独特的。我们的感官和基本的情感，以不同方式整合成为每一个脑。学习可以改变脑的结构，学得越多，脑就变得越独特。为使所有学生都能表达视觉的、触觉的、情感的或听觉的偏爱，教学应该是各式各样的。选择应具有足够的变化，以吸引个体兴趣。

基于以上的原理，建构主义学习与教学观在教学中强调三个相互作用的要素：放松的警觉、沉浸和积极加工。

放松的警觉，是与脑偏爱挑战、脑对意义的搜寻相符合的。这是一种融合有意义的中心主义与无意识、下意识的边缘注意的一种特殊状态，是能最大限度地调动人的创新意识与能力的状态。教师应该提供一种氛围，能将低威胁与重大挑战联结成一种感觉。教师还应通过自身的情绪、情感与态度让学生受到良好的影响。教师应使学生在适宜的体验中产生的情感达到和谐，因为所有的学习都是以某些感觉来体验的。教师可以将有些学科进行整合，让学生模仿承担一些社会角色，在实践中体验学习。学习者通过积极加工融新旧信息于一体而获得理解与记忆。积极的加工，有利于学生正确认识和对待自己的学习，由于智力的发展是其自身建构的产物，因此在教学中要重视学生能动性与主动性的发挥。对于学生来说，元认知与反思的技术是较复杂的，有一个逐步学习和提高的过程。

选自《中国民办教育共同体》公信号

关联拓展阅读之三

自主学习理论的新进展

庞维国

自主学习一直是教育心理学研究的一个重要课题。20 世纪 50 年代以来，许多心理学派都从不同角度对自主学习问题做过一些探讨。以斯金纳为代表的操作行为主义学派把自主学习看成是学习与自我强化之间建立起的一种相依关系，认为自主学习包含自我监控、自我指导、自我强化三个子过程，并开发了一系列自我监控技术。苏联维列鲁学派把自主学习看成是言语的自我指导过程，他们强调自我中心言语在学习中的定向和指导作用，并依据言语的内化规律开发了一系列自主学习模式。以班杜拉为代表的社会认知学派从个人、行为、环境出发，主张通过学习策略教学促进学生的自主学习。无疑，上述研究对我们探讨自主学习的问题都具有重要的借鉴意义；但另一方面，研究者也注意到，仅凭上述理论解释和指导学生的自主学习是远远不够的。为解决这个问题，从 80 年代中期开始，以美国华盛顿城市大学齐莫曼教授为首的一批心理学家在广泛吸收前人研究成果的基础上，对自主学习进行了全面深入的研究，逐步建构起了一套颇具特色的自主学习理论，引起了教育心理学界的广泛关注，特介绍如下。

一、自主学习的实质

齐莫曼认为，当学生在元认知、动机、行为三方面都是一个积极的参与者时，其学习就是自主的。在元认知方面，自主学习的学生能够对学习过程的不同阶段进行计划、组织、自我指导、自我监控和自我评价。在动机方面，自主学习的学生把自己视为有能力、自我有效和自律者。在行为方面，自主学习的学生能够选择、组织、创设使学习达到最佳效果的环境。为了进一步解释什么是自主学习，齐莫曼又提出了一个系统的自主学习的研究框架：科学的问题、心理维度、任务条件、自主的实质、自主的信念和子过程。

齐莫曼认为，确定学生的学习是否是自主的，主要依据任务条件。如果学生在这些方面均能够由自己做出选择或控制，则他的学习就是充分自主的；反之，如果学生在这些方面均不能由自己做出选择或控制，则他的学习就谈不上自主。自主学习的实质，即自主学习的动机是内在的或自我激发的；学习的方法是有计划的或已经熟练达到自动化程度；自主学习者对学习时间的安排是定时而有效的；他们能够意识到学习的结果，并对学习的物质和社会环境保持着高度敏感和随机应变能力。齐莫曼指出，如果学习在某些方面不具备这些特征，则其自主程度就下降，例如，如果学生的学习是由教师驱使的，他就不能调控自己的学习动机；如果学习的时间完全由教师来限定，则学生就没有计划和管理时间的自主权，其学习的自主程度就受到削弱。

二、影响自主学习的因素

齐莫曼等人继承了班杜拉的个人行为、环境交互决定论思想。他们认为，自主学习是自我、行为和环境三者互为因果、相互影响的结果。自主学习并非仅仅由自我过程来决定，它还受到环境事件和行为事件以一种交互作用的方式来影响。自主学习可以划分为内在的自主、行为的自主、环境的自主三个方面，因此，探讨影响自主学习的因素应从个人内部、行为和环境三个方面着手。

1. 影响自主学习的内在因素

齐莫曼认为，影响自主学习的内在因素有多种，其中包括自我效能感、已有知识、元认知过程、目标、情感等。自我效能感是个体对自己是否有能力组织和执行某种特定行为的判断，是自信心在某项任务中的具体表现。自我效能感是影响自主学习的一个关键变量。一方面，自我效能与学生学习策略的运用和自我监控密切相关，高自我效能感的学生与低自我效能感的学生相比，展示出更高水平的学习策略，更多地对学习结果进行自我监控；另一方面，自我效能感与学习成绩显著正相关，这种相关在低成就学生身上的表现尤为强烈。马尔顿等对 38 个有关自我效能的研究进行元分析后发现，自我效能感能解释大约 14% 的学习差异。此外研究还表明，自我效能感与任务的持久性、任务选择、良好技能的获得等呈正相关，因此自我效能感是影响自主学习的一个重要的动机变量。

齐莫曼赞同把学生的已有知识分成陈述性知识、程序性知识和条件性知识，但是他又进一步从中分离出一种自主性知识，自主性知识是学生用来自我调节的知识，它兼具程序性知识和条件性知识的特征。关于学习的自主性知识能有效地指导学生的学习，这种知识不仅能使学生知道怎样学习，而且知道何时学习、为什么学习。在学习的自主性知识中，最为重要的是自主学习策略。经过长期研究，齐莫曼鉴别出 11 种有效的自主学习策略，它们分别是：自我评价，组织和转换，设置目标和做出计划，寻求信息，记录和监控，组织环境，自我奖励或惩罚，复述和记忆，寻求同伴、教师和其他成人的帮助，复习笔记、课本、测验题。齐莫曼发现，高成绩学生对上述 11 种学习策略的应用显著多于低成绩的学生，并且这些策略能在极大程度上解释学习的个别差异。

齐莫曼指出，学生的自主学习策略的运用在很大程度上依赖于他们的元认知决策过程。在一般的自主水平上，任务分析或计划决定自主学习策略的选择或改变，而计划的制订又依赖于任务和环境的特征、陈述性的和自主性知识、目标、自我效能感、情感状态和学习的结果等，在具体的自主水平上，行为控制过程引导注意、执行、坚持性以及在具体情境中对策略和非策略性反应的监控，对自主学习者来说，策略性计划引导学生对学习过程的控制，并与来自控制过程的反馈相互影响。

目标设置对自主学习也具有重要影响。研究发现，与低成绩学生相比，高成绩的学生更经常、更一致地根据学习任务设置学习目标。但是齐莫曼认为，目标设置本身对自主学习并不是关键的决定因素，重要的是要对目标的类型和目标设置的方式做出区分。首先，目标的设置应根据任务的难度，所设置的目标应具有现实性。自主学习的学生能更好地设置可以完成的目标。其次，要对近期目标和远期目标做出区分。研究表明，帮助低学习动机的学生学会设置近期学习目标，能大大提高他们的学习成绩，激发他们内在的学习兴趣。第三，要对具体目标和概括目标做出区分。设置具体目标的学生与设置概括目标的学生相比，学习效果更好，对完成目标更具有自信心。第四，要对学生自定的目标和外部给定的目标做出区分。研究表明，对于低成就动机的学生来说，让他们自己设置目标能显著提高他们的学习水平。最后，还要对学习目标（为了获得技能）和表现性目标（为了取得一个好的结果）做出区分。研究发现，那些设置学习目标的学生与那些设置表现性目标的学生相比，具有更高的自我效能，能获得更高水平的技能，对自己也更满意。因此，教会学生设置合适的学习目标对于促进他们的自主学习极为重要。

情绪状态也同样影响学生的自主学习，例如焦虑会影响元认知过程和行为过程。研究表明，焦虑与学生对学习过程的自我控制呈负相关。此外，焦虑还会影响学生设置长远的目标，情绪状态在学生主动寻求他人的帮助方面也起到一个重要的中介作用。由于寻求帮助的学生往往被解释为能力上的欠缺，因此学生必须在寻求帮助时所面临的窘迫与帮助给予的受益之间做出权衡，这在一定程度上也妨碍了学生主动寻求他人的帮助。

2. 影响自主学习的行为因素

与班杜拉的行为自主思想相一致，齐莫曼把影响自主学习的行为反应分为三类，即自我观察、自我判断、自我反应。齐莫曼指出，虽然这三类行为反应受自我过程及环境变化的影响，但是每一类行为都是可以观察、可以训练并且是相互影响的，因此可以把它们视为影响自主学习的行为因素。

自我观察是指学生对自己的学习过程进行系统的监控，自我观察监控学习过程并提供目标进展情况的信息。它受自我效能、目标设置、元认知计划等自我过程以及其他行为因素的影响。两种常用的自我观察方法是：（1）言语的或书面的报告；（2）对行为和反应的量化记录。大量的证据表明，提示学生做出记录能影响他们的学习、动机和自我效能。香克使用了几种自我记录程序，训练学习减法有困难的学生，结果发现，自我记录组的学生与对照组相比，他们获得的技能更多，自我效能感和学习的坚持性也得到提高。

自我判断指的是学生把自己的学习结果与标准或目标进行系统的比较后做出的反应。自我判断受自我效能、目标的特征和重要性、标准的类型以及自我观察的结果等影响。学生常用的两种行为自我判断的方法是检查和评价，前者如对数学题答案的重复检查，后者如根据别人的答案或标准答案对自己的答案进行评估。自我判断对学生的学习具有重要影响，对学生进行自我判断训练能增强学生的自我效能感，促进技能的学习。齐莫曼通过研究发现，学生使用自主学习的策略与他们对测验的自我判断相关。此外，有研究表明，高自我效能感的学生与低自我效能感的学生相比，在解决难题方面能更好地进行自我判断。

自我反应指的是学生对自己的学习结果所做的反应。自我反应可分为三类：一类是行为的自我反应，如学生达到学习目标后给自己安排休息时间或物质奖励；第二类反应是内在的自我反应，如取得学习成功后做出积极的自我评价；第三类反应是环境的自我反应，通过这种反应，学生改善自己的学习条件，如营造学习环境、寻求他人的帮助等。积极的自我反应，如自我奖励、自我肯定、改善学习环境，对自主学习有重要的促进作用，但是自我反应并非总能够促进自主学习，例如，对学习进步情况的消极评价会影响学生对学习的进一步尝试。因为他们预料，自己的尝试将是无效的，进而出现退缩或习得性无助感。

自我观察、自我判断、自我反应这三种行为影响是相互依存的，例如让学生自我观察可以以两种方式影响他们的自我判断，为设置现实的学习目标提供信息，为评价行为的变化提供信息。大量的证据也表明，训练学生进行自我记录能够使学生在学习过程中产生各种积极的反应。此外研究也发现，学生的自我判断不仅影响对学习完成情况的自我记录，而且影响他们的自我效能感。

3. 影响自主学习的环境因素

齐莫曼等人把影响自主学习的环境分为两类，即社会环境和物质环境。他们认为，在社会环境中，可供模仿的榜样以及同伴、教师、家庭成员的帮助对自主学习有重要影响；在物质环境中，信息资源的可利用性以及学习场所对自主学习有一定影响。

香克和齐莫曼提出，自主学习能力的获得起源于对外部学习技能的学习，其后经过一系列阶段转化成自己的能力。在这个过程中，学习要依次经历四级水平，即观察水平、模仿水平、自我控制水平和自主水平。在观察水平上，学生通过榜样的示范作用学习最快，例如通过观察榜样，许多学生能够归纳出学习策略的主要特征，但是要把这些技能整合到自己的知识结构中去，多数学生需要实际的练习，其中，模仿的准确性随榜样的指导、反馈和社会性强化而提高。当学生的行为接近了榜样行为的一般形式，学习就达到了模仿水平。此时，观察者不再直接照搬榜样的行为，而是模仿一般的形式或风格，例如他们可能模仿问题的类型而不去模仿榜样的原话。当学习达到自我控制水平时，学生能够面临着迁移任务独立地应用学习策略，学生对策略的应用已经内化，但它还要受对模仿行为的表征和自我强化过程的影响。当学生能够根据个人和情境的变化系统地调整自己的策略时，学习技能就达到了自主的水平。在这种水平上，学生能够自觉地使用策略，根据情境特征调整自己的学习。

由目标和自我效能驱使去获得成绩，在没有榜样指导的情况下，学生也知道何时运用特定的策略并自主地变换策略的特征，因此在学习达到自主水平的过程中，榜样起到了不可或缺的作用。

齐莫曼等人认为，自主学习不等于绝对孤立地学习，自主学习者并不排斥寻求他人的帮助。当面临复杂困难的任务时，自主学习者可以向那些更有知识和能力的人寻求帮助，帮助者可以是他的同伴、教师，也可以是他的家庭成员。一般说来，自主学习的学生比学习自主性差的学生更多地寻求他人的帮助，但是他们仅在必要的时候寻求帮助，也不像后者那样过度地依赖他人的帮助。在问题解决的过程中，自主学习的学生更多地渴望得到提示，最终经过自己的努力得出问题的答案，而不希望从帮助者那里直接得到完整的答案，因此自主学习者在必要的时候能否得到别人的帮助以及接受帮助的形式都对其学习有重要影响。

除了社会性支持外，物质支持对自主学习也有一定的影响。自主学习的学生为了完成学习任务往往会主动地寻求课本以外的信息，因此参考书、图书馆的藏书以及其他信息资源的可利用性都在一定程度上影响他们的学习。学习的场所也影响自主学习的质量。自主学习的学生与学习自主性差的学生相比，他们更注重环境的营造，更注重选择一种安静、舒适的学习环境，注意排除来自环境的干扰。他们倾向于在图书馆选择一处安静的地方学习，而相对较少地在家中学习，因为家中往往会有电话、电视声音以及其他家庭成员的干扰。所以，家庭和学校能否为学生提供适宜的学习环境也对其自主学习有一些影响。

三、促进自主学习的方法

基于对自主学习及其影响因素的分析，齐莫曼和里森伯格提出了系统的促进自主学习的方法。概括起来，包括如下几个方面：（1）激发学生内在的学习动机；（2）注重学习策略教学；（3）指导学生对学习进行自我监控；（4）教会学生利用社会性的和物质性的资源。

1. 激发学生内在的学习动机

自主学习的一个重要特征是学习者由内部或自我激发学习动机。由于学习动机的自我激发受设置的目标、自我效能、行为的结果、归因等因素的影响，因此齐莫曼对教师提出如下建议：第一，在呈现学习任务时，要提供给学生具体的、能够完成的、近期的学习目标，并逐渐教会学生自己来设置合适的目标和子目标。第二，要教会学生对自己的学习实施自我强化，教师要把奖励或惩罚学生的理由告诉学生，并逐渐把外部强化的任务交给学生自己，使学生最终能根据自己学习的成败实施自我奖励或自我惩罚。第三，增强学生学习的自我效能感。增强学生的自我效能感的方法有多种，一是提供学习的榜样，尤其是那些与学生的情况相似的榜样，让学生观察榜样在学习上的成功，使他们相信如果自己进行尝试也可以取得同样的成功；二是让学生在学习中经常体验到自己的进步，对于那些取得进步有困难的学生教师要降低其学习进步的标准，并视其进步情况给予鼓励；三是进行言语说服，表明老师相信他们会取得学习上的成功，但要注意，言语说服本身的效果并不太好，而结合榜样的示范就能发挥较好的作用。

2. 注重学习策略教学和指导学生进行自我监控

一般说来，自主学习者在学习策略方面具备以下三个特征：一是具有丰富的一般性的和领域内具体性的学习策略；二是知道何时、何地、为什么使用这些策略；三是知晓学习策略与努力的关系。因此，对学生的策略教学应围绕这三个方面展开。

第一，要传授给学生各种一般性的和领域内具体性的学习策略，常见的一般性的自主学习策略包括目标设置、计划、自我监控、复习等，其中，教师应该特别注意学生的学习时间计划的制订，帮助学生学会管理自己的学习时间，例如，学习较差的学生的一个重要特征是在有难度的题目上分配的学习时间不足，对此教师应予以指导。常见的领域内具体性的学习策略包括复述、分类、利用心理表象、作小结、头脑风暴法、列提纲、画示意图等。对于领域内具体性的学习策略，教师应把它们渗透在各科的具体教学内容中教给学生，例如在阅读教学中可以结合文本的内容对略读策略进行训练，在写作教学中可以对列提纲策略进行训练。

第二，学生仅仅拥有某些策略还是不够的，好的策略使用者还必须知道何时、何地、怎样以及为什么使用这些策略，因此在策略教学中还要对学生指明策略适用的条件和范围。一种常用的方法是为每一种策略的使用提供多个实例，让学生从中归纳出策略适用的条件，然后再进行大量的练习，最终达到策略的迁移。由于策略教学有时候并不能确保学生持久地使用该策略，因此还要给学生提供关于策略价值方面的信息，使学生明白策略使用与学习成功的关系。

第三，要让学生知道策略的运用与努力的关系，那些相信自己的学习成功与努力分不开的学生，与那些持有不同看法的学生相比，更为经常地使用自己已经习得的策略，因此教师应该向学生申明策略使用与努力的关系，也就是说，要让学生明白即便使用学习策略也并不一定能确保学习的成功，他们还需要付出努力。而要做到这一点，可能需要对学生进行学习成败的归因训练。

研究表明，学龄早期的学生对学习的自我监控能力较差，随着儿童从童年期向成人期过渡，这种能力有所改善，但即便到成人期，也有许多人不能很好地进行自我监控。此外还有研究表明，自我监控的学习效果优于依靠教师监控的学习，因此对学生进行学习的自我监控训练十分必要。可以用以下两种方法训练学生的学习自我监控能力：

一是训练学生对学习情况进行自我记录。自我记录的方法有多种，其中包括频数记录、持续性测量、时间抽样测量、行为评价等技术。行为评价是估计在某一个既定的时间内某种行为发生的经常性，如对周末学习的情况从总是、有时、从不三个标准进行估计。自我记录要遵循三个标准，即经常性、接近性和准确性。经常性指自我记录要持续进行，不能中断；接近性指自我记录要在观察后的一个较短的时间内进行，不能拖延；准确性指对学习情况的记录要准确，不能有误。

二是在学习过程中利用自我言语，例如按照言语内化的规律，麦臣鲍姆 1977 年曾开发出以下自我指导训练程序：（1）教师在示范学习任务时大声说出适当的规则和程序；（2）教师在学生执行学习任务时大声说出指导语；（3）学生自己执行学习任务时大声叙述指导语（自我言语）；（4）学生自己执行学习任务时小声叙述指导语（消退）；（5）学生在执行学习任务时默念指导语。结果表明，这种方法能够有效地提高学生的学习成绩。

3. 教会学生利用社会性的和物质性的资源

自主学习有时需要社会性的和物质性的支持。针对这一点，齐莫曼等人又向教师提出了如下建议：第一，鼓励学生克服能力欠缺的自卑心理，在学习遇到困难时主动向同伴和成人寻求帮助；鼓励学生提问那些被同伴忽视的细节问题。第二，给予学生优秀作业和测验的范例，鼓励学生从中挑选自己学习的榜样。第三，多花些时间教会学生从图书馆或其他信息来源中为自己查阅需要的信息资料。最后，教师要提醒学生各种环境干扰对集中注意可能带来的不良后果，教会学生营造适用于学习的环境的方法。

四、简评

齐莫曼等人的自主学习理论是以班杜拉的个体、行为、环境交互决定论为基本框架，合理吸收了诸家心理学派对自主学习的研究成果，结合自己多年的研究提出来的。该理论对自主学习的实质、影响因素进行了全面、深入的探讨，并提出了许多具体的促进自主学习的方法。无疑，这对我们从理论上认识自主学习的实质、探讨自主学习的机制，从实践上培养学生的自主学习能力都具有重要的指导意义。该理论突出了学生学习的主动性的一面，把注意力集中在学生如何在具体的情境中激发、维持或改变自己的学习活动；它强调学生可以通过选择性地应用元认知和动机策略来改善自己的学习能力，学生能够主动选择、组织甚至创设有利于学习的社会和物质环境，学生能够主动选择教学的形式和数量，这有助于解释为什么学生在具备学习能力、社会文化背景、接受教学占优势的情况下不能取得好的成绩。它在一定程度上弥补了那些强调教学、忽视学生学习自主的理论的不足。该理论提出后，引发了大量关于自主学习的研究，逐渐形成了一股研究自主学习的潮流。目前，自主学习除了在理论上继续得以深入探讨以外，已经在数学、阅读、写作等学科教学中得到应用，自主学习已代表了学习研究的一个新方向。

但是该理论也不可避免地存在自己的不足：一方面，该理论虽然提出了许多影响自主学习的因素，但没有对自主学习过程做出详细描述，因此难以把这些因素整合在一起，从一个动态角度阐明自主学习的内在机制；另一方面，自主学习在很大程度上依赖于学生的元认知发展水平，而不同年龄阶段的学生在元认知知识和元认知监控方面都存在差别，因此他们在自主学习能力上应该存在差异。由于该理论没有从发展的角度对自主学习加以说明，这样也限制了它适用的普遍性。

选自《华东师范大学学报》(社会科学版)1999 年第 3 期

关联拓展阅读之四

批判性思维和创造性思维：推动知识社会前进的主要动力

［美］多拉·豪维尔　王爽译

一、前言

21 世纪带给我们教育工作者和教育组织的将不仅仅是挑战而且还有机遇。终生学习的理念过去是、现在是、将来也必然是教育和教学改革的主题。

全球知识经济的发展必将推进公共教育的改革议程。未来的发展开始注意劳动者本身，并对劳动者的素质提出了新的要求。因为在新的经济知识体系里，劳力资源、自然资源不再是发展的关键。知识型的工人将是决定未来社会发展的主要动力，而这种发展趋势必然要求我们的知识型工人具备批判性和创造性思维，所以他们需要接受大量正规系统的教育。知识型的工人不仅要能体现他们学习和运用理论知识的能力，而且要养成批判性和创造性的思维习惯。此外，还要养成继续学习深造的意识。

教育将成为知识社会的核心。一个开放型的、思维活跃的大脑，将成为未来社会的重要资源。知识型工人的概念就是在这种知识社会的背景下产生的。现在，知识型工人的理念已经广为人知，但对于教育领导人来说，则具有更深远的意义。教育领导人必须创造一种有利于提高智力水平的学习环境，以保障全球经济和社会的健康发展。

二、知识的三个层面

学者和研究人员将知识分为三个层面，这三个层面并非各自独立而是相互依存的一个整体。知识第一个层面的特点表现为重复运用一个概念或重复一个操作。这一层面涉及的是阶段性知识，它在旧的经济体系里占有主导地位。阶段性知识包括专门工具和专业语言的运用以及特殊技能的掌握。阶段性知识问的是“为什么”的问题，那么主要的指导策略是：通过实践来解决。

知识的第二个层面是解决问题。它是建立在第一个层面上的，但是需要更深层次地去理解它。解决问题需要考虑问题是在什么情况下产生的，问题的解决必须与这些情况相结合，而且还要考虑到可能会产生的例外。在新的全球经济里，处在这一阶段的知识型工人是最庞大的一个群体，因此教育工作者必须为这个群体创造一个学习环境，来帮助他们提高有效解决问题的能力。拥有一个轻松、快乐、自由的思维是解决问题的先决条件。解决问题的关键点在于当遇到看似不同的情况时，能从以往的经验中和已经掌握的知识中找到与其类似的地方，从而解决这个问题。解决问题的出发点是要知道为什么，指导性的策略就是要为他们提供各种实践机会，使他们在不同的实践中，自己加以比较、进行评估，从中找出最好的解决方案。

知识的第三个层面是设计和创造。它包括了前面的两个层面，但已扩展到运用系统知识来解决未知问题，并且创造新的知识。处于这个层次的知识型工人在新的全球经济中占的比例最小。

三、创新能力

创新能力包括能够在非常相似的事物中敏锐地发现其细微的不同。它依靠抽象思维来创造新颖的、独特的概念，用新的方法解决新的问题。培养这种创新能力的策略包括：让学生置身于有多种发展可能性的真实的问题之中，而问题的本身并没有固定答案。比如说水资源污染的问题，我们目前并没有找到一个很好的解决途径。我们可以让学生来讨论这个问题，让他们探讨有哪些可能的解决方法。老师应该给他们一些时间讨论这些问题。此外的策略还包括测试、评估学生提出的这些可能性，这时老师可以给出一些提示，让他们跳出已经形成的固定思维模式，让他们从其他的角度来思考这个问题，从而培养他们的观察力和洞察力。

创新能力不是依赖于特别的天赋或特别优秀的智力，而是依赖于思维产生的创造力。创新能力的一个先决条件是不要将固定的思维模式强加给眼前的事实，而是要学会如何另辟蹊径，即使这样做可能意味着将推翻他习以为常的思维方式。爱因斯坦是创新思维的典范，他认为想象力比知识更为重要。在他的一个著名的有关思维的实验中，他问："如果我能以光速运行，世界将会怎样？"这个独特的视角使爱因斯坦超越了现有的知识。现有的知识认为，"时间和空间是绝对的，当光穿越时空的时候会不断发生变化"。爱因斯坦在思想上的这一小小的转换，使光超越了人们的原有概念，而被重新定义成了一个绝对的、时空的延续体。爱因斯坦具有创造性的想象给了我们全新的启示。

许多学者和教育工作者认为，一种创造性的学习能力是人类普遍共有的。孩子们通过不断地尝试、不断地完善，学会了走路、说话、了解周围的事物。孩子们在早期的几年里，用一种奇妙的创造性方式来观察身边的新事物，这种感知未知事物的能力要求他们留心身边的事物，敏锐地意识到事物的细微之处。然而随着年龄的增长，学习的含义通常变得狭隘了。在学校里，孩子们常常通过不断地重复记忆来积累知识，从而达到取悦老师、考试过关的目的。孩子们发现新事物的能力正在逐步退化。当孩子们再稍大一点，他们学会了害怕犯错误，这对于培养感知事物的能力是很不利的。可是孩子们接受的教育是如何树立和维护自我的完美形象，错误被看作是能力低下的标志，因此他们认为经常犯错误会不受同伴的欢迎。害怕犯错误当然会影响学习，因为所有的学习都要涉及尝试新事物。一旦害怕犯错误成为一种思维定式，就会制约批判性和创造性的思维。

四、公共教育面临的挑战

教育领导人面临着为未来社会培养人才的多重挑战。教育领导人面临的第一个挑战是为学生提供学习机会，培养他们高层次的读写技能，这将为他们今后的学习打下坚实的基础。读写技能不仅包括阅读和写作，而且包括算术、科学、技术动力学、世界语言和世界文化。教育领导人面临的另一挑战是为学生提供终生学习的机会，必须帮助学生理解到知识既是一种掌握了的实实在在的东西，同时还要理解到知识的掌握是需要一个过程的，因此学生必须学会怎样去学习。教育工作者面临的第三个挑战是为学生提供一个学习解决问题技能的机会，在学习当中培养他们的创新能力。能够发现事物异同点的敏锐的洞察力是解决问题和培养创新能力的先决条件。

五、崇尚知识的时代

知识的时代正推动着全球经济，教育领域和人脑研究等领域的新发现正推动着教育改革的进程。关于教学过程的理论知识得到了极大的丰富，有助于培养批判性和创造性思维的技巧和策略也已被发现。人脑的开发、情感智力、学习风格、多元思维、协作学习以及与社会背景相关的学习等研究课题目前还只是教育领域里的一小部分。教育工作者认识到为了培养批判性、创造性思维，应该把学习这种行为和所要学习的特定内容赋予同样的重要性。学习和运用基本知识、基本技能的机会为更高层次的思维和学习奠定了基础。更高层次的思维包括分析、综合、评估等方面。美国的许多教育工作者正运用这些学习与思维的主要方法帮助所有的学生积累学习经验。学习与思维的进程包括六个阶段：记忆、理解、运用、分析、综合和评估。把这所有的方面综合起来，运用到培养学生学习经验的教学中去，有利于培养21世纪所需要的知识型工人。

达到更高层次的思维能力曾经被认为是有天赋、有才华的人才具备的，而我们的孩子将要生活和工作在未来的知识社会中，这就要求他们中的大多数人都应该具备解决问题的能力。因此所有的教育工作者都要把学习与思维的方法运用到帮助学生积累经验中去。课程的设置要使学生经历这六个阶段，这将有助于培养他们的批判性和创造性思维。

六、卓越 = 创造 + 毅力

在美国，创新能力一直是研究的焦点，研究的对象是那些事业成功的、声名显赫的人物。实验表明这些人往往具有三个特点。第一个特点是：这些人智力超过一般水平，但不一定是智力超常。第二个特点是：具有很强的创造力。第三个特点是：他们在工作中具备很强的毅力。

教育工作者要认识到所有的孩子都是具备创造能力的。通过对有关卓越人士的研究，教育工作者要肩负起一个责任：为所有的学生创造一个能培养批判性、创造性思维的学习环境。此外，教育工作者还要为学生创造一个能够培养毅力的学习环境。

美国的教育工作者运用了多种手段让学生设定自己的学习目标，并自我监控这个实践和积累的过程。这一策略是基于这么一个理论：设定了目标的学生在学习中不断地投入，同时不断地监控，这为学习的进度、教学的调整和努力的方向提供了及时的反馈。这一策略与成功地训练出高级运动员和音乐家的训练模式具有异曲同工之妙，有利于改善学习的实践、及时地反馈和积极地引导，激发了学生的学习兴趣，从而使他们表现得更为出色。

七、具有冒险意识的学习环境以及协作型学习

为了培养批判性、创造性思维，教育领导人必须建立一个鼓励冒险、增强自信、气氛宽松的学习环境。为了营造一个鼓励冒险的学习环境，教育工作者必须具备以下几个信念：

1. 错误有利于学习。
2. 不要要求学生一开始就什么都能理解，注意循序渐进。
3. 重视学习、提高学习质量并持之以恒是非常重要的。
4. 好学生也需得到老师的帮助和反馈。
5. 不懈的努力、有效的策略是成功的决定性因素。
6. 每个人都能成功。

美国的教育工作者发现更为有效的学习多是在群体中进行的。在协作小组里，学生们互相交流，互相探讨想法，在探讨中发现新问题、挖掘新知识。协作型的学习模式鼓励通过一种自然的结合，建立协作小组。协作性得到了发展，因为孩子们必须依靠其同伴来学习某种知识。对于那些将成为知识型工人的学生来说，对于协作性的理解又是一个重要的学习体验。社会的全球化强化了世界的相互协作。建立在社会全球化基础上的知识将需要由一群知识型工人来学习，他们必须具备解决问题的能力和拥有创新思维。

八、社会责任感

建立在社会全球化基础上的知识其最初来源是由人们创造的，并为人们所运用、所

完善、所教授。具有社会责任感的人们，将会在新老知识之间架起一座桥梁，他们将重新评价世界文化和传统。具有社会责任感的人们也会尊重知识的力量，尊重知识全球化社会的协作性。

下面，我将讲述一个耐人寻味的故事。在去亚洲的途中，一位西方学者拜访了一位智者，这位智者问他想知道什么，他说他想知道怎样才能获得智慧。智者点点头，举起茶壶，将水倒在客人的茶杯里，小茶杯里的水很快溢了出来，可是主人没有停下来，一直将茶壶倒干了。和其他寓言故事一样，这个故事有许多寓意，我想告诉你们的是：在你想学到更多的知识之前，必须忘掉旧的知识，你必须清空头脑，为新的想法留下空间。对于我来说，这层寓意是创造性思维的必要条件，即清空头脑为新的想法留下空间。在以知识为基础的社会里，创造性是最高层次的知识。这个故事还告诉我们，受过教育的人应该孜孜不倦地学习知识与智慧之间的区别。

智慧可以定义为正确判断事物的能力，明智地解决与生活行为有关问题的能力。智慧也可以定义为对完美的结构和完美手段的感知能力，即辨别判断能力。在全球知识经济当中，智慧对于一个成功的可持续发展的社会将尤为重要。我们在学校里培养成的辨别判断能力和对不断产生的新的知识的感知能力将伴随我们终生。

为了塑造未来，我们面临的挑战与肩负的责任将是巨大的。作为教育领导人，我们能面对这种挑战并肩负起我们的责任吗？

选自《全球教育展望》2004 年第 6 期

关联拓展阅读之五

论学习风格及其研究价值

谭顶良

一、学习风格理论的产生

教学过程是师生双边活动的过程，教师的“教”和学生的“学”相互适应才能取得预期的教学效果。从理论上说，学生要调整自己的学习方式和策略，以适应不同教师的教学风格；反过来，教师也必须采取各不相同的教学策略，以适应各个学习者的个别差异，故“因材施教”早就被作为每位教师必须遵循的教学原则提出来。然而，在教学实践中，教师们往往只是单方面要求“学”对“教”的适应，却忽视“教”对“学”的适应，很少自觉地调整自己的教学策略以适应那些不能按自己所教方法进行学习的学生，并强调学生学不好的责任在学生。为了教育管理的方便，传统的课堂教学把所有学习者、学习时间和教学过程（含教学手段、教学方法等）均看作是不变的常量（C），而把教学目标却定为变量（V）。

然而，不管教育工作者是否考虑到学习者的个别差异，但它的实际存在是不容怀疑的。由于这种差异的存在，不同的学习者面临同样的学习任务所需时间不可能相等，教师对各个学生采取的策略、施加的影响也须相应有别。如果以统一的教学方法对待不同特点的学生，必然导致教学在部分学生身上的失败。所以上述教学模式所认定的三个常量，实际上均是变量。另外，教学目标是国家或教育行政部门所设定的对某一类学生的统一要求，是不变的常量。要使特征各异的学习者达到相同的教学目标，就必须采取不同的教学方法实施个别化教学。在个别化教学中，每位学习者被视为是独一无二的，学习时间和过程允许在规定的限额内因人而异，最终达到预定统一的教学目标。该模式中的三个变量，学习者是首要变量，其他两者均导源于此，故对学习者个别差异的研究是个别化教学的出发点。

在现代教育和心理学研究中，通常用“能倾”这一概念表示人的个别差异，并把“能倾”划分为三类：（1）智力和已有知识；（2）成就动机及其相应的个性特征；（3）学习风格。这三类“能倾”分别反映了一个人在认知、情感和意志行动（意动）三方面的特征。

在上述三类“能倾”中，对认知和情感的能倾研究比较早，而对意动方面的能倾——学习风格的研究则相对较晚。20 世纪 60 年代，美国教育心理学家们曾一度对与学习风格直接关联的认知控制、认知策略产生过兴趣，可不久因研究基金的转向而被迫放弃这一课题。随后，美国大中小学的教学实践工作者却认识到了学习风格的研究价值，接着便组织大量人力从事这一课题的研究。自 1954 年哈伯特 · 塞伦首先提出“学习风格”这一概念以来，至今已有 30 多种有关学习风格的理论模式相继问世，并直接应用于教学实践。如美国的许多中学里，有经过专门培训的学习风格咨询人员对学生的学习风格做出诊断，以此帮助教师调整教学策略，促进教与学的相互适应，提高教学质量。这一举动被誉为“美国中学里静悄悄的革命”。研究和教学实践表明，尊重学生的学习风格并据以进行教学，学生的学习更为有效（表现在学得多、学得快方面），学业成绩就能得到较快提高；学生对学校、学习活动、教师以及对自身的态度均向好的方面变化；课堂违纪、逃学辍学和青少年过失行为明显下降。

二、学习风格的概念及其特征

学习风格是什么？它涵盖学习者哪些学习特征？各研究者有不同的观点和解释，正如托马斯 · 贝勒所说：“学习风格的定义差不多与对这一课题的研究者一样多。”邓恩、凯夫等人从学习风格的构成要素这一角度定义学习风格；而朗考特、柯勃等人，则从类型的划分这一角度描述学习风格；还有人如亨特（David Hunt）、马尔科姆（Paul Malcom）等，根据学习者的心理发展水平阐明学习风格。尽管他们对学习风格有着不同的解释，但其核心是相同的，即指学习者喜欢的或经常使用的学习方式以及表现出来的学习倾向，由于它经常被个体所使用或表现出来，很少因学习内容、学习情境等因素的变化而变化，因而构成学习者的个别差异。据此，我们似可把学习风格定义为：学习风格是学习者持续一贯的带有个性特征的学习方式和学习倾向。学习方式是指学习者为完成学习任务而采用的策略、方法或步骤，而学习倾向则是指学习者对学习活动的情绪、态度、动机、坚持性以及对学习环境、学习内容的不同偏爱。有些学习方式和学习倾向可随学习情境、学习内容的变化而变化，而有些则表现出持续一贯性。后者反映了学习者鲜明的个性特征，从而成为各自的学习风格。

从以上描述不难看出，学习风格具有以下三个特点：

（1）独特性。学习风格在学习者个体神经组织结构和机能基础上，受特定的家庭、教育和社会文化的影响，通过个体自身长期的学习活动而形成，具有鲜明的个性特征，故学习风格因人而异。

（2）稳定性。学习风格是在长期的学习过程中逐渐形成的，但一经形成，即具有持久稳定性。尽管有些研究表明，随着年龄的增长，大多数个体会变得更善于分析、深思熟虑、内向慎重，但各个体学习风格的特点在同龄人中所保持的相对地位却具有较高的稳定性。当然，学习风格的稳定性并不表明它不可改变，每一种学习风格（及其因素）既有其优势，也有其劣势，对学习风格的研究正是要扬其所长、补其所短，因此在看到其稳定性的同时，还应注意其可塑性，以利增强我们对教育工作的信心。

（3）兼有活动和个性两重功能。具有鲜明个性特征的学习风格与个性特征本身的不同之点，在于它对学习活动的直接参与。能力、气质、性格等个性因素对学习的影响都是间接的，它们都必须通过一定的媒体才能发生作用，而充当这一媒体或中介的是学习风格。学习风格以其活动的功能直接参与学习过程，又以其个性的功能直接影响这一过程及其成效，学习风格这两种功能总是同步发挥作用的。

学生的学习活动，既有认知的参与，又有情感和意志行动的参与。学习者这三方面的特征以意志行动的特征为核心相互交叉，形成学习风格的五个部分三个层面。

①学习风格的认知要素部分有：知觉风格（场依存性与场独立性）、信息加工风格（同时加工与继时加工）、记忆风格（趋同与趋异）、思维风格（分析与综合、发散与集中）、解决问题风格（沉思与冲动）等。②学习风格的情感要素部分有：理性水平、成就动机、控制点、抱负水准、焦虑水平等。③学习风格的意志行动要素部分有：学习坚持性、言语表达积极性、动脑与动手、谨慎与冒险等。以上三部分组成了学习风格的心理性层面。④学习风格的生理性要素部分有：对学习时节律的偏爱（如百灵鸟型与猫头鹰型），对视、听、动感知等通道的偏爱，对学习环境中光线明暗的偏爱，对学习环境安静程度的偏爱等。这部分为学习风格的生理性层面。⑤学习风格的社会性要素部分有：独

立学习与结伴学习、竞争与合作。这部分为学习风格的社会性层面。

三、学习风格的研究价值

前些年我国教育科学对学生个别差异的研究，主要集中在智力因素即认知方面的能倾上，强调智力、知识基础对后继学习的影响。近几年，似有将研究重心转移到非智力因素即情感方面的能倾上的趋势，表现在重视对学生学习态度、成就动机、成就归因等方面的研究，而对学习者意志行动方面的能倾即学习风格的研究则寥寥无几。北京师范大学张厚粲教授等曾对学生认知风格（方式）的一个维度——场依存性与场独立性及其对教与学的影响进行了研究，结果表明：不同认知风格对学生学习有不同的影响，适合学生认知风格的教学更易发挥学生潜力并能取得更好的教学效果。除这一课题外，尚未见到其他有关学习风格的研究，国外这方面材料的介绍也很少。教师们很难辨认不同学生的学习风格，无法针对性地设计有效的教学策略，从而难以保证每个学生都可得到理想的发展。因此，学习、借鉴国外有关学习风格理论并结合我国实际加以研究，无论对心理学、教育学的学科建设，还是对教学实践的指导，均有其独特的价值和作用。

首先，有关学习风格的研究有助于理解心理学界的老大难问题——心理活动和个性特征（人格）的关系问题。

长期以来，我国沿袭苏联的心理学体系，把心理学的研究对象分割成心理活动和个性两大块。对这两者关系的理解，通常只是笼统地认为个性在心理活动中形成，心理活动受制于个性。至于个性在心理活动中如何形成的、个性又是怎样制约心理活动的、其中是否借助某种媒介发生作用等，则很少有人问津。20 世纪 40 年代末到 50 年代初，知觉心理学家曾提出“知觉理论中知觉者在哪里？”（这里的知觉者即指知觉者的个性特征）的问题，与此同时，人格心理学家则提出“人格理论中知觉在哪里？”（这里的知觉即知觉的心理活动）的问题，分别从认知活动和个性特征的角度呼唤对两者关系问题的解决。认知是心理活动的成分之一，此外还有情感活动和意志行动。这三种心理活动在某一个体身上若经常以某些特定的方式和倾向得以进行，则形成其活动的风格，并固定下来形成某些个性特征。反之，个性对心理活动的制约又总是通过个人的活动风格表现于其中的。

学习是活动的主要形式。对学习风格的研究将有助于心理活动和个性特征的统一，从而进一步完善心理学学科体系。

其次，学习风格的研究将改变我国教育学“无学”“无人”的面貌。

教育活动是教师的教和学生的学相互作用的过程，教育理论理应对相互作用的双方均作阐述。然而长期以来，我们的教育学对“教”论得较多，而对“学”则讲得很少，缺乏对学生学习活动及其规律的考察；只把“教”当作一种群体的社会活动并论述其普遍性，很少把“学”当作一种个体的心理活动而阐明其特殊性，缺乏对学生个体差异的研究。因而有人曾贬斥我国的教育学为“无学”教育学、“无人”教育学。尽管这一观点不免偏颇，但它却尖锐地指出了目前我国教育理论研究中所存在的问题。

学习是教育活动的出发点，对学习过程、学习方式、学习规律的掌握，是教育活动取得成效的首要前提。近年来，教育理论和实践工作者已重视并从事对学生学习方法的研究，这是好的兆头，但仅仅满足于这一点是远远不够的。对每一个学生来说，学习尽管受到个体以外因素的制约，但它毕竟在个体内部进行着，各个体对学习会表现出不同的倾向，采取的方式、策略也各不相同。教育干预若要在每一学生身上均产生满意的效果，就必须摸清各个学生的个别差异，而这必须落实到学习风格的研究上。

再次，学习风格的研究将推动因材施教的实施并打开个别化教学的大门。

公元前 4 世纪，在我国古代教育专著《学记》中，就有成功的教育有赖于教学对个体差异的适应这一论述，因材施教成为古今中外一贯倡导的教学原则。然而，这一原则往往是一种口号式的呼唤，虽然个别教育者有所实践，但从总体上看缺乏实质性、普遍性的操作。教育界对教学方法的研究，仍然热衷于寻求一种企求“包治百病”的灵丹妙药——最好的教学方式方法，然而这种努力的建树甚少。不在特定的情境中、根据不同的内容和对象而抽象地评价一种教学方式方法的好坏是毫无意义的。曾在我国当代教育史上争论了 20 多年的小学生集中识字和分散识字孰优孰劣问题，如今经过认知风格的研究已画上了句号。所以教学方式方法不论其新旧，只要它适应学生的需要并能促进学生的发展，即是有效的，而对课堂里个性各异的众多学生采用一种方式进行教学则是行不通的。基于这种认识，个别化教学已成为世界许多国家教改的主要趋势之一。

因材施教、个别化教学包括诊断、计划、教学和评价四个阶段。诊断是个别化教学的第一步，也是关键的一步，它所关注的是学生发展的特征、学习风格及学习史（用布鲁姆的术语来说即是已经习得的知识技能）。通常学习风格是诊断中最易忽视的因素，但它却是最重要的因素，因为它不像发展特征、学习史那样只对学习过程及其结果发生间接的影响，而是直接参与其中并监控着整个过程。学习风格为教师全面分析学生特点、激发学生的学习动机、帮助学生学习提供了重要的依据，因而被誉为“现代教育方法的真正基础”。

最后，学习风格的研究为促进学生的全面发展开辟了新的视野并提供了新的途径。

全面发展是我们的教育目标。通常人们把全面发展理解为德、智、体、美、劳等方面的全面发展；在课堂教学中，又往往被理解为知识与能力的同步发展、智力因素与非智力因素的协同增长。尽管这一思想已取得共识，但贯彻执行时却出现一些偏差。从已经取得的研究成果来看，这些偏差可能通过学习风格的研究得到矫正。这些偏差主要表现在：

一是无法保证每个学生均得到全面发展。在学校里，教师往往把一部分能适应自己教学的学生当作最有发展前途的对象予以重点培养，而对那些不能适应自己教学的学生缺少关注，这样，不仅挫伤了后者的学习信心，而且使他们丧失了许多发展的机会。其实，学生对教师教的适应在很大程度上取决于他们的学习风格，而学习风格从总体上说是无好坏之分的。教师对风格不同的学生所采取的态度应一视同仁，并因人而异采用相适应的教学方法策略，以利促进学生的全面发展。

二是“扬长避短”的教学策略埋没了学生的发展潜力，从而不能使他们得到全面发展。每一种学习风格，既有其长处、优势，也有其短处、劣势。学习风格中的短处或劣势不能认为是一个人的缺点，更不能与错误相提并论，应该视为学生在学习方式和倾向上尚未挖掘的潜力，经过特定的教育干预，这种潜力可以得到一定程度的提高和发展，因此促进学生全面发展的教学策略应为“扬长补短”策略。所谓扬长策略，即与学习风格中的长处或学习者偏爱的方式相一致的匹配策略，它对知识的获得直接有利，使学生学得更快更多，但它无法弥补学习者在学习方式或机能上的欠缺。所谓补短策略，即与学习风格中的长处不相一致但能弥补学习风格中的短处或劣势的有意失配策略，这种策略在一开始往往会在一定程度上影响知识的获得，但其特殊功效在于能弥补学习者学习方式或机能上的不足，因而从长远看对知识的获得仍有其积极意义。匹配策略和有意失配策略的结合，有利于学生心理机能的各方面均得到发展。

三是尽管一直强调在传授知识的同时要注意能力的培养，近年来又提倡在发展学生智力因素的同时还要注重非智力因素的开发，但因未找到知识与能力之间、智力因素与非智力因素之间的联结和交叉点，致使这一良好愿望难以实现。从学习风格与认知过程、认知个性间的关系可知，认知风格充当着知识获得与能力形成之间的桥梁。在学习者个性结构中，智力因素与非智力因素这一对概念，从逻辑意义上说是相斥互补的，但从它们的实际内涵来看，既有两者交叉的成分，又有两者相对独立的部分，这些成分和部分，均在学习风格的研究范畴之列。因此，对学习风格的研究，有助于知识的获得与能力的发展，有助于智力因素与非智力因素之间关系的探讨，用这方面研究的成果指导教学实践，对促使学生各方面的发展都将大有裨益。

选自《南京师范大学学报》(社科版)1994年第3期

专题五

现代教学理论概述

第一章　西方现代教学理论的主要流派

第一节　赫尔巴特及其教学理论

19 世纪是自然科学迅速发展、发明创造日益增多的伟大时代，与之相应的教育思想也必然具有区别于以前所有时代特征的因素。这一时期最伟大的教育家非德国教育学家赫尔巴特莫属，他的主知主义教育思想强调以“知”为主，并建立了以心理学和哲学为基础的教育理论体系，这对提高教学效率起到了极大的推进作用。不过，主知主义的教学论偏重于系统传授书本知识，凸显教师地位，忽视了学生的自主能力，后被称为传统教育的典型模式。19 世纪后期产生了科学教育思想，其注重学校课程和教学方法改革的特点也在教育内容上和主知主义教育思想作了呼应。19 世纪是知识的世纪，也是教师占支配地位的世纪。

赫尔巴特（1776～1841），德国哲学家、心理学家、教育学家。他的代表作是 1806 年出版的《普通教育学》和 1835 年出版的《教育学讲授纲要》，这两本书标志着独立的教学理论形成。

在西方教育文献中，最早使用“教学论”一词的是德国教育家拉特克和捷克教育家夸美纽斯，他们用的词是“didactica”，并将其解释为“教学的艺术”。赫尔巴特在其《普通教育学》中，教育学的单词是“padagogik”，英语是“pedagogy”，源于希腊语中的“教仆（pedagogue）”一词，它主要指教学方法和学生管理两方面。教育性教学是赫尔巴特教育学的核心，他第一个明确提出这一概念，把道德教育与学科知识教学统一在同一个教学过程中，并提出了著名的教学形式阶段理论，即清楚、联想、系统和方法。

《普通教育学》是科学化教学理论的标志，是将心理学的研究成果应用于教学过程最初尝试的典范。

第一阶段“明了”（clearness，也译作“清楚”）。在明了阶段，儿童的观念活动处于静态的钻研状态，对学习的内容逐个地进行深入的学习；主要的任务是明了各种知识。这就要求把所学的内容加以分解、逐个地提出，使学生能清楚、明确地看到各个事物。据此，教师应采用清晰简明的讲解和直观示范等的叙述教学法，使学生注意力集中并兴趣盎然地开始学习新教材（即书本知识），对新教材的内容产生探求钻研的意向。

第二阶段“联合”（association，也译作“联想”）。学生在前面获得了许多个别的但彼此有联系的观念以后，“必然地要向上发展，进入普遍的领域”，形成各种形式的概念。在联合阶段，儿童的观念处于动态钻研的状况；“从一个专心活动进展到另一个专心活动，这就把各种表象联想起来了。”此时，教学的主要任务是建立新旧观念的联系，并在新旧观念的联系中继续深入学习新教材。在这一阶段，学生在心理上的表现是“期待”，因此宜采用师生间无拘无束、风趣多变的交谈方式，运用分析法，加速儿童新旧观念的联结，组合成高水平的未知的新观念。

第三阶段“系统”（system）。各种新旧观念的组合，只有当进入到更大范围的联合时，才真正上升到“普遍领域”。在系统阶段，儿童的观念处于静态理解的状况，以看到许多事物的关系，“它把每个个别事物看成是这种关系的一个成分，并处在恰当的位置上……不清楚各个事物也就没有系统、没有次序、没有关系。因为关系不存在于混合体中，所以只存在于既分开而又重新联合的各部分之中”。这一阶段教学的任务，就是引导学生在新旧观念结合的基础上，获得结论、规则、定义和规律性的知识。这时学生的心理活动是“探究”，而教师则应重点采取综合法，指导学生找到所学知识内部的系统联系和确切的定义。

第四阶段“方法”（method）。在方法阶段，学生的观念处于动态的理解阶段；通过实际的练习，使已获得的系统知识得到运用，从而使观念体系得以不断形成、不断充实、不断完善。学生应该融会贯通所学的知识，能在各种条件下根据实际的需要而重新组合知识、解决实际问题。学生在这个阶段的心理活动表现为“行动”，教师就应让学生通过习题、独立作业和按照教师的指示改正作业的错误等练习，运用所学的知识。

赫尔巴特的理论体系经过戚勒及其弟子莱因补充与修正成为五阶段（准备、提示、联想、概括与运用）。赫尔巴特学派教学理论主要是哲学取向的教学理论，而心理取向的教学理论，发轫于德国莱比锡大学与耶拿大学的德加尔谟的《方法要素》和麦克默里兄弟的《一般方法要素》的发表，把美国对赫尔巴特思想的研究推向高潮，形成了赫尔巴特运动。后经杜威等人实用主义哲学和行为主义心理学的继承、批判与改造，导致教学论的心理学化，并随心理学派别的分歧和论争，相应地产生行为主义教学理论、认知教学理论和情感教学理论。

第二节　杜威与进步主义教学理论

一、杜威生平简述

20 世纪最初的 20 年，美国发生了一场综合性的改革运动，史称进步主义运动。进步主义教学理论最主要的代表人物是约翰·杜威（1859～1952），他是美国著名的实用主义哲学家、教育理论家和心理学家，是“20 世纪上半期美国教育改革中所谓进步运动的卓越思想家”，是现代西方教育史上最有影响的代表人物。

杜威于 1859 年出生于美国皐蒙特州柏灵顿市的一个杂货商家庭。在皐蒙特大学读书期间，他开始对哲学感兴趣。大学毕业后，他担任过城市中学和乡村小学的教师。1882 年，杜威进入刚成立的霍布金大学攻读哲学研究生学位，黑格尔哲学在他的思想中留下了不可磨灭的痕迹。1884 年获得哲学博士学位后，杜威在密执安大学执教。从这一时期起，他开始对教育感兴趣，萌发了进行教育实验活动并把哲学、心理学和教育学结合起来研究的想法。1894 年，杜威受聘担任了芝加哥大学哲学、心理学和教育学系主任，并从事研究生教学工作。这一时期他开始形成具有特色的教育哲学思想并创办了芝加哥实验学校。从 1904 年到 1930 年退休，杜威一直在哥伦比亚大学任教。除在国内作一系列讲演外，他还到过日本、中国、土耳其、墨西哥和苏联等国家进行访问和讲演。1927～1952 年，他担任了美国进步教育协会的名誉主席。

杜威一生在哲学、教育学和心理学等方面发表了约 40 本著作、1 700 多篇文章。主要的著作包括《我的教育信条》（1897）、《学校与社会》（1899）、《儿童与课程》（1902）、《民主主义与教育》（1916）、《经验与教育》（1938）等等。

二、杜威进步主义教学理论的主要观点

1. 关于教育的本质和目的

关于教育本质和目的的理论是杜威整个教育体系的核心。他用哲学、伦理学、社会学、心理学作为武器，在批判传统学校教育的基础上提出了“教育即生活”“教育即生长”“学校即社会”和“教育无目的”的观点。

2. 关于课程、教材、教法与学法

教学思想是杜威教育思想体系中又一个重要的组成部分，主要包括：课程与教材、思维与教学、“从做中学”。

（1）课程与教材。从批判传统教育的以课堂为中心的课程、教材观点出发，杜威认为，学校的“课程计划必须考虑到能适应现在社会生活的需要”；教材方面“迫切的问题是要在儿童当前的直接经验中寻找一些东西”。因此，在课程与教材上，他既强调了与现在社会生活经验的联系，又强调了与儿童的联系。课程、教材必须建立在社会生活经验的基础上，必须站在儿童的立场上，并且以儿童为出发点来考虑课程与教材。

（2）思维与教学。从批判传统教育的形式主义教育方法出发，杜威认为，学校让学生求知识的目的，不在知识本身，而在制造知识以应对需求的方法。

他举例说，学地图不是真正的目的，制作地图才是真正的知识。所以他认为训练儿童的严正的、持久的、创造性的思维能力是教学的主要目的，教学是达到这一目的的主要途径。应怎样培养学生的思维能力呢？杜威提出了如下要求：一是设置实际的经验情境，激发学生的思维活动；二是掌握充分的活动资料，提供解决困难所需要的种种考虑；三是创造发现式学习的条件，使学生养成独立的创造性思维态度与方法。

（3）“从做中学”。从批判传统教育的“书本中心”出发，杜威主张“从做中学”。在他看来，“人们最初的知识和最牢固地保持的知识，是关于怎样做的知识”。他认为，“在做事里面求学问”，比“专靠听来的学问好得多”。学校课程真正的中心应是儿童本身的社会活动。同时，由于儿童生来就有要做事和要工作的自然愿望，对作业活动具有强烈的兴趣，因此，“从做中学”实际上是符合儿童的自然发展的，可以使得学校中知识的获得与在共同的环境中所进行的活动联系起来。应当指出，杜威主张“从做中学”，强调学习者个人的直接的主观经验，提倡学生的个人探索，重视知识的学以致用，培养学生的实际操作能力，就教学过程的一个侧面而言，是有一定道理的。但是把“做中学”绝对化，其结果必然导致否定间接知识和系统知识的价值，这便不免有所偏颇了。

3. 关于“儿童中心”与教师引导

从批判传统教育忽略儿童的做法出发，杜威认为，组织学校生活应该以儿童为中心。一切必要的教育措施都是为了促进儿童的生长。但是，杜威同时认为，教师在学校生活中不应该采取“放手”政策。“因为采取这种方针，就是年长的人决定让儿童任凭偶然的接触和刺激摆布，放弃他们的指导责任。”与从外面强加于儿童一样，让儿童放任自流实际上也是组织学校生活时的一个根本错误。杜威强调指出，教育过程是儿童和教师共同参与的过程，也是儿童和教师真正合作的相互作用的过程。在这个过程中，儿童和教师双方都是作为平等的学习者来参与的。这种教育过程也许意味着比在传统学校里更复杂和更亲密的儿童和教师之间的接触，其结果是儿童更多地而不是更少地受到指导。

4. 关于道德教育

杜威的德育论是以实用主义道德论为基础的，否认客观的永恒道德，把实效作为衡量善恶的标准。在实施德育方面，杜威首先主张通过活动来培养学生的道德品质，这与他的“从做中学”是一致的。其次，杜威认为应结合智育进行德育，德育是各科教学共同的和首要的目的。最后，杜威还很重视教育方法的教育作用，把学校的现实生活、教材和方法称为学校德育的三位一体。在方法方面，他主张抓学生的情感反应，培养学生趋善避恶的内在要求。

三、杜威进步主义的教学方法

1. 问题教学法

杜威倡导的问题教学法是，引导学生运用智慧去探究或探索以解决问题的一种方法。问题教学法的价值在于，一方面可以避免传统教育灌输教材的方法；另一方面，学生可以在解决问题的过程中获得真知。杜威认为，科学家解决问题的过程从本质上是一个试图达到理智决定的过程，这个过程可以概括为以下五个步骤：

（1）暗示；

（2）使感觉到的（直接经验到的）疑难或困难理智化，成为有待解决的难题或必须寻求答案的问题。

（3）以一个接一个的暗示作为导向意见，或称假设，在收集事实资料中开始并指导观察及其他工作。

（4）对一种概念或假设从理智上加以认真地推敲（推理是推论的一部分，而不是推论的全部）。

（5）通过外显的或想象的行动来检验假设。

与之相对应，在课堂教学的实践中也有五个步骤：

（1）学生必须意识到一个困难。最好的情况是，他必须在他所从事的某种活动中感受到了障碍，这样引起的问题就是，如何使该活动继续进行下去。

（2）在学生意识到问题以后，他必须继续探索并清楚地界定这个问题。

（3）一旦对情境做过透彻的检查和分析，就会产生诸如一个人原先进行的活动怎样才能继续下去、怎样将原先的活动改造为比较适当的形式等提示。

（4）然后，学生就要推论出这些提示的含义。他要在头脑中想象，如果按每一个提示去行动，那么其结果是什么。

（5）最后，他要对通过活动最可能实现目的的提示、假设或理论加以检验。

可以看出，杜威的问题教学法是充分地体现了他所主张的“从做中学”的活动原则的，问题教学法看重的是学生学习的内在兴趣，并认为只有把教学和学生天生的活动倾向联系起来，学生才会有内在的自发的兴趣。问题教学法也渗透了杜威关于学校纪律的看法，按照问题教学法来实施教学工作，可以想象，学校一定会比传统学校更喧闹、更杂乱。对此，杜威并不感到为难，他认为，在儿童互相交流、四处走动、忙于找到一些方法和途径来解决一个共同的问题的地方，和在学生静静地坐在课桌前，除非教师让他们做些事才允许活动的地方，纪律标准必然是不同的。后者教师要时刻警惕着，防止学生违背学校规则，前者教师的时间和注意力则放在鼓励学生形成良好习惯上，指导学生自己制定并执行确保活动继续下去的规则。问题教学法在教学的作用以及思维与知识的关系上，与传统教育有着本质的不同。在问题教学法中，教师只能在解决问题的过程中提供建议和指导（这有点像我们今天开展的研究性教学），而赫尔巴特派的教师总是在课堂教学中占据中心位置。赫氏教学法总是把思维看作是在获得知识的过程中产生的附属物，而不是把知识的获得看作是思维发展过程中产生的附属物。

2. 设计教学法

设计教学法是进步主义的另一个重要代表人物克伯屈于 1918 年从杜威的“从做中学”的教育思想出发并在问题教学法的基础上创立的一种教学组织形式和方法。在设计教学法中，学生可以在活动中选择、计划并进行他们自己的工作。

克伯屈将学校的课程分成四种主要的设计类型：第一种是创造性的或建构性的设计，如学生自己写剧本演戏、绘制建筑物蓝图等；第二种是鉴赏性的或娱乐性的设计，阅读小说、看电影或听交响乐等都是这类设计的例子；第三种是问题的设计，如解决环境恶化问题的办法等；第四种是具体的学习设计，如学习打字、学游泳、学跳舞、学写作等。

设计教学法的实施分为以下四个步骤：

（1）确定目的。学生根据其兴趣和需要，从实际生活环境中提出学习的目的，即要解决的问题。

（2）拟订计划。即制订达到目的的计划。这是整个过程中最困难的一步。在这个阶段，教师既不能包办代替，又不能撒手不管，而是巧妙地指导学生，使他们不出大错。

（3）实施工作。在自然的状态下，运用具体资料，通过实际活动去完成这项工作。这是学生最有兴趣的一个阶段。

（4）评判结果。学生在教师指导下，按照设计的活动，获得比较完整的经验以及分析问题和解决问题的能力。

设计教学法有其确定的教育目的，如发展学生的创造力、提高审美水平、发展智力等。除此之外，克伯屈认为，设计教学法通过学生之间、师生之间心平气和地讨论、争论，进而做出决定等，都要求每个参加者采用开诚布公的、不使用权力的方法，这可以发展学生的合作的、民主的精神。

第三节　斯金纳与新行为主义教学理论

一、斯金纳生平简述

新行为主义教学理论的主要代表人物是斯金纳（1904～1990）。斯金纳是美国著名的心理学家、教育家。斯金纳出生于美国宾夕法尼亚州的一个小镇，从小就有创造发明的意识。中学毕业后，他进入汉密尔顿学院主修英国文学，而对文学的兴趣促使他走上了学习研究心理学的道路。于是，他进入哈佛大学攻读心理学，并于1930年获得心理学硕士学位。此后，他仅用一年的时间又获得了心理学博士学位。随后。斯金纳留校从事研究工作。这期间他受到了苏联著名生理学家巴甫洛夫的影响，认识到“对环境加以控制，就可以观察到行为的规律性”。1936 年，斯金纳转到明尼苏达大学任教。1945 ~ 1947 年，他任印第安纳大学心理系教授和系主任。1948 年，重返哈佛大学，担任心理学系教授，直到 1974 年退休。他在那里建立了著名的鸽子实验室，带领一批研究生从事研究，取得了很大的成就。

斯金纳的主要论著有《有机体的行为：一种实验分析》（1938）、《科学与人类行为》（1953）、《学习的科学和教学的艺术》（1954）、《教学机器》（1958）和《超越自由与尊严》（1971）等，因在心理学领域的杰出贡献，他先后被美国政府和心理学会授予奖章。

新行为主义教学理论以新行为主义心理学为依据，探讨学习理论以及教学方法和技术问题，提出了操作性学习理论，重视强化在学习中的作用，推行程序教学和教学机器。基于此，我们在这里着重介绍它的教育主张、程序教学法和教学机器。

二、新行为主义的教育主张

1. 教育目的。斯金纳长期致力于行为科学的研究，他的理想是通过行为设计使人向着可欲的方向改变，最终实现理想社会。其教育目的就是改变和控制学生的行为，实现行为目标，使他们为承担个人和社会生活的责任做好准备，成为有益于社会的人。

2. 学生和教师。斯金纳认为，学生在教育过程中处于被决定的地位是毋庸置疑的。教育的问题不在于有没有控制，也不在于是否应该控制，而在于是否有正确的、适当的控制。教师在教育过程中应该处于中心的地位，教师与学生既不是朋友，也不是伙伴，更不是平等者。教师不能让学生自己掌握自己、进行自我教育。学生的一切行为都应处于教师的设计和控制之中。教师借以对学生进行控制的手段主要是运用操作性条件作用的原理，对学生进行即时和一贯的积极强化。

3. 学与教。斯金纳认为，操作性条件作用的原理可以直接运用于教学过程之中。在教学过程中，学生学的活动更为根本。在斯金纳看来，如果学生不学，那么即使建立更多的学校，培养出更多的教师，设计出更好的教学器材，都没有多大的意义。所以，重要的是要分析学生行为发生的条件。

根据操作性条件作用原理对于学习的分析，学习是一门科学。学习需要一些明确的程序，而且只有当这些确定的程序应用于学习时，学习才富有成效。根据学习作为一门科学的界说，什么是“教”的问题便迎刃而解了。教，就是安排控制学生学的那些强化的结合。教师的教不是学生学的原因。没有教师的教，也可以发生学生的学。所谓教师的教，实际上是给学生提供一些适当的学的条件，以加速学生的学。所以，就这个意义来说，教师的教不是对学生传授教师自己的行为，而是帮助学生建构适合某些环境的行为。教师怎样才能使学生做出作为学习开始的第一个可欲的反应，就成了一个很重要的问题，因为只有在此之后，教师才能给予强化，并进而一步步地使学生置于控制之下。斯金纳认为，比较有效的方法是启动。可供选择的具体的启动方法有以下三种：第一，动作的复制。它利用学习者模仿动作的倾向，对那些类似于原型的动作反应进行强化。这种启动是可能的，因为只要学生的动作像别人那样，他就自然地得到了强化。体育、舞蹈、戏剧等方面都有这种例子。第二，结果的复制。学习者不一定模仿原型的动作，但原型动作的结果却复制了出来，这种反应是受到结果复制启动的结果，例如语言学习中的发音、临摹图画等，虽然学习者没有看清教师发音时发音系统各个部分的具体动作，也没有看到教师制作范画的过程，但学生最终的动作结果却是相同的。第三，非复制的技巧。这是利用学习者既有的全部技能反应来启动行为。具体地说，教师可以告诉学生去做什么或怎样去做，如果学生的确按照老师的指导去行动，就强化他们。教师只是给予言语指导，学生便在他既有的行为模式的帮助下引起一定的反应，而这种引起的反应虽然不同于既有的反应，但需要通过学生既有反应的帮助。教师可以使学生明了他必须做些什么。最后要强调指出，这些启动的方法往往只是在教师教的初始阶段使用，而且它们也不能代替其他的塑造行为的方法。学生的行为启动以后，教师就可以开始他塑造学生行为的过程，以实现教学目的。

三、新行为主义的教学方法

1. 程序教学

程序教学是斯金纳的操作性条件作用的原理在教学领域内直接的运用，也是他对教学理论的一大贡献。所谓程序教学，就是将教材内容按照逻辑顺序系统地加以编排，使之由浅入深、循序渐进的一种自动的教学模式。在程序教学中，对于学生来说，“程序”代替了教师，而且这种“程序”通过一套事先设计好的、有一定顺序的特定行为，使学生将来更有可能按照人们所期望的方式去行动；换句话说，就是学生将学会人们设计这个程序时想要教给他的那些东西。

（1）程序教学的特点

①积极反应。程序教学要求学生做出积极的反应，既要动脑，也要动手。如果学生不做出积极反应，学习的过程就会中止。根据不同的程序设计，学生积极反应的方式也不同，如解答问题、书写答案、在多重选择的答案中选择自己认为最合适的答案、填空等。

②即时反馈。在程序教学中，当学生做出一个反应之后，程序将以某种方式让学生立即知道自己的反应正确与否。

③可以测量的目标。程序教材必须围绕可以陈述的行为目标加以组织。那种宽泛、模糊的目标（如“懂得”“鉴别”“理解”等）应该废除，而代之以具体的行为的说明；换言之，只有可以观察、可以辨别、可以测量的明显的行为变化才算是学习。

④按小步子的逻辑顺序呈现材料。为了使学习者的学习能够有效、顺利地进行，在呈现学习材料的时候，除了要严格按照材料的逻辑顺序、实质环环相扣之外，相邻的步子之间进步的幅度也是一个重要的因素。斯金纳提倡小步子直线式的程序。除此之外，还有其他的程序模式。

（2）程序的编制

程序教学的结果在很大程度上取决于程序的编制。程序编制者必须认真考虑两个问题：①想达到什么目的？②儿童目前的水平如何？对第一个问题的回答，必须具体地指出儿童能够做的一些事情，如能够拼写什么单词、能够在字典里查到什么词、能够用什么词造句、能够在地图上找到什么国家等。对第二个问题的回答同样如此，如儿童是否会拿铅笔、是否会写字母、是否会看地图等。只有如此具体，才能确定从哪里开始进行教学，才能确定所要达到的教学目标，即终端行为目标，并制订一个学习活动的方案。

然后，程序编制者根据教学目的和要求的知识质量，用一系列的小步子按顺序编写教材，决定用哪些步骤或阶段来引起学习者做出所期待的反应。这时候，程序编制者要考虑三个互相关联的问题：①下一步你要他做什么，再下一步你要他做什么，再下一步你又要他做什么？②你每次是怎样促使他去做的？③你如何肯定他继续按这种方式做事而没有匆忙地溜过去？这要求步骤之间的幅度适当；步子之间联系密切，形成一个锁链体系；给以必要的提示；及时强化学生每一个正确的反应等等。其目的是将学生开始的行为逐步引向作为教学目标的终端行为。最后，当程序编制者将教材以一系列的小步子按顺序编好以后，必须在一个有代表性的小组里进行检验，以鉴定从受教前的行为过渡到终端行为方面取得成功的程度。如果有必要，则要根据检验的结果对程序做必要的修改。

（3）主要的程序模式。在实践的过程中，出现了许多编制程序的模式，主要有下列四种：

①直线式程序。将材料分成一系列的连续的小步子，用使学生“知道结果”的方式对每一个步子加以强化，以引导学生形成期望的终端行为。其特点是每个项目学习的材料最小；如果设计得好，学习者可以几乎不出现错误，而且只要学习者做出正确的反应，就意味着他已经学会了。此外，这种程序只强化正确的反应，如果学习者出现错误，将呈现正确答案，纠正了学习者的错误以后再继续前进。这种程序模式对于逻辑层次分明的学科，如物理学、生物学、数学等，效果比较明显。

②直线选答式程序。在程序中提供一些不正确的反应，将正确的和不正确的几种可供选择的分支都呈现在学生面前任其选择。每一种反应都提供了一个不同的路线，如果学生的每个反应都正确，那么他就是循着该程序的主要路线前进，因而可以在最短的时间内通过该程序。如果学生做出了错误的反应，那

他还要继续选择，直到正确为止。这种程序是根据学生的能力来调节速度的，而且相对于直线式程序来说，学习者有较大的自由度，因为他可以根据个人吸收的速度采取不同的路线来完成整个程序的学习。

③衍支式程序。根据学习者由于能力、已有的知识和学习材料的性质的差异而造成的可能的错误来编制程序。它把学习材料分成内容较多、步子较大的逻辑单元，编成主干程序，又把学习者学习时常犯的典型错误编成分支程序。学习者学完一个逻辑单元以后，采用多重选择反应对其进行诊断测验，并依据测验的结果决定下一步的学习。如果做了错误的选择，学习者将被引入该逻辑单元的分支程序进行补充性学习。分支程序的补救性材料将纠正其错误，待错误得到纠正以后，学习者还将回到主干程序的这个逻辑单元，然后再进行下一个逻辑单元的学习。衍支式程序关心的不是学生如何学习，而是学生是否已经学会。这种程序的特点是，它兼顾了不同能力的学习者。

④凯程序。其倡导者为心理学家 H·凯，故名凯程序。这是一种直线式和衍支式相结合的程序，它对各种知识、概念有不同水平的解释。凯程序要求其编制者充分考虑到学习者可能产生的各种典型错误，并将其反映到补充材料中去。

2. 教学机器

教学机器指装有程序教材、能够显示问题、指出正误，并提示下一步如何学习的机器。教学机器的新颖之处在于，它突出了教学的自动化过程，用一个没有生命的机器代替人进行教学。斯金纳根据他的操作性条件作用的原理，设计出了一个“能解决大多数主要问题而所费不大的”教学机器，并对他设计的教学机器做了如下描绘。该机器外形是一个与一架小型唱片机差不多大的盒子。在盒子的顶面有个窗口，通过窗口可以看到印在纸带上的问题或题目。儿童通过移动一个或几个上面刻有从 1 到 9 的数字的滑动片来回答问题。印有问题的纸上打着方孔，答案就出现在这些方孔里。对好答案以后，儿童转动一个旋钮。如果答案正确，旋钮就能转动，并且同时出现铃声或其他的条件强化，如果答案错误，旋钮就无法转动，这时，儿童就必须倒转旋钮，再尝试第二次回答。如果答案正确，再转动旋钮，这时下一个问题便移动到呈现问题的窗口。

教学机器很好地体现了操作性条件作用的主要原理。学习者的反应能够立即得到反馈，正确的反应可以通过铃声或某些别的强化物得到强化，不正确的反应由于没有得到强化而消退。学习材料被划分成许多小步子，通过塑造的过程，这些小步子的累积将形成复杂的行为。教学机器主要是通过保证学习者不断地取得成功并立即强化他的成功来激发学习者的动机的，所以装在教学机器内的程序必须编得正确。

第四节　布鲁纳与结构主义教学理论

一、布鲁纳生平简述

结构主义教学理论是当代世界上最有影响的三大教学论之一，它产生于 20 世纪 50～60 年代。它的创立者为美国的布鲁纳。布鲁纳是第二次世界大战后美国的一位杰出的教育改革家、教育心理学家。1915 年，布鲁纳出生于美国纽约。1941 年，他获得哈佛大学心理学博士学位。布鲁纳早期从事有关动物知觉和行为的研究，第二次世界大战期间，研究方向一度转向社会心理学。战后他重返哈佛大学执教，致力于人的认知发展的研究。1952 年，任哈佛大学教授。1960 年，布鲁纳参与创建“哈佛大学认知研究中心”并担任主任。此后布鲁纳还担任过美国心理学会主席。

布鲁纳的教育代表作是《教育过程》（1960）。他的另外两本教育论文集《教学论探讨》（1966）和《教育的适合性》（1971），对《教育过程》中的某些思想进行了补充性阐述。这三部著作代表了布鲁纳的主要教育观点，其中以《教育过程》最为重要，影响也最大。

结构主义教学理论在认知心理学的基础上探讨教育过程和学科结构，强调研究儿童的认知结构和认知能力的发展，并据此提出教学中应让学生学习并掌握学科的基本结构，设置螺旋式课程，提倡早期教育和发现学习。

二、学习并掌握学科的基本结构

布鲁纳认为美国当时的中小学教学内容，由于受到杜威经验论和“从做中学”的影响，片面强调具体事实和个人经验的重要性而忽视了理论知识的价值，因此不利于学生智力的发展。他主张提高教学内容的学术水平和抽象理论水平，让学生学习和掌握学科的基本结构。学科的基本结构，具体地讲，就是指每门学科的基本概念、基本原理和法则的体系。所谓“基本”，就是一个观念具有广泛而强有力的适应性，能广泛适用于新情况，是进一步获得和增长新知识的基础。所谓“结构”，就是事物之间的相互联系及规律。在布鲁纳看来，学习“结构”不过就是学习事物是怎样相互关联的而已。布鲁纳认为，任何学科都有相当广泛的结构，而且任何与该学科有联系的事实、论据、观念、概念等都可以不断纳入一个处于不断统一的结构中，尤其是自然科学和数学这类高度形式化的学科更有明晰的基本结构可教给学生。为此，他举了几个例子来加以说明。

例如，数学中的解方程。布鲁纳认为，在求解未知数的过程中，可以运用三个基本法则——交换律、分配律和结合律。学生一旦掌握了这三个基本法则所体现的思想，就能认识到所要求解的“新”方程式完全不是新的，它不过是一个熟悉的题目的变形罢了。

布鲁纳还以自己为小学五年级学生设计的《人类学》学科基本结构为例，说明学科内容的框架结构。人类所具有的特征和人类特点的形成，由五个最基本的概念构成：使用工具、使用语言、社会组织、文化教育和心情表达。这五个概念相辅相成，是该学科的基本结构，任何与该学科有联系的事实、论据、观念、概念都可以纳入学科的基本结构中。他认为，学习的观念越是基本，几乎可归结为定义，则它对后续知识的学习及新问题的适应性就越宽广。

布鲁纳认为，学习学科的基本结构有以下好处：第一，懂得基本原理可以使学科更容易理解。第二，把所学的知识用圆满的结构联系起来，有利于知识的记忆和保持。“高明的理论不仅是现在用以理解现象的工具，而且也是明天用以回忆那个现象的工具。”第三，领会基本的原理和概念，有利于知识的迁移和运用，达到举一反三、触类旁通的境地。第四，强调结构和原理的学习，可以缩小“高级”知识和“初级”知识之间的差距，有利于各级教育的贯通。第五，可以简化教学内容，“现实的极其丰富的教学内容，可以把它精简为一组简单的命题，成为更经济、更有活力的东西（基本结构）”。如果不去学习学科的基本结构，则有三点弊病：一是“这样的教学，使学生要从已学得的知识推广到他后来将碰到的问题，就非常困难”。二是“陷于缺乏掌握一般原理的学习，从激发智慧来说，不大有收获”。三是“获得的知识，如果没有完满的结构把它连在一起，那是一种多半会被遗忘的知识”。

（一）设置螺旋式课程

由于学科的结构有较高程度的抽象性和概括性，因此布鲁纳认为，在组织以学科结构为中心的课程时也有相应的要求。他强调，在课程设计时常常被忽视的一个重要的观点，即“处于一切自然科学和数学的中心的基本观念以及赋予生命和文学以形式的基本课题，它们既是简单的，又是强有力的”。“一门课程在它的教学进程中，应反复地回到这些基本概念，以这些基本概念为基础，直到学生掌握了与这些基本概念相适应的完全新式的体系为止。”具体说，就是打通中小学和大学同一学科的界限，组织循环往复达到较高水平的螺旋式课程，使学科内容围绕基本结构在范围上逐渐拓开，在难度上逐渐加深。编制一个好的螺旋式的课程应从三个方面着手：第一，课程内容的编排要系列化；第二，使学科的知识结构与儿童的认知结构相统一；第三，重视知识的形成过程。

（二）提倡早期教育

布鲁纳认为，“给任何特定年龄的儿童教某门学科的任务，就是按照这个儿童观察事物的方式去表现那门学科的结构”，因此，“任何学科都能够用在智育上是正确的方式，有效地教给任何发展阶段的任何儿童。”他主张将教材按照儿童能够理解的方式表达出来，例如将物理学和几何学的基本概念通过儿童熟悉的材料，用简单通俗的语言表达出来，那么幼儿也可以理解这些概念。这就是说，如果学习按照儿童理解的水平依次排列，那么儿童总是做好了学习的准备。为了说明上面这个问题，他举例说明：小学四年级学生也能学习“集合论”，玩受“拓扑学”和“集合论”原理指导的游戏甚至会发现新的定理。再如投影几何学概念是一个比较复杂的概念，如果在教学中利用儿童自己能触摸到的具体材料来学习概念，那么它就“完全可以为 7 到 10 岁的儿童所接受”。布鲁纳在强调学习学科基本结构的同时提出了上述这个大胆的假设，表明了他对儿童早期教育的鲜明立场。

（三）倡导“发现学习”

布鲁纳认为，要掌握学科的基本结构，就应想方设法使学生参与知识结构的形成过程，主张引导学生通过自己的主动发现来学习，要把学习知识的过程和探索知识的过程统一起来，使学生通过体验所学概念原理的形成过程来发展学生的归纳、推理等思维能力，掌握探究思维的方法。这就是他所提倡的“发现学习”。发现学习不同于科学家的发明创造，而是将原发现过程从教育角度进行再编制，成为学生可步步学习的途径。

1. 发现学习的特征

（1）发现学习强调学习的过程。学习的主要目的不是要记住教师和教科书上所讲的内容，而是要学生参与建立该学科的知识体系的过程。所以，布鲁纳强调的是，学生不是被动的、消极的知识接受者，而是主动的、积极的知识的探究者，即在教学过程中，学生是一个积极的探究者，教师的作用是要形成一种学生能够独立探究的情境，而不是提供现成的知识。

（2）发现学习强调直觉思维的重要性。布鲁纳认为，直觉思维与分析思维不同，它不根据仔细规定好了的步骤，而是采取跃进、越级和走捷径的方式来思维的。直觉思维的形成过程一般不靠教师指示性的语言文字。直觉思维的本质是映像或图像性的。所以，教师在学生的探究活动中要帮助学生形成丰富的想象，防止过早语言化。与其指示学生如何做，不如让学生自己试着做，边做边想。

（3）发现学习强调内在动机的作用。学生容易受好奇心的驱使，对探究未知的结果表现出兴趣。布鲁纳把好奇心称为“学生内部动机的原型”，认为与其让学生把同学之间的竞争作为主要动机，还不如让学生向自己的能力提出挑战，使学生有一种提高自己才能的欲求，从而提高学习的效率。布鲁纳在强调学生内部动机时，并没有完全否认教师的作用。在他看来，学生学习的效果，有时取决于教师何时、按何种步调给予学生矫正性反馈，即要适时地让学生知道学习的结果，如果错了，还要让他们知道错在哪里以及如何纠正。布鲁纳还认为，学生利用矫正性信息的能力与他们的内部状态有关。如果学生因驱动力太强而处于焦虑状态，那么，提供矫正性信息不会有多大用处。另外，如果学生有一种妨碍学习的心理定式的话，学习往往会显得异常困难，这时，学习的每一步骤都需要及时给予反馈。布鲁纳称这种反馈为“即时反馈”。教学的目的在于使学生能独立学习、独立解决问题。提供矫正性反馈也有可能会产生副作用，即会使学生一直依赖于教师的指正，因此教师必须采取适当措施，使学生最终能自行地把矫正机制引入学习中去。

（4）发现学习强调信息提取的价值。布鲁纳认为，人类记忆的首要问题不是贮存，而是提取，学生在贮存信息的同时，必须能在没有外来帮助的情况下提取信息。提取信息的关键在于如何组织信息，知道信息贮存在哪里及怎样才能提取信息。学生如何组织信息，对提取信息有很大影响。学生亲自参与发现事物的活动，必然会用某种方式对它加以组织，从而对记忆产生最好的效果。

2. 发现学习的程序

发现学习是“使学生通过‘再发现’的步骤来进行的学习”，其一般的学习过程主要包括识别概念、形成概念、验证概念、分析思维策略等几个相互衔接和循环往复的步骤。

（1）设置问题情境，识别概念。教师向学生呈示资料，提出具体的事实以形成带诱导性问题的情境，引导学生带着问题观察具体事物，凭借已有的经验通过比较，使他们将所获得的片断知识从各种不同角度加以组合，逐步形成统一的认识结构，并提出解决的问题的假设。

（2）建立假设，形成概念。由教师引导学生围绕问题情境展开讨论并提出假设，再通过讨论把学生提出的带有主观色彩的、不确切的、未分化的假说上升到精确概念的高度，使假设得以确定。

（3）上升到概念或原理，验证假设。问题解决的假设方案确定之后，由教师提供各种事例要求学生辨认，以证实或否定他们最初的假设，根据有无必要来决定是否修正他们对概念或属性的选择，通过应用培养他们的迁移能力。

（4）分析思维策略，转化为活的能力。通过不断地产生假设和检验假设的学习过程，教师引导学生叙述他们的思维过程，要求学生弄清楚并记住他们在这一过程中是如何思考的，分析他们获得概念所依据的策略，从而“发现”解决问题的态度和方法，形成解决问题的“活的能力”。

第五节　瓦根舍因与范例教学理论

一、范例教学理论简述

范例教学理论产生于 20 世纪 50 年代之后的联邦德国。它是由联邦德国数学和物理教学论专家瓦根舍因首创、由克拉夫基等人深化研究、经过 40 多年的曲折发展而建立起来的具有广泛影响的现代教学论主要流派之一。它与美国布鲁纳的结构主义教学理论和苏联赞可夫的发展性教学理论共同被誉为 20 世纪 50 年代以来世界现代教学论三大流派。

瓦根舍因是联邦德国教育实践家、范例教学法的创始人。大学毕业后，瓦根舍因曾担任文科中学物理教师，后成为大学教授。根据多年从事教学的经验，瓦根舍因首先在物理和数学教学中提出“范例教学”理论并率先实践。瓦根舍因的代表著作有《物理课程的教育之维》《理解学习》等。

克拉夫基是联邦德国著名的教学论专家、教育学会主席团主席。在瓦根舍因研究的基础上，他进一步提出“范畴教育”理论，成为“范例教学论”学派的重要代表人物之一。他的研究被认为是把一度濒于窒息的“范例教学”探讨引向深入并在使“范例教学理论”付诸实施方面起了关键性的作用。他提出的“教学论分析作为备课核心”，几乎成了联邦德国每一名教师的座右铭。他的一些著作被译成英、俄、日、捷等多种文字，在深化“范例教学”方面做出了突出的贡献。

二、范例教学理论的内涵

范例教学理论以“知识迁移”理论为主要依据。所谓范例，就是那些“隐含着本质因素、根本因素、基本因素的典型事例”。范例教学就是根据好的、特别清楚的、典型的事例进行教学与学习。任何学科都有需要学生掌握的基础知识和科学方法，范例教学正是通过向学生提供经过选择的典型事例的学习，带动学生理解普遍性的问题，帮助学生掌握各学科最本质的、结构性的、规律性的系统知识，以及学习这些知识的科学方法，减轻学生学习负担，提高教学质量。因此，范例教学又被称为“示范方式教学”“范例性教学”“范畴教育”等，意指借助于精选材料中的示范性材料使学生从个别到一般，掌握带规律性的知识和发展能力。范例教学有三个特点：其一是强调激发学生的学习动机；其二是帮助学生主动学习；其三是范例教学重在逐步显示教材的内容逻辑关系并引导学生认清和懂得要掌握的知识的内部逻辑关系。

范例教学的重要意义在于从学科系统的方法出发，在整体上研究学科知识内容、知识结构和认识方法，它追求教学中学生掌握学科知识结构和认知方法能力的培养，克服了学科知识繁多的困难，使教学内容典型化、系列化，让教学不限于课堂规定的内容和时间，使学生的学习得到更广阔的延伸和扩展，达到“教是为了不教”之目的。范例教学的某些思想，如编制教材要精选带有基本性和基础性的范例，要注意培养学生独立思维的能力，精选教材要有利于激发学生生疑，教学过程要实现传授知识和培养能力双重开发的思想，教学重在授之以法，强调教学过程三个统一的思想等，都给我们以有益的启示。但范例教学在具体实施过程中也存在一定难度，如要科学地选定每门学科的范例性课题便绝非易事，而且范例教学不适于较分散的、课题结构不明显的教学内容。因为若学习内容中知识点分散，互相之间缺乏紧密的联系，范例教学运用起来就会有困难。何况范例教学要求教师对现有教材能加以重新组织和处理。在范例的选择和运用上，需要教师充分发挥自己的主观能动性，要求教师有较强的学科知识素质。这不是每一个教师都能做得到的。另外，范例教学理论本身对某些问题的论述还存在一定的问题，如它强调各门学科的基本性、基础性和范例性，但却没有具体明确的方法，这些都给我们实施该教学理论增加了难度。不过，这也恰恰给我们在实践过程中留下了创造性教学的广阔空间。

（一）教学目标

范例教学是在教与学的过程中，强调认知结构和能力的迁移，通过掌握类知识，实现“问题解决与系统学习的统一、掌握知识与培养能力的统一、主体与客体的统一”这一范例教学的目标。

1. 问题解决与系统学习的统一

范例教学要求具有针对性，一方面针对学生提出的问题和存在的问题进行教学；另一方面，加强每一个范例之间的联系，突出学科内部的逻辑关系。通过一个个案例的学习，既解决了问题，又掌握了学科的系统知识。

2. 掌握知识与培养能力的统一

这一目标要求在教学过程中，把传授知识与教给科学方法、思想方法、发展智力、培养能力结合起来。既要用知识技能武装学生，又要培养学生的各种能力，所以该目标也称为“实质教育与形式教育的统一”。

3. 主体与客体的统一

范例教学论认为，学生是教学的主体，教材是教学的客体。教师既要了解教材、熟悉教材、掌握教材，又要了解学生、熟悉学生，熟悉学生的智力发展水平、知识基础和个性特点等。在教学中必须把这两个因素结合起来考虑，教师才能教得活，学生才能学得活。

（二）教学原则

为了实现教学目标，教师在由四个阶段构成的教学过程中还必须遵循基本性、基础性和范例性三条原则。

1. 基本性。就学科内容而言，反对多而杂，强调选择一些基本知识，包括基本概念、基本原理、基本规则和基本规律等，使学生掌握学科的知识结构。

2. 基础性。就教学内容而言，强调要从学生的实际出发，包括要适应学生的智力发展水平，适应学生的知识水平，切合学生的生活经验，反对让学生感觉高不可攀，也反对过分容易。

3. 范例性。就“教”而言，力求做到典型性、代表性，务必要起到示范作用，以有助于学生举一反三、触类旁通，有助于学习迁移，有助于实际应用。

（三）教学过程

施腾策尔将范例方式教学界说为由以下四阶段构成的教学过程：范例性地阐明“个”的阶段——从具体、直观的“个”的范例中，抓住事物的本质特征；范例性地阐明“类型”“类”的阶段——将第一阶段里掌握的“个”，置于类型概念的逻辑范畴之中进行归类，对于在本质特征上相一致的许多个别现象做出总结；范例性地理解规律性的阶段——将“个别”抽象为“类型”之后，找出隐藏在“类型”背后的某种规律性的内容；范例性地掌握关于世界的经验和生活的经验的阶段。

施腾策尔举出以德国国民学校 12 ~ 13 岁的学生为对象的学校广播节目——“乌克兰的防风地带”为例，说明范例方式教学的阶段。第一阶段，首先用南俄罗斯草原地方的防风林作为特例，以具体直观的方法，提出关于防风林地带的问题，让学生充分彻底地探讨和把握俄罗斯南方草原的特征。第二阶段，根据以上对于个例所获得的认识，使学生进一步认识一系列类似景观的本质特征，例如美国中西部草原等。第三阶段，通过对各种草原景观的归类对比、综合分析，就可以了解草原化过程，认识人类在特殊气候的地理条件下干预自然所造成的结果和如何可以弥补这种结果。例如，乌克兰防风林带促进了草原化过程，阻遏了该地区的沙漠化。第四阶段，认识人类与自然的辩证关系，即人类在一定程度上能够改造自然，但是人类只能按照客观规律办事并顺应自然。

（四）备课过程

克拉夫基认为教师在备课中应具有双重身份：一是教材编写者的身份，二是学习教材的学生的身份。具备教材编写者的身份，才能在备课中深刻领会教学内容，掌握教材编写的目的、要求、系统和结构；具备学习教材的学生的身份，才能去发现教材可能存在的难点是什么，问题在哪里。克拉夫基提出了“教学论分析作为备课核心”的思想。

克拉夫基所称的“教学论分析”，首先是指教师在备课中对教学内容应进行五个方面的分析，每个方面又划分为以下许多细目。第一，基本原理的分析。分析本课题哪些是带有普遍意义的内容，这些内容对今后教学起什么作用，选择哪些范例，通过探讨范例使学生掌握哪些原理、规律、方法和态度。通过这样分析，教师就会明确让学生掌握哪些重要的基本概念、基本原理和基本方法。第二，智力作用的分析。分析这个课题内容对学生智力活动应起什么作用，这些内容学生是否接触过，是否觉得这个课题重要。通过这样分析，便于教师在教学中突出重点，强化学生的智力活动。第三，未来意义的分析。分析这个课题对学生今后生活的意义，与其以后的前途有什么关系，以便教师在教学中吸引住学生的注意力，调动起他们学习的积极性。第四，内容结构的分析。分析这个课题内容的结构，组成整个内容有哪些要素，这些要素之间关系怎样，是否有层次，难点在什么地方，通过学习学生应获得哪些起码的知识。通过这样的分析，使教师进一步弄清楚教材内容，明确使学生获得什么系统知识，掌握怎样的知识结构。第五，内容特点的分析。分析这个课题有哪些内容能引起学生的兴趣，通过哪些直观手段引发学生提出问题，布置什么作业使学生有效地应用知识。通过这样的分析，使死的教材因采用活的教学手段而达到活的教学效果。

克拉夫基认为一定的教学方法从属于一定的教学内容。不首先透彻地了解教学内容，教学方法就无从谈起。他指出，鉴于上述道理，只有首先对教学内容做出了教学论分析之后，才能进入备课的第二步——方法的分析和方法的准备。他认为这种准备就是解决如何组织教学的问题，这也属于教学论需要考虑的范畴。克拉夫基认为方法的准备主要有如下四个方面：一是对教学过程分步骤和分层次；二是选择教学形式、练习形式和复习形式等；三是采用辅助手段（教学工具或其他设备）；四是保证教学的组织前提（教学组织形式）。克拉夫基对上述四方面未做进一步的详细论述，仅仅指出各种方法必须根据教学的实际情况来做出判断和选择。

第六节 布鲁姆与掌握学习教学理论

一、布鲁姆生平与著作

目标分类教学理论产生于20世纪60年代末，其主要代表人物是美国当代著名的心理学家和教育家布鲁姆。布鲁姆1913年2月21日生于美国宾夕法尼亚州的兰斯福特。1940年，布鲁姆在芝加哥大学考试委员会工作，1942年获得该校博士学位，之后在芝加哥大学任教，从讲师逐级升为教授。布鲁姆曾担任美国教育研究协会主席，参与创建了国际教育成就评价协会和国际课程协会。1968年，布鲁姆以其卓越的学术成就获得约翰·杜威学会颁发的"杜威奖金"。1972年，美国心理学会授予其"桑代克纪念奖"。布鲁姆研究的领域面广且深，涉及了教育目标、教学过程、教育评价、课程编制、教材教法、教育研究、早期教育和才能发展等。其教育观点鲜明新颖，教学思想博大精深。主要代表著作有《教育目标分类学——认知领域》(1956)、《教育目标分类学——情感领域》(1964)、《学生学习的形成性评价与总结性评价手册》(1971)、《人类特性与学校学习》(1976)、《我们的所有儿童都能学习》(1981)、《发展青少年的才能》(1985)等。

二、布鲁姆掌握学习教学理论内涵

布鲁姆创立的教学目标分类学是当今世界上最具影响力的教学目标分类理论之一。与教学目标分类学理论一脉相传的是掌握学习教学理论。布鲁姆的目标分类教学理论以教育目标分类学为基础，提出了掌握学习的理论，强调教学应该面向全体学生，应该采取适当的方法促使绝大多数学生达到掌握的水平，主张使用新的教育评价模式等。学习和研究本节可与学习理论流派介绍中关于布鲁姆掌握学习理论和教育目标分类学结合起来。

“掌握学习”，就是在“所有学生都能学好”的思想指导下，以集体教学（班级授课制）为基础，辅之以经常、及时的反馈，为学生提供所需的个别化帮助以及所需的额外学习时间，从而使大多数学生达到课程目标所规定的掌握标准。掌握学习模式采用单元教学方式。首先要做的工作就是为掌握学习设计“教学单元”。每个单元相当于教科书的一章，约需两周时间。接下来进行单元教学，师生双方进行由班级群体教学、诊断与形成性评价、小组或个别化矫正教学等环节构成的教学活动。

（一）单元诊断

包括诊断性测试和补偿教学。诊断的主要内容是新单元教学中将涉及的旧知识，以此确认学生对于新单元教学的认识和情感方面的准备程度。布鲁姆对诊断性评价颇为重视。诊断性评价包括以下两个步骤：一是诊断学生的学习准备程度，即认知、情感方面的先决条件。主要手段有：以前的成绩报告单、必要学习技能调查表、情感先决条件调查表、标准化诊断性测试等。摸底测验的试题，一般侧重于考查学生学习新单元的基础知识与基本技能。二是根据对学习准备程度的诊断，对学生进行适当区分，如果学生的测验结果离学习新知识的起点目标太远，就必须进行学前矫正，使那些缺乏先决条件的学生赶上来。同时，也使那些已经掌握的学生有事可做，不感到厌烦。

（二）单元定标

制订单元教学目标之前应先排出该单元全部的知识点，并按单元教学的总体要求确定各知识点必须达到的学习水平。同时，根据单元目标制订课时目标与设计课堂教学。课时目标是单元目标的具体化，是每节课教学的方向和评价标尺。

（三）单元新授

这是掌握学习的主要部分。教师根据具体的教学目标，选择多种不同的教学方法。选择的原则以促进学生高水平的学习为原则。当学生学习某一材料遇到了困难，需要矫正教学时，教师就要寻找另一种方法，挑选最适于学生学习的手段。在具体方法上，布鲁姆建议教师可以采用“辩证式”教学，即“围绕难题与问题，师生之间进行相互作用”。除群体教学外，布鲁姆主张采用能力分组的小组研究和个别指导的方式。他指出：“每个学生也许需要十分不同的教学类型、质量才能够达到掌握水平。这就是说，经过各种不同类型的教学，不同的学生可以学会同样的教学内容，达到同样的教学目标。”

（四）单元测验

在单元新授结束之后，组织学生参加形成性单元测验。一次形成性测验占20～30分钟。试题的编制必须对应于单元教学目标，测验的结果以规定的掌握标准来说明学生是否达标，一般以80%～90%的正确率作为单元掌握标准。对未达到掌握水平的学生，教师必须采用多种方法帮助矫正。布鲁姆通过实践，发现最有效的纠正程序是让学生小组（每组2～3人）利用半小时左右时间检查各自的测试结果并互相纠正。

（五）单元矫正

如果测验结果显示全班学生在同一知识方面的缺漏比较普遍，教师则应先回顾教学方法或教学安排，找出症结，然后重新进行变式教学。此外，教师要对未达到掌握水平的约20%的学生提供适当的帮助，指导学生参考相应的教材，或“用不同于原先教学的方式，对某些概念进行解释”。布鲁姆建议可以聘用助手或家庭教师，或者通过家里父母兄妹进行辅导。不过，他认为“从三年级开始，由本班同学进行短时间的帮助是最有成效的矫正方法”。对于已达到掌握水平的学生，教师可以指导他们从事巩固性、扩展性练习，或组织他们从事更高层次的学术性探索，也可充当小老师，辅导未达掌握水平学生的学习。

（六）平行性测验

“给学生第二次机会”。在矫正性教学结束后，应对有关学生进行一次与形成性测验同质的平行性测验，以评价矫正性教学的实际效果。在形成性测试的两三天后，未达到掌握水平的学生参加平行性测验，学生只需测验那些第一次答错的同类项目或问题，并根据两次测验情况确定该生是否达标。对于仍未达标的学生，教师还应通过适当的途径和方式帮助他们进行矫正性学习。

经过以上程序，单元教学的任务已经完成，教师便可接着进行新单元的教学。按此顺序循环往复，使后续知识的学习总是建立在牢固掌握前面知识的基础上。

第七节 罗杰斯与非指导性教学理论

一、罗杰斯生平简述

非指导性教学理论又称人本主义教学理论，它是20世纪60年代由人本主义心理学在教育领域中的直接应用而在美国兴起的一种教育理论。非指导性教学理论的提出者是罗杰斯（1902～1987）。他是人本主义心理学的创始人之一，同时也是一位著名的心理治疗家和教育改革家。

罗杰斯的主要著作有《问题儿童的临床治疗》(1939)、《咨询和心理治疗》(1942)、《患者为中心的治疗》(1949)、《为了学习的自由》《人的形成》(1961)、《学习的自由》(1969)和《一种存在的方式》(1980)等。

1969年，罗杰斯把自己长期在心理治疗上所积累的经验及其在教学领域的扩展和应用写成一本书——《学习的自由》。在这本书里，他系统地阐述了自己的教育观，提出了当代教育改革的人学纲领。罗杰斯认为，教育的目标是培养能适应变化和知道如何学习的、人格健全的人。这种人应有创造性和开放性，应该是可信赖的、负责任的、有建设性的，应该有选择的能力和承担自己行为后果的勇气。教育过程的重点应该是教师和学生的基本人生态度和知觉方式的变化，而不是灌输现成的、固有的知识。罗杰斯反对传统教育的封闭性、非民主性以及机械的知识灌输和考试的重负，主张用人本主义的教育取代传统教育。以人为中心，强调过程、信任、合作和自律，注重经验的学习，广泛利用各种资源，注重健全人格的发展，是人本主义教育的基本特征。学习不仅仅是可观测的外部行为的变化，更主要是个人经验、态度、知觉方式和自我观念的变化。教育必须以学生为中心，促进学生对自我的理解、适应变化的能力和先天潜能的发展，使他们学会学习，学会自我设计、自由选择，并勇敢地承担自己行为的后果。

二、非指导性教学理论内涵

非指导性教学理论针对现代社会的挑战以及当今学校教育对学生情感和个性发展的忽视，以人本主义心理学为基础，主张教育应该培养整体的、自我实现的和创造型的人，探讨人本化的课程与方法，提倡学校创造自由的心理气氛。围绕这些方面，我们就其教学目标、教学过程、教学原则和教学方法分别加以介绍。最后鉴于师生关系是该教学理论的重大特色，又专门就此加以说明。

（一）教学目标

罗杰斯认为，教育的目标应该促进学生的发展，使学生成为能够适应变化、知道如何学习的“自由人”。罗杰斯曾直言不讳，最好的教育就像最好的疗法一样，目标应该是培养“充分发挥作用的人”。这样的人已经经历过最好的心理成长，机体的所有潜能都充分自由地发挥作用；他们的具体行为的构成是难以预言的；他们经常变化、经常发展，在每次成功的时刻，总会发现新的自我。在罗杰斯看来，自我发展即便是痛苦的、曲折的，但这种发展的倾向性是必然的、先天的。假如后天的环境和教育能提供适宜的心理气氛的话，它最终会自动地完成自我的实现。罗杰斯指出，在我们业已置身的世界里，教育的目标务必是培养对变化开放的、灵活的和适应的人，学会怎样学习并且因而能不断学习的人。只有这样的人，才能建设性地处理某个领域的复杂问题。他在《患者为中心的治疗》一书中就提出，学校要培养的人就是能从事自发的活动并对这些活动负责的人；能理智地选择和自定方向的人；是批判性的学习者，能评价他人所做贡献的人；获得有关解决问题知识的人；更重要的是，能灵活和理智地适应新的问题情境的人；在自由地和创造性地运用所有有关经验时，能灵活地处理问题方式的人；能在各种活动中有效地与他人合作的人；不是为了他人的赞许，而是按照他们自己的社会化目标而工作的人。罗杰斯认为培养“自由人”需要三个条件：第一，要形成自我——主动学习。鼓励学生面向生活，正视问题。学生亲身体验问题是自我——主动学习的关键。第二，教师对学生应当有真诚、真实的态度。尊重学生，珍视学生，在感情上和思想上与学生产生共鸣。第三，教师应像治疗者对待来访者一样对学生产生同情的理解，从学生的内心深处了解学生的反应，敏感地意识到学生对教育与学习的看法。

（二）教学过程

罗杰斯不同意行为主义用刺激—反应的联结解释人类的学习行为，认为这是对学习过程的简单化解释。他把学习看作一种经验的获取，认为学生经验的生长是学习的中心，学生的自发性与主动性是学习的动力，强调学生学习的需要、愿望、兴趣与学习材料的内在联系。罗杰斯认为，在非指导性教学的过程中，教师起到的是促进者的作用。教师通过与学生建立起融洽的个人关系，促进学生的成长。这种教学过程以解决学生的情感问题为目标，通常包括以下五个阶段：第一，确定帮助的情境，即教师要鼓励学生自由表达自己的感情；第二，探索问题，即鼓励学生自己来界定问题，教师要接受学生的感情，必要时加以澄清；第三，形成见识，即让学生讨论问题，自由地发表看法，教师给学生提供帮助；第四，计划和抉择，即由学生初步决定计划，教师帮助其澄清这些决定；第五，整合，即学生获得较深刻的见识，并做出较为积极的行动，教师对此要予以支持。

（三）教学原则

罗杰斯按照某种意义的连续，把学习分为无意义学习和意义学习。无意义学习没有情感或个人的意义参与。意义学习不是那种仅仅涉及事实积累的学习，而是一种使个体的行为、态度、个性以及在未来选择行为方式时发生重大变化的学习。罗杰斯分析了意义学习发生的基本原理并提出了相应的教学原则。

原理一：人生来有天赋的学习潜能。人生来就对世界充满好奇心，儿童有永远也不能满足的学习兴趣。在这种兴趣的推动下，儿童从学习活动本身获得奖赏，因而学习兴趣能够持续不衰。罗杰斯认为，在合适的条件下，每个人所具有的学习、发现、丰富知识与经验的潜能和愿望是能够释放出来的，这种心理倾向是可以信任的。

教学原则：教师应通过对话等多种渠道全面了解学生，理解其内在兴趣，并提供适当条件，以促进学生的自发的意义学习，而不是以强制手段，否定、扭曲、抹杀其本性。

原理二：意义学习发生在学习者对学习内容的个人意义有所认识的时候。人的行为，不是外在刺激引起或决定的，而是发自内在、出于本人情感和意愿所做出的自主性的选择；学习内容是否有意义，不在教材本身，而在于学习者对教材的看法。如果学生认识到所学教材能满足其好奇心、提高其自尊感，他就自然乐于学习。

教学原则：教师应帮助学生澄清其生活目的（而不是把别人的观念强加给学生），从而调动学生学习的内在动力，引发其自愿的学习。

原理三：意义学习是学习者主动自发、自我评价的学习。罗杰斯反对不考虑学生自身兴趣与需要进行的逼迫式教学。研究结果表明，涉及学习者个人（包括情感与理智）的自身发起的学习，是最持久、最深刻的；而学生负责任地参与学习过程，就会促进学习；当学生以自我批判和自我评价为主要依据、把他人评价放在次要地位时，独立性、创造性和自主性就会得到促进。

教学原则：教师应对学生充分信任，让学生自由学习，对学生的选择积极肯定、全力支持并给予必要而适时的帮助。

原理四：学生在较少威胁的教育情境中才能有效学习。罗杰斯十分强调学习氛围对学生的影响，指出学生在学校中学习与生活时，在心理上永远是无法完全免于威胁的，威胁的来源可能是方方面面的，如容貌、家庭条件、社交能力等的不足均可能成为学生忧虑的原因。这种忧虑感或威胁感往往使学生在此类问题上更加手足无措，或者消极逃避，不能充分利用学习机会，学习很难得到进展。在这个意义上，罗杰斯肯定教学机器的意义，因为机器教学采用的是学习者自定步调并逐步提示、随时激励的方式，使学生可以感受到成功，学生的自我受到较少的威胁。

教学原则：教师对学生真诚、真实、关切、理解、支持和鼓励，给予无条件的积极评价；引导同学间真诚、理解，培养班级内具有促进学习作用的情感氛围；对教学内容进行合理安排，开展成功教育。

原理五：意义学习往往是在面对、处理现实问题的过程中进行的。静止地获取信息、积累事实的无意义学习，在过去的时代里可能是适用的；但在现代社会中，学会如何学习、如何适应变化才是最可靠的，因而只有面对现实的意义学习才是有益于人生的。学校教育必须承认现实问题的教育意义，学生也必须在面对、处理不断变化的社会问题、生活问题的过程中学会认识自我、信任自我、适应变化并推动变化。

教学原则：学校教学活动生活化、个性化，要围绕学生自己关心的问题进行辅导、促进；学校教学中对问题情境的设置，要能引发学生对现实问题的思考与参与；学校走向社区生活，要充分利用社会进行实践性教学，使学生更好地参与社会。

（四）教学方法

罗杰斯列举了 10 种在他看来有助于促进学生学习的方法。

1. 从真实的问题开始

罗杰斯认为，要想让学生学会做自由自主和自我负责的人，就必须让他们面对真实的问题，分辨出真实的问题的方法在于从学生中间发掘出现实的而又与所教课程相关的问题，从而提供解决真实问题的情境。

2. 提供学习的资源

罗杰斯认为，在促进学习的教学中，促进者的主要时间不是放在传统教师的组织教案和讲解上，而是花在学习材料的搜集和提供上。在书刊、文献、影片等物质的资源之外，教师应重视活的资源——人。教师应引导学生认识家长、社区居民在某些方面的优势，也应告诉学生教师本人的学识、经验、专长以及何时可以提供帮助。在罗杰斯看来，大量学习资源的提供，可以产生新的学习方式，学生的需求能最大限度地得到满足。

3. 使用合约

罗杰斯认为，使用学生合约是一种有助于学生在自由学习气氛中保证学有所得并对学习承担责任的方式。合约允许学生在课程规定的范围内制订目标，计划他们自己想做的事情，并确定最终评价的准则，在给予学生自由的同时，也让他们具体地明白自己该实现的目标，把督促、评价的工作有效地交还给学生自己，不但有助于学习效率的提高，还培养了学生独立负责的态度。

4. 利用社区学习资源进行实际学习

把社区实际问题作为学生学习的问题，对学生了解社会、适应现实是极为必要的。罗杰斯认为让学生参与社区问题的调查、采访，学习怎样接触人以及如何倾听别人的观点，学会分析问题的关键，这种社会中的学习比任何课堂学习更有价值。在自由的社区学习中，学生常常能得到由他们自己设计的、令人兴奋的学习经验，体验到作为知识的探索者、发现者的快乐。

5. 同伴教学

罗杰斯所主张的同伴教学，与陶行知先生的“小先生”教学有相似性。教师挑选一批高年级学生进行指导、训练，让他们在一段时间内分别做一名低年级学生的指导者，结果使大部分接受指导的学生表现出学业的进步、更强的自信、更强的学习动机、更积极的学习态度，担任指导者的学生在自我确认、承担责任、学习热情上也有所提高。这同样是一种自由学习的方式。

6. 分组学习

罗杰斯推崇自由学习，但又认为学生有权利选择传统的教师指导的不怎么自由的学习方式，人本教育不应把自由学习强加给不需要的学生，因此，首先主张把学生分为自我指导组和传统学习组，学生可以自由选择、自由进出。同时，在自我指导组内，可以依据学生的兴趣或爱好，进行课题分组，充分调动学生学习的自主性。

7. 探究训练

学会探索比掌握任何固定的知识更有价值，教师在教学中设置探究的环境，为学生的探究活动提供资源、条件，使学生得以自主发现，在简单层次上体验科学探究的快乐，这是现代教育所必需的。

8. 程序教学

程序教学的优点在于目的要求明确、反馈及时，并且采用强化与奖励而不是惩罚的评价方法。罗杰斯认为，一种编制合理、使用恰当的程序，有助于学生直接体验到满足感、掌握知识内容、理解学习过程以及增强自信心、保持自我完整，但罗杰斯反对过分强调程序教学的优点，主张程序教学必须慎重采用。

9. 会心小组

会心小组的作用主要在于培养集体精神，促成小组内坦诚相待、相互支持的情感氛围的形成。会心小组的活动方式主要是：开始时没有一种他人强加的固定结构；交流的情境和目的由小组成员自发决定，组织者的职能是要促进大家自由地表达想法；在交流中，小组成员的内心情感与想法公开，小组中形成一种促进每个个体更自由地表达自己、更真实地成为自己的氛围。

10. 自我评价

自我评价就是由学习者负起考核自己的责任。自己选择特定的学习目标，确定评分的标准，并实际执行评价，自己给自己打分。这是意义学习的一个条件。自我评价的基本目标和价值，就是帮助学生成为主动的、自我负责的学习者。

（五）师生关系

可以说，非指导性教学的师生关系是该理论的重大特色之一。罗杰斯从“患者中心疗法”推演出“促进者”一词，用以区别传统意义上的“教师”。罗杰斯认为，要发挥促进者的作用，关键不在课程设置，不在教师知识水平及视听教具，而在“促进者与学习者之间的人际关系的某些态度品质”。罗杰斯指出，在师生关系建构的过程中，教师的态度处于决定地位；真诚、信任、理解是促进型教师态度的核心要素，其中真诚是第一位的，是基础。

具体而言，真诚意味着教师在师生关系中是一个真实的、完整的个人，在与学生交往的过程中，他不只是一个指导者，他的全部情感（不管是积极的还是消极的）在这一过程中都能够被自己感知、承认并自由表达。他可以喜欢也可以不喜欢学生的行为、功课或其他，但却会真诚地以适当的方式表达给学生。这表明教师对自己有足够的安全感和自信，同时对学生也有充分的信任，这种心理环境可以给学生以充分的安全感，从而帮助学生成为真实的自我。

信任意味着教师对学生发自内心的、无条件的、不要理由的珍爱和关怀，这种珍爱和关怀不带占有的色彩，不是出于某种自私的功利目的，而是把学生视为独立的个人，承认学生感情与经验的合理性。教师既能接受学生成功时的喜悦，也能接受学生在面对新问题时的彷徨和害怕；既能接受学生的自律自觉，也能接受学生偶尔的分心、叛逆；既能接受学生有益于学习和成长的感受，也能倾听并接受他们不利于学习和成长的感受。总之，在这种态度指引下，教师不带成见地面对学生，关注学生的内心，从而发现他们固有的意义。

理解意味着教师按学生的真实个性接受他，能够依据学生自身的情感逻辑来理解他。教师不是表面地对学生赞许，而是对学生的内心有真切而全面的体会、理解，能够做到用学生的眼睛看世界和他们自己。教师有能力真正理解学生的感情，并对学生的言行从不怀疑，能够准确地感受学生的倾向和态度并以合适的方式告诉学生，他有充分的能力与意愿分担学生的感情。

罗杰斯指出，这三种态度的核心系于一个信念，也就是对人有一种最基本的信任，相信每个人都有一种向积极的、善的、强大的、建设性的方面发展的潜在的能力。“如果我信任人类个体具有发展其潜能的力量，我就会给予他大量的机会，允许他在自己的学习中选择自己的方向、自己的路线。”也就是说，教师首先要做一名人本主义者，怀有一种积极的人性假设，才会在与学生的交往中真诚、坦白，给学生发展的自由。

第八节　建构主义教学理论

一、建构主义教学理论简述

建构主义是认知心理学派中的一个重要分支。近年来，随着多媒体计算机和因特网网络教育应用的飞速发展，建构主义教学理论正愈来愈显示出其强大的生命力。这是因为多媒体计算机和基于因特网的网络通信技术所具有的多种特性特别适合于实现建构主义的学习环境，换句话说，多媒体计算机和网络通信技术可以作为建构主义学习环境下的理想认知工具，能有效地促进学生的认知发展，所以建构主义教学理论在世界范围内的影响力也就越来越大。

建构主义的思想早在古希腊时期就已经出现，然而近现代的皮亚杰的发生认识理论、布鲁纳的发现教学理论和维果斯基的最近发展区理论的出现，更促进了建构主义教育理论的形成与发展。除了上述三种理论外，建构主义还综合吸收了许多其他理论的精髓，如康德的理性主义与经验主义相结合的思想、杜威的生活教育思想等，所以细数起来建构主义教学理论的代表人物很多，如皮亚杰、科恩伯格、斯滕伯格、卡茨、维果斯基，甚至布鲁纳等都可以算是建构主义教学理论的代表人。

二、建构主义教学思想

建构主义认为，学习是获取知识的过程，知识不是通过教师传授得到的，而是学习者在一定的情境即社会文化背景下、借助其他人（包括教师和学习伙伴）的帮助、利用必要的学习资料、通过意义建构的方式而获得的。由于学习是在一定的情境即社会文化背景下，借助其他人的帮助即通过人际间的协作活动而实现的意义建构过程，因此建构主义学习理论认为“情境”“协作”“会话”和“意义建构”是学习环境中的四大要素或四大属性。

（一）学生是教学情境中的主角

传统教学偏重教师的教，现代教学则重视学生的学。学生是学习的主体，教师不能代替学生学习，所以，教师不是教学的主体也是不言而喻的。因此，教学情境中要尊重学生的主体性，学生只有在成为教学情境中的主角以后，才会积极主动地参与教学过程。

（二）教学是激发学生建构知识的过程

既然知识是学习者自我建构的结果，那么教学就不是传授、灌输知识的活动，而是一个激发学生建构知识的过程。教学就是要创设或者利用各种情境，帮助学生利用先前的知识与已有的经验在当前情境中进行学习和认知。

（三）教师是学生学习的引导者、辅助者、资料提供者

关于教师，人们向来认同“传道、授业、解惑”的说法，所以在传统教学实践中，教师多是知识的传授者、班级的管理者。但在建构主义看来，教师的价值就体现在能否激发学生以探究、主动、合作的方式进行学习，教师应该是学生的引导者、辅助者或咨询者、学习资料的提供者。

（四）教学活动体现为合作、探究方式

传统教学实践中，教学大多成了一种管理活动，强调规范和纪律，而学生

的学习反被湮没了。教学要能引导学生主动参与知识的学习，一方面使学生面对问题情境，刺激他们思考、探究；另一方面营造人际互动、互激的情境，让学生学会在合作中学习。

（五）教学活动的展开是一个过程

教学应该注重过程，而不是结果。学生因为疑难、困惑而引起主动、探究学习，学生的冲突、混乱、惊奇实质上代表了学生的学习活动，所以教师的职责不是给学生提供现成的答案，而是在忍耐、观察中引导学生成长，这是一个过程。

（六）教学评价要趋于多元化

传统教学实践中，无论是“常模参照评价”或“标准参照评价”，多以纸笔测验为主，以学生记住多少教师教的所谓知识为基本依据和结果，但既然知识是学生的一种建构结果，求取一致的答案显然是不适宜的。教育部新提出的“档案袋评价”就是一种突出多元化评价的体现。

（七）学生的学习不限于教科书

传统教学实践中，教学就是教师教授一本一本的教科书，但既然学习是一种积极的知识建构过程，教学就不应该仅仅局限于教科书或相关的辅助材料，整个社会文化以及学生在生活中的所有问题和情境都有助于学生的学习和知识的建构。

三、建构主义教学方法

建构主义教学观的历史并不悠久，但也开发出了相应的教学方法。抛锚式教学、支架式教学和随机访问教学是较有代表性的建构主义的教学方法。

（一）抛锚式教学

抛锚式教学是由约翰·布朗斯福特领导的温特比尔特认知与技术小组开发的，主要目的是使学生在一个完整、真实的问题背景中产生学习的需要，并通过镶嵌式教学以及学习共同体中成员间的互动、交流，即合作学习，凭借自己的主动学习、生成学习，亲身体验从识别目标到提出和达到目标的全过程。抛锚式教学的理论基础是吉伯逊的“供给理论”。该理论认为，不同的环境特征能够给各种特殊的有机体供给不同的活动，换言之，有机体在不同的环境中会有不同的行为，相应地，不同类型的教学环境也能供给不同类型的学习活动。“供给”在这里是指情境能促进学习活动的潜力，因此抛锚式教学强调教学情境的重要性，要求让学生在真实的或类似于真实的情境中探究事件、解决问题并自主地理解事件、建构意义。真实情境是学生建构知识的宏观背景，必须包含真实的事件或问题。真实问题应与学生的经验相关，具有足够的复杂性并能引起学生持续探索的兴趣。事件或问题被称为“锚”，确定它们被形象地比喻为“抛锚”；一旦这类事件或问题被确定了，整个教学内容和教学进程也就确定了，故这种方法称为“抛锚式教学”。由于它强调创设真实的情境，主张教学以真实的事例或问题为基础，所以又称“情境教学”，有时也被称为“实例式教学”或“基于问题的教学”。

抛锚式教学大致由以下几个环节构成：（1）创设情境，根据学生的发展需求，提供与真实情况基本一致或类似的情境。（2）确定问题，从情境中选择出与当前学习主题密切相关的真实事件或问题，以备学生解决，当然，最好由学生自己发现问题。这一步的作用就是“抛锚”。（3）自主学习，学生各自独立地解决问题，发展自主学习的能力，包括确定要建构的内容的能力、获取有关信息与资料的能力以及评价、利用信息与资料的能力。教师的任务是向学生提供解决该问题的有关线索，如需要搜集哪些资料、从何处获取有关的信息资料以及现实中专家解决类似问题的探索过程等。（4）协作学习，通过不同观点之间的讨论与交流，修正、加深每一个学生对当前问题的理解，达到对学习内容比较一致和具有相对确定性的认识。（5）效果评价，由于抛锚式教学要求学生解决面临的真实问题，解决问题的过程可以直接反映学习的效果，因此它不需要独立于教学过程的专门测验，教师只需要在教学过程中随时观察并记录学生的表现即可。实际上，抛锚式教学评价的主体是学生，而且是寓于过程之中的。

（二）支架式教学

在建构主义的教学中，为了引起学生持续探索的浓厚兴趣，建构的对象即学习主题必须是完整的知识单元，所呈现的问题应具有足够的复杂性。这可能大大超出学生原有的知识水平，使学生的建构活动面临困难，因此教师的帮助是必要的，特别是要帮助学生把复杂的任务加以分解并设计、提供一种概念框架，为学生持续地建构奠定基础，这就是所谓的支架式教学。确切地说，支架式教学是指通过提供一套恰当的概念框架来帮助学习者理解特定知识、建构知识意义的教学方法，借助该概念框架，学习者能够独立探索并解决问题、建构意义。“支架”原意是建筑行业中使用的“脚手架”，这里用来比喻对学生解决问题和建构意义起辅助作用的概念框架。支架应是一个完整的概念体系，起点概念不是学生已经掌握的知识，而应略高于学生已有的知识水平，其理论基础是苏联心理学家维果斯基的“最近发展区”理论。如果根据“最近发展区”构建概念框架，这样的支架就可以帮助学生顺利地进行不停顿的建构活动，直至完成学习任务。

支架式教学的主要环节包括以下五个步骤：（1）搭建支架，确定要建构的知识，围绕学习主题，按“最近发展区”的要求建立概念框架。（2）进入支架，呈现一定的问题情境，由此将学生引入概念框架中的某个节点，为学生的建构活动提供基础。（3）独立探索，让学生在支架的帮助下自主寻求问题的答案。探索的内容包括确定与给定概念有关的各种属性并将各种属性按重要性大小顺序排列。在探索的过程中，教师的引导作用应由大到小、从有到无，直至放手让学生独立探索，即要逐步消解概念框架的支撑作用。（4）协作学习，进行小组协商、讨论。讨论的结果可能与以前确定的概念不吻合；应尽量使学生的理解达成一致，以完成对概念比较全面和正确的建构。（5）效果评价，包括学生个人的自我评价和学习小组对个人的学习评价，评价内容包括自主学习能力、对小组协作学习所做出的贡献、是否完成对所学知识的意义建构三方面。

（三）随机访问教学

随机访问教学的理论基础是“认知弹性理论”。该理论认为，人的认知随情境的不同而表现出极大的灵活性、复杂性、差异性。不仅不同的主体对同样的对象会建构出不同的意义，即使同一个主体在不同的情境中也会对同样的对象建构出不同的意义，所以同样的知识在不同的情境中会产生不同的意义，不存在绝对普遍适用的知识。以此为基础，随机访问教学主张对同一教学内容在不同时间、不同情境，基于不同目的、着眼于不同方面、用不同方式多次加以呈现，以使学生对同一内容或问题进行多方面探索和理解，获得多种意义的建构。这里的“访问”原是计算机科学的术语，主要指在互联网上对不同网站进行探索。“随机访问”即自由地、随机地从不同角度访问、探索、建构同一内容。这种教学方法不是抽象地谈如何运用概念，而是把概念具体到一定的实例中，与具体情境相结合，并达到对概念全方位的理解。每个概念的教学都要涵盖充分的实例或变式，分别用于说明不同方面的含义，而且各实例都可能同时涉及其他概念。

因此，随机访问教学绝非为巩固知识技能而对所学内容进行的简单重复，而是对所学知识或内容意义的不断建构，其基本环节如下：（1）呈现情境，向学习者呈现与当前所学内容相关联的情境。（2）随机访问学习，向学习者呈现与当前所学内容的不同侧面的特性相关联的情境，引导学习者自主学习。（3）思维发展训练，由于随机访问教学的内容比较复杂，所研究的问题往往涉及许多方面，因此在这类教学中，教师应特别注意发展学生的思维能力。为此，教师应注意引导学生发展“元认知”水平，即要提高学生对自己的认知过程和结果的反省意识水平，意识到自己在问题解决过程中所运用的认知策略的优劣；帮助学生建立思维模型，即帮助学生意识到自己思维的特性，如教师可用这样一些提问帮助学生建立思维模型：“你的意思是指……”“你怎么知道这是正确的？”等；培养学生的发散思维能力，如可向学生提下列问题：“还有没有其他含义？”“还有没有其他解决办法？”等。（4）协作学习，围绕通过不同情境获得的认识、建构的意义展开小组讨论。（5）效果评价，包括自我评价和小组评价，内容与支架式教学相同。

第二章　苏联教学理论的主要流派

第一节　凯洛夫及其教学理论

一、凯洛夫生平简述

凯洛夫 1917 年毕业于莫斯科大学的数理系。20 世纪 20 ~ 30 年代前期，他主要从事农业教育工作。1933 ~ 1936 年，他曾在联共中央教育处任职。1937 ~ 1942 年，他担任莫斯科大学教育学教研室主任，1938 ~ 1948 年任莫斯科列宁师范学院教育学教研室主任，同时作为义务工作者在莫斯科市和莫斯科州的某些学校担任过班主任、教师和校长等职务。1942 ~ 1950 年，任《苏维埃教育学》杂志主编；1944 年，成为俄罗斯联邦教育科学院院士和副院长，1946 ~ 1966 年任该院院长，并且在 1949 ~ 1956 年兼任俄罗斯联邦教育部部长。可以说，在 20 世纪 40 ~ 50 年代，凯洛夫在苏联教育界发挥着重要影响。

1939 年，凯洛夫主编的《教育学》一书系统地总结了苏联 20 世纪 20 ~ 30 年代的教育经验，该书在 1948 年修订再版。1956 年，以凯洛夫为主编，又出版了一本新的《教育学》，被批准为苏联师范学院教科书。

凯洛夫的教学理论的主张主要体现于他所主编的《教育学》著作中，对此，我们就教学过程的教学原则、教学工作的基本组织形式——课堂教学以及教养和教学的内容等方面予以介绍。此外，由于历史上兼具政治执行色彩的持续强化，凯洛夫的“五环节课堂教学模式”曾经在我国当代教育史上长期占有统治地位，广大教师不仅耳熟能详，而且已经潜移默化为课堂教学的习惯。鉴于此，我们对这一教学模式也进行了简要的评析。

二、凯洛夫《教育学》的教学理论

凯洛夫对教学理论的论述，可以说是他主编的《教育学》的精华所在。它讨论了教学过程的教学原则以及教养和教学的内容、教学工作的基本组织形式、教学方法、对学生知识的检查和评定等问题。

（一）教学过程的教学原则

根据教学过程的基本环节，凯洛夫在《教育学》中提出了五条指导教学工作的原则，即直观性原则、自觉性与积极性原则、巩固性原则、系统性与连贯性原则、通俗性与可接受性原则。

直观性原则之所以必要，首先是由于只有在学生知觉具体事物的基础上才能形成观念和概念，“直观是接触知识的‘最初源泉’”。同时，直观也是学龄儿童的年龄特征所要求的，尤其在教学的最初阶段，由于儿童过去观察所积累的形象还不多，这时直观教学有特别重大的意义。

自觉性与积极性的原则旨在保证学生的积极思维，将通过直观所得的形象和所知觉的具体事物在意识中加工，对物体及其特征进行分析、比较、对照，从对它们的概括中得出规律，形成概念。直观性和自觉性的教学原则是互为补充的。儿童不是容器，知识也不是向这一容器里灌入的液体，它需要思维的加工才能真正被掌握。

巩固性教学原则是指把知识牢固地保持在记忆中，当有必要时，要能想起这些知识并以它作为凭借。其重要性在于“如果学生不能回忆与新课题有联系的一定事实时，那么，就不可能获取新知识”。巩固的前提在于学生能够充分地领会以及教师叙述知识清晰明确、知识体系业已形成、知识能熟练运用等等。

系统性与连贯性的教学原则，主要是指为了保证学生知识的系统性和连贯性，首先需要有按照严格的逻辑联系编写的教学大纲与教材；其次，教师必须负责系统地连贯地讲述他们所教的学科；再次，要求学生进行系统的学习，使自己巩固地、完整地掌握知识、技能与技巧的体系。可以看出，这一原则是对20

世纪20年代忽视系统知识教学的否定。

教学的通俗性与可接受性原则强调必须使教材的范围、复杂程度与深度符合各年级儿童的年龄特征，顾及学生的知识水平、领会科学问题达到的程度及智力水平。另一方面，凯洛夫也指出："所谓顾及儿童的能力，并不是说对于学生工作的努力加以限制的意思。儿童喜欢克服一切困难，而不用任何努力即易于掌握的教材，并不能引起他们的兴趣。"同时，他还提出了要估量每个学生的个性差异，对于学习困难的学生和进度快的学生都要提供特殊帮助的要求。

凯洛夫提出的五条教学原则，主要是为了让学生通过老师的讲授和学习教材，牢固地掌握系统知识、技能与技巧，以便为进一步学习打下坚实的基础。

（二）课堂教学是教学工作的基本组织形式

根据教学过程的本质要求，结合苏联20世纪20年代在试行教学组织形式上走过的弯路，凯洛夫强调了课堂教学应是教学工作的基本组织形式。他说："学校教育工作主要是在课堂上对组成各班的学生进行的。"把学生按年龄和程度分成班级，对各种科目按固定课表由教师进行讲授，这种教学工作组织，就是他所强调的班级授课制度。他认为，只有把上课作为学校教学工作的基本组织形式，才能完成教育和教学的主要任务，才能逐步地使学生从无知到有知，给学生以各方面的知识，提高学生的知识质量，有利于培养学生的世界观、道德品质，发展他们的智力、兴趣，以及改善纪律状况等等。

（三）论教养和教学内容

教养和教学的内容具体表现在教学计划、教学大纲和教科书中。在谈到教学计划时，《教育学》强调普通学校授予学生的应该是从整个科学知识中选择出来的基本知识，包括属于自然科学、社会科学与各种艺术以及思维科学的21门学科。该书对各门学科的教养和教学意义进行了比较详细的论述，这是典型的升学教育方案。

《教育学》强调，教学大纲有系统的形式，包括一切构成教学科目内容的问题和题目纲要，是教师的基本指导文件，它必须体现教学的教育性、科学性、系统性、可接受性、理论与实际的联系等原则。

教科书是学生获取知识的主要源泉之一，它包括基本原理和学生独立学习的材料，加深和巩固教师上课时所讲授的那些教材，还包括学生必须领会的知识。凯洛夫《教育学》中对教养和教学内容的论述反映了 20 世纪 30 年代以来苏联普通教育建设的成果。

三、凯洛夫“五环节课堂教学模式”及对其评价

凯洛夫的“五环节课堂教学模式”，即“组织教学——复习旧课——讲授新知——练习巩固——布置作业”，具有三个特点：其一，以教师为中心；其二，以教材为中心；其三，以课堂为中心。

凯洛夫的“以教师为中心”，立足点是教师的教，而学是从属于教的。“一切知识，特别是新知识，都必须经过教师传授。它赋予教的职能，主要是系统地传授知识，规定学的任务是接受、领会和牢固地记住教师所传授的知识。”从一定程度上讲，教学重心向“教”转移，采取普遍的教师讲授、学生听记的办法，相对于盲目、无序的学习是一种历史的进步。教师毕竟是“传道授业解惑者”，这种职能在任何时候都不能也不应该被替代。

尤其是随着社会、科学的发展，教学内容的无限制扩充，要提高教学效率，教师对信息的筛选、整理以及对学生的引导作用是不容忽视的，但这种“教师中心论”容易导向另一种极端，即纯粹的满堂灌，漠视学生作为一个独立的自然个体所应有的主体性和能动性。我们常说的“填鸭式教学”指的就是这种教学。自始至终，教师扮演的只是“独角王”的角色，基本上包办或替代了学生的学习；采取的是“一刀切”的方式，不考虑学生的接受力和理解力。这种教学方式最大的缺点是没有尊重学生在学习中的主体地位，容易强化“智育化”教育，从而弱化“情、意、行”的教育。

凯洛夫的“以教材为中心”在我国教育史上曾经相当流行。教材是信息和知识的载体，它所呈现的是人类经验的结晶，是系统化的知识。基于教材的教育功能，它给予学生大量准备性的知识，我们实在没有理由去抛弃已有的经验而另起炉灶，但是在实际教学当中，教科书又往往成为单向传输信息的工具。教师过于依赖教科书，热衷于“备教材”“讲教材”，典型的“为教而教”；学生所做的则是被动地接受这些枯燥的知识，“为考而学”。这样一来，教材失去了

应有的引导作用和激励作用，反而成了学生的“紧箍”。那么，我们应该如何正确对待教材呢？要肯定的是，教材是教学中不可缺少的重要工具，是教师教学的依据，是师生交流的纽带，但教师必须要用好、用活教材。教师要发挥其特有的主导作用，对教材进行二次创作，把僵硬的文本变为可以实施有效教学的依据。鉴于某些知识的滞后性，教师要注重知识的时效性和可信性，既要大胆地取舍，又要顾及学生的感受与能力。要自觉摆正“人本位”的理念，知识是为人所用的，要实现“为教而教”向“为学而教”的转变，进而引导学生由“为考而学”向“为学而学”的转变。

凯洛夫的“以课堂为中心”班级授课形式在我国的实行由来已久，其优越性表现在：（1）大规模地面向全体学生进行教学；（2）能保证学习活动循序渐进并使学生获得系统的科学知识；（3）能保证教师发挥主导作用，一方面系统讲授知识，另一方面直接指导学生学习的全过程；（4）通过课程体系，把教学内容及活动加以有计划地安排以提高教学效率；（5）学生彼此之间由共同的目的和活动集结在一起，可以互相观摩、启发。

对于前两点，我们是肯定的，而第三点很大程度上是我们的主观意识。事实上，教师的主导作用往往体现在解读课本知识、完成“知识——学生”的教学任务方面。学生则被当作装载知识的“容器”，至于学生有无掌握、掌握多少，教师在有限的时间、空间内无法尽知，更谈不上直接指导学生学习的全过程。尤其随着信息时代的到来，知识的获得被视为一个过程而不是结果，而且处于不断变动的状态中。所谓可以指导学生学习的全过程，还只是局限于可以为教师所控制的范围内，可以看得到、听得到的范围内，如某某学生正在做笔记，回答了我的问题，完成了课后的练习等等。而对于学生在学习过程中所表现出的学习方法和思考模式，他在学习过程中的情感体验和价值观的形成以及完成学习任务时的态度（积极还是消极），这些我们都无从知晓，或者说在传统的课堂教学中，我们是难以捕捉大量的信息来判断上述内容的，因此，我们不能轻易地断定可以指导学生学习的全过程。至于第四点，如果这些活动都是教师事先设计好的，为了教师的教而服务的，教学内容又变成了教材的简单再现，学生依旧处于被动地位。“高效率”应该是学生通过教师的指导、知识传授，在有限的时间里完成知识的内化，不仅完成培养一定认知能力的任务，还要完成相应的情感、态度与价值观的形成，要达到“双基”与“情感”、“态度与价值观”双管齐下。然而，传统的课堂教学仅仅能落实的是“双基”的目标，也就谈不上高效率了。

总而言之，“以课堂为中心”的教学应积极创造一切可能，去改变传统的教学环境，从课堂的狭窄范围扩展到社会的广阔空间。要积极开发利用教材以外的教学资源，如开展参观、访问、调查等实践性较强的学习活动。值得注意的是，“教师”“教材”“课堂”是三位一体的，要打破课堂的空间、时间限制，前提必须是开发多样性教材和一切可利用的课程资源，而教师也必须改变传统的教学方式，鼓励学生积极参与各种社会实践活动，培养自主学习的能力。也只有当“知识不再局限于教材”“教学主体不再局限于教师”，才能实现“课堂不再局限于教室”，从而极大程度地保证师生双方在教学中得到最大的快乐与满足。

第二节　巴班斯基及其教学理论

一、巴班斯基生平简述

巴班斯基（1927～1987）是苏联著名教育家、教学理论家。巴班斯基出生于罗斯托夫州的一个农民家庭。卫国战争时期他在一所国营农场工作。战后，他进入顿河罗斯托夫师范学院物理数学系学习。1949 年毕业后从事教学工作。1955 年，巴班斯基成为教育科学副博士。1958～1969 年，担任罗斯托夫师范学院副院长。1971 年，他成为苏联科学院通讯院士，1974 年又被选为正式院士。1977 年，巴班斯基成为教育科学博士。从 1981 年起，他担任苏联教育科学院副院长。

巴班斯基以自己忘我的劳动和卓有成效的工作，先后获得“劳动红旗勋章”“乌申斯基奖章”“克鲁普斯卡娅奖章”等。

巴班斯基毕生致力于教育科学研究。20 世纪 60 年代初至 80 年代中，他以罗斯托夫地区的普通学校为基地，潜心进行教学、教育过程最优化理论的研究，形成了具有丰富内容和积极现实意义的、颇有新意的、完整的教学理论，在苏联和世界各国引起了强烈反响。他一生发表的著作约有 300 多部（篇），代表作是《教学过程最优化——一般教学论方面》《教学、教育过程最优化——方法论原理》等。巴班斯基去世后，苏联教育科学院编纂出版了《巴班斯基教育文选》，以纪念这位为教育理论做出杰出贡献的教育家。

巴班斯基的教学过程最优化理论强调以个性全面发展理论和科学的方法论为依据，促使教育和教学能够达到在一定条件下可能达到的最优效果和最高水平。

二、教学过程最优化的一般原理

巴班斯基认为，教学过程最优化理论的核心内涵是从现有的学校条件以及师生的实际可能性出发，依据一定标准来衡量教学所能获得的最佳效果。但他又指出，最优化并不等于最好，只要能够达到一定条件下可能取得的最高水平，即使只是及格，也是最优化的。因此，“最优化”不是一个绝对固定不变的状态，而是一个随着条件变化而变化的动态过程。

巴班斯基提出了衡量最优化的两条标准：一是教学效果，即每个学生于该时期内在学习成绩、教育和发展程度上达到实际可能达到的水平；二是时间消耗，即学生和教师遵守为他们规定的课堂教学和家庭作业的时间定额，教学、教育过程的参加者花费的精力最少。这两条标准成为贯穿教育过程始终的参照指标。

为了实现教学过程最优化，巴班斯基十分重视教学过程中的两个要素，即教师和学生。他认为，对教师进行系统的研究和培训是实现教学过程最优化的前提之一。学校领导人应该对教师进行评价，同时帮助教师进行自我分析，以便使他们更好地探索教学过程最优化的方法。同时，巴班斯基认为，对学生进行研究也是实现教学过程最优化的前提之一。因为不研究学生的年龄特点、实际的学习可能性、活动条件以及学习态度，就谈不上教学过程的最优化。

（一）教学原则最优化

巴班斯基认为，从教育过程多种多样的联系中可以得出九条教学规律。一是教学过程受制于社会主义对全面和谐发展的人的需要；二是教学过程与完整的教导过程所包含的教养、教育和发展过程相联系；三是教学过程依存于学生的实际学习可能性；四是教学过程依存于教学得以进行的外部条件；五是在完整的教学过程中，教授过程与学习过程相互联系；六是教学内容取决于教学任务，教学任务反映了社会的需要、科学发展的水平和逻辑、实际的学习可能性以及其他教学条件；七是激发、组织和检查学习活动的方法与手段取决于教学的目的、任务和内容；八是教学的组织形式取决于教学的任务、内容和方法；九是教学过程的所有成分在相应条件下的相互联系，能够保证取得巩固的、理解的、有实效的教学结果。

尤其应该指出的是，巴班斯基注意把教学过程本质的描述性研究（规律）和对指导教学工作的规范性研究（原则）结合起来。他明确地指出："一个教学原则是从有效组织教学过程的规律性中引申出来的，是对教学过程的一个根本要求。"因此，巴班斯基认为，可以由上述九条教学规律引申出相应的九条教学原则：一是教学与生活、与共产主义建设实践联系的原则；二是教学旨在相互联系地解决教养、教育和发展的目的性原则；三是教学的可接受性原则；四是为教学创设必要条件的原则；五是教师指导下的学生自觉性原则；六是教学的科学性、系统性和循序渐进的原则；七是直观性原则以及各种教学方法和手段根据教学任务和内容而结合使用的原则；八是根据教学的任务、内容和方法结合运用各种教学形式的原则；九是教学、教育和发展结果的巩固性、理解性和实效性原则。

巴班斯基指出，到一定时期，由于对教学规律的研究有了进展，社会对学校会提出新的要求以及增进教学的发展功能，因此，也会要求对教学原则进行修改和增删。按照他的意见，教学原则体系应该有所发展而不是固定不变的。

（二）教学内容最优化

对于苏联的教学大纲和教材内容过深而导致学生学业负担过重的现象，必须修订教学大纲并据此重新组合及进一步完善教学内容。

因此，在教学内容最优化方面，他提出了六条重要标准：一是教学内容的完整性，应该能反映出自然、社会、技术、文化和人等各种科学的最基本方面，有助于学生的全面和谐发展；二是教学内容各个部分的科学价值和实践价值标准，要保证能突出重点和本质要素并反映教学内容的充足性；三是教学内容必须符合各年龄段学生的特征并考虑他们的接受可能性和可接受程度，防止列入他们难以接受的内容；四是课程的安排必须符合规定给某一教学内容的教学时数，并找到最优的时间分配方式；五是学校教学内容的安排必须与国际经验一致，参照国际先进水平进行比较和修订，以保证教学内容达到国际水平；六是教学内容必须符合学校现有的教学物质基础和教学法基础并考虑其发展的实际前景。

至于教师上课时如何选择教学内容，巴班斯基也构想了最优化程序。一是仔细分析教科书的内容，判断它能否全部完成该节课所面临的教养、教育和学生发展的任务。巴班斯基要求教师要充分考虑教学内容的现实化，补充和选择学生所熟悉的材料和事实，以增强教学效果。二是从所选定的全部教学内容中，区分出最重要的、最基本的和最实质的东西，以便在讲解、练习和提问中把注意力集中在这些方面。三是为了实现课堂教学内容最优化，最重要的是在规划课堂内容时必须考虑学科之间的联系和协调，消除内容重复和概念解释不一致的现象。四是课堂教学的内容应该与规定的教学时间相适应，根据教学内容的难易程度和重要性程度安排好学生学习时间。五是在所有学生不低于教学大纲规定的学习水平条件下，区别对待优等生和后进生。

（三）教学方法最优化

巴班斯基认为，“所谓教学方法，就是指在教学过程中解决教养、教育和发展的任务，教师和学生进行有序的相互联系活动的方式”。在他看来，教学方法是教学过程整个系统中的一个组成部分。它与教学的目的和内容存在着不可分离的联系，并取决于教学的目的和内容。同时，教学方法是非常复杂而多方面的教育现象，它具有各种不同的教育特征，这主要取决于学生的学习认识和教师相应的活动的逻辑程序和心理方面。从整体性的观点出发，巴班斯基认为，教学方法可以分为三大类：一是组织和进行学习认识活动的方法；二是激发和形成学习动机的方法；三是教学中的检查和自我检查的方法。每一类又形成了一个庞大的方法群。巴班斯基指出，这绝不是各种分类方法的机械拼凑，而是反映了教学方法本身的多面性和多质性，因此，“建立教学方法最优化体系的任务是完全现实的”。巴班斯基认为，每一类教学方法中虽已容纳了许多方法，但还要不断充实，因此三类方法的组成数量是可变的。每一类方法在完成其主要职能的同时，还可兼顾其他两类相近的职能，而且每一种具体方法都有其适用时机和范围，若将它们进行多样化的组合，就可能取得一系列优化的教学效果。为使教学方法真正达到“最优化”，确定选择方法的标准是必要的。巴班斯基在归类和概括的基础上提出了六条标准：一是教学方法应该符合教学的规律性及由此引申出的教学原则；二是教学方法应该符合教学的目的和任务；三是教学方法应该适合该课题内容；四是教学方法应该符合学生实际的学习可能性；五是教学方法应该适合教学的现有条件和所规定的时间；六是教学方法应该符合教师本身的可能性。巴班斯基还特别强调教学方法最优化标准运用的综合要求。“在没有遵守哪怕是其中一个标准的情况下，选择程序就会是不完整的，以至于影响到整套方法，达不到预期的效果。”

（四）对于最优化教学理论的简要评价

教学过程最优化理论对苏联的学校教育实践产生了很大影响。它逐步为教育行政部门和学校领导人以及教师所理解、接受和运用，并在许多地区的教育工作中取得了良好的教育效果，产生了规模效应。1978 年，全苏联教师代表大会明确提出：“广泛地研究、总结和推广教学教育过程最优化的先进经验。”1981 年，在全苏联“改进课堂中教学教育过程的途径”大会上，各地代表介绍交流了利用教学过程最优化教育理论提高教学效果的经验。应该看到，这一理论的应用遍及苏联各地区的不同类型的学校，从教学过程最优化延伸到教育过程最优化，并且扩展到了学校管理和国民教育系统管理。教学过程最优化理论也得到了不少苏联教育家的肯定。有的教育家认为，由于它既能直接影响实验学校的教学教育活动，又能影响一般学校的教学教育活动，所以它很自然地成为一种最有效的理论；有的教育家指出，教师掌握了最优组织课业的方式方法体系之后，就会在课外和校外工作中独立运用所获得的各种技能、方法，而学校和教育行政机关领导人掌握了最优化方法体系之后，会把获得的技能应用于自己的管理工作。

从教育论角度来看，教学过程最优化理论从新的视角揭示了教学教育工作的规律，使人们加深了对教学教育工作规律的认识，有利于学生的全面发展。此外，它使教学教育理论的基本范畴和概念得到充实，并创造了具有新意的教学教育范畴和概念，例如，“教导过程”“学习的实际可能性”“教学过程的结构”“教学教育条件”等。巴班斯基十分重视这些范畴和概念的相互联系以及逻辑上的相互制约，体现了辩证思维的特色。

教学过程最优化理论以马克思主义哲学和当代科学的方法论为指导，以教育实验作为基础，改造和吸收了教学教育理论的精华和苏联 20 世纪 60 年代教育革新的成果，构成了独树一帜的教育学派，成为苏联教育科学和教育实践发展进程中的一个阶段性标志。巴班斯基充分考虑到教学教育活动的复杂联系和动态发展，多侧面地、综合性地研究教学教育过程，把教育研究推进到一个新的阶段。

概括起来，巴班斯基的教学过程最优化理论有四点是值得肯定的。一是他在针对苏联当时学校教育中存在的学生学业负担过重、留级现象严重等问题进行研究、探索之后提出的教学过程最优化理论，具有较强的实践意义。二是他把辩证的系统的观点、方法引入对教学过程的研究，开阔了人们的认识视野，拓宽了教育研究的范围。三是他的教学过程最优化理论是在吸收前人研究成果的基础上提出的，极大地丰富了苏联的教学论思想，丰富了广大教育工作者的教育实践活动。四是“他创立的这个理论，历史地肩负着扬弃、调整、定向的特定使命”，也可以说，“这个理论具有承前启后、继往开来的意义”。

然而，教学过程最优化理论也存在着一些缺陷和不足之处。首先，质的分析过多而量化不够。虽然巴班斯基一再重申教育研究数量化，但是在自己的论著中仅有几处以量化指标来阐述问题。其次，着重论述教师的最优化，而对学生学的最优化论述尚欠缺。虽然巴班斯基一再辩证地谈到教与学的统一以及最优化有赖于教与学的协调一致，然而，对学生的自我组织、自我检查等问题的论述在他的论著中似乎成为一种虚饰。此外，对规律、原则和方法的论述存在着互相重叠的现象，某些优选步骤和程序也比较烦琐。

可以说，巴班斯基所创的教学过程最优化理论虽已形成体系，但尚未臻于完善。

第三节 赞可夫及其教学理论

一、赞可夫生平简述

赞可夫是苏联心理学家、教育科学博士。他把毕生精力献给了“教学与发展问题”的实验研究。他先后发表了《教学论与生活》《和教师的谈话》等教育理论专著 150 余种。他通过教学实验完整地提出了“教学与发展问题”理论，构建了“实验教学论体系”。他对教学与发展的关系做出了科学的解释和确切的论证，并对如何创设最佳的教学体系、促进学生的一般发展做出了精辟的论述。一般发展是他整个教学思想的核心。

二、赞可夫教学理论的内涵

（一）发展观念体现创新性

发展观念的超前是赞可夫教学发展思想的重要特征，它主要表现在两个方面：一是适应性。赞可夫强调学校的教育改革必须在社会大环境中进行构思，学校教育必须适应社会的发展。他认为为了适应科技进步与社会的发展，为了探寻有效教育的途径，探寻实现途径的方法，就必须研究教学与发展。二是整体性。在赞可夫教学理论提出之前的发展理论，一般只强调那些与认知过程直接相关的心理因素，即观察、记忆、想象思维能力的发展及生理机制的成熟，而赞可夫提出了学生的整体发展的思想，这具有一定的创新性。赞可夫提出的一般发展既包括儿童的身体发展，也包括儿童的心理发展。在儿童心理发展方面，既包括智力因素的发展，也包括情意领域等非自身的情意活动，而情意活动的某种状态，既可能促使智力活动积极展开，也可能阻遏积极的智力活动。他再三强调，教学过程中“教学法一旦触及学生的情绪和意志领域，触及学生的精神需要，这种教学方法就能发挥高度有效的作用”。他还指出，教学必须带动学生个性心理整体发展，整体的发展效果远远高于部分的单打一的发展效果。

（二）发展目标体现持续性

对于发展目标的持续性，赞可夫从三个方面进行了论述。首先，他强调目标的最佳性，这是目标持续性的具体体现。他要求教学尽最大可能开发学生潜能，使“学生在一般发展上达到尽可能比较高的效果”。他提出“要大大提高教学效果，以促进学生的一般发展”。其次，他强调目标的阶段性，这是目标持续性的关键。他继承和发展了心理学家维果斯基的学说，把发展分为现有发展水平与潜在发展水平两个阶段。后一种发展水平是指那些正处于形成状态，还没有成熟但正在走向成熟的心理机制。赞可夫主张把教学建立在发展区上，他多次指出，只有当教学走在发展的前面时，这种教学才是好的教学。他认为教学必须成为发展的源泉。再次，他强调实现目标的操作性，这是目标持续性的基础。他从教学论出发，创造性地把学生发展分解成观察活动、思维活动、实际操作三个活动单位，这三种活动相互联系和相辅相成，从每一种活动中都能全面反映出学生一般发展的进程。

（三）发展对象体现全体性

使班上所有学生（包括最差的学生）都得到一般发展是赞可夫教学发展思想的精髓。其主要表现是：（1）把面向全体学生作为他提出的所有教学原则的出发点和归宿。他反复强调，所有的学生，包括差生都必须通过教学得到一般发展。（2）必须加强对后进生的成因分析，切实做好转化工作。他认为，后进生之所以在学习上落后，原因是十分复杂的。他从心理学的角度对后进生进行了实验研究，得出这样的结论：后进生在情感、意志、情绪方面，有“自我中心主义的表现”；在学习动机方面，缺乏学习的愿望，求知欲较低；在认知方面，观察力极差，经常“视而不见”“听而不闻”。他提出转化后进生最有效的方法是“花力气在他们的发展上不断地下功夫”，从而也能够使“他们在掌握知识和技巧方面取得良好的成绩”。这样，才能消灭教育的“废品”和“次品”。（3）区别对待，实施差异教学。赞可夫提出，使全班学生都得到发展，不是将学生的水平拉高就低，使之一般齐，降低教学要求，限制优等生的发展，而是让优等生、中等生、后进生都在自己的智力起点上，按照自己的最大可能性，得到最理想、最充分的发展。教师在教学中必须“区别对待”，力求将相同或不同的教学内容，建立在每个学生不同的最近发展区上。

（四）发展动力体现主体性

赞可夫把一般发展看作是每位学生心理特征内部必然的自身运动，因而他的教学思想中渗透着学生是学习主体这一指导思想。（1）注重激发学生的内部诱因。赞可夫认为，“外部刺激”的方法只能在短时间内有效，无法保持学生学习动机的稳定性和持久，因此他主张在教学中要着重激发学生学习的“内部诱因”，这是提高教学效果最重要的条件之一。所谓激发“内部诱因”，就是唤起学生蕴藏在心灵深处渴求知识的愿望，使他形成一种释疑解难、寻根究底的强烈的探求心理，从而积极主动地投入学习。（2）注重引导学生的个性“自然成长”。赞可夫反对“牵着儿童走”的传统教学老路。他认为，所谓真正的教育就是指不仅让儿童完成教师的要求，而且使他们的个性、他们的精神生活得到自然的成长。他还认为，课内外学生集体的朝气蓬勃、丰富多彩的生活，是促使每一个学生“开花结果的条件”。他多次强调要教会学生自己“理解学习过程”，使学生掌握学习方法和思考方法；要研究学生“各种各样的思维形式”，据以引导他们学会开动脑筋，成为积极学习的主人。（3）注重师生合作。赞可夫以尊重学生主体价值为核心，建立独特的新教学法体系。这个体系充分注重师生之间真诚的合作。他指出，只有在树立了教师与儿童之间和全班学生之间互相信任的特殊气氛的条件下，才能从实际上贯彻新的教学论原则。

（五）发展策略体现多元性

按照赞可夫的意见，教学策略应是灵活多元的，在教学过程中，教师要根据不同类型的课和不同的教学内容采用不同的教学策略；就是在同一类型、同一节课中，也应该根据教学内容的变化和学生情绪的转换，随机应变地更换相应的教学策略。只有这样，才能不断地使学生产生新鲜感，在高昂的情绪和轻松愉快的氛围中学习，提高学习效率。但赞可夫又认为，教师无论采用何种教学策略，都必须着重发掘学生的潜力，尽可能地为他们提供深刻广泛的知识背景，开辟心智训练的广阔天地，最大限度地满足学生在掌握知识和一般发展方面不断增长的需要，加快学生一般发展的进程。

第三章 我国当代教学理论的新发展

第一节 邱学华与尝试教学理论

一、尝试教学理论简述

尝试教学是江苏省特级教师邱学华通过实验研究创立的教学法，后升华为尝试教学理论。自 20 世纪 60 年代开始酝酿思考，到 80 年代正式启动教学实验至今，邱学华对“尝试教学”进行了长达四十余年的研究与实践。从“学生能够在尝试中学习”到“学生能尝试、尝试能成功、成功能创新”观点的提出，尝试教学从无到有，从实验到理论，在中小学产生了重要影响。

尝试教学理论的实质是让学生在尝试中学习，在尝试中成功。它改变了传统的教学模式，不是先由教师讲解，把什么都讲清楚了学生再做练习，而是先由教师提出问题，学生在旧知识的基础上，自学课本和互相讨论，依靠自己的努力，通过尝试练习去初步解决问题，最后教师根据学生在尝试练习中的难点和教材的重点，有针对性地进行讲解。在现代的教学条件下，把教师的主导作用和学生的主体作用有机地结合起来，使学生的尝试活动取得成功。

尝试教学理论的基本特征是“先试后导、先练后讲”。尝试教学理论的学科理论依据，主要包括哲学基础、教学论基础和心理学基础三个方面。从哲学角度看，辩证唯物主义的认识论要求重视学生在教学中的实践活动，使学生获得知识、发展思维、培养能力。尝试教学法充分发挥学生在课堂教学活动中的主体作用，一开始就要求学生进行尝试练习，把学生推到主动的地位；尝试练习中遇到困难，学生便会主动地自学课本或寻求教师的帮助，学习成为学生自身的需要。从教学论角度讲，尝试教学法符合现代教学论思想的要求，改变了传统的注入式教法，把知识传授和能力培养统一起来，引起了教学过程中一系列的变化，如从教师讲、学生听转变为在教师的指导下，学生自学、先练，教师再讲；从单纯传授知识转变为在传授知识的同时培养能力、发展智力等等。从心理学角度说，尝试教学运用了心理学中的迁移规律，重视学生已有的知识和生活经验在学习新知识中的作用，使先前的知识结构改组，结合新学得的知识，使学生形成能容纳新知识的更高一级的新知识结构。

二、尝试教学理论的教学论体系

（一）在教学目标上，打破传统的行为目标单一形态，强化展开性目的和表现性目标

行为目标突出外显行为的可测量性，在传授基础知识和形成基本技能方面有较大的优势。展开性目的主张教学是一个过程，注重学生的体验。只有当知识具有个人意义时，才证明学生已经真正掌握了知识。展开性目的适用于学生解决实际问题。表现性目标在培养学生创造精神方面是不可或缺的。“学会尝试”把目标的着眼点放在展开性目的与表现性目标上，注重过程教学，特别强调让学生讲清算理，主张一题多解，鼓励学生大胆猜测、独立解决问题。学生在做尝试题时，由于知识程度不同，肯定会出现不同的答案。面对错误答案，教师不必惊慌。尝试教学的进展正是建立在对错误的分析上，让学生在过程中真正理解知识。学生经过自学课本、尝试练习、学生讨论，全身心地参与了教学，有了相互交流与学习的机会。在这个过程中，往往有独到的见解，创造精神也会慢慢培养起来。

（二）在课程形态上，打破学科课程一统天下的局面，加大活动课程、综合课程与隐蔽课程的比例

尝试教学注意到了学生的兴趣与需要，每堂课都有讨论，鼓励学生各抒己见、畅所欲言，充分利用了活动课程的优点。让学生“学会尝试”的终极目的

是，培养学生利用综合知识分析问题与解决问题的能力，这就要强化综合课程的价值。在尝试的过程中，猜测、试一试、发现、相互学习、教师对学生的信任与尊重等，都可看作隐性课程的因素。以学科课程为基本形式，以活动课程、综合课程与隐蔽课程为补充形态，已成为当代课程改革的发展趋势，“学会尝试”顺应了这一发展趋势。

（三）在教学方法上，大力采用实验法、实习作业法、研究性学习法，处理好感性与理性、理论讲授与动手操作的关系

尝试教学强调学生全身心参与，而不仅仅是抽象的推理、判断。即使对于抽象的数学，也要让学生亲自剪一剪、拼一拼、摆一摆，在实际的操作中把握抽象的理论。

（四）在教学手段上，要求尽快推广与普及现代化教学技术

尽快配齐多媒体液晶投影机、多媒体网络教室等，以减少学生的无效劳动，增加学生的尝试时间。

（五）在教学形式上，注重个别教学，力求使每一个学生都得到发展

尝试教学并不是对学生撒手不管，而是时时刻刻关注学生对知识的掌握情况，如在尝试练习时，教师在巡回检查中发现典型问题，就能为教师讲解提供材料。一旦发现练习中的错误，主张当堂问题当堂解决，不让学生带着问题走。这就可以使每一个学生都得到充分发展。

（六）在教学过程上，具体有以下步骤

第一步，准备练习。这一步是尝试教学的预备阶段，一般要做好两个准备：（1）心理准备，创设尝试氛围，激发学生进行尝试的兴趣；（2）知识准备，新知识都是在旧知识的基础上引申发展起来的，尝试教学的奥秘就是用“七分熟”的旧知识，自己学习“三分生”的新知识，所以必须准备“七分熟”的旧知识。为了使学生有可能通过自己的努力解决尝试问题，必须为学生创设尝试条件，先进行准备练习，然后以旧引新，突出新旧知识的连接点，为解决尝试题铺路架桥。

第二步，出示尝试题。这一步是提出问题，也就是为学生的尝试活动提出任务，也是确定尝试的目标，让学生进入问题的情境之中。思维始终是由问题开始的，有了需要解决的问题，才能激活学生的思维。问题是教学的基础，也是促进师生交往的核心。尝试教学法同其他教学法的区别之一，就在于有尝试题引路。尝试题的作用主要有三个方面：（1）让学生明确本节课学习的内容和要求；（2）使学生产生好奇心，激发学生自学课本的兴趣；（3）通过尝试题的试做，获取学生自学课本的反馈信息。

尝试题按照教学需要一般有五种设计方式：（1）同步尝试题，它与例题同类型、同结构、同难度，只改变内容、数字；（2）变化尝试题，它与例题的内容、形式、结构有些轻微变化，难度大致相同；（3）发展尝试题，它较例题略有变化，难度也略有提高；（4）课本尝试题，它以课本例题作尝试题。（5）学生自编尝试题，教师引导学生自己编出尝试题。

教师要根据学科的特点、学生的年龄特点和知识结构，决定选用哪种尝试题。尝试题的难易要适度。太易，学生会浅尝辄止；太难，学生会望而却步。

教师出示尝试题后，要注意创设尝试的气氛，激发学生尝试的兴趣。教师可进行启发性的谈话："这道题就是这堂课要学习的新知识，谁会做这道题？""老师还没有教，谁敢试一试？""看谁能动脑筋，自己来解决这道题。"先让学生思考一番，然后转入下一步。

第三步，自学课本。出示尝试题并不是目的，而是诱导学生自学课本的手段，起着引起学习动机、组织定向思维的作用。学生通过自学课本，自己探索解决尝试题的方法，这是培养学生独立获取知识和能力的重要一步。如果说，出示尝试题是尝试教学法的起步，那么自学课本应是起步后学生探索知识的阶段。以尝试题引路自学课本，这是尝试教学法的一大特点。

由于教材要求不同、学生基础不同、学生自学能力不同，自学课本的指导方式也有所不同。一般有三种方式：第一种，在低年级，"扶着走"。第二种，学生有了一定的自学能力后"领着走"。第三种，经过训练，学生的自学能力有所提高，也掌握了一定的自学方法，可以放手让学生"自己走"。自学课本中，学生遇到困难可及时提出问题。教师要鼓励学生质疑问难，同学之间也可以相互讨论。通过自学课本例题，大部分学生对解答尝试题有了办法，都跃跃欲试，时机成熟就可转入下一步。

第四步，尝试练习。这一步在尝试教学法的七步程序中，起着承上启下的作用，它既是检验前两步的结果，又为后面两步（学生讨论、教师讲解）做好准备。教师要根据学生在尝试练习中反馈的信息，组织学生讨论，然后进行重点讲解。

长时间练习会让学生产生厌学心理，要想让学生在和谐的氛围中掌握知识必须克服这一不利因素。在尝试练习过程中可以巧妙运用多样化的题型，竞赛游戏化的组织形式吸引每一个学生设计必答题、风险题、抢答题和挑战题等；将全班学生按实力分组，以组长的名字命名；尝试练习时，以学生板演为主，板演的学生自觉积极走上讲台，下面的组员齐心协力共争满分。这样，学生个个争先恐后，以高度的集体荣誉感和浓厚的兴趣来学习，对于个别失误的学生，组里的同学都愿意伸出援助之手来帮助他，营造了一种人人为集体添光彩的良好风气。

第五步，学生讨论。尝试练习后，发现学生有做对的也有做错的，已经了解到了他们理解新知识的情况。接着，教师是否可以讲解了呢？不行，火候还未到。这时，要求学生做进一步尝试，尝试讲道理，充分发挥学生之间的相互作用，达到合作交流的目的。

"学生讨论"这一步，能培养学生的语言表达能力，发展学生思维，加深理解教材，同时也会暴露学习新知识中存在的缺陷，为教师有针对性地重点讲解提供信息。这一步是尝试教学法中较难掌握的一步，处理不好，会出现"无话可讲"，讨论不起来或是叫几个优秀生讲讲、走过场了事的现象。讨论应从哪里着手呢？经过反复实验，一般从评议尝试题着手为好。

尝试练习后出现了几种答案，哪个是对的，那个是错的，学生有话可讲，讨论从这里着手就可化难为易了。判定了谁对谁错，教师直接引导学生讨论、分析做对的道理以及做错的原因，把讨论引向深入。

第六步，教师讲解。教师从前面两步——"尝试练习""学生讨论"中得到学生理解新知识的程度的反馈信息，在此基础上，教师再进行有针对性的重点讲解，这是保证学生系统掌握知识的重要一步。

从尝试教学法的全过程来看，开始用尝试题引路，看课本例题的目的是为了做尝试题。学生做的是尝试题，讨论的也是尝试题，当然对尝试题印象深刻，教师接着讲解尝试题是顺理成章的。如果教师反过来讲解课本上的例题，会影响教学效果。当然，我们也不能把例题丢开，可以联系例题来讲尝试题。

教师讲解这一步是尝试教学法七步当中最难掌握的一步，难就难在教师太会讲了，一讲就像决了口的河水停不下来。教师讲解要适度，由于有了学生先练的基础，已经暴露出学生在认识新知中所存在的问题，只要根据学生存在的困难进行点拨就行了。要练在刀口上，讲在困难处。

第七步，第二次尝试练习。这一步是给学生“再射一箭”的机会。第二次尝试练习题不能与第一次相似，否则就失去了第二次尝试的意义。它一般较例题稍有变化，或采用题组形式，如出三道题，其中一道是以前的旧知识，一道同例题相仿，一道较例题稍有变化。这三题组成一个知识系统，把新旧知识放在一起练习，使学生在比较中进一步掌握新知识，促进学生内化，形成新的知识结构。

第二次尝试练习后，教师同样要组织学生讨论，评价尝试结果。教师要根据学生在第二次尝试练习中的情况，进行补充讲解。

以上七步是一个有机整体，反映了学生完整的尝试过程，也是一个有序可控的教学系统。中间五步是主题，第一步是准备阶段，第七步是引申阶段。由于实际教学情况复杂多变，生搬硬套一种模式是不科学的，邱学华在实践的基础上又提出可以从基本模式中派生出许多变式，称为灵活模式，如调换式，即把基本模式中的某几步进行调换；增添式，即在基本模式上再增添一步或几步，如在出示尝试题以后可以增添一步学生讨论；结合式，即当学生比较熟悉和适应尝试教学以后，基本模式七步就不必分得过于清楚，而可以有机结合地进行；超前式，即由于教学时间有限，教师可以将基本模式的前几步提前到课前以预习方式进行。

第二节　卢仲衡与自学辅导教学理论

一、自学辅导教育理论简述

自学辅导教学理论是由中国社会科学院心理研究所的卢仲衡研究员提出的。卢仲衡根据美国程序教学专家斯金纳关于小步子和及时强化的原理，以培养学生的自学能力、提高教学质量和效益为主要目的，于 1963 年着手进行这方面的教学实验研究。从对“程序教学”的反思开始，到“三本教学”（自学辅导教学的前身）模式的确立，“自学辅导教学”实验前后坚持了近 40 年，在中小学产生了广泛的影响。卢仲衡的代表作是《自学辅导教学论》。

卢仲衡等人根据程序教学理论，突破了传统的课堂教学模式，变以往的教师讲授为主为在教师指导和辅导下的学生自学为主，在自学辅导课上，学生连续自学时间有时达到 30 ~ 40 分钟。教学中教师的主导作用主要体现在启发指导、督促检查、辅导提高等方面，学生的主体地位主要体现在自主学习方面。可以说，这一方法的形成是对斯金纳程序教学理论的重要发展，它基于程序教学的理论，又体现了教师主导、学生主体这一有中国特色的教学理论。

自学辅导理论十分注意从心理学中汲取营养，从而使自己的理论体系趋于完善。自学辅导法在改变传统的教材结构、编写新教材时就提出了九个必须遵循的心理学原则：（1）步子适当，高而可攀，小步子逐步过渡到大步子；（2）即时反馈，学习后及时练习，当时知道结果；（3）分组安排练习，前一组为后一组作铺垫，前者启发后者，后者复习前者，从旧知识推出新知识；（4）直接揭露本质特征，表述概念、编写习题时把常见性错误与正确特征同时呈现，培养学生的判断能力；（5）从展开到压缩，学习新的内容尽量展开，随着发展、熟练后逐步压缩；（6）变式复习，避免机械重复，使掌握、运用知识的质量螺旋式提高；（7）按步思维，尽量把解题时的思路分成可操作的步骤，从活到死，再从死到活；（8）可逆性联想；（9）步步有根据。另外，在自学辅导教学的整个理论体系中，我们不难发现它充溢着丰富的心理学思想，是现代心理学在学科教学中具体运用的范例。

自学辅导教学理论并不是全盘否定或取消以班集体教学为基础的统一性和集体在个性和谐的完善发展中的重大作用，它的着眼点在于班集体与个别化的完美结合上，即在教师指导下以学生自学为主的教学，学生在课堂上的大部分时间里独立学习，自己看书做练习、对答案，主动索取知识，很好地弥补班集体授课制“不能适应个别差异，无法调动大多数学生积极性，挫伤了学生独立研究的精神，束缚了个性的自由发展”等缺陷。

在自学辅导教学实验中，编写自学教材是实验的第一步。自学辅导教学理论的教材共三个本子：课本、练习本和测验本，这也是该教学实验俗称“三本教学”的由来。当然，仅有教材是远远不够的，自学辅导实验必须有与之相匹配的先进的课堂教学模式、教学原则和教学方法。在实验过程中，卢仲衡总结了“启、读、练、知、结”的课堂教学模式，提出了七条教学原则和四阶段教学方法。

二、自学辅导教学理论的教材介绍

自学辅导教学理论的教材分三个本子：一是课本，这一课本与普通课本的不同点就是适合自学；二是练习本，这个练习本与一般练习本的不同点在于，把练习题印在练习本上，留有让学生做题的空白，使之位置固定，学生做练习时，教师检查作业时十分方便，并且把练习题的答案附于课本的后面；三是测验本，以便教师检查学生学习的效果，学生一定要按照课本和练习本的指令去练习，测验本由教师保存，教师对测验本的测验要做认真的批改。

三、自学辅导教学理论的教学模式

自学辅导教学理论根据教育目的、教学过程和学生的心理特点，创立了“启、读、练、知、结”这一自学辅导教学模式，具体可做如下理解。

启，就是从旧知识引进新知识，激发学生的求知欲望，使他们有迫切阅读课本和解决问题的需求。启发不是讲课，教师要做到“两不代替”，即一不代替学生阅读，二不代替学生思考。

读，就是阅读课文；练，就是做练习；知，就是当时知道结果，即及时反馈。读、练、知是由学生自主完成的，大约用时 30 分钟（注：当时每堂课 45 分钟）。教师在这个过程中要积极巡视课堂，辅导后进生，指导优生，发现共性问题，让快者快学、慢者慢学，学完规定内容可自学课外参考书。学生只准低声交流，不许高声讨论，教师也不要打断学生的思路。读、练、知三者可以交替，读懂课文就做练习，做完练习就对答案，然后再读课文、做练习、对答案，如此交替地继续学下去，直至教师小结时才停止。

结，就是小结。小结必须有的放矢、概括全貌，纠正学生的错误，使做题规范化，解决疑难问题，促使知识系统化。

启发和小结是教师面向班集体进行的，在这 10～15 分钟时间里，教师若发挥得好，能扫除学生看书的疑难，激发其学习动机。而要做好“启”和“结”，要求教师在钻研教材上下功夫，把握住教材的重点、难点和关键，能预测学生看书时可能出现的疑难和容易混淆的概念。教师还应该有应变能力，随时修改已准备好的启发和小结内容。

每堂课在启、读、练、知、结相结合的情况下，以视觉为主，动手、动脑、动耳又动口，多感官相互作用，各皮层区域轮换地兴奋，学生就不会觉得疲倦，注意力就会始终保持集中。在这种情况下，学生常常感到时间过得很快，学习效率就会较高并取得较好的效果。

四、自学辅导教学理论的教学方法

自学辅导教学理论的具体实施首先要做好教师、家长和学生的思想工作，待学校领导和教师对家长和学生做好思想动员并取得了他们的积极支持和配合后，教师与学生一起进入自学辅导教学的四个阶段。

第一阶段：领读阶段（如初中数学至少用一周学完“有理数意义”这一节）。教师领着学生在课堂上阅读教材内容和例题，做完练习中的大题后领着对答案，改正错误。教师领读时，要逐句阅读与解释，逐段概括段意；有时也可以把教材的叙述改成问题，使学生更深入地理解概念或定义。尽管这样，每节课仍然应该有 15～20 分钟时间让学生自己反复阅读教材、消化内容并自己做些练习。三五天后，教师就不必这样领读了，但由于阅读是自学中的关键，因此要继续教会学生阅读方法、概括方法和思考方法，狠抓阅读关。同时学生自检能力的形成需要较长的时间，教师要从这个阶段开始培养学生认真核对答案等自检习惯和自检能力。

第二阶段：进入自学阶段（三个月左右），目的是使学生适应“启、读、练、知、结”的课堂教学模式。教师要完全按照“启、读、练、知、结”的课堂模式规范实施教学。教师的启发不是讲课，而是启迪智慧，诱发强烈的求知欲望，激励学习新知识的动机。小结，就是概括本课的内容，加深学生的理解，强化记忆。较多的教师是根据阅读提纲或思考提纲进行小结的，最好两个提纲都有。阅读时可根据阅读提纲进行，这样可帮助阅读与理解教材内容，但是如果小结时也用阅读提纲来提问，就会使学生为了解答提问而去阅读，所以最好另拟一个思考提纲作为小结提问用。在这一阶段，无论是阅读提纲还是思考提纲都必须浅显详细，尤其是阅读提纲，一定要让学生能从教材中直接找到答案，以增强学生自学的信心，提高自学的兴趣，但阅读提纲也要适于学生逐渐加深对课文内容的理解。思考提纲是根据变式原则出的，不能完全从书上找到答案，需要对知识系统化以后才能答出。

第三阶段：阅读能力与概括能力形成阶段（半年至一年）。这个阶段具体做法同第二阶段相似，进一步巩固和提高阅读、概括能力。重点在于培养学生的独立性，用自己的语言写读书笔记或心得，对概念、法则、定理或题型进行分类等。如果继续出提纲的话，那么只出思考提纲。教师要教会学生写单元小结和写小论文，检查或批改小结或小论文，树立榜样，作为大家学习的对象。继续帮助差生，使他们不掉队并且向中等水平或先进水平转化；注意一般学生的提高；充分发挥优生的潜力，如果发现有些优生确实有突出的学科才能，可让其完全自定步调独立向前迈进，但是班中的测验必须参加，这样可以全面地达到因材施教。

第四阶段：自学能力成长与自学习惯形成的阶段。在这一阶段，学生已具有基本的自学能力，形成一定的自学习惯，对自学辅导方式方法产生了兴趣与爱好，独立性更强，几乎不依赖教师就能阅读自学辅导教材，正确理解教材内容及各部分之间的逻辑联系，能比较准确地总结单元内容，自学能力有较大提高，也有较好的迁移能力。在学习实验教材之后，能独立地阅读那些概括水平较高的书籍。通过博览群书、独立思考，发展创造思维能力。

第三节　李吉林与情境教学理论

一、情景教学理论简述

情境教学理论的创始人是江苏省南通师范学校第二附属小学特级教师李吉林。李吉林老师于 1978 年开始情境教学的实践探索与研究，构建的情境教学理论框架和操作体系，成为我国素质教育中的一个重要教学模式。

情境教学从外语教学中运用情境进行语言训练得到启示，借鉴我国古代文艺理论中的“意界说”，吸取传统教学注重读写以及近代直观教学的有效因素，构建了情境教学的基本框架。情境教学的心理学理论依据是，人的大脑左半球掌管逻辑、理性和分析的思维，包括言语的活动，而大脑右半球则负责直觉、创造力和想象力，包括情感的活动的原理。情境教学往往是让学生先感受而后用语言表达，或边体验感受，边促使内部语言的积极活动。这样，大脑的两半球交替兴奋、抑制或同时兴奋协同工作，大大挖掘了大脑的潜在力量。情境教学的方法论理论依据是利用反映论的原理，根据客观存在对儿童的主观意识的作用进行的。一系列科学论证都表明，客观教学环境及儿童本身的自我运动，是促进儿童发展的重要因素。

不同的教学环境，对儿童心理的作用及反应是不同的；教学环境对儿童输入的信息符号不同，儿童所输出的反应亦不同。特定的情境，在教师语言的支配下，不仅会影响儿童的认知心理，而且会促使儿童的情感活动参加学习。因为它不像直观教具那样孤零零地图解、说明、认识，而是和其他的事物有机地组合在一起，形成整个情境，让学生在其中观察、体验、想象。

情境教学的特点之一是形真。小学生往往是通过形象去认识世界的，鲜明的形象可以使学生如入其境，可见可闻，产生真切感。特点之二是情切。情境教学是以生动形象的场景激起学生的学习情绪为手段，连同教师的语言、情感、教学的内容以及课堂气氛成为一个广阔的心理场，作用于儿童的心理，从而促使他们主动积极地投入整个学习活动，达到儿童整体和谐发展的目的。教师的情感对儿童来说，是导体，是火种，教师要善于将自己对教材的感受及情感体验传导给学生。特点之三是意远。“情境教学”取“情境”而不取“情景”，其原因就在于“情境”具有一定的深度与广度。情境教学讲究“情趣”和“意象”。教师可凭借学生的想象活动，把教材内容与所展示的、所想象的生活情境联系起来，从而为学生拓宽广远的意境，把学生带到课文描写的那个情境中。特点之四是理寓其中。情境教学所创设的鲜明的形象，所伴随抒发的真挚的情感，以及所开拓的广远的意境，这三者融为一体，其命脉便是内含的理念。可以说，情境教学所蕴含的理念，便是课文的中心。情境教学的“理寓其中”，就是从课文中心出发，由课文内容决定情境教学的形式，因此在教学过程中，创设的一个或一组情境都是围绕课文中心展现的。情境教学正是具有以上所说的“有形”“有情”“意境广远”且“理寓其中”的特点，使它为学生学习语文并通过学习语言促进诸方面的发展提供了一条有效的途径。

情境教学最初是在语文学科中获得成功的，但情境教学总结出的一些基本思想和理论观点，乃至一些操作方法，例如以“形”为手段、以“美”为突破口、以“情”为纽带、以“周围世界”为源泉的情境创设的“四要求”，以及诱发主动性、强化感受性、着眼创造性、渗透教育性、贯穿实践性等促进学生发展的“五要素”，在各科教学乃至整个教育过程中都具有普遍意义，是符合教育教学规律和学生身心发展规律的，因此将情境教学的基本原理由一科向多科、由教学向教育迁移和深化，是情境教学研究内在逻辑发展的必然结果。

情境教学理论的构建不但促进了语文教学论的学科建设，而且发展成为教学论中一个独创的流派。它不但在实践上取得了全面提高学生公民素质的效验，而且在理论上也为构建具有中国特色的教学论提供了范例性的实验材料、教学原则和教学模式。

二、情境教学的类型

情境根据刺激物对儿童感官或思维活动所引起的不同作用，大致分为实体情境、模拟情境、语表情境、想象情境及推理情境。

1. 实体情境

实体情境即以物体原型为主的情境。把学生带到大自然中去，所见的山川田野、风云雨雪、花草树木、鸟兽虫鱼等都是实体情境；在课堂上所出示的实物、标本也是实体情境。凭借实体情境，可以发展学生的观察能力、思维能力，从而加深对事物的认识。

2. 模拟情境

模拟情境是在相似原理的基础上产生的，图画再现、音乐渲染、角色扮演，都属于模拟情境。儿童进入模拟情境就可通过眼前形象和实际感受，联系已积累的经验，展开联想与想象，使情境丰富而逼真。画一个萝卜，点上三笔做眼睛、嘴巴，就表示是“萝卜娃娃”；很有节奏地哼唱贺绿汀的《游击队之歌》，让学生通过歌曲的节奏、旋律的感受，可想象游击队员的英勇善战，从而理解游击队员是“神枪手”“飞行军”等诗句和意境。由学生担当角色，进行表演，也属模拟情境。由于是模拟情境，只求相似，所以它在情境教学中是常用的。

3. 语表情境

语表情境即运用语言表述的情境。对一些无法展现实体情境的课文，一般是通过语表情境把学生带入课文情境的。随着学生年级的升高，为促进学生形象思维到逻辑思维的过渡，也应逐渐增加语表情境。

4. 想象情境

想象情境是通过学生的想象活动，在已经获得经验的基础上，将表象重新加以组合的情境。它虽不像实体情境那样可以看得见、摸得着，但它的意象却比实体情境更广远，更富有感情色彩。

5. 推理情境

小学儿童思维仍以形象思维为主，但随着年级的升高，必须逐步向抽象思维过渡。推理情境的创设会促进这种过渡。教学寓言和常识性课文时，常常运用到推理情境，例如教学《刻舟求剑》时，先模拟情境演示，一艘小船可以前后移动，剑从船上落到水中，在船舷上刻上记号，然后使船向前行进。演示到这儿，要学生说出用“刻舟”的办法“求剑”能不能求到。于是，学生凭借眼前的形象进行分析推理：剑从某处落入水中，已不能随船前行；船不断行进，离剑愈来愈远，到了对岸，与剑距离更远，得出“剑”是捞不到的结论。在此基础上，再引导学生分析这个人错在哪儿。推理情境能帮助学生从具体到抽象，从个别到一般，去深入地认识事物的本质。

三、情境教学的创设途径

1. 以生活展现情境

即把学生带入社会、带入大自然，从生活中选取某一典型场景，作为儿童观察的客体，并凭借教师语言的描绘，将生活情境鲜明地展现在儿童眼前。把学生带入生活的情境，必须注意三点：（1）选取感知目标要鲜明。为了达到预期的目的，必须优选那些形象鲜明的感知目标，作为观察的客体，因此选取情境应有主有次、有取有舍，使情境具有鲜明性和新异性。（2）带入情境要有序。只有程序合理，才便于儿童对所获得的感性材料进行思考，从而促使学生思维活动有序地进行。（3）观察中要启发想象。观察只有与儿童的思维活动、想象活动结合，才能加深儿童对情境的体验和对世界的认识。

2. 以实物演示情境

即以实物为中心，略设必要的背景，使之构成一个整体，以演示某一特定的情境。它可分为两种：一是真实的原型实物，二是模拟的替代实物。另外，以实物创设情境，必须有一定的背景，考虑其整体性，形成真切感，以取得明显的教学效果。

3. 以图画再现情境

即把课文内容形象化，符合儿童对形象乐于接受、易于理解的认知特点。用画面创设情境，常用形式有：（1）放大的课文挂图；（2）剪贴画；（3）简易粉笔画。

4. 以音乐渲染情境

音乐是一种抒情功能极强的艺术形式。运用音乐来渲染情境，关键是选取的音乐与教材语言需具有一致性或相似性，尤其在整个基调上、意境上以及情节的发展上，二者要和谐、协调。当它们相互渗透、相互补充、相互强化、共同作用于学生的听觉和视觉时，就会获得意想不到的效果，从而达到以音乐渲染特定情境的目的。

5. 以表演体会情境

情境教学中的表演有两种：一是进入角色，二是扮演角色。所谓“进入角色”即“假如我是课文中的 ××”，扮演角色则是担当课文中的某一角色进行表演。由于让学生自己进入角色、扮演角色，课文中的角色不再只是在书本上，而就是自己或自己班集体中的同学。

6. 以语言描绘情境

以上创设情境的五种途径，均运用了直观手段。在情境教学中，直观手段只有与语言描述相结合，才能把学生带入情境。在情境出现时，教师伴以语言描绘，这样对学生的认知活动起着一定的指向性作用，能提高感知的效应。

上面讲到，运用六个途径可把学生带入教材描写的情境之中，但是带入情境并不是目的，在儿童进入情境后，要充分利用儿童进入情境的感受、情绪，来理解教材、掌握教材语言。

第四节　金陵与微课程教学理论

自20世纪90年代以来，随着时代进步节奏的加快，社会发展一日千里，科技创新日新月异，数字海啸扑面而来。为了适应这个变化莫测的网络数字化时代，世界范围内的学校教育更加重视信息技术，在利用信息技术改变、改善和重新构建学生的学习方式方面下足了功夫。联合国教科文组织曼谷办事处信息通信技术专家帕克则认为，要运用信息技术提高课堂效率，必须以学生为中心，老师不再是知识的提供者：他变成了学习环境的创造者、功能促进者。老师多鼓励学生参与讨论，并引导学生思考，所以在当今中小学的课堂教学中更加重视学生的“学”。

与此同时，新的学习理论不断涌现，占据了教育理论界和学校教育教学实践的主流位置，如泛在学习理论、混合学习理论、分布式学习理论、创新学习理论和脑神经认知科学等先进的学习理论都是当下网络数字化时代的产物。

应该看到，当代学习理论的发展与繁荣，已经成为孕育新的教学理论的丰饶沃土，已经到了产生新的教学理论的黎明时刻了。苏州市电教馆的金陵老师提出的“微课程教学法”就是一个鲜明的例证。

微课程教学法是“云计算”背景下中小学校开展“翻转课堂”教学实验的产物，是有关微课程的属性、概念、研究对象、教学理念、教学模块、教学方式、开发方法、评价与测量等的信息技术与课程深度融合的系统。其最显著的特征是三大模块、导学一体的翻转课堂教学模式。

一、微课程的属性、研究对象和结构

微课程教学法认为，微课程的概念应当从翻转课堂实验中呈现出来的微课

程属性和合适的研究对象中提炼出来。

1. 微课程的属性和研究对象

翻转课堂实验发现，微课程具有课程属性、时代属性、技术属性和资源属性等四个基本属性。微课程的研究对象以单位课时教学活动为好。因为单位课时教学活动是构成课程活动的最基本单元，有着明显的质和量的规定性，便于考查学习绩效。

2. 微课程的概念和结构

微课程教学法认为，微课程是云计算、移动互联环境下，有关单位课时教学活动的目标、任务、方法、资源、作业、互动、评价与反思等要素优化组合为一体的教学系统，其教学模式与翻转课堂紧密相关。

微课程的结构由自主学习任务单（以下简称“任务单”）、配套教学资源（含“微课”）和课堂教学方式创新等三大模块组成。

在三大模块中，“任务单”和配套学习资源（含“微课”）是学生自主学习的支架。教师设计“任务单”，实际上是设计指导学生自主学习的方案；教师制作“微课”，实际上是制作帮助学生完成“任务单”给出的任务的学件。因此，两大模块在单位课时教学活动中的实施，标志着“演员型教师”开始向“导演型教师”转型。

课堂教学方式创新是自主学习之后的课堂组织形式的必然选择。翻转课堂能否成功，关键就在于课堂教学方式能否创新。

二、微课程教学法的理念

微课程教学法的理念来自萨尔曼·可汗的“用视频再造教育”人性化学习理论，以及由此演化而来的“信息化教学前移”。

1. “用视频再造教育”理念

萨尔曼·可汗创造了网络视频学习新形式，他制作的视频没有讲课人出现，但是牢牢抓住视觉感应与思维关联的特性，以点、线的移动配合声音引导思维，并且渗透趣味性、学科方法和哲学思考。

2. 人性化学习理念

萨尔曼·可汗发现，“通常学习中有‘瑞士奶酪’式的，保证通过原有基础继续建构的‘间隙’”。问题是，不同的学生通过“间隙”（完成知识内化）所需要的时间是不一样的，但是传统教学只管要学生快速向前，而不管他们面临的“保证通过原有基础继续建构的‘间隙’”，会导致困惑不断叠加，形成“学困生”。

人性化学习改变了这种状况。首先，让学生在家中按照自己的步骤学习。学生在家观看教学视频，可以根据个人需要自定学习进度，根据需要暂停、倒退、重复和快进。如果忘记了较长时间之前学习的内容，还可以通过观看视频获得重温。这种个性化学习方式能有效地提高学习绩效。其次，教师在课堂上对学有困惑的学生进行个性化指导。学生做课堂作业的时候，教师通过巡视或学习管理平台，及时发现学有困惑的学生，并立即介入，给予一对一的个性化指导，从而解决“一个版本”针对所有对象讲课所造成的问题。

“用视频再造教育”和人性化学习原理的发现，是萨尔曼·可汗“翻转课堂”对当代教育的重大贡献，它突破了夸美纽斯以来的传统课堂教学结构束缚，突显提升学习绩效的价值，使翻转课堂教学模式传遍全球，被比尔·盖茨称之为“预见了教育的未来”。

三、“信息化教学前移”理念及其心理学效应理论

“信息化教学前移”是指把原来的信息技术与课程整合前移到学生在家里、让学生在家观看教学视频、完成“任务单”给出的任务的教学方式，相当于把教师请回了家。这种“前移”只要不到 10 分钟的微视频就能完成，是因为心理学意义上的“一对一效应”。

研究表明，通常教师为缺课学生补课，45 分钟的课堂教学内容，只需要 10 到 20 分钟的时间就可以完成。原因在于：在一对一的补课中，学生态度特别诚恳，受环境干扰最少，注意力特别集中，所以教学效率特别高。这就是具有心理学意义的“一对一效应”。

微课程教学法认为，微课程实验具有“人机一对一”特征，当“人机一对

一”学习材料具有足够的重要性、趣味性或其他吸引学生关注因素的时候，就能产生面对面的“一对一效应”。

由于“人机一对一”采用 5～10 分钟的微视频，微视频录制完毕就可以观看检查，相当于为教师准备了一个移动微课教室，有利于教师及时发现问题、修改微视频。在这个过程中，可以把讲课失误造成的误导以及口头禅、不小心造成的停顿等不利于自主学习的问题一并解决，最终成品非常精练，既符合视觉驻留规律，又足以容纳平时一个课时的课堂教学内容。

江苏省苏州市的实验表明，只要学习资源（包括“任务单”与微视频）设计得好，学生在从事“人机一对一”学习时，注意力和思维力都保持了良好的状态，无论一个或者数个知识点都能取得良好的效果。

四、微课程教学法及其划分单位课时教学活动两个阶段的意义

（一）微课程教学法定义

微课程教学法是在云计算环境下，以单位课时教学活动为研究对象，以三大模块、导学一体为基本模式的教学方法。三大模块、导学一体的基本模式，构成微课程教学法关于微课程设计、开发、实施、评价的方法体系。

（二）单位课时教学活动的两个阶段的划分

微课程教学法认为，单位课时教学活动可以划分为课前、课上两个不同的学习阶段。由此构成微课程教学法关于翻转课堂的框架。

（三）两个阶段划分的意义

在课前学习阶段，学生按照“任务单”的指导和微视频的帮助，有一个自定进度的学习，既保证学习目标清晰，又有个性化学习所需的时间掌握学习内容，过好“瑞士奶酪”式的“间隙”。

进入课内教学活动的时候，学生已经初步掌握了学习内容，大致站在相同基础上。这个时候，“先学后教”已经没有意义，需要的是“导”，即引导学生更好地内化知识、拓展能力。此时，课堂教学方式创新的重要性前所未有地突显出来，成为微课程教学法研究的重点。

五、三大模块、导学一体：创新翻转课堂教学模式

微课程教学法的任务是：以三大模块、导学一体为基本教学模式，创新教学方式，激发教师智慧，发展学生自主学习、协作学习与探究性学习的能力，培养具有创新精神和实践能力的创新人才。

（一）“任务单”模块中的“导学一体”

“任务单”是教师指导学生开展高效自主学习的支架与载体，包括“学习指南”“学习任务”和“问题与建议”等三个部分。“任务单”采用任务驱动、问题导向的方法，帮助学生认清教学目标，明确学习途径与方法，并借助与之配套的学习资源（含“微课”）实现高效自主学习。在“任务单”模块中，学生是自主学习的主体，教师开始“转型”，成为隐在后台的自主学习的设计者、指导者和帮助者，体现出“导学一体”的性质。

（二）“配套学习资源”模块中的“导学一体”

为了帮助学生完成“任务单”给出的任务，教师需要提供配套学习资源（含“微课”）。学生完成“任务单”给出的任务遇到困难的时候，可以通过观看“微课”或者阅读、分析其他由教师提供的配套学习资源来完成“任务单”给出的任务。在“配套学习资源”模块中，学生是自主学习的主体，教师成为隐在后台的自主学习的帮助者，体现出“导学一体”的性质。

（三）“创新课堂教学方式”模块中的“导学一体”

由于学生借助教师提供的“任务单”和“微课”在家从事自主学习，已经基本上掌握了相关的学习内容，因此课堂教学活动已经没有了“教”的必要，而应当以内化和拓展为核心，进行教学方式创新。课堂教学方式创新主要包括检测、作业、协作、展示等四个方面。检测：采用适合学生年龄特点的方式当堂检测自主学习成效，让学生收获学习成就感，同时发现自主学习中存在的问题。作业：检测基础上的进阶学习，是内化知识的重要环节，没有作业就没有“翻转”。对于物理、化学、生物等学科来说，作业还应广义地包括实验操作和探究。协作：对于进阶作业中产生的疑难问题和课程实验项目，借助于协作学习激发智慧、内化知识、培养团队意识、养成平等讨论习惯、熟悉沟通技巧

等。展示：展示是高效学习的策略，可以内化知识、拓展能力，提升学习绩效，不再是“作秀”的工具。

在“创新课堂教学方式”这个模块中，师生同处于一个学习空间，内化和拓展是课堂教学活动的核心。学生仍然是自主学习的主体，教师则是学习活动的设计者、组织者和把学习引向深入的指导者与帮助者。

六、“自主学习任务单”和“微课”

（一）自主学习任务单

“任务单”是学生自主学习的支架，学生将在“任务单”指导下开展自主学习，教师将根据“任务单”给出的任务开发“微课”或提供其他教学资源，因此“任务单”在微课程教学法中具有“灵魂”的意义。

（二）微课及其类型

“微课”是以微型教学视频形式帮助学生完成“任务单”给出的任务的配套学习资源。录制“微课”必须高度重视其逻辑性、合理性、趣味性、科学性、视觉传达的有效性以及支持学生高效自主学习的可能性。

目前，“微课”已发展形成五大门类：课程精讲类、实验探究类、操作示范类、习题讲解类、虚拟面批类。此外，游戏学习类作为一个探索中的大类，正在酝酿之中。

在教学实践中，具体采用什么样的“微课”制作形式，取决于对优化教学目标实现的理解，即采用系统最优化的设计方法来决定选用何种录制方式。

1. 课程精讲类

课程精讲类“微课”是以学科知识讲授或习题讲解为特点的微型教学视频。其特点是把相关知识点用精练的语言进行讲授，要求思维逻辑严谨，没有语言上的瑕疵和技术上的不流畅。

2. 实验探究类

实验探究类“微课”一般以录像的方式记录教师所做的实验操作情况，并辅以观察记录表格或实验报告。

3. 操作示范类

操作示范类“微课”是以录像为主记录教师示范、讲解与操作过程的教学视频，一般用于劳技课程，如编结、书法以及语文学科的查字典方法等。

操作示范类“微课”在制作方式方面与实验探究类“微课”相似，但是除了录像之外，还可以用动画等形式展示。此外，操作示范类“微课”一般不需要提出探究主题，也不需要学生做实验报告。

4. 习题讲解类

习题讲解类“微课”是针对学生“易错、易混”的重点典型题目进行分析、指导，引导学生学会审题、解题、答题，形成灵活运用知识解决实际问题的能力。

5. 虚拟面批类

虚拟面批类“微课”是教师将学生练习本、试卷上出现的典型错误搜集起来，制作成为模拟面批讲解的教学视频。录制虚拟面批类“微课”，教师应注重帮助学生发现问题、发现方法，给出类似习题供学生思考。

制作“微课”要求教师有一定的信息化教学、可视化教学、视听认知心理学的能力、视音频技术和艺术修养，否则仅有教学视频的形、没有可视化教学的神是不能达到良好的效果的。

七、课堂教学方式创新及其评价

（一）课堂教学方式创新的基本思路

课堂教学方式创新是微课程教学法三大模块中最具有突破意义的模块。微课程教学法认为，进入课堂教学方式创新模块要抓住的关键词是内化和拓展，其基本模式可以概括为检测、作业、协作、展示四个基本环节或步骤。

（二）课堂教学方式创新的评价

微课程教学法认为，课堂教学方式创新的评价，有必要从评价教师讲授水平转向评价教师策划、组织、引导的能力。评价时，要注意以下四个问题：是否使学生获得学习成就感，作业是否具有进阶意义，协作探究项目是否能使学生在观察、分析、综合、比较、评价、交往、语言表达等方面获得发展，教师是否善于问题引导等。

第四章　发展学生高级思维能力的教学

第一节　何谓高级思维能力

当今社会，互联网的快速发展使得社会格局出现信息高速化、商业全球化、科技高新化、教育现代化等特点。面对这一新形势，中外教育研究机构和专家学者都早已关注和探讨要适应 21 世纪的时代需要、学习者应该具备怎样的思维能力这一问题。纵观近十几年的相关研究不难发现，关注学习者的高级思维能力（亦称高阶思维能力或高层次思维能力）的发展已成为一个热点问题，培养和促进学习者高级思维能力的发展已成为国际教育、教学改革发展的重要目标。知识只有通过学习者自己的深入理解（运用高级思维能力）才能成为具有建构性的、灵活性的、个人化和情境化的高级知识。高级知识需要通过运用高级思维的情境化学习才能比较有效地获取。

一、高级思维能力的内涵

目前，如何有效地在课堂教学中培养学生的高级思维能力，我国尚没有系统而深入的研究，这往往会使课堂教学中对学生思维能力的培养流于形式，造成学生高级思维能力的缺失。新课程改革对学生高级思维能力提出了新的要求。《基础教育课程改革纲要（试行）》中明确指出："倡导学生主动参与、乐于探究、勤于动手，培养学生搜集和处理信息的能力、获取新知识的能力、分析和解决问题的能力以及交流与合作的能力。”在今天信息爆炸的年代，一个人是不可能在一生的时间内学会所有的知识的。学生在课堂上所要学习的不仅仅是基本的知识，更重要的是个人的能力培养。他们要学会在面对未知事件时如何有效学习或解决问题。这就对学生的高级思维能力提出了更高的要求。新课程改革更注重学习者在知识时代的可持续发展，使学习者能够以“独立思考”的精神去面对他们所遇到的一切不熟悉的问题，成为一个“问题解决者”和一个“学会了怎样学习的人”，成为一个“批判性思维工作者”和“终身学习者”。为此，我们必须通过改进教学实践中的学习训练来帮助学生培养高级思维能力，使学生学会学习，减轻过重的课业负担，促进其终身的可持续发展。

所以，课堂教学必须以脑科学、心理学和教育学理论为基础，遵循新课改的理念，从内在层面深化对提高学生学习高级思维能力的研究，并围绕培养学生高级思维能力的策略和方法的研究与实施，将世界先进的教育理念引进国内并使之本土化，让教师掌握课堂教学中培养学生高级思维能力的方法，积极培养学生的创新精神和实践能力。

在布鲁姆教育目标分类学中，所谓高级思维（higher order thinking）一般就是指教育目标分类中三个较高层次的目标层级。在20世纪50年代，布鲁姆等人根据心理学的考察提出了布鲁姆教育目标分类学。布鲁姆教育目标分类学把认知领域分为六个主要类别：知识、领会、应用、分析、综合和评价。

（1）知识（knowledge）：是指个体记忆具体的知识（事实、信息），处理具体事物的方式、方法的知识，普遍原理和抽象概念的知识。这种记忆是通过对知识的再认和回忆获得的。

（2）领会（comprehension）：是指个体把握信息意义的能力。主要有三种领会形式：①转化：个体把要传递的信息转换为其他的术语或另一种表达形式。②解释：个体对一项信息加以说明和概述。③推断：个体力图预测某一事物发展的趋势或可能得到的各种结果。

（3）应用（application）：是指个体在没有任何提示说明的情况下，把所学到的知识，包括概念、原理、方法和理论运用到新的问题情境中去。应用是个体将学习训练的结果迁移到外部的表征，是课程中极其重要的方面。

（4）分析（analysis）：是指个体把复杂的知识整体材料分解为各个组成部分并理清各部分之间联系的能力。主要分为三级水平：①要素分析，个体将材料分解，辨别其要素或对其进行分类。②关系分析，个体要理清各要素之间的相互联系和相互作用。③组织原理分析，个体分析各要素构成整体时的组织原理、排列和结构。

（5）综合（synthesis）：是指个体将所学知识的各个元素或部分加以重新组合形成一个新的认知整体。它包括将所学知识的各个元素或部分进行独特的交流、制订计划或操作步骤和推导出一套抽象关系，以达到综合练习的标准。

（6）评价（evaluation）：是指个体根据某种目的，对材料信息进行价值判断的过程。评价包括用准则和标准来评估这些项目的准确、有效、经济、满意等的程度。评价是处于一个复杂过程中相对来说比较晚的阶段，它涉及对知识、领会、运用、分析和综合等所有其他行为的某种组合。2001 年，安德森（L. W. Anderson）和克莱斯万（D. R. Krathwohl）对布鲁姆 1956 年版的教育目标分类学进行了修订和扩充，称之为 2001 版教育目标分类学。在 2001 版教育目标分类学中，他们将布鲁姆的“评价”目标发展为“创造”，这样就更加切合实际。一般说来，学界的共同认识都将布鲁姆教育目标分类中的分析、综合、创造界定为高级思维能力。所以说，高级思维能力，在英文世界里被称作“higher order thinking skills”（简称 HOTS）。多年来，关于高级思维能力的研究大多都是在布鲁姆、安德森、马扎诺以及弗拉维尔、斯滕伯格的理论的基础上展开的（尤其是布鲁姆的教育目标分类学），但到目前为止，仍然难以对高级思维能力形成一个取得普遍共识的定义。雷斯尼克（Resnick）就曾提出，“高级思维能力”这个概念难以被清晰地界定，但还是有不少学者试图从如何判断高级思维能力等方面来对高级思维能力进行考察，比如雷斯尼克曾阐述道，所谓高级思维，是这种类型的思维——其问题解决的路径没有确定，问题的解决有多种而不是单一的方案。他认为，可以从这样几个方面来辨认什么是高级思维能力。“首先，它不是规则系统的，而是复杂的、不确定的和自动调节的，它经常包括对多重标准的运用，并且往往能够产生大量的解决问题的办法。其次，这个概念也被用来描述布鲁姆教育分类学所论述的在理解和低水平运用层次之上的认知活动。所以说，诸如建构论点、提出研究问题、作比较、解决非规则系统的复杂问题、处理争论问题、识别潜在的假设问题等，乃至传统的科学研究中包括形成假设、设计实验并得出结论这些都可以被看作是高级思维活动。”而在艾维（Ivie）看来，如何判断是否属于高级思维，可以从这样三个相关的标准来进行考察：①对抽象的思维结构的利用。正如布鲁纳所强调的一样，任何知识都是有其内在结构的，而它则是抽象思维的关键之处。奥苏伯尔认为，一个人现有的认知结构是制约其能否成功地抓住有意义的信息之主要因素；另外，高水平的认知结构也对学习有很重要的作用。②将信息整合为一个完整的体系。塞克斯顿（Sexton）和鲍霖（Poling）的研究表明：思维能力弱的学生往往倾向于直观地将信息作为碎片化的、随机系列的内容来加以思考，而思维能力强的学生看待事物时则多会从层次、关系、类别及系统的角度来进行。③逻辑和判断的合理运用。布莱克（Max Black）强调逻辑学就是对推理的研究，逻辑的运用有助于合理地推理。我们可以根据这些观点辨认出与高级思维能力相关的活动，包括分析、讨论、评价、识别、分类、预测、选择、评估、比较、鉴定、组成、证明、结论、假设、建构、管理、对比、概括、创设、计划、评论、评定、推断、联系、辩护、汇报、计划、支持、设计、系统化、图解、写作、辨别、阐释等等。基于上述观点，高级思维能力是指在信息获得、加工和监控中，思维超越了一般层次所表现出来的综合运用的能力。从信息获得的角度来说，高级思维能力体现为简单识记层面之上的筛选、估计、信息价值的评估等；从信息加工的角度来说，高级思维能力体现为领会、理解层面之上的分析、综合等，并能够跨越知识门类限制实现广域范围的信息统合；从思维监控的角度来说，高级思维能力注重更强的“元认知”能力，要求个体习惯于对整个思维过程进行高位的监控和评价，其中高级思维能力的有效信息获得部分，则可以被理解为对应于斯滕伯格的知识获得成分的高级形态，它是由布鲁姆的分析、综合过程参与的、在弗拉维尔的策略层控制下的信息表征、提取过程。高级思维能力的信息加工部分，则同样是由布鲁姆的分析、综合过程参与、在弗拉维尔的策略层控制下的，只不过它更多地涉及了斯滕伯格三元智力理论中的操作成分。高级思维能力的最重要部分是思维的高位监控和评价能力，其在各种相关理论中都居于重要的位置，它对应了斯滕伯格的元成分、布鲁姆的创造、弗拉维尔的反省认知。

二、高级思维能力的主要内容

中外教育研究机构和专家学者都早已关注和探讨要适应 21 世纪的时代需要，学习者应该具备怎样的思维能力这一问题。纵观近十几年的相关研究不难发现，在备受诟病的课堂教学中，关注学习者的高级思维能力（亦称高层次思维能力）的发展已成为一个热点问题，培养和促进学习者高级思维能力的发展已成为国际教育教学改革发展的重要目标。据国内外教育专家学者的不断深入研究，将高级思维方式和思维能力概括如下：高级知识组织能力，高级分析辩证思维能力，高级策略选择能力，高级评价性思维能力。

1. 高级知识组织能力。高级知识组织能力是指人脑在信息获得与加工的过程中，在简单地对信息进行认知记忆的层面之上，对信息进行筛选、估计、价值评估，把信息之间的关系进行重组的能力。信息之间的不断重组、打散再重组的过程使信息逐步“网状化”，能够更灵活地提取和有效地利用。

2. 高级分析辩证思维能力。高级分析辩证思维能力是指人脑在信息加工过程中，对信息进行领会、理解层面之上的辩证地分析与综合的能力。高级分析辩证思维能力的培养能够使学生更清楚地掌握问题的构成方式和各组成部分的相互关系，运用多种思维方式找到新思路、发现新方法、解决新问题。

3. 高级策略选择能力。高级策略选择能力是指在解决问题过程中，人脑对于所有的信息进行监控，并提取和利用所需的信息，同时在优化、联系多种方法的基础上，选择所需的方法的能力。高级策略选择能力是建立在高级知识组织能力的基础之上的，在选择过程中需要高级评价性思维能力的参与。

4. 高级评价性思维能力。高级评价性思维能力是指人脑对整个思维过程的高位监控和创新能力。高级评价性思维能力能够保证学生有效地了解自身思维过程的当前状态，从而发现难点、问题以及和目标之间的距离。高级评价性思维能力为高级策略选择提供依据，同时也不断反思自己的策略是否恰当，在问题解决过程中不断修正策略以达到预期的目标。

高级思维能力的研究是在布鲁姆的教育目标分类学的基础上提出的。相对于较低层次的三个水平（知识、理解和应用），较高层次的三个水平（分析、综合和创造）被认为是高级思维。在传统教学中更注重对于知识、理解和应用的训练并卓有成效。如今，我们需要培养具有 21 世纪技能、可持续发展的人才，新课改对于学生的能力训练也应朝着更高层次发展。

第二节　培养学生高级思维能力的一般方法

一、从简单识记到网格布局

学生简单的认知和记忆知识是学习的直接基础，而在以往的传统教学中对于这方面的训练成效显著。然而简单识记的知识在头脑里显现的是独立的个体，密密麻麻却无联系。当学生面对复杂的学习情境时，提取关联知识的过程就将会是烦琐和困难的，因此在日常教学实践中，教师要引导学生对知识进行再加工，让独立的知识点相互关联，结合成“网”，培养学生的高级思维能力。让学生从“简单识记”到“网格布局”，有利于其对知识更灵活便捷地提取和利用。

二、从常规配对到选择编码

传统教学的学习训练注重知识点和问题情境之间的“常规配对”，也导致了学生在头脑中形成了固定的范式。固然这种“常规配对”训练有利于学生提高解决问题的能力，在应试中也会大大提高学生解决问题的速度，但是这种训练也抹杀了学生的能力发展和创造力。在日常教学实践中，教师要引导学生根据问题情境的实际情况，有选择地对知识、方法和问题进行编码配对，培养学生的高级思维能力，让学生从“常规配对”到“选择编码”，从而寻找解决问题的新方法，更有效地完成任务。

三、从领会运用到分析综合

传统教学注重训练学生掌握材料的意义和含义，能正确地把抽象概念运用于适当的情境中。在新课改理念下，教师应该引导学生在“领会运用”的基础上，进一步分析材料，综合各部分之间的相互关系及其构成的方式，形成整体思维模式，培养学生的高级思维能力。让学生从“领会运用”到“分析综合”，形成有全局观的价值体系，以更全面地考虑问题。

四、从二元对立到关系互动

传统教学单纯独立地培养学生的发散与聚合思维、非逻辑思维和逻辑思维、形象思维和抽象思维，使得学生的思维方式往往局限在一种独立的思维方式上，不利于他们的思维能力发展。在教学活动中，教师应该运用各种手段促使学生在面对问题情境时不断转化思维方式，灵活运用多种思维方式，培养其高级思维能力，让学生从“二元对立”到“关系互动”，形成新思想、新观点，解决新问题的思维过程。

五、从一种方法到联系组合

在传统教学中我们往往会看到教师总结问题情境的特性，归纳出针对该问题所用的方法。这种教学方式可能会使学生在面对这种问题时大大缩短思考时间，但也给学生套上了枷锁，在选择方法上有了唯一性或局限性。在教学活动中，教师要帮助学生寻求突破，发展综合运用多种方法的能力，并能够联系组合多种方法，创新出新方法，培养学生高级思维能力，让学生从“一种方法”到“联系组合”，找到解决问题的新方法，以更有效开发自己的潜能。

六、从单一领域到融会贯通

传统教学各个学科知识分离，学生在实际的学习中总是从单一的学科知识出发来理解和解决问题。新课程理念要求教师促进学生的多学科知识结合开展学习，培养学生的高级思维能力。让学生从“单一领域”到“融会贯通”，达到多学科融合、学科知识之间彼此促进，达到融会贯通的效果。

七、从初步看法到自觉监控

学生在面对问题初期都会有自己的一些看法，然而这些认识大都是初步的、不深入的，甚至是错误的，而在传统教学中，我们忽视了对学生元认知的培养。在新课程理念中，要求学生学会怎样学习。这就对教师提出了新要求。教师应帮助学生对解决问题的基本步骤、对遇到的困难和达到目标的差距有一定的认知，培养学生的高级思维能力，让学生从“初步看法”到“自觉监控”，在学习的过程中自觉有效地调控思维。

八、从精确唯一到容忍模糊

在传统教学中，学生面对的一般都是我们设计好的结构良好的问题，然而在现实生活中，学生更多的是要面对新情境、新问题和大量他们陌生的信息。所以在教学活动中，教师应该更多地让学生学会如何适应结构不良的问题，培养学生的高级思维能力，让学生从“精确唯一”到“容忍模糊”，通过自己的思考来衡量问题的不同侧面，设计解决方案。

关联拓展阅读之一

让课堂焕发出生命活力——论中小学教学改革的深化

叶　澜

课堂教学其中最基本的是必修课的课堂教学，过去是、当今依然是我国中小学教育活动的基本构成部分。近年来，随着课程改革的开展，不少学校冲破了必修课一统天下的局面，增设了选修课和活动课，丰富了课堂教学的内容和形式，但在必修课的课堂教学中却大多还保留着习惯的方式，顽强地展现着传统教育思想。有些同志认为，提倡素质教育就是加强选修课和活动课。由此，往往会提出这样的问题：实施素质教育降低了升学率怎么办？似乎素质教育就是只要发展学生的特长和多让学生活动，不追求基础学科的教育质量。在这种思想指导下，占教学总时数比例最高的必修课的课堂教学的改革，不会有本质意义上的进展，也不可能产生真正的效应。在此背景下，集中探讨课堂教学改革问题，就具有推进、深化学校内部教育改革的全局性意义。

课堂教学改革是学校教育改革中的一场攻坚战，对此我们必须有充分的认识。课堂教学作为教学方式在我国已有近百年历史。它随新学校的诞生而逐渐形成。20世纪上半叶主要受日本式的赫尔巴特学说控制，50年代后至“文革”前，则以苏联教育家凯洛夫的教学理论为指导（在教学形式理论方面实质上与西方传统教学论是一致的），在实践中形成了较稳定的传统模式。粉碎“四人帮”后，学校恢复正常教学秩序时主要采用的依然是凯洛夫的教学理论。近十多年来，随着教学改革的开展，课堂教学有了不少新的组织形式，开始注重学生的主动投入，但大多数的课以及在教师的教学观方面，在深层次上并没有发生实质性的变化。这一传统之所以具有超常的稳定性，除了因它主要以教师为中心、从教师的教出发、易被教师接受外，还因为它视知识的传授和技能的训练为主要任务，并提供了较明确的可操作程序，教师只要有教材和教学参考书，就能进入规范、依样操作，理论也因此而得以广泛传播，逐渐转化成实践形式，扎根于千百万教师的日常教学观念和行为之中。总之，已有教学理论传统之长，深入实践主根之深，形式硬壳之坚，传习的可接受性之强，都使今日教学改革面临着强劲的真实“对手”。教学改革要改变的不只是传统的教学理论，还要改变千百万教师的教学观念，改变他们每天都在进行着的、习以为常的教学行为。这几乎等于要改变教师习惯了的生活方式，其艰巨性就不言而喻了。

攻坚战之艰巨性还来自课堂教学综合研究之不足。我们已有丰富的教学论著作，但大多只是从某一侧面或层次切入：传统教学论从教的角度探讨问题；实用主义教学论则从学生立场出发；教育心理学的兴趣在心理过程的分析，无论是对“教”还是对“学”；社会学的眼光集中在师生互动、课堂生活、人际关系等的描述上；学科教学法则偏重于结合学科内容的教学原则与方法的设计；国外学派林立的教学模式的研究，各自强调一个侧面，或认知，或策略，或行为控制，或情感、人际关系、人格发展。这一切都有助于我们认识课堂教学，但我们依然缺乏对“课堂教学”作为一个整体的、师生交互作用着的动态过程的研究，缺乏整合，缺乏对课堂教学的理性认识。因此，我们面临的任务不只是改变实践，同时还需要在对已有理论批判性反思的基础上、通过对课堂教学的深入研究，通过整合与创造，形成既能揭示课堂教学实质，又能指导课堂教学改革实践的新理论，这同样是一项艰巨的任务，可以说，在理论上我们已走近“百川汇合”的“入海口”，但还没有见到浩瀚无边的“大海”。

传统课堂教学的主要问题是什么？为何会存在这些问题？这是当前深化课堂教学改革首先要回答的。应该说，这些问题曾有过讨论，人们的认识也有进展，如认为过去的课堂教学主要关注教师的教，忽视学生的学；重视知识的传递，忽视能力的培养，忽视学生学习中的非智力因素等等。然而，这些认识的进展，尽管起了拓展思路、丰富认识的作用，但仍然局限在对教学性质的传统认识中，并未跳出原有的“大框架”。今天，课堂教学改革的深化首先要求我们重新审视这一“大框架”的合理度。

所谓“大框架”，即指把教学活动的性质框定在“特殊认识活动”范围内的教学观。它具有广泛影响并至今活跃在教学论界，故揭示教学作为认识活动的特殊性，历来是教学论的基本任务。现被普遍认同的观点大致如下：在教学中，学生不是独立的，而是在教师指导下进行学习的；学习的内容不是随意、自发产生的，而是经过选择和教育学加工的人类已经创造出来的、最基本的文化知识；教学过程是有目的、有计划、有组织的活动过程，不是日常生活中随机进行的认识过程。

上述教学理论在实践，特别是在教师的课堂教学行为中的表现，一般呈现出如下特征：

1. 完成认识性任务，成为课堂教学的中心或唯一目的。教学目标设定中最具体的是认识性目标，浅者要求达到讲清知识，深者要求达到发展能力。其他的任务，或抽象，或附带，并无真正的地位。

2. 钻研教材和设计教学过程，是教师备课的中心任务。尽管也提出研究学生的任务，但大多数情况下，只是把学生作为一个处于一定年级段的抽象群体来认识，研究的重点也是放在学生能否掌握教材、难点在何处等，依然以教材为中心来认识学生。教学过程的设计除了课程进行的程序外，重点是按教材逻辑，分解设计一系列问题或相关练习，在教师心目中甚至在教案上都已有明确的答案设定。

3. 上课是执行教案的过程，教师的教和学生的学在课堂上最理想的进程是完成教案。教师期望的是学生按教案设想做出回答，教师的任务就是努力引导学生，直至得出预定答案。学生在课堂上实际扮演着配合教师完成教案的角色。于是，我们就见到这样的景象：课堂成了演出“教案剧”的“舞台”，教师是“主角”，学习好的学生是主要的“配角”。大多数学生只是不起眼的“群众演员”，很多情况下只是“观众”与“听众”。

以上就是传统课堂教学模式的大框架在理论和实践中表现出来的基本特征。本文无意否定它的合理性方面。教学确实应以完成认识任务为主，确实与日常生活中和科学研究中的认识活动不同，具有自己的独特性，但是我认为这种认识又是有局限的。我们有必要进一步思考以下两个指向不同层面的问题：第一，现行理论是否已经把握了作为认识活动的教学之特殊性？传统理论在区别教学与其他认识活动的同时，是否忽视了它们之间的联系？这一问题在它所处的认识层面上与传统观点是相同的，即仍然把教学当作特殊的认识活动来研究，区别只是在具体观点和视角上。第二，对课堂教学的认识是否仅仅在认识论层次上就足够了？换言之，“特殊认识活动论”能否概括课堂教学的全部本质？这是比第一个问题更富有冲击力的问题，它要求从更高的层次、更综合的角度去认识课堂教学，而且也只有这样，才能更准确地把握教学作为认识活动的特殊性。

总之，把丰富复杂的课堂教学过程简括为特殊的认识活动，把它从整体的生命活动中抽象、隔离出来，是传统课堂教学观的最根本缺陷。它既忽视了作为独立个体，处于不同状态的教师与学生，在课堂教学过程中的多种需要与潜在能力，又忽视了作为共同活动体的师生群体，在课堂教学活动中多边多重、多种形式的交互作用和创造能力。这是忽视课堂教学过程中人的因素之突出表现。它使课堂教学变得机械、沉闷和程式化，缺乏生气与乐趣，缺乏对智慧的挑战和对好奇心的刺激，使师生的生命力在课堂中得不到充分发挥，进而使教学本身也成为导致学生厌学、教师厌教的因素，连传统课堂教学视为最主要的认识性任务也不可能得到完全和有效的实现。

为了改变上述状态，我认为，必须突破（但不是完全否定）“特殊认识活动论”的传统框架，从更高的层次——生命的层次，用动态生成的观念，重新全面地认识课堂教学，构建新的课堂教学观，它所期望的实践效应就是：让课堂焕发出生命的活力。

从生命的高度用动态生成的观点看课堂教学，包含着多重丰富的含义。

首先，课堂教学应被看作师生人生中一段重要的生命经历，是他们生命的有意义的构成部分。对于学生而言，课堂教学是其学校生活的最基本构成部分，它的质量直接影响学生当前及今后的多方面发展和成长；对于教师而言，课堂教学是其职业生活的最基本的构成部分，它的质量直接影响教师对职业的感受、态度和专业水平的发展、生命价值的体现。总之，课堂教学对于参与者具有个体生命价值。

然而，这一重要价值以前被人们普遍忽视，包括被一些强调教育与生活关系的教育家所忽视，如提出“教育即生活”的美国著名教育家杜威，即反对把教育的意义只看作是为学生将来的社会生活做准备，主张要从学生的生活出发来改造以书本作为出发点的旧教育，然而，他并未提及教育、教学活动对于教师的生命意义。我国近代著名的教育家陶行知先生提出过“生活教育”，主张“关于生活”“依据生活”和“为了生活”的教育，但主要是从社会生活与教育的关系的角度、从学生的角度提出要求的，同样未涉及教师。另一位著名的教育家是苏联的列·符·赞可夫，他曾以《教学论与生活》为名发表过专著，主要也是从教学与学生个体发展的关系角度进行阐述，同样没有顾及教师，在《和教师的谈话》这本著作中，赞可夫专门谈到了课堂上的生活。他突出了课堂教学不仅要在内容上反映生活，更要注意“儿童在课堂上的生活”，“不要忘记学生本身的生活”，应当从精神生活（人们思想、感情、愿望）的意义上来理解生活。精神生活可能是积极的、丰富的、多方面的，也可能是贫乏的、萎靡不振的、单调的。这里涉及了个体的生活，但依然把视线停留在学生身上。我认为，这些认识是重要的，但依然是不完全的，必须看到的是课堂教学质量对教师个人生命质量的意义。如果一个教师一辈子从事学校教学工作，就意味着他（她）生命中大量的时间和精力，是在课堂中和为了课堂教学而付出的。每一堂课都是教师生命活动的一部分，因此十分重要的是使每个教师都要意识到这一点：课堂教学对他们而言，不只是为学生成长所做的付出，不只是别人交付任务的完成，它同时也是自己生命价值和自身发展的体现。每一个热爱学生和自己生命、生活的教师，都不应轻视作为生命实践组成的课堂教学，从而激起自觉上好每一节课、使每一节课都能得到生命满足的愿望，积极地投入教学改革。这就是我们在认同课堂教学的社会价值、促使学生发展价值的同时，再指出它对教师同样具有生命价值，形成和提出课堂教学对教师和学生都具有个体生命意义这一观点的重要原因。其次，课堂教学的目标应全面体现培养目标，促进学生的全面发展，而不是只局限于认识方面的发展。

如前所述，把课堂教学目标局限于发展学生认知能力，是当前教学论思维局限性的最突出表现。这既是近代以来理性主义哲学和主智主义教育主流思想的反映，同时也是习惯于把原本为整体的事物分割为部分、方面的思维方法的表现。具体地说，就是把生命的认知功能从生命整体中分割出来，突出其重要性，把完整的生命体当作认知体来看待。

平时，当谈及学校教育培养目标即学生发展的理想目标时，几乎无人会不顾及人的发展之全面性。但在学校教育的实施中，在教学实践中，却又常常把某一类的活动，或以某种内容为主的活动视作只为某一方面发展服务的。人们忽视的恰恰是一个重要的基本事实：无论是教师还是学生都是以整体的生命，而不是生命的某一方面投入到各种学校教育活动中去，因此任何学校教育活动都会对人的身心产生影响。所以，每一项学校教育活动都应顾及学生多方面的发展。课堂教学，作为教学的基本活动形式更应该关注这一点。

在此要指出的是，我并不否认在课堂教学中认识发展作为中心任务的地位，但是不赞成把学生其他方面的发展任务丢掉，或者使其完全依附于认识任务。有不少教学论著作中也强调教学过程中要十分注意调动学生的情感，引起学习兴趣，使学生乐学、好学，这里，对情感的重视，实际上只是把它作为服务于学习的手段。又如，有的学者强调语言学习中的情境与情感体验，其旨意是使情感作为有助于识记的背景发挥作用。还有学者强调把文学教材中的情感发掘出来，使学生体验并内化，这比前两者仅把情感作为帮助教师完成教学认识任务的工具要前进一步，但还没有注意到课堂生活本身对促进学生情感发展的价值。在我看来，课堂教学的目标中应该包括情感目标，但不是美国教育家布鲁姆在目标分类中所提到的，以服务于认知目标完成、与认知目标相呼应的情感目标，而是指向学生在对己、对事、对他人、对群体的情感体验的健康、丰富和情感控制能力的发展。显然，这不是一节课能完成的，但却必须通过每节课来实现，渗透在课堂教学的全过程之中。自然，课堂教学的完整目标还应该包含学生意志、合作能力、行为习惯及交往意识与能力等多方面。其中每一项都应既有与认知活动相关的内容及价值，又有其相对独立的内容及价值，这些方面的统合才构成学生生命的整体发展，因此在研究课堂教学时，要注意两方面的关系与整合：一方面是知识体系的内在联系、多重关系，以求整合效应；另一方面是学生生命活动诸方面的内在联系、相互协调和整体发展。这是一个尚需下大力气深入研究的问题。不仅要揭示上述两方面的规律，还要研究课堂教学与这些目标之间的具体关系，但今天可以明确提出的是，我们需要课堂教学中完整的人的教育。

最后，问题进入到对课堂教学过程的探究。本文提出的观点是：课堂教学蕴含着巨大的生命活力，只有师生的生命活力在课堂教学中得到有效发挥，才能真正有助于新人的培养和教师的成长，课堂上才有真正的生活。因此要改变现有课堂教学中常见的见书不见人、人围着书转的局面，必须研究影响课堂教学师生状态的诸多因素，研究课堂教学中师生活动的全部丰富性，研究如何开发课堂教学的生命潜力。

所谓影响课堂教学师生状态的因素，是指那些对教师、学生参与课堂教学的态度和活动产生影响的因素，不是指那些课堂教学过程中，因教学活动本身的进行状态而生成的动态的影响继续活动的因素。这些属于“前在”的因素有间接和直接影响之分，其中主要的直接作用因素可作以下分类：

影响课堂教学师生状态的因素从大的方面可分为物质因素和心理因素。物质因素包括自然条件（季节、天气、星期几、上午、下午等）和教室条件（空间、空气流通度、光线的亮度、室内布置、洁净状态、设施功能、物品有序态、教学用品配置量、座位排列式、周边噪音程度等）。心理因素较为复杂，又分为个体稳定性因素（在学生方面，包括学习成绩、学习兴趣、习惯、获奖情况、在班级中的地位、期望、与教师的关系、认同程度、个性等；在教师方面，包括业务水平、教学能力、自信度、准备状态、对班级的态度、师生关系、个性、期望等)、个体不稳定因素（师生即时心态、身心疲劳状态、外界临时性强刺激的效应等）和群体因素（包括班风和师生关系等）。

显然，上面所列的因素，除了自然条件外，其他的因素都是可改变和可控制的，改变、控制都应该以教学任务的优质完成为定向，其中心理因素大部分是通过一段时间的教育、教学实践形成的，形成后即成为稳定态，对形成后的教学实践产生影响。把心理因素作“个体”与“群体”之分，是因为两者不仅有区分，而且有相互作用，尤其是当群体因素形成后，会对个体产生有效的影响。另外，心理因素的非实体性，往往使师生都易忽视，或者不被自觉意识到，但它们却最具影响力，不仅影响到学生在课堂上认知活动的状态与质量，而且影响到人生中处事、对人的态度与方式、整体的情绪状态、情感体验（满足与否)、意志行为等。教师同样如此，他们也是带着自己的全部身心和已有经验、状态进入教室，他们的心理状态影响他对学生的态度、处理问题的方式、宽容度、耐心、机智以及满足与否等情感体验。显然，这些都不能被简单地归结为认知因素或仅仅是与认知相关的因素。它们的存在本身具有自己的形态，有自己的作用方式和独立的意义。认识影响课堂教学的全部因素，包括显性的和隐性的；努力形成积极的因素，包括物质的和更重要的心理的；改变消极因素，包括稳定的和暂时的。这些都是为实现课堂教学高质量所必须首先要做的。

众多的因素参与、影响课堂教学，还不是课堂教学丰富性的全部，甚至可以说还不是主要部分。课堂教学的丰富性主要是在过程中展现的。若要使其丰富性发挥积极效应，则必须改变课堂教学只关注教案的片面观念，树立课堂教学应成为师生共同参与、相互作用、创造性地实现教学目标过程的新观念。也就是说，课堂教学要真正成为实现上述新的教学目标的过程，不但要使师生的生命活力在课堂上得到积极发挥，而且要使过程本身具有生成新因素的能力，具有自身的、由师生共同创造出的活力。

为此，仍然首先要做好课前的教学设计，但应该按照新的教学任务来设计教案，内容的组织、方法的选择、学生教师共同活动的方式与过程，都应全面策划。不同的教学观必然会影响教案的设计，本文不可能具体地详细讨论服务于新目标的教案应如何设计（这需要有另一篇文章作专述)，只能以提问设计为例。不要以为凡提问必能达到启发学生、调动思维积极性的目的。教师也许把问题编得十分细碎，使学生易获标准答案，由一串细问题循序渐进走向目标；也可能设计得使学生调动起自己的经验、意向和创造力，通过或发现或选择或重组的多种过程形成答案。前者体现出教师控制具体过程、希望学生按规定路线行进的强烈愿望；后者则表现出教师重视学生努力进行获取、形成、发现知识的过程，相信这一过程对学生的发展具有多方面的意义。关于教学设计与上课的关系，我十分赞赏德国教育家克拉夫基关于教学计划与教学关系的论述："衡量一个教学计划是否具有教学论质量的标准，不是看实际进行的教学是否能尽可能与计划一致，而是看这个计划是否能够使教师在教学中采取教学论上可以论证的、灵活的行动，使学生创造性地进行学习，借以为发展他们的自觉能力做出贡献——即使是有限的贡献。"所以，一个真正关注人的发展的教学设计，会为师生在教学过程中发挥创造性提供条件；会关注学生的个体差异（不仅是认知的）和为每个学生提供主动积极活动的保证；会促使课堂中多向、多种类型信息交流的产生和对及时反馈提出要求。这样，教学设计就会脱去僵硬的外衣而显露出生机。

教师只要思想上真正顾及了学生多方面成长，顾及了生命活动的多面性和师生共同活动中多种组合和发展方式的可能性，就能发现课堂教学具有生成性的特征。因为课堂上可能发生的一切，不是都能在备课时预测的。教学过程的真实推进及最终结果，更多地是由课的具体行进状态以及教师当时处理状态的方式决定的。从这个意义上可以说，一个教师尽管教同一门课，面对同一批学生，但他（她）在每节课上所处的具体情况和经历的过程都并不相同，每一次都是唯一的、不可重复的、丰富而具体的综合。教师的创造才能、主导作用，正是在处理这些活的情境中得到发挥的，这些活的情境向教师的智慧与能力提出一系列的挑战：当学生精神不振时，你能否使他们振作起来？当学生过度兴奋时，你能否使他们归于平静？当学生茫无头绪时，你能否给以启迪？当学生没有信心时，你能否唤起他们的力量？你能否从学生的眼睛里读出愿望？你能否听出学生回答中的创造？你能否觉察出学生细微的进步和变化？你能否让学生自己明白错误？你能否用不同的语言方式让学生感受关注？你能否使学生觉得你的精神脉搏与他们一起欢跳？你能否让学生的争论擦出思维的火花？你能否使学生在课堂上学会合作，感受和谐的欢愉、发现的惊喜？……也许，还可以再列出一百个这样的问题，但却不可能穷尽一个真正充满生命活力的课堂可能发生的一切。我们把教学改革的实践目标定在探索、创造充满生命活力的课堂教学上，因为，只有在这样的课堂上，师生才是全身心投入的，他们不只是在教和学，他们还在感受课堂中生命的涌动和成长；也只有在这样的课堂上，学生才能获得多方面的满足和发展，教师的劳动才会闪现出创造的光辉和人性的魅力，教学才不只是与科学而且是与哲学、艺术相关，才会体现出育人的本质。

选自《教育研究》1997 年第 9 期

关联拓展阅读之二

让教学变成研究——“新课标”教学理念之精髓

张　华

2011 年，教育部颁布义务教育阶段各学习领域课程标准修订版。“新课标”的教学理念有怎样的变化？原先倡导的“自主、合作、探究”的教学方式是否不再需要坚持了？60 年来一直占据主导地位的“讲授、接受、训练”的教学方式是否要重新登场？或者两者都要坚持？作为课程改革一以贯之的研究者和参与者，我的观点是：2011 年版义务教育课程标准的颁布标志着我国方兴未艾的课程改革事业的“再出发”；这不是后退、向传统“应试教育”妥协，恰恰相反，这是坚定地前行、更彻底地践行素质教育的理想；实现我国课堂教学的根本转型是课程改革“再出发”的关键，这意味着要摒弃课程改革以来形形色色的“虚假自主”“虚假合作”“虚假探究”，让教学变成研究，实现教学观和教学方式的整体改变。

一、新课程背景下的教学改革：当前问题

10 年以来，在新课程理念的引领下，我国课堂教学正在发生“静悄悄的革命”，涌现出许多新的教学观点、模式或“范式”。如所谓“先学后教”“学案导学”“少教多学”“当堂训练”“以学定教”等等，这是从“教”与“学”的关系或次序上着眼的；也

有从改变一节课45分钟功能的分配着眼的，如所谓“10 + 35模式”（即教师用10分钟分配学习任务和点拨引导，学生用35分钟从事自学、合作、探究），“271模式”（即课堂45分钟按照2∶7∶1的比例划分，要求教师的讲课时间不大于20%，学生自主学习占到70%，剩余的10%用于每堂课的成果测评），等等；也有从改变课堂教学“环节”着眼的，如所谓“网络环境下的自主课堂模式”，主张课堂由“预习、展示、调节、达标”四个环节组成，如此等等。

这些教学观点、模式或“范式”成为我国当前教学实践界竞相追逐的“潮流”或“时尚”。怎样理解这些观点或做法，成为影响我国基础教育课程改革“再出发”能否走好的关键问题之一。

我对这些流行的教学改革“热点”的判断依据，是我对世界百年来教育民主化运动所诞生并不断成长的“民主教学”的理解。

人类教学思想与实践的历史发展有两个重要“分水岭”：一是18世纪“启蒙运动”，一是20世纪“教育民主化运动”。“启蒙运动”以及作为其准备的“文艺复兴运动”所产生的教学观可总体概括为“科学教学观”。这种教学观的基本内容是：教学以传授外部学科知识或科学知识为使命；教学以科学或“效率”为标准而被研究与实践。无论是“班级授课制”的广泛倡导，还是教学的“阶段论”或“环节论”的严格执行，均是这种“传授式或讲授式教学论”的必然要求。

“教育民主化运动”肇始于19世纪末、20世纪初。集中体现于北美的“进步教育运动”和欧洲的“新教育运动”。我国民国时期的“新教育改革运动”（以陶行知、胡适、蒋梦麟等人为代表）亦是世界“教育民主化运动”的有机构成。由此所诞生的教学观可总体概括为“民主教学观”。由于民主本质上是“合作性实验”[1]，拥有民主素养的人即具有探究能力和合作精神的自由个性，因此课堂教学就不能以传授别人的知识（包括科学知识）为核心，而必须把知识当作探究的对象以及探究生活问题的工具。这样，课堂教学就发生了脱胎换骨的变化或根本转型：教学的本质是合作探究——通过探究学科知识和日常生活而产生教师和学生自己的思想。

“民主教学”有两个根本特征：第一，教学即关系；第二，教学即研究。教学不是一个“实体”范畴，而是一个关系范畴。这意味着教与学不存在“谁是主导、谁是从属”的问题，二者相互依存、渗透、融合，并可以“换位”，用杜威的话说“教之于学恰如卖之于买”[2]。买卖之间相互依存、无轻重之别，教学亦然。用弗莱雷的话说，作为关系范畴的教学本质上是“对话”。在对话性关系中，教师不再是教师，而是“称作教师的学生”（teacher-student）；学生不再是学生，而是“称作学生的教师”（student-teacher）。[3]教学即研究，意味着教学不再是传授知识，而是创造新知——教师与学生自己的思想。用杜威的话说，教学即问题解决。用皮亚杰的话说，教学即智慧操作。用弗莱雷的话说，教学即“提出问题的过程”和“反思性实践”。用达克沃斯（Eleanor Duckworth）的话说，教学即产生精彩观念的过程。[4]

我们可据此对我国当前流行的教学观或广受关注的教学改革“热点”，做出判断。总的看法是：当前各种流行的观点和模式，把课堂教学变成创造条件、提供机会让学生表达自己观点的过程，符合课程改革的理念，体现了时代精神和我国教育的发展方向。这些做法的再一个特点是，不仅课程和教学改革热火朝天，而且学生的考试成绩节节攀升，这既体现了教育改革的社会制约性，又彰显了学生学习的时代特点——期待主动参与、让学习变得有趣。

关于“先学后教”或“学案导学”。这种观点强调学生“学”的重要性，出发点无疑是正确的，但它把教学分出了“先”“后”，教和学依然被割裂开来，依然存在“线性思维”的倾向。倘若教学追求生成性和创造性，就需要保持一定的“神秘感”和“惊奇感”，未必一定“先学”。再说，一节课中飞舞着几张试卷（所谓“导学案”），会使师生异常紧张，而且加重学校复印室的负担。既然教学是一个“关系”范畴，那教和学就是交织在一起、相互依存、同时发生的，不分先后和课内外。

关于“少教多学”。这种观点也是为了关注学，大方向正确，但表述不准确，实践中易产生歧义和误解。它依然存在把教学当作一个“东西”或“实体”来看的倾向——“你多一点、我少一点”或相反，缺乏关系意识。许多学校为了追求“少教多学”，硬性规定“讲的时间”或“学的时间”，硬性规定讲的“知识点”的数量和学的“知识点”的数量。这践踏了教师的专业尊严，扭曲了教师的教学风格，背离了教学的关系本质。我们要不断追求教学的“关系性”和“丰富性”，而不要拘泥于形式上的“少”或“多”。

关于“当堂训练”。在当前所有流行的教学观中，这种观点是最保守、落后的，存在严重的“应试教育”倾向。其基本做法是“四清”，即所谓“堂堂清、日日清、周周清、月月清”，最终目的是达到知识点的“人人清”。这种观点强调训练和记忆，追求知识的灌输和内化，严重背离我国教学改革的方向，正在产生新的教学危机。

关于“以学定教”。这是一种较好的提法，因其体现了教学的“关系性”，但不能因此而忽视教师的独特教学风格和创造性的作用。“以学定教”和“以教定学”是一个问题的两个方面，好比“以买定卖”和“以卖定买”是买卖的两个方面那样。传统教学的问题不是“以教定学”，而是“教中无学”“教学割裂”。

关于“教师是导演，学生是演员”或“教师是主持人，学生是表演者”。这是受当今“媒体文化”影响而产生的教学观。它试图把课堂变成学生展示的舞台，教师退到“幕后”，其出发点是正确的，但是，电影、电视与课堂教学存在根本区别。电影、电视存在表演性、操纵性，而课堂教学则是教师和学生的真实探究，“真实性”是其根本特点和诉求。教学改革的方向是让教室充满家园般的自由氛围和实验室般的探究精神。教师和学生因而是“课堂实验室”中的合作探究者、探究伙伴。

总之，教学改革中无论何种做法或模式，都不要简单化与划一化。要发展每一个教师教学风格的独特性以及学校文化的多样性。面对任何成功的做法或成名的学校，广大教师不要成为“追星族”去追求“时尚”，也不要使自己成为“连锁店”的一员，而要将之作为大家共同研究的“案例”、探索的资源，以产生自己的教学风格和学校文化为目的。

二、让教学变成研究：未来方向

民主教学即“研究性教学”。[5]这意味着不再把教学与研究割裂开来、对立起来，让教学和研究化为一体。这样，教学就不再是研究过程终结之后才开始的行为，教学的本质就不再是传授外部提供的知识或规范体系。恰恰相反，教学的本质是研究或知识创造。这包括：教师一以贯之的学生研究；教师与学生合作研究知识与生活；教师帮助学生做研究。

学生研究是教学的出发点与归宿。这包括相互联系且化为一体的两个方面：“教师做学生研究”与“学生做研究”。

教师并非为了控制教学过程而研究学生，亦非在教学过程之外研究学生，而是把自己的教学和做学生研究完全融合起来，使二者实现“无缝对接”、彻底一体化。教师即学生研究者，教师即教学研究者。至于教学过程之外的各类专业研究人员（如儿童心理学家、教育学教授等等）也在研究学生或儿童，但这类研究成果是教师自身做学生研究和教学研究的资源，而非教师必须遵循的信条或指令。教师做学生研究具有独特性：教师是在帮助学生发展的过程中研究学生的。

“学生做研究”并非掌握知识的手段，亦非模仿专业人员做研究以训练研究技能，更非“作假”“做戏”或“作秀”，而是产生自己思想、创造自己知识的过程。学生做研究的过程真实、生动而富有创造性，这不仅是每一个个体个性发展的生动体现，而且是人类进化的核心内容。即使从学科知识、学科文化发展的角度来看，并非只是少数专业研究人员的研究工作推动了学科发展，广大中小学生在教师指导下的学科探究是学科知识、学科文化的有机构成，并大大丰富和推动了学科发展。没有人会把中小学生打乒乓、踢足球排除在乒乓球文化、足球文化之外，那我们为什么把学生们在课堂上探究数学、学习科学的过程排除在数学文化、科学文化之外？我国传统的教学论所津津乐道的“教学过程的间接性、有领导”，不是想方设法把学生的学科探究、学科学习排除在学科文化之外吗？

“教师做学生研究”是在帮助并完善“学生做研究”的过程中进行的，因此，这本质上是一种行动研究。教学即教师的行动研究。通过做学生研究，教师不仅促进学生的个性发展，而且发展自身的专业素养。把教学变成学生研究，意味着教师发展与学生发展的一体化。伟大的启蒙思想家卢梭在18世纪写道：“在万物的秩序中，人类有它的地位；在人生的秩序中，童年有它的地位；应当把成人看作成人，把孩子看作孩子。”[6]这大概是人类历史上第一份“儿童权利宣言”。一个确定无疑的事实是：启蒙运动以后，人类的解放是伴随儿童的解放而实现的。然而怎样“把孩子看作孩子”？成人把自己的知识或价值规范直接告诉或灌输给孩子，算不算尊重孩子？这个问题只是在人类进入20世纪以后，伴随时代和科学进步而得以解决。

杜威在哲学上深刻阐述了儿童的经验与成人的经验、儿童的学科与成人的学科的本质区别和各自的独特性，因此，把成人的学科知识经过简化后直接告诉儿童是无效的，因为这依然是成人的经验。唯一的出路是把分门别类的学科知识转化为儿童的经验、儿童的心理过程。这种“转化”的基础或可能性是：学科知识和儿童的经验都具有经验的本性——主动探究，都具有社会性——在社会合作和互动中实现。杜威据此假设开展了系统的实验研究，由此开启了教学民主化和现代化的新时代。

皮亚杰则在心理学上深刻揭示了儿童的心灵、理解、认知与成人的区别。他通过一系列匠心独运的实验研究，获得了令人信服的结论：无论是大千世界中的一草一木，还是人类创造的知识和规范体系，儿童的理解和成人是不一样的。成人试图把自己的理解快捷地告诉儿童是徒劳的。人的学习的本质是心灵的主动建构。教学意味着教师在理解学生心灵的基础上为学生提供主动建构知识的情境和帮助，因此教师对学生的倾听、理解、等待和帮助，是教学的关键。皮亚杰不仅开启了心理学中倾听儿童的研究传统，而且为把教育、教学变成学生研究奠定了坚实基础。他所创造的方法的核心是：创设问题情境，对儿童或学生进行“临床访谈”。

杜威、皮亚杰等人的开创性工作，扭转了教学的总方向：教学由启蒙时期的“传授－接受”取向，转向现代民主时期的“研究－建构”取向。这是世界百年教学发展的大趋势。

教师把教学变成学生研究，当研究学生什么？核心是两个方面：一是学生的思想或观念；一是学生的体验或情感。“思想”意味着探究、创造与问题解决。研究学生的思想旨在理解并发展学生的探究能力，帮助学生学会思维。“体验”意味着人与世界融为一体，由此生成兴趣、关心和意义。研究学生的体验旨在感受并升华学生的学习兴趣、关心情怀和生活意义，帮助学生学会关心。印度诗哲泰戈尔曾说：“孩子那儿满是金子和珍珠！”这真是对学生思想和体验的精彩比喻。思想学生的思想，体验学生的体验，并据此提供可能的帮助，这是教师研究学生的核心旨趣。

教师当如何研究学生？让教学变成倾听。让教学时刻植根于问题情境与体验情境，教师帮助学生投入问题探究与体验之中，并通过对话让学生的探究和体验日益深入。当这一切发生的时候，教师要时刻倾听——倾听学生解释他们自己的思想、反思他们自己的体验。教师倾听学生的过程，既是研究学生的过程，又是与学生合作探究知识和生活的过程。倾听因而体现了教学的本质——教学即倾听。

当教师开始在课堂上做学生研究，教学工作就成为不断促进教师专业发展和自由发展的过程。当学生把学习变成了研究，学校学习就成为持续发展学生的学习兴趣、探究能力和健全个性的过程。当教学变成师生的合作研究，课堂就成为师生自由表达思想的公共领域——“学习共同体”，由此把民主的种子播在心灵的沃土上，长成民主的生活方式和人生态度，成就社会的希望。

参考文献：

[1][美]詹姆士·坎贝尔．杜威与民主；载王成兵主编．一位真正的美国哲学家：

美国学者论杜威．北京：中国社会科学出版社，2007：113.

［2］中央教育科学研究所比较教育研究室编译．简明国际教育百科全书·教学（下）．北京：教育科学出版社，1990：233～234.

［3］Freire，P.（1993）Pedagogy of the Oppressed. New York：The Continuum International Publishing Group Inc. p. 80.

［4］［美］爱莉诺·达克沃斯．张华等．精彩观念的诞生——达克沃斯教学论文集．北京：高等教育出版社，2005：16～17.

［5］张华．研究性教学论．上海：华东师范大学出版社，2010.

［6］［法］卢梭．李平沤．爱弥儿．北京：商务印书馆，1978. 74.

选自《江苏教育》2011 年第 32 期

关联拓展阅读之三

论学习的实践属性与实践性教学

伍远岳

摘要：学习具有实践属性，实践属性是学习的基本属性。提升课堂教学的实践性品质，是当前课堂教学改革的根本诉求。实践性教学充分彰显了学习的实践属性，是在实践活动中、通过实践活动进行的教学，是体验性教学、过程性教学与反思性教学。体验学习、探究学习、操作学习、交往学习是实践性教学中学生的基本学习样式，实践性教学的发展性就体现在学生的体验、探究、操作与交往活动中。

学习作为个体基于对符号知识和经验知识的理解、探究外部世界并建立与客观世界之间关系的活动，本身就是一种特殊的实践样式，这是由学习的实践属性及其对人的发展价值所决定的。实践的缺失是我国基础教育中的根本缺陷，也是学生的学习缺乏发展性的根本原因，知识授受主义和应试教育倾向的根本错误便在于此。实践属性是学习的基本属性，为提升课堂教学的实践性品质、彰显学习的实践属性，客观地要求教学活动回应实践，回应人的实践本性。

一、实践属性是学习的基本属性

“从人的全面发展的角度看，实践是人的成长与发展的重要基石。作为有目的地培养人的活动，教育必须处理好认识与实践的关系，理性而有价值地寻求认识与实践的交融点。”长期以来，人们将实践看成是学习的一种方式或方法，这种对学习、实践及其相互关系的理解是有失偏颇的。学习是一种特殊的实践活动，实践属性是学习的基本属性。

（一）学习是特殊的实践活动

从马克思主义的实践观出发，我们需要从人与自然、人与社会、人与自我的关系的角度来理解实践，实践内在地包含着“主体—客体”与“主体—主体”的双重关系，是工具性与价值性的统一，是主体客体化和客体主体化的统一，实践范畴揭示了作为社会活动主体与客观自然世界、社会世界和精神世界的内在关系和价值取向。学习是一种特殊的实践活动，内在地包含着学生与自然世界、学生与社会世界、学生与自我世界的三重关系，是学生“构筑世界”“构筑伙伴”“构筑自身”的实践，是一种三位一体的特殊实践。

从学生与学习内容的关系来看，学习是认知性、文化性实践。学习是学生思维参与的对外部世界的探索过程，是由学生理性参与的实践活动，因为理性的参与，从而使得学习作为认知性实践、文化性实践不同于人类的一般普遍实践，是在经过社会选择与筛选并加以净化和平衡的情境中开展的一种有目的的特殊实践。认知性实践、文化性实践主要表现为个体对外部世界的认识与探索，是个体通过实践活动认识外在客观世界的活动，在认知性实践、文化性实践中，学生与学习内容之间实质上是在不断地进行客体主体化和主体客体化的实践活动。一方面，作为客体的知识（概念、原理、规律、规则、公式、定理等）实现了人化，不断向人生成，逐渐获得属人性质，成为个人化的知识；另一方面，作为主体的人通过对知识的学习，吸收知识的价值和意义，实现主观世界的改造，重新建构包括他的需要、能力、知识结构、思维模式等等在内的心智结构，重新建构自己的世界观、人生观和价值观，建构自己对人生意义的理解与认同，丰富自己的精神力量，实现人的本质力量的确证与增加。

从学生与他人的关系来看，学习是交往性、社会性实践。交往是人与人之间的社会联系，交往本身就是一种实践活动，通过交往，人构成了各种社会关系，促成了人的社会本质。学习作为交往性实践、社会性实践，学生的学习活动处在一个复杂的关系网中，学生需要面对、处理和创造各种各样的关系。“一切的学习都是内蕴了同他人之关系的社会性实践，课堂里的学习是在师生关系与伙伴关系之中实现的。”从关系的对象来说，包括同伴关系和师生关系；从关系的类型来说，有物理关系、空间关系、心理关系、精神关系等。学生的学习活动就是在各种关系中进行的，通过交流、沟通开展着“建构伙伴”的实践，促进自己对知识的认识与理解，改造自己的身心结构，同时通过自己的思想、行为、价值、精神、情感影响他人，对他人施加影响，实现共同提高。

从学生与自我的关系来看，学习是伦理性、存在性实践。在学习过程中，学习是一种以自身为对象的特殊实践，是一种“人性自我建构的实践活动”。在自我建构的实践活动中，学生既是学习活动的主体又是客体，通过主客体的相互作用而不断改造自己、发展自己、完善自己，对自身已有的心智结构进行审视与反思，积极推进已有心智结构按所需要的方向发生相应的变化，实现预期目的对象化、现实化。学习作为伦理性实践、存在性实践，表现为学生通过学习不仅仅建构着客体的意义，建构着同世界的关系，更重要的是，学生通过自我内在的对话，重建自己的内部世界，建构着同自我的关系，建构自我的认识世界、情感世界、精神世界和意义世界。学生建构自我的活动是在对自我的不断反思与追问中实现的，反思、追问是学习作为伦理性实践、存在性实践的重要标志。

（二）学习实践属性的特征

学习的实践属性不是指普遍性实践，不是指某一种具体的实践样式，如单纯的动手操作、认知或社会交往，而是指学习活动内在地包含着多种实践特质，是高于某一种单一实践样式、具有丰富内容和明确价值取向的目的性与意义性活动。学习的实践属性并不是指学习活动与人类普遍的实践方式具有等值性。

学习实践属性具有价值性。“实践是人类有目的、能动地改造客观世界的物质性活动”，这是对“实践”概念最常见的界定，这种认识将“实践”理解为“干”“做”“动手”“行动”，仅仅停留于对实践外在和工具层面的认识，而忽视了实践内在和价值层面的含义，消解了实践的价值维度和生存论意义。事实上，实践不仅仅具有工具性，更具有价值性，实践的价值维度意味着实践不仅仅是求真的活动，更是求善、求美的活动，是真、善、美的统一。学习实践属性的价值性意味着学习不是价值中立、价值无涉的，而是一种价值性实践，充满了多种可能的价值关怀与追求。学习不是纯粹地掌握知识去认识、适应、改造外部物质世界，获得“何以为生”的知识与技能，它更根本地在于说明和回答人生的意义、生存的价值等这些具有永恒意义的问题，强调从“人的尺度”出发领悟“为何而生”，建构完满的精神世界。通过价值性的实践活动，学生体验生活的善与美好，实现真、善、美的统一，形成完整、完满的人格，达到人的尺度与物的尺度的统一。

学习实践属性具有情境性，任何实践活动总是在一定的时间和空间中进行的，“实践完全内在于持续时间，故与时间联结在一起”。实践是实践主体基于前人积累的知识和经验，以一种现在进行时的状态开展的，同时指向未来更好地认识与改造世界、更好地发展自身。时间与空间共同构成了实践的情境，并且这种情境是主观与客观的统一、经验性与发展性的统一。学习实践属性的情境性意味着学习不是单纯的头脑内部信息输入——输出的活动，而是个体基于已有知识结构和生活经验在具体、真实的情境中主动参与的实践。通过在情境中的主动参与，个体的知识得以建构和生成，学生的发展在与他人、文化、自我相互作用的情境中得以实现，学生的生命、生活的意义在情境中得以显现。

学习实践属性具有过程性。世界的本质就是过程的存在，过程哲学家怀特海认为过程是“事物各个因素之间在时间上和空间上构成的联合体而进行的内在的、复合的运动”，离开了过程，事物不可能存在，也不可能产生变化和发展。“教育的过程是教育活动的主体（教师和学生）围绕一定的活动主题，在特定的情境中，通过互动式交往进行的建构性实践活动的结构，是教育要素之间交互作用的变化和发展过程”。个体的学习活动就是一个在时间和空间上不断变化的复合的运动，学习内在地蕴含于过程之中，学习的实践属性在学习的过程中显现出来，在学习时间上的持续性和空间上的广延性表现出来。在过程中，学生实现知识的理解、思维的发展、情感的体验、人格的养成和意义的建构，任何“去过程”的学习都是对学习过程性的践踏，是对学习实践属性的遮蔽。

二、实践性教学：对学习实践属性的回应

实践性教学是对学生学习实践属性的回应，通过实践性教学，能够真正彰显学习的实践属性，实现实践的发展价值。

（一）何谓实践性教学

长期以来，我国学校教育中存在认识与实践分野的局限，这既影响了学生对前人认识成果或科学知识的接受和掌握，也影响着个体实践能力、实践理性的发展，影响着知识多维教育价值的实现。在教学中，注重学生认知发展的教学强调学生对知识的记忆与理解，忽视学生在学习过程中的体验、探究、操作、交往、运用，由此，学生知识学习的实践属性难以彰显出来，实践对个体的发展价值也难以得到实现。教学活动应该充分关照实践，关照学习的实践属性。实践性教学，即在实践活动中进行教学、通过实践活动进行教学，旨在引导学生通过体验、探究、操作、交往等活动，促进学生的知识学习、能力发展、自我认识的提升以及对人生意义的探寻与建构。

实践性教学是体验性教学，注重学生在学习活动中的亲身体验，通过引导学生进行积极的思维体验、情感体验与关系体验，获得对客观世界和精神世界的感性经验，形成对自然、社会、自我的整体认识；实践性教学是过程性教学，注重学生在学习活动中的过程参与，通过引导学生积极参与知识理解的过程、思维发展的过程及意义建构的过程，进而获得知识、发展能力、养成态度；实践性教学是反思性教学，注重学生在学习活动中的总结与反思，在实践性教学中，“实践”不仅仅是指“动手做”“操作”“干”，而是有着理性参与和价值关怀的实践，通过引导学生在实践体验的基础上对客观世界、自我世界进行理性反思，形成“物我”关系、“我你”关系和“自我”关系，丰富与改造经验，并通过反思觉醒自我、提升自我。实践性教学的发展价值是多维的，不仅仅表现为提升学生的实践能力，更重要的是，学生通过实践性教学既改造了外部世界，也改造了自身内部世界，并不断地扬弃外部世界和主观世界的自在性，实现对客观世界和自身的超越。

（二）实践性教学的发展性

实践性教学是具有发展性的教学，实践性教学的发展性不仅仅体现在个体通过实践认识外部世界，更表现于个体对自我世界的认识与改造以及对意义的追寻与创造。

实践性教学引导个体建立主体与外部世界的联系。实践是主观见之于客观的活动，

是主体与客体建立关系、实现统一的途径，通过实践，个体认识外部客观世界，构建与自然世界、社会世界的内在联系。在实践性教学中，个体通过体验、操作、探究、交往等活动，认识外在客观世界的客观事实、概念、原理，理解客观世界变化、发展的过程及其规律，不断丰富对自然、社会的认知。个体建立主体与外部世界的关系，实质上就是在实践性教学的指导下获得客观的知识，这是实践性教学发展性的重要表现。无论何种教学，都应该引导学生认识客观世界，进而获得“关于世界”的知识。

实践性教学搭建外部世界与个体内在世界之间的关系。认识世界是实践性教学的一方面价值，但个体的知识学习不能限于对客观世界的认识，还需要个体在客观世界与自己的主观世界之间建立联系。学生如何在客观知识世界和自身生活世界之间建立联系呢？这就需要把个体的经历、感受和经验作为桥梁，而通过实践性教学，则能引导个体丰富经历与感受，并通过个体对自身的经验进行不断的反思而使得自身的经验系统化与完整化。因此，实践性教学在客观外部世界与个体内在世界之间搭建了经验的桥梁，能够帮助学生不仅仅掌握“关于世界”的知识，更能够获得“进入世界”的知识。

实践性教学引导个体在学习过程中对意义的追寻与创造。实践具有丰富的意义向度，在实践性教学中，学生不是被动的知识接受者，而是意义的追寻者与创造者，学生能够在认知性实践、关系性实践和伦理性实践中找到自己、认知自己、发现自己并反思自己，形成自我感和意义感。一方面，学生个体不断寻求知识的意义，知识不仅仅是作为人类认识成果的事实性存在，更是一种价值的存在与意义的存在，实践性教学能够引导学生超越符号，获得符号背后的价值，获得知识的意义；另一方面，实践性教学引导个体对人生意义的创造，通过实践性教学，学生主体实现自我理解、自我确证、自我实现以及自我超越，进而获得精神的充盈、生命活力的激发、自我素质的超越、主体性的自由创造以及人生境界的陶冶，从而使心灵世界得到拓展和丰富，“诗意地栖居在大地上”，建构完满的精神世界。

三、实践性教学中的基本学习样式

在实践性教学中，体验、探究、操作、交往是学生学习活动的主要方式，由此而形成实践性教学中学生不同的学习样式：体验学习、探究学习、操作学习和交往学习。

（一）体验学习

体验，是指主体对客体的感知和体认。美国著名教育家杜威提出的“做中学”是体验学习的基本雏形，强调儿童在实际的活动过程中实现“经验的持续不断地改造”。体验学习是一种以体验为中心的学习观和学习方式，是一种以学习者为中心的、从体验和反思中获得进步的学习方式。经历、经验、感悟、反思是体验学习的内在要素，体验学习既包括学习的过程——经历，又包括学习的结果——经验，还包括学习后主体的活动——反思感悟，离开了这三者，体验学习就失去了对学生的发展价值。

体验学习具有情感性、反思性和感悟性。首先，学习者是带着自己的情感经历活动的，而不是单纯的“做”，在“做”的过程中，学习者将自己的情感、态度、价值观融入其中，通过活动、思考，获得新的感悟与经验；其次，学习者在体验活动结束之后，需要对自己的活动过程、活动结果进行反思，进而提炼、升华自己的经验；最后，学习者对自己在学习过程中的感受、经历，通过批判、重组、抽象、总结，丰富自己的情感，形成自己的价值观。

（二）探究学习

探究是指“探索研究，探寻追求”，是“求索知识或信息，是搜寻、研究、调查、检验的活动，是提问和质疑的活动”。探究学习起源于18世纪法国教育家卢梭，他认为人与生俱来就有探究的欲望，后经过杜威、布鲁纳、施瓦布等的发展，探究学习成为教育中有生命力的、具有可操作性的一种学习方式。所谓探究学习，是指“学生在教师指导下，为获得科学素养以类似科学探究的方式所开展的学习活动”，虽然学生的探究学习是以类似科学探究的方式展开，但却具有科学探究的基本要素：观察、发现问题、提出假设、搜集信息、制订计划、收集和分析、解释数据以及验证结论、评价结论等。在探究学习的过程中，需要学生运用多种思维方式，如分析与综合、归纳与演绎、分类与比较、系统化与综合化等，这样的探究才是有目的、有方法、有成效的探究学习。

问题是探究学习的核心，学生的任何探究活动都是在一定的问题情境中，围绕一定的问题展开的，问题解决的过程就是探究学习的过程，主体性、问题性、情境性、过程性是探究学习的基本特征。学生开展探究学习的问题情境可以是真实的情境，也可以是非真实的模拟的情境，学生经历完整的探究活动过程，能够提升自己搜集与整理资料的能力、分析与解决问题的能力、交流与合作的能力以及发展自我感，获得意义感。不畏权威、敢于质疑、敢于创新，是探究学习的本质特征，也是探究学习对学生的基本要求。

（三）操作学习

操作是个体按照一定的规范和要领操纵动作的一种技能，通过操作具体的工具或者对象而进行的学习，我们称之为操作学习。一般而言，操作学习有两种不同的类型，即“以培养操作技能为目标的操作学习和旨在辅助知识理解或获得情感体验的操作学习”。操作学习并不仅仅限于学生动作技能的活动，在操作学习中，还需要学生知识、情感、态度的参与。学习者带着自己的目的、意图、情感，运用一定的操作技能作用于特定的对象或工具，使得操作对象或工具发生一定的变化，同时，操作活动反过来作用于学习者本身，使学习者的动作技能得到发展、情感体验得到丰富，帮助主体建构意义。

杜威最早提出“做中学”，美国现代课程中的“hands.on”以及法国的LAMAP，都是操作学习的基本范式，都具有操作学习的基本特征。第一，操作学习的对象是工具或者客观物质而不是语言文字知识，如自行车、汽车、羽毛球、篮球等都是操作学习的对象，而以文字符号作为表征的书本知识就不能算是操作学习的对象；第二，操作学习必须要有学习者个体的肌肉活动，需要学习者动作表征的参与，单纯头脑思考的学习不是操作学习；第三，操作学习需要学习者认知能力与情感的参与，不是单纯的、机械的肢体活动，没有认知能力或情感参与的操作只是个体本能的行为，是无法建构主体的意义的。

（四）交往学习

交往是人类存在和活动的前提，是人的本质形成的前提，个体通过交往活动，使自己纳入自身所处的社会关系中，形成自己的个体本质。“现实的个人是在社会实际生活过程中进行实践活动的人，他们是在生产和交往中产生的”，离开社会交往的媒介，特定的个体就无法具有人的属性。马克思主义哲学亦将交往作为人类实践的重要方面，人的实践包括两个基本方面的活动，即以物为对象的生产活动和以人为对象的交往活动，交往本身就是一种实践，交往学习亦成为学生学习的一大样式。

对话、合作、理解、沟通、讨论是交往学习开展的基本形式，尊重、平等是交往学习得以顺利开展的基本要求。“交往是造就人的素质和能力的一个基本途径”，在交往学习中，交往的对象均具有不同的生活经验、人生履历、知识背景和认知方式，通过相互之间观点、思维、价值等的交流、互动、碰撞、激发，能够让不同的学习者增长知识、获得态度、启发观点、提升自身的素质和能力。同时，交往学习还“能为个体学习提供参照、启发、借鉴和多种视野，从而使个体学习超出个体经验的局限”，实现自我成长与自我超越。

实践性教学的发展价值体现在教学的全过程中，体现于学生的体验、探究、操作与交往活动中，无论学生采取何种学习样式，情境理解、方法选择、访谈体验、总结反思是实践性学习的基本过程。通过这四个过程，实践性教学的育人价值才得以真正体现出来，实践性教学才能成为真正有力量的教学、真正有发展性的教学。

选自《全球教育展望》2015 年第 12 期

关联拓展阅读之四

“因材施教”的真实困境

袁　征

“因材施教”是个古老的教学原则，近年来成了教育研究的热门话题，然而数量巨大的研究文章似乎没有得到多少有说服力的结论。本文试图重新审视“因材施教”的主张，并随讨论所及指出相关研究的一些失误。

一、难以超越的主张

“因材施教”是宋人对孔子教学方法的概括。程颐说：“孔子教人，各因其材。”[1]朱熹写道：“圣贤施教，各因其材。小以小成，大以大成，无弃人也。”[2]因材施教的意思是按照学生不同的个人条件进行教育。外国的优秀教育家也有类似的观点。这种做法在世界各国已经实行了千百年。

最近，因材施教的主张突然受到密集的攻击。毫无疑问，认识的进步是对已有观点的否定和超越。越权威的意见被推翻，人类认识的进步就越大。可惜近年多数对因材施教的批评并不合理。有些是由于批评者个人的误解，有些干脆是批评者歪曲前人的见解，自己竖起一个稻草人，挥拳舞剑，逞强过瘾。已经有学者对这类现象做过分析。[3]

早几个月，又有一篇长文讨伐“因材施教”。它集中了过去批评者的一些观点，又提出了新的看法，可以作为我们进一步讨论的基础。[4]

这篇文章的旗号是“超越因材施教”。它先对孔子本人提出批评：“即使孔子是伟大的老师，其对学生之材的判断在概率上也会出差错。在‘材’判断失误的情况下，施教会不起作用，或者出错。”的确，人不是完美的动物，人人都有可能做错事，但结论难道应该是人人都别做事？跟教师工作类似的是医生。即使再优秀的医生，对疾病的判断也可能会出错。是不是医生就不该对病症作任何判断，胡乱动刀开药？这样的结果肯定更糟。因此，合理的做法应该是研究怎么避免失误，尽量减少误判，而不是因噎废食、放弃判断。

文章还说：“孔子对其弟子之材有所判断，但孔子的判断基本是静态的，或者说他对学生之材形成了‘刻板印象’（stereotype）。”这只说明把学生的材质看成固定不变是错误的，不能根据学生过去之材施行今天之教，并没有否定应该按照学生不断变化之材，进行不断变化的教育。另外，作者引用的材料并不能证明孔子“对学生之材形成了‘刻板印象’”。

更值得注意的是文章作者的辩论方法。波普尔（Karl Popper）同意塔尔斯基（Alfred Tarski）的看法：真理是符合事实的认识。[5]一个观点如果符合事实，就是正确的，跟由什么人提出来没有关系。驳倒一个主张的关键是指出它不符合事实，而不是揭发提出观点的人有什么缺点。不去反驳观点本身，而是挖掘提出者个人的错误，那是人身攻击，是最不正当的辩论手法。即使孔子本人做得不好，只要那个主张符合事实，它仍然是正确的。

接着，那篇文章试图证明“因材施教”在现代教育中不可行：“某学生A在其一生的教育过程中会经历幼儿园、小学、中学、大学本科和研究生各个阶段，在每一个教育阶段中都会遇到很多老师。”“假如A在其一生的教育生涯中遇到100位正规教师，对于A之材也许会形成100种不同看法，他们分别因自己对A之材的看法因材施教，哪位会施教正确呢？”“以上分析表明，在现代教育体系中，每一名教师因材施教实际既无可能，也必定无效。”

这个批评忽视了两种可能。第一，也许所有教师都看到一个学生明显的数学才能，所以根据他的特点给予帮助；第二，学生的发展不是完全由教师决定的。他有自己的主观选择，还受家庭和社会的多种影响。如果美术老师用最适合这个学生的方法教他画画，数学老师用这个学生最容易理解的语言讲解平面几何，在正常情况下，这并不会给学生造成危害。这样的情况比教师完全不顾学生的特点，胡塞乱灌要好得多。

最后，文章提出了作者自己的主张。首先是“不去判断学生之材”，坚信“每一名学生都将找到他自己，都将成为各类人才”。这是激动人心但华而不实的观点。世界上有太多的学生不能成才，有些还沦为罪犯。因材施教不仅应该帮助学生发展特长，还应该帮助学生改正缺点，防止他们走上邪路。“不去判断学生之材”不仅不能引导学生发掘潜力，而且有可能放任孩子误入歧途。

文章还要求做到“师生平等”：“在本质上，学生也是教师，教师也是学生，师生是完全平等的。”这是最为荒唐而又特别流行的高调。人的权利分为两类，一类是普通权利（general rights），一类是特殊权利（special rights）。[6] 普通权利是人人都自然具有的，例如思想自由和不受非人道折磨的权利。在这个方面，当然人人平等。特殊权利是社会活动造成的。在这个方面，只有大家的公民权利完全平等，其余并不平等。在选举人大代表的时候，董事长和清洁工是一人一票，但在公司内部，他们地位差别巨大。

“教师”和“学生”的讲法，已经表明两类不同的身份，前者的工作是“教”，后者的责任是“学”，在本质上根本不同。教师要管理教学进度和课堂纪律，学生要服从教师的管理，这显然不平等，但这样的管理正是为学生提供教育服务的一部分。没有这种管理和服从的不平等，教师就无法传授知识。一个合格的教师，在专业知识方面，当然比他的学生懂得多。假如一个教师 30 岁，一个小学生 10 岁，二十年的智力发展和中学、大学教育对教师的知识增长毫无帮助，那是不可能的。一个几乎天天主刀的外科教授和一个刚入学的医学本科生，在腔镜手术方面懂得一样多，有人信吗？

这篇文章说教师“并不完全掌握真理”，这是特别令人迷惑的讲法。真理是符合事实的认识。教师当然掌握大量这样的认识。问题是，即使一万个证据表明某种认识跟事实重合，我们也没有把握第一万零一个证据会不会完全推翻这个看法。因此，人类最好的知识，往往是经过严格检验，但仍然没有被否定的观点。[7] 在正常情况下，教师在自己课程的范围内，掌握这样的知识当然比学生多得多。

文章作者预言，如果按他的主张去做，“学生有崭新的头脑和超越范式的思维，当教师认为学生与自己平等时，空去了权威的身份和满的头脑，常常会受到学生的启发；学生的自主性和自信心有时会自由地生长，更容易提出超越范式的新思想。在这样的观念中，学生在成长，教师也在继续成长”。但事情显然不是那么简单。教师过去上学的时候已经跟他的教师一起“成长”过了，工作以后又跟一批又一批学生共同成长。他怎么会一次又一次退回原来的起点，和他的新学生在知识方面完全平等?

文中的建议是，提出难题，向学生挑战；宽容学生，“鼓励犯错误”；使学习内容成为学生自己觉得有意义的知识；不重视学科课程，支持学生自由学习。

世界上许多国家实行强制教育。中国的法律规定，所有适龄儿童都必须读完小学和初中。强制教育的依据是，这个阶段读、写、算等学习是人的正常生存必需的，不能因为儿童和他们父母的无知或经济困难受到耽误。不管儿童愿意不愿意，都要入学，因而难免会有一些学生厌学，不愿学习某些知识，但教师必须帮助他们学习制度规定的课程，不能自由改变教学内容。

即使是大学的本科和研究生教育，也有教师和学生个人不可改变的教学计划。学生入学，实际上就是接受了学校的课程安排。学生可以转换专业，那是跟学校签订另一个契约，接受另一套教学计划，但是不管学习哪一个专业，师生都要遵守共同的约定，执行教学大纲。教师可以按学生的不同情况调整讲授方法，学生可以按自己的条件选择论文题目，但都不能超越专业学习的范围。一个学生即使写出比《红楼梦》更棒的小说，也不能因此从数学系毕业。

这篇文章随意将作者的愿望拼凑在一起，那不是专业研究。如果按它的观点去做，那么，教师就不顾学生的情况，不顾本专业的课程安排，随便向学生提难题，又放纵学生自由发展，听任学生犯错误，这绝对不是像样的教育。

一个观点如果符合事实，它就是真的。要是 1 + 1 = 2 符合事实，它就正确，过去正确，现在正确，将来也正确。[8]一些符合事实的观点是不能超越的。“因材施教”的主张经历了一次又一次挑战，但没有被驳倒，反而是许多批评者在辩论中暴露了自己知识水平和治学态度方面的严重缺陷。

二、什么叫作对和错

许多人把孔子看成“因材施教”的化身。一篇文章说：孔子“完美地诠释‘因材施教’，为中外教育带来深刻影响”。[9]

引用最多的是两个证据。一是《论语》说孔子的学生各有所长，有些道德修养好，有些语言能力强，有些善于从政，有些熟悉古代文献："德行：颜渊，闵子骞，冉伯牛，仲弓。言语：宰我，子贡。政事：冉有，季路。文学：子游，子夏。"这句话难以断定是谁说的，朱熹猜测是学生对孔子评价的记录。学生各有长处，可能是老师教导的结果，也可能由于多种因素的影响。朱熹得出结论："孔子教人，各因其材，于此可见。"[10]这未免武断。

另一个被经常引用的证据是孔子对学生的问题提供不同的答案。子路问："听到一个道理就应该照着做吗？"

孔子说："你该先向父亲和哥哥请教，怎么能听了道理就去做？"冉有也问："听到一个道理就应该照着做吗？"

孔子回答："对，听了就去做。"

公西华大惑不解，对老师说："子路问听到一个道理是不是应该照着做，您说要先请教父兄。冉有问听到一个道理是不是应该照着做，您说听了就去做。我没法理解。"

孔子说："冉有做事退缩，所以我鼓励他。子路大胆冲动，所以我抑制他。"

这确实是孔子根据学生不同的个人情况施行不同的教育，但这样的做法会让教师陷入困境。符合事实的是正确的观点，违背事实的是错误的观点，不因认识者的情况而改变。$1+1=2$ 是对的，$1+1=3$ 是错的，数学教师可以根据学生的理解能力调整讲解办法，但不能变换答案。

也许有人会说，孔子主要讲授道德伦理。道德要求是祈使句，不是对事实的判断。的确，在一般情况下，祈使句和疑问句之类不是命题，无所谓真伪。现在很多文章把问题当作"命题"，那是业余水平。但道德要求实际上表达的是对行为的判断，与事实相连。例如最基本的道德规范"不要伤害别人"，这是一个祈使句，但它实际上是这样的陈述："伤害别人是错误的。"各种道德要求的情况都是如此。

普通权利是特殊权利的根源，最初的特殊权利是人们运用普通权利的结果。而人们与生俱来的普通权利是正常生存的必要条件。要是一个人可以被随意伤害，那他的生存状态就不正常。"伤害别人是错误的"是对这个事实的判断。符合事实的道德观念是正确的，违背事实的道德观念是错误的。互相冲突的道德判断不可能都对，这是基本的逻辑常识。

笔者赞成"因材施教"，但不赞成孔子对不同学生给不同答案的做法。教师应该按照学生的特点，调整教学方式，用最合适的办法帮助学生学习，但在任何情况下都要坚守专业原则，坚持真理，不能随意改变专业判断。

三、代价和限制

孔子对学生进行个别指导，比较容易因材施教，而现代教育普遍实行班级授课，这给因材施教造成了很大困难。

一篇文章说："'因材施教'和'面向全体学生'之间并非是矛盾的，而是并行不悖、熔融统一的辩证关系"。"'因材施教'不仅是'面向全体学生'的前提，而且是十分重要的前提。"[11]这是强词夺理。所谓"前提"，是必要条件。没有某种前提，就没有相应的后果。按照那篇文章的观点，不"因材施教"，就不可能"面向全体学生"，但是每个人的具体情况和学习能力都跟别人不同，一个课堂里的几十个学生，是几十种不同之材。在集体授课时，教师很难满足各个学生的不同需要，却很容易不顾各个学生的具体特点。

说"因材施教"和"面向全体学生"并不矛盾，是"熔融统一的辩证关系"，那是完全不顾事实。庸俗的"辩证法"经常导致这类观点，所以波普尔说，鼓吹这种"辩证法"的人语言混乱，是"病态"，明确警告："应当十分慎重地使用'辩证'这个词。也许最好根本不用这个词。"[12]全称命题一假即假，普遍结论只要有一个反例就不能成立。任何智力正常的人都会想到，一个不负责任的教师有可能无视几十个学生的不同情况，用固定不变的方法给全班讲课，不搞"因材施教"，完全可以"面向全体学生"。

个别指导有利于因材施教，但效率低下，班级教育可以大大提高效率，但很难顾及不同学生的个人特点。一个相对好的选择是根据全班学生的平均情况决定教学方法。因为社会环境在变化，给学生造成不同的影响，不同时期的学生兴趣不同，理解能力也不同。根据平均情况改变讲授方式，也可以算作因材施教。

另一个困难是实现教育公平的要求。

人们的知识基础和学习能力有差异，才能各不相同，但人民政府必须平等对待所有公民。《中华人民共和国教育法》规定："公民不分民族、种族、性别、职业、财产状况、宗教信仰等，依法享有平等的受教育机会。""受教育者在入学、升学、就业等方面依法享有平等权利。"因为公民人人平等，没有重点公民和非重点公民，所以政府办的公立学校也不应该分为重点和非重点，学校内部不应该分重点班和非重点班。同一地区同一程度的所有公立学校应当给学生提供基本相同的学习条件。有人说，集中资源，培养尖子，能教育出优秀人才。这是讲后果。对于公立学校来说，所有公民的受教育权是完全平等的。考试分数高并没有给公民上公立重点学校、享受特别多公共资源的特权。

在正常情况下，如果权利和后果发生矛盾，权利必须优先。拯救许多病人是很好是社会后果，但不能因此侵犯一个健康人的生存权，把他的器官用于急需的移植。[13]伦理学家认为权利是一种“边界限制”（side constraints），为追求良好的社会后果画下不可超越的界线。[14]

学生的才能不同。如果“因材施教”，政府、学校和教师对不同学生的投入也不同。在公立学校，要是投入的差别很明显，就违反了教育公平的原则，超越了公民权利平等的界线。有文章说：“因材施教是教育过程公平的应然之意。”[15]这是正好颠倒的讲法，文章的作者并没有提供像样的证据。私立教育有特殊的社会作用。公民之间是自由平等的关系。私立学校是公民开办的教育机构，可以跟私人签立任何合法契约，根据不同学生和不同家庭的需要，提供不同的服务，无须跟其他学校保持一致。

私立学校可以为有某种特长的学生提供特别的指导，可以为某个阶层的孩子提供特别昂贵或者特别实惠的学习和生活条件，甚至进行几个老师对一个学生的教育。跟公立学校相比，私人教育机构容易因材施教。

但在同一个机构，私立学校内部的因材施教也有一些困难。根据学生不同之材施行不同的教育，这需要耗费不同的资源。但同一所私立学校的学生通常交付相同的学费。如果情况如此，那么，学校里所有学生的受教育权是平等的，他们应该享受一样的教育服务。于是，个人权利又给追求因材施教的良好后果画下了不可超越的界线。私立学校内部可以有灵活的安排，但不同学生享受资源的差别不能太大。

学生有学生的权利，教师有教师的权利。无论是公立学校还是私立学校的教师，都可以自由支配自己的业余时间。那么，他们可不可以利用业余时间特别帮助有特长的学生？为了回答这个问题，我们先看一个更清楚的例子。老师自己出钱，买来的书无疑是他的个人财产。他可不可以不断买书，送给一个有特长的学生？可以，但其他同学很可能会觉得老师偏心，因而损害教师应有的公正形象，并影响学生之间的关系。

教师的工作时间和业余时间更没有明确的分界。许多教师在下班后继续工作，大学教师在节假日里做研究和指导学生是很常见的事。因此，教师用很多业余时间帮助一个有特长的学生，比一再送书给有特长的学生副作用更大。教师有权利这样做，不过那很可能是错误的，就像在许多情况下，我们有权利不帮助别人，但那应该受到谴责。[16]

不管在公立学校还是在私立学校，教师都应该平等对待所有学生。所以，虽然有一定程度的灵活性，因材施教都不得不限制在一定的范围之内。略有不同的是帮助明显落后的学生。人们普遍同情弱者。学校和教师给有学习困难的学生较多的指导，会得到多数同学的支持。

因材施教是儒家学者总结的优秀教学原则，应该继承和发扬。不根据学生的具体情况进行教育，跟不顾病人的症状动刀用药一样荒唐。但实际情况给因材施教造成了许多困难。本文提出的问题可能比解决的问题还要多。但正如诺齐克说的，并不一定要能解决问题才可以写书发文章。[17]指出了问题，有可能加以解决。另外，有些问题是无法避免的。以赛亚·伯林（Isaiah Berlin）的研究讲得很清楚：任何行为都有代价，世界永远不可能完美。为了提高效率，为了教育公平，我们不得不把因材施教限制在一定范围之内。人类往往不能做到最好，只能追求最不坏。但这仍然比完全放弃追求（例如“不去判断学生之材”）要好得多。

参考文献：

［1］程颢，程颐．二程集［M］（第一册）．北京：中华书局，1981：252.

［2］朱熹．四书章句集注·孟子集注［M］．北京：中华书局，1983：362.

［3］张琼，张广君．“因材施教”发展性概念的解读与批判——兼及基于生成论教学学立场的本体辩护［J］．高等教育研究，2013，（8）．

［4］卢晓东．超越因材施教［J］．教育学术月刊，2014，（10）．

［5］［英］波普尔．真理、合理性和科学知识的增长［A］．卡尔·波普尔．猜想与反驳［C］．傅季重，等译．上海：上海译文出版社，1986：320.

［6］H.L.A.Hart.Are There Any Natural Rights?［J］.The Philosophical Review，1955：64（2）．

［7］［英］K.R.波珀．科学发现的逻辑［M］．查汝强，邱仁宗译．北京：科学出版社，1986：2～4.

［8］［英］波普尔．开放社会及其敌人（第2册）［M］．郑一明，等译．北京：中国社会科学出版社，1999：338.

[9] [15] 梁秋英，孙刚成 . 孔子因材施教的理论基础及启示 [J] . 教育研究，2009，(11) .

[10] 朱熹 . 四书章句集注 · 论语集注 [M] . 北京：中华书局，1983：123.

[11] 张永玲 . “因材施教”与“面向全体学生”的辩证统一关系 [J] . 考试周刊，2013，(96) .

[12] [英] 波普尔 . 辩证法是什么 [A] . 卡尔 · 波普尔 . 猜想与反驳 [C] . 傅季重，等译 . 上海：上海译文出版社，1986：460 ~ 461.

[13] J.J.Thomson，The Realm of Rights [M] .Cambridge，Mass.：Harvard University Press，1990：222 ~ 23.

[14] R.Nozick.Anarchy，State，and Utopia [M] .New York：Basic Books，1974：29.

[16] Jere my Waldron.A Right to Do Wrong [J] .Ethics，1981，92 (1) .

[17] R.Nozick.Anarchy，State，and Utopia [M] .New York：Basic Books，1974. Preface，xi.

选自《教育发展研究》2015 年第 6 期

关联拓展阅读之五

有效教学与有效学习的方法和路径

杨 勇

作为一种世界性的教育改革诉求，在我国提出并研究有效教学与有效学习，是落实《国家中长期教育改革和发展规划纲要（2010 ~ 2020 年）》提出的提高教育质量的重要举措，是基础教育从外延扩张向内涵发展的现实要求，是培养学生创新能力和创新意识、全面推进素质教育的正确选择。

关于有效教学的定义，目前学术界没有定论。一种是从经济学投入与产出的关系来确定，认为有效教学是指教师遵循教学活动的客观规律，以尽可能少的时间、精力和物力投入，取得尽可能多的教学效果，从而实现特定的教学目标，满足社会和个人的教育价值需求。另一种是从教学行为的结果来界定，所谓“有效教学”（effective teaching），是教师通过一段时间的教学之后，使学生获得具体的进步或发展，也就是说，学生有无进步或发展是教学有没有效益的唯一指标。也有学者从教学的有效性与学习的有效性结合点进行定义：有效教学是师生遵循教学活动的客观规律，以最优的速度、效益和效率促进学生在知识与技能、过程与方法、情感态度与价值观“三维目标”上获得整合、协调、可持续的进步和发展，从而有效地实现预期的教学目标，满足社会和个人的教育价值需求而组织实施的教学活动。我们认为，把有效教学确定为整合“教师教”的有效性与“学生学”的有效性比较中肯。

2009年，河北省启动了“双有效”（“有效教学”与“有效学习”）教学研究。当年，河北省教科所开展的“县域基础教育教学综合改革实验项目”研究，又将“双有效”作为一项重要的研究内容。2010年，“基础教育阶段有效教学与有效学习的理论与实践研究”被列为国家社会科学基金资助课题。五年的研究与推广，取得了丰富的成果，“双有效”的方法和路径日益清晰和明确。

一、“有效教学”“有效学习”的含义及其关系

（一）关于“有效教学”

在世界教育发展史上，有效教学是个历久弥新的话题。我国古代教育早就包含着有效性教学的要求，孔子主张教学要“举一反三”，《学记》中有“道而弗牵，强而弗抑，开而弗达”“善教者使人继其志”。在西方，有效教学的理念源于20世纪上半叶西方的教学科学化运动，特别是受美国实用主义哲学和行为主义心理学影响的教学效能核定运动之后，这一概念频繁地出现在英语教育文献之中。有效教学思想发展的一个里程碑式的人物是著名教育家巴班斯基。他指出：“最优化不是什么特别的教学方法或教学手段，而是在教学规律和教学原则的基础上，教师对教育过程的一种目标明确的安排，是教师有意识的、有科学根据的一种选择（而不是自发的、偶然的选择），是最好的、最适于具体条件的课堂教学和整个教学过程的安排方案。”

我们认为，“有效教学”是为了提高教师的课堂工作效益、强化过程评价和目标管理的一种教学理念，它的核心问题是教学的效益，即什么样的教学是有效的。

“有效教学”有三层含义：一是有效果，指教师课堂教学中完成所规定的教学任务，落实了学科课程的三维教学目标，又指完成学校教育任务和目标；二是有效率，指在有限时间内，让学生在知识、能力、情感和方法等方面获得更多的发展；三是有价值，指对“有效”所做的价值判断，即要符合素质教育的要求，为学生的长远发展打基础，为终身学习和生活做准备。

有效教学以调动学生的学习积极性为前提，与单纯强调教学的有效性不同。有效果的教学不一定是有效教学，如大量机械重复的训练对掌握知识有效，但不是我们所讲的有效教学。有效教学讲求发挥教师的引导作用，而不是包办。教师是学生全面发展的培养者、自主学习的促进者和教育教学的研究者。有效教学，学生是主人，教师是教学情景的创设者、引导者、合作者。

（二）关于“有效学习”

目前我国学术界对“有效学习”的研究还不多。文喆先生撰写的《改进教师工作方式　促进学生有效学习》的文章，虽涉及有效学习，但其主要内容是从教师的角色、地位和态度方面论述教师的工作方式对学生学习的影响，并没有把“有效学习”作为一个独立的研究对象来对待。

为什么同样的教师、同样的条件、同样的时间，有的学生学习就好，有的学习就差？除去教师等其他客观因素外，还取决于学生自身，也就是学生的学习方法、学习习惯不一样所导致的。因此，研究有效学习具有重要的理论和现实意义。我们认为，“有效学习”是指学生积极参与并高效率地获得新知、提高能力和培养情感，在多方面取得进步的学习活动。它的核心是学生的学习效益和发展进步的程度，标志是学生学会学习，养成良好的学习方法和习惯，具有丰富的情感。所谓有效学习，应该是学生积极主动地去学习、探求和感知，学生越主动效果越好，这个过程越短、花费的时间越少就越有效。

（三）“有效教学”与“有效学习”的关系

“有效教学”和“有效学习”是教学的两个方面，既相互独立又密切联系。把有效教学与有效学习结合起来作为研究对象，是基于如下两方面考虑的：一方面，是因为教师与学生是教学对立统一的矛盾体，教学与学习本身就是教学过程的两个方面，所以，研究有效教学与有效学习具有不可分割性；另一方面，有效学习是为了促进学生在能力、习惯和情感多方面获得较快发展，比有效教学更加具有教育的终极目的性。从这个角度来讲，有效教学应当服务于有效学习。一定意义上讲，学习时间还要远远多于教学的时间，研究有效学习更为现实所需要。

国外一项研究提出的有效教学的标准包括以下五个方面：(1) 师生共同参与创造性活动，以促进学习；(2) 语言发展——通过课程发展学习者的语言，提高学习者的素质；(3) 学习背景化——把教学与学生的真实生活联系起来；(4) 挑战性的活动——教学生复杂的思维技能，通过思维挑战发展学生的认知技能；(5) 教学对话——通过对话进行教学。从这些标准中，我们不难发现，有效教学与有效学习是关联在一起、并行不悖的，这也是本课题研究为什么要从“双有效”入手展开的原因。将这样两个对象放在一起研究，本身也就具有了理论和实践方面的创新价值。

二、实施“双有效”要坚持三大策略

“双有效”改革旨在树立以学生为中心的教育思想，以促进学生在知识与技能、过程与方法、情感态度与价值观等方面发展为前提和目的，通过教学改革提高教学效益和学习效果。要全面理解“双有效”，反对以提高教学效益为幌子通过高强度的机械训练来提高学习效果的错误做法。借鉴国内外基础教育领域的先进思想、理论和做法，结合当前教育教学改革的实际需要，实施“双有效”应坚持以下三大策略：

（一）树立“教”是为“学”服务的教学理念，以学定教

“教”和“学”既相互独立又辩证统一。教师必须系统地研究学生的学习活动，以学生的知识基础、认知能力和动机水平为前提，着眼于促进学生主动学习、快乐学习，科学确定教学目标、选择教学方法和组织形式、设计教学环节、形成教学方案。要准确把握学生对知识的认知过程和可能存在的疑难问题，根据教学与学习的规律引领学生自主学习。以学定教有两个原则：一是教学要以学生的发展水平为基础，是从备课角度来说的；二是教学要为学生的全面发展服务，是从教学过程来说的。

现代教学论认为，培养具有个性的创造性人才是社会发展的需要。教学过程与人的发展过程是密不可分的。杜威在他的教学方法中，强调学生的心理发展依赖于参与共同活动。“双有效”，作为教学改革的新观念，认为教学中的任何教学策略的实施都应与学生的学习活动相适应，教师必须科学地诊断学生的“实际学习可能性”。因此，教学策

略包括教学目标、教学方法和手段，也应以“学”而定。有效课堂教学需要教学双方的相互配合共同努力，尤其需要学生发挥其学习潜力。如果视学生为被动接受知识的容器，片面加大知识传授的总量，以此作为学生学习收获的增值途径，必定导致学生的厌学情绪，更谈不上学生个性的健全发展。

（二）充分调动学生的主动性和积极性，先学后教

教师与学生是矛盾的对立统一体，在发挥教师主导作用的同时，要牢固树立学生第一的教学思想。研究表明，人类从一出生就具有学习能力，而且随着年龄的增加和知识的积累，其学习能力日益增强。教师必须尊重学生、相信学生，合理利用学生学习的内驱力，根据学生差异，选定适当的教学内容，让学生主动学习、自我促进、自我反思，把传统的“讲堂”变成学生学习的“学堂”。教师的主导性表现在对学生疑问的指导、讲解、分析。教师要创设合作学习的氛围，让学生在课堂中能够与同伴分享智慧、讨论质疑、生成能力。

“天行健，君子以自强不息。”（《易经》）学习也一样，学习要靠学生自己不断努力。只有积极、主动地参与学习过程，学生才能得到发展。学习的本质属性是自主性，培养学生的自主性是教师的职责。有效学习必然是自主学习，有效教学策略也就是培养学生自主性的教学策略。

先学后教就是在教学中调动学生的内在动力，让学生自我学习、自我成长。总之，学生通过自学能解决的问题教师就不要讲，突出学生责任感与自主性，教师讲授的应该是那些学生解决不了的问题和不能通过自学来掌握的知识。有些学校探索了导学案做法，对引导学生学习很有帮助，但要防止把导学案变成“问题案”或“作业案”。课堂教学必须讲究导学艺术，通过教师恰当、适宜的指导来促进学生学习习惯与方法的养成、能力的提高、思维的发展等。这里应注意，要正确理解先学后教，不能机械理解，有时是先学后教，也可以是先教后学。要做到教中有学、学中有教。

要研究影响学生学习的外在因素和内在因素。外在因素包括学生的社会背景、家庭环境、学校和教师的影响，其中教师的教学策略是学生学习内化过程的催化剂。同时必须强调，教学策略的研究又直接受到学习可能性的内在因素制约。其内在因素包括：学生已有的知识和能力；学习技巧、学习速度、自我检测等；思维的发展、感知和理解教材、独立分析和解决问题的能力等；学习态度、学习意志与毅力等；生理性要素，如对

学习时间节律的偏爱，对视、听、动感知通道的偏爱等。上述因素在不同年龄段学生的学习各要素之间，以及组成每个因素的各种成分之间的相互联系，可以通过定量的相关分析法区分出最本质的、最占优势的成分，这些都是教师确定其教学策略的重要参考。因此，教师不仅要研究学生学习的现象本身，而且要对与此有关的学生本身进行综合研究。也就是说，不但要从教育学的观点来研究，还要从心理学、生理学、社会学的观点来加以研究；不但要定性描述，还要定量分析，以二者相互结合的方法加以研究。

（三）通过课堂组织形式的创新，教学相长

科学理解和认识教学形式与教学内容是相互依存、相互制约的关系，通过教学组织形式的创新推进“双有效”。从教育发展的历史看，历次成功的教学改革都是通过形式的变革来推动教学改革的。要借鉴小组合作学习的经验和做法，教中有学、学中有教、少教多学，通过教学组织形式的改革来促使教师改变传统的教学观念和方法，推动教师的专业成长；通过学习组织形式的创新，激发学生的学习兴趣，调动学生的学习主动性和积极性，提高学习效果。因此，要大胆推进课堂教学形式的创新。课堂教学组织形式的改革要与教学内容相适应，服务于内容，切忌以形害义、流于形式，比如，分组学习不是所有学科都适用的，就是一个学科，也不是所有的教学内容都适用的。所以，推进形式的变革，要根据学科、内容、学生而定，不能生搬硬套。

三、实施“双有效”要关注三个关键环节

（一）自学环节

自学环节，就是学生独立自主地开展学习活动的环节，活动形式有阅读、讲演、操作、笔记等，关键是学生要积极思维和独立思考。自学有三种形式：一是接受性的自学活动，即自学教材、教辅等，获得知识；二是生成性的自学活动，即在新知识的背景中，或凸显知识本质特点的情境中，自主建构新知识；三是创新性的自学活动，即由思维的拓展延伸、知识的迁移形成新的认识。自学不能简单地理解为就是让学生自己去学，一放了之，它有两个基本要义：一是强化学生学习的主体地位，把学习的权利还给学生，是主动学习，不是被动学习；二是强调要让学生学会学习、善于学习，包括良好的学习品质、学习习惯和学习方法，培养和锻炼学生的思考能力和创新能力，而不是单纯地以学习记忆了多少知识为唯一目标。对于这个环节，教师要有充分的准备，防止过去出现的“学生放了羊、教师靠门框”现象发生。

（二）讨论环节

当我们以小组合作学习等方式进行教学时，课堂讨论是教学的主要形式之一，教师通过讨论这个环节来推动合作学习。如何让讨论更有效呢？首先，改变学习观念，主要改变上课就是听教师讲、记笔记、做习题的观念。学习知识，特别是理解和掌握知识必须依靠学生自己积极的思维实践活动，这是别人不能替代的。其次，把讨论引向深入。组织讨论时，要从学生思维能力的实际出发，逐步使讨论深入展开。最后，要把握有效的讨论的三个层次。一是有问即答，开始时只是简单的问答，教师根据学习要求提出明确的问题，让学生讨论得出结论。二是扩充问答，即学生不仅能回答教师的问题，而且能扩充内容，产生新的问题或新的答案。三是质疑深化，即围绕一个较大的、内涵丰富的问题，引导学生依据自己的思路，自由发表见解，相互启发，生成知识、提高能力。在这个环节，教师要把握好议论的时机和议论内容的深浅程度。

（三）引导环节

在引导环节，教师需运用解惑、点拨、提示的方法发挥引导作用。要充分认识教师在教育教学中的主导作用。实践表明，学生只有在教师的引导下，才能实现有意义的、有质量的、有效率的自学，所以教师要创设合适的情境，根据学生学习中出现的问题，或是进行启发性的描述，或对有关问题的前景进行生动的描述，或列举一些矛盾的现象，或故意提出有违科学常理的结论，让学生在实践中获得知识、经验和能力。在这个环节，要注意调动学生的情绪，不愤不启、不悱不发。

四、实施“双有效”要提倡“三个还给”

（一）把学习权还给学生

把学习权还给学生，是指学生是学习的主体，教学的目的是要学生学会学习，而不是简单的填鸭式的教学。教师是学习过程的次要方面，要起到指导、辅助、陪伴、倾听、服务等作用。那种只顾自己讲得痛快、“目中无人”、不顾学生的接受能力和知识、心理发展水平的教学，教师讲得再流畅、再熟练，其课堂也是失败的，教学效果也不会好。在这样的课堂，学生只是容器。教师的教应当以学生的学为基础和条件、以学生学习能力的增长为目的，这是“双有效”背景下对教学过程的实质性把握。

（二）把时间还给学生

把时间还给学生，同时要强调的是，无论到什么时候，课堂教学都不会取消教师的教授，但仅就一堂课来说，教师可以少讲或不讲，就可以实现既定教学目标。一个成功的教师就是从多讲到少讲或不讲成长起来的。节省的时间干什么？让学生自学或进行合作、探究性学习。所以，在课堂上，应该有足够的时间让学生学习，时间配置向学生倾斜，学生学的时间要大于教师教的时间。需要强调的是，教学时间安排要合理，同样是属于学生的时间，自学、讨论、展示、检测、练习以及课外活动，都要合理安排，其长短、先后都要以有利于学生学会、会学和乐学为指向。不管是国家课程还是地方课程、校本课程，都要给予合适的时间。按照统筹学的要求，通过立体化的整体设计，提高学习效率，拓展学习内容，激发学习兴趣。

（三）把主动权还给学生

毋庸置疑，同样的学习压力，学生的学习动力、学习动机不同，其对压力的认识和感受就会不同。学习越主动，学习效果就越好。主动学习包括自主选择、积极参与等表现形式。尊重学生的学习主动权，就是要以学生为中心进行教学设计，调动学生的学习积极性，增加学生对学习过程的参与程度，尊重学生学习的选择性和差异性。培养学生的主动学习意识和能力，养成主动学习的习惯，要从以下两个方面着力：一是要求学生不断反思自己的学习过程，总结学习方法，贯通所学知识，掌握学习策略；二是教育学生遇到问题要独立地完成和解决，在解决问题的过程中，要培养学习的问题意识和克服一切困难的勇气。

五、实施“双有效”要实现“三个转变”

第一，转变过去教学就是“教”的旧观念。学堂不是“教”堂，学校不是“教”校，这是陶行知先生早就提出来的观点。我们今天在“双有效”的改革背景下，重新认识这一点，就是要在教学关系上摆正师生的位置，还教育以本来面目。教是为了学，教中有学，教中寓学，学生是主动的，是学习的主体。现代教育论认为，教学是开放的，不像过去我们划定一个大纲不能突破。在知识爆炸、其总量呈几何式增长的今天，只有保持强烈的求知欲，学会学习，掌握学习的方法、手段，拓展学习渠道，才能适应这个不断变化、不断更新的社会。每个学生都有自己的学习方式方法，有自己的学习兴趣、爱好、特长，教师不研究不重视这一点，教学效果就不会好，甚至会扼杀学生的学习兴趣，导致学生厌学。

第二，转变把上课仅仅当成传递知识的旧观点。上课就是知识传递这种落后观点在一些人的头脑中和教学实践中还存在。在这种认识下，教育的有效性被理解为“多”学、学“多”，获取更多的知识成为教学的主要目的。这种观念背离了教育的本质要求。如前所述，“双有效”不仅指有效率、有效益，更强调有价值，合乎素质教育、合乎人的成长规律的教育价值。我们知道，随着年龄的增长和年级的增加，学习知识越来越不是教育的主要目的。学生不仅要掌握知识，更为关键的是要学会学习，获得身心全方位的发展，同时教师也得到专业发展，享受职业的快乐。“双有效”必须体现新课程的三维目标，上课既是学生学习的过程与掌握方法的过程，也是学习知识与掌握技能的过程，还是培养情感、态度与价值观的过程。

第三，转变“学”就是学习知识和知识第一的旧理念。过去我们讲“因材施教”，对好学生的传统做法就是让他们多学一点、学深一点、学早一点。这在今天看来是对教育功能的窄化。首先，在知识迅猛增长的今天，知识的领域也在不断拓展，新兴行业和领域不断涌现。知识的学习不可能穷尽。其次，能力培养是当今学校教育的重心，也是社会对人才的诉求。在现代社会，知识已经让位于能力。一个人缺乏应用知识的能力，纵有再多的知识也一事无成。再次，培养学生拥有良好的情感、态度与价值观也是学校教育的重要内容。无数事例证明，情商往往是成功的主要因素。学校是学生全面成长的地方，教育必须着眼于学生的全面发展。我们必须牢记这一点。

有效教学与有效学习，是当前基础教育领域教学改革的重要内容，是一项影响深远的教育教学改革。深入开展有效教学与有效学习的研究，是当前推进基础教育课程改革、提高教育教学水平的重要课题。如何在定性的基础上加大定量研究的力度，如何在实践研究的基础上进行理论升华，如何在教学内容、形式、方法和模式上进一步大胆突破，是本研究今后要努力的方向。

选自《课程·教材·教法》2014 年第 3 期

关联拓展阅读之六

美国中小学空间思维教学概述

陈荷盈　许　明

随着社会的发展，中小学教育对学生基本素养的培养越来越引起人们的关注。素养（literacy）一词成为教育界的流行语，如读写素养、信息素养、文学素养等。值得注意的是，近年来，美国教育界和科学界开始关注空间素养（也称空间能力）。根据全美研究委员会（National Research Council）的一份报告，空间素养（spatial literacy）在当今信息经济中发挥着越来越重要的作用。美国心理学家将空间能力与计算能力、语言能力并列为现代教育应当赋予人的“三大基本能力”，空间能力包括空间定位能力、空间信息收集、加工处理、储存和提取能力、空间思维能力等。无论在人们的日常生活、工作还是科学研究活动中，空间思维（spatial thinking）都起着广泛的作用。这种作用或是间接的和下意识的，或是直接的和显性的。近年来，空间思维能力培养的重要性开始逐步为人们所认识，开始在科学、社会研究等课程中有意识地培养学生的空间思维能力。

一、空间思维及其能力的界定

空间思维作为一种思维形式，同时也是人类认知技能的综合表现，包括空间知识、技能和大脑的思维习惯，空间思维通过利用空间概念、呈现空间关系的工具和逻辑推理来创建问题、寻求答案并最终表达出这些问题的解决途径。空间思维能力则涉及对空间意义的理解，利用空间的各种性质形成问题，寻找答案并呈现解决方案，通过使空间结构内部的各种关系可视化，观察、记录、分析物体之间的静动态关系。

（一）空间思维由具有积极意义的三大要素组成，即空间概念、呈现工具及推理过程

1. 空间概念——描述空间并理解空间关系

对空间的定义使得空间思维成为与众不同的思维形式。通过对空间概念的理解（包

括三种空间环境），可以利用其属性来创建问题、寻求答案和互换结果。第一，生活空间。对所居住的世界进行思考，例如路径寻找、航海路线导航等。甚至可以拓展到日常生活行为：用贴有标志的零件拼装一个儿童玩具；给汽车车厢包装以达到最大的载运量；用一些器具、一堆木头和一个通用狗窝模型修建一个狗窝。第二，物理空间。对世界运行方式的理解，对时空四维世界的理解，包括原子结构、地球构造、宇宙世界等。第三，智力空间。通过对抽象空间的媒介物的思考，其焦点是物体与概念的关系。若要将言语陈述的内容转换成按顺序回答问题，就必须形成空间概念。

2. 呈现工具——知道地理空间如何展示并分析

利用各种各样的样本或媒介物作为呈现工具可以来描述、解释并且理解物体的结构、运用、功能以及相互关系，例如视图关系（建筑计划书与立视图，平面图与全景透视图）。

3. 推理过程——对有关空间概念进行推理并做决策

运用推理得出有关事物功能与发展的最终结果。英国瑞丁大学建筑管理及工程学院教授克莱曼和巴第斯塔（Derek J. Clements and Giovanni P. Battista）将空间推理定义成一种认知过程，一种建构并掌握存在于空间物体、物体间关系以及物体间相互转型的思想展示的过程，例如根据预设条件做出决策（广播告知交通情况，利于司机选择路线），外推和内推的能力（推断曲线图的未来走向和从等高线地形图上估算出山体的坡度）。

（二）空间思维是一种综合能力

空间思维是一种需要启用多项感官系统的技能，空间思维能力不是只依赖某一项感官机能，而是能使所有感官功能都均匀地发挥作用。空间思维作为一种非言语思维（non-verbal thinking），而且有时还添加图片、声音、气味和其他感觉到大脑空间思维的“区或点”上。

（三）空间思维及能力表现多样化

不同的人拥有不同的工作、学习和生活的经验，在空间思维能力的表现上也自然不同，存在着差异性，其表现也具多样性，例如在不同的学科领域内：地理科的学习非常强调空间思维的教与学，因为地理学科的性质决定了其思维方式的空间特色，各种地理思维活动（记忆、想象、判断、概括、推理、分析综合）无一不借助各种形式的空间展开，并且常常是借助正确的心理地图来进行；而在哲学学科的学习中，空间思维则是起着隐含且相对微小的作用。再如，对于不同的学习群体，依据年龄的不同，孩子们与成人并不是以相同的方式进行空间思维的。

二、空间思维的重要性

空间思维作为一种渗透力极强的思维形式，对于许多重大的科学发现来说它的地位首当其冲，现代社会的工作者拥有了它那就如虎添翼，而在日常生活中则是处处皆可触及。具体而言，空间思维的重要性表现在下述几个方面：

第一，空间思维与人类的日常生活密不可分。地理信息系统（geography information system，简称 GIS）的制造商 ESRI 的中小学教育项目主任乔治·戴利（George Dailey）说，空间思维技能在日常生活中无处不在，无论是计划建动物保护栖息地的环保主义者，还是研究禽流感的公共卫生官员，要完成任务，“都需要运用空间思维能力”。同时，日常生活中处处皆是平常而又琐碎的事情，这些事务通常涉及空间概念和具体的空间，包括：全球空间，8 月底给在欧洲的女儿打电话必须掌握时区和时差并计算出适当的通话时间；车厢空间，一次送儿子上大学的旅途要将车厢空间利用最大、最有效化更可保证行李完整易移，同时利用网络定位搜索引擎和地图以查出正确的行车路径到达学校；房屋空间，在不堵着热风孔、电源及电话插座、窗户、衣柜和门的通道的情况下很好地将组合床铺、书桌、书架摆进房间；邻里空间、超市空间、机器空间、谜语空间、花园空间、携带空间以及服饰空间等。这许多事情都通过呈现工具表示，包括时区表、网络搜索引擎图表、购物清单、服饰图形等。同时，处理好这些空间事务要有复杂的操作技巧，例如找出两地区时算出适当的通话时间，挑出合适的有效的空间来放置行李等。

第二，空间思维与职业工作息息相关。许多司机驾驶汽车在家与公司两点一线中简易地处理复杂的二维空间事物，包括在一些路标处的拐弯认知行为与技能，有经验的出租车司机大脑中存有的城市交通图让他们更能在关键时候找到捷径；在放射科医生的诊室中，外行人看 X 光片时，除了骨骼别无他物，但是有多年学习或是受训经验的医生却能察看出肿瘤、血块、败坏的心脏膜等；建筑设计师将脑中的想法在草图或计算机屏幕上用一系列的二维图片表达出来，但是当他们重新审视草图时，经常看到事先没有明确设计出的空间图示及其关系。

第三，空间思维能力在很多伟大的科学发现中扮演着重要的作用，许多日常科学研究都广泛地依赖空间思维过程。DNA 双螺旋结构的发现者沃森和克里克（James D.

Watson and Francis Crick）以及当年所有竞相探寻基因分子结构的科学家希望能发现一个满足相关标准的三维立体模型——20 世纪人类最伟大的科学发现之一。在获得这个发现的过程中，空间思维能力的作用得到了最完美的诠释。同时，通过运用基本隐喻技术（地图）、分析技巧（趋势层面分析）和呈现系统（光谱图表），天文学、地质学以及地理学成为发展和运用空间思维的领头羊。空间思维对于科学家的研究工作和科学发现和探索过程来说是不可分割的一部分。首先，从天文学研究上看，天体物理学空间素养的培养形成是长期而且具有历史意义的；其次，在地质科学上，空间思维对于地球运动、地质构造的绘图上有前瞻性；最后，克里斯泰勒（Christaller）的发现——地球中心板块学说，显示着空间思维在地理学中最强大的生命力。

第四，空间思维能力影响着学生的多学科学习。美国宾夕法尼亚州大学地理学院院长罗格·道斯（Roger M. Downs）说道："如果没能明确地对空间思维加以重视，我们将担负不起肩上的责任，即培养 21 世纪会学习懂生活的年轻一代。"2001 年由田纳西州纳什维尔大学心理、人文及教育学院教授希尔、鲁宾斯科和本勃（Jamie Shea，David Lubinski and Camilla Benbow）所进行的空间素养测试来预测学生未来在科学、科技、工程学及建筑设计职业上的成功可能性研究中，结果发现空间素养高的学生在工程、计算机科学和数学领域中很快崭露头角；同时，培养和提高空间素养一直是小学几何科学习的基本目标，高水平的空间素养通常可以取得数学学习上的高分；另外，空间素养是学习地理、地球和环境科学的学生需要掌握的一项极其重要的技能。事实上，不仅仅对于地理、地球和环境科学，在数学和科学领域，空间素养都与学习者的优秀成绩息息相关。

三、空间思维教学的途径与方法

正如波兰科技学院教授贝那兹（Lukasz Bednarz）所言："空间思维是一个控制杆，它能够通过课程学习使得学生对事物的了解更深刻、具有更深的洞察力。"因此，所有人都能够而且应该学会空间思维。同时，大量研究表明，通过训练，空间素养可以得到提高。基于此，为了达到空间素养教学的最终目的，我们应该激发起学生的学习兴趣，改善教学环境，提高教育质量和教学有效性。目前，美国中小学空间思维教学主要通过以下两个主要途径：

（一）利用地理信息系统进行空间思维教学

地理信息系统（GIS）通常被视为一种整合型技术工具，能够将互不相关的知识通过平常的地理相关系统将之联系起来，就如一名化学教师可以使用 GIS 通过分析关于有害化学物质及人类泄漏物的影响图，来使得日常生活跟化学息息相关。同时,GIS 技术使用的是能够呈现、搜索和分析地理特殊数据的“聪明”地图。目前,GIS 技术出现在了美国的全国地理课程标准中，教师在讲授地球、环境、生物以及普通科学和社会学课时也会涉及地理空间技能。越来越多的学校利用 GIS 技术辅助基于真实问题的教学，帮助学生实施有关当地的社会和环境问题的研究工程。很多学区的教育管理者还在利用 GIS 帮助他们规划和决策，涉及的问题包括教育设施建设、学生交通安全以及校园治安问题等。

学生们则通过应用 GIS 使得他们可以将不同学科知识加以综合，可以促进跨学科及多学科间的学习，所以 GIS 就像计算器和 word 程序一样，即可成为众学科教学的主要工具之一。但自 20 世纪 80 年代开始,GIS 被引进到校园中，在基础教育课程设置中却未被采用。更有甚者，在学校中对于 GIS 的采用率比起工商界及政界来说低得多。一直到 2003 年，美国也只有 1% 的高级中学使用 GIS，当然这么少的使用率也基于 GIS 这一名称，因为地理在中小学教学课程中仅占微不足道的地位，甚至可以忽略不计。

作为教学支持系统的 GIS 系统，可以针对教师和学生在最基础层面上改变教育教学的思维程序。一些入职前的师范生或教育工作者只学会怎么去教地理信息科学，很少懂得怎样利用 GIS 进行教学。因此，全美研究委员会（NRC）提倡利用信息科技技术支持空间思维教学，GIS 的利用也将更有效地迎合教育目标：①更真实地反映着促进探索、发现为本、学生中心的教学思想；②尽可能使中小学（K-12）学生更大范围地接触现实世界中的现实事件；③实际地培养跨学科学习能力及学科间知识的贯通；④能为各年级学生提供丰富的、动人的、富有挑战色彩的寻求问题解决方法的学习环境。

（二）通过各学科的相关教学进行空间思维教学

空间思维是一项基本技能，它贯穿在许多重要学科学习中，居于科学学科中心位置，在其他众多学科中也被广泛运用着。因此，为培养学生的空间素养，进行空间思维教学，应该:（1）各级各类学校采取类似于在各门学科中加强写作教育的做法，将空间素养的培养整合到各学科相关内容的教学中;（2）制定空间素养的教育标准并加快课程资源开发;（3）提高教师的信息素养，创造性地以多种方式活用信息于各种类型的课堂教学之中，同时，教师在课堂中是一个辅助者而不仅仅是信息的传递者;（4）将现有的 GIS 技术整合到现有的基于课程标准的各学科教学之中；利用认知发展理论和教育理论开发出适合各年龄段学生使用的 GIS 技术。

美国中小学空间思维教学的方法主要有以下两种：

第一，以启发式、探究式和计算机辅助教学综合运用的教学方法。学校教育的目标是要教授学生学科基础理论概念和培养学生的专业技能，而教学方法的运用就应该给学生提供合适、有效的学习环境。同时，学校应该提供丰富的信息材料和学习辅助工具让孩子们学习，这样一旦他们开始对原理问题和物品特性做出积极的探究、理解和创建的话，他们将会学得很好。那么教师们就应该创设出一种课堂教学情境，引导学生发问、动手实践，去发现事物间的真实情况和相互关系，换句话说，也就是教师要提供孩子们质询探究的一切可能的机会。

教师在教学过程中成为促进者和引导者，指导学生去探索、发现和理解，放弃了专家权威的角色而成为学生学习过程的模范和支持者。对于教师来说，空间思维的教学为的是培养学生的空间素养，与此同时，具备空间思维能力的学生就应当掌握相当水平的空间知识和技能，具备以下的特征：（1）具有空间思维的思维习惯——他们知道何时、何地、怎样以及为什么进行空间思维；（2）随意地运用空间思维的能力——对空间概念和空间呈现方式有广泛且深入的了解，掌握不同的空间推理方法以及利用辅助工具和技术进行空间思维；（3）批判地利用空间思维的能力——能根据空间数据的来源及其准确性和可靠性，对空间数据的质量进行评估；在解决问题或回答问题时，能够利用空间数据提出、表达或支持自己的推理或观点，能根据空间信息评价观点的合理性。

在当今信息社会中，计算机在教育上的运用已经能够更快地将知识传授给学生，“在做中学”的教学方法也就有了技术上的支撑。无独有偶，地理信息系统作为极其有用的技术支持工具的天然特性就是创设出充满探究与质询的学习环境。

第二，通过具体案例进行教学。现今的学生可以利用数据库、一张地图、一个鼠标来进行空间思维，对事物进行推理包括细心的发现、认真的探索、设定问题、开始假设和得出答案。以非洲撒哈拉沙漠地区婴儿死亡率为例，教学方法呈现如下步骤：（1）展示内容，呈现物体关系：利用 GIS，展示出非洲撒哈拉地区附图，包括每千名婴儿死亡率（IMR），其中不同颜色表明不同比率，接着对比世界地图，得出“非洲地区婴儿的死亡率最高”的结论。（2）班级讨论，学生发问：为何死亡率最高？（3）班级探究、分析问题：列出可能的答案——医生缺乏、医院不足、食物短缺、疾病蔓延、贫穷落后、战争因素。（4）形成问题答案、引出新事物：世界卫生组织（WHO）的功用进而培养全球视野。（5）学生独立探究能力的拓展：利用 GIS，从婴儿死亡率分析扩充到非洲地区的其他方面，比如饮用水人均数、每天消耗热量比、人口寿命情况、国民生产总值比、女性受教育情况、儿童免疫情况等等。（6）学生“专家”的出现：分析、解决真实世界问题。最后的教学是从班级—学校—社区—全球。

四、空间思维教学特点

由于计算机和软件的有效利用幅度更宽、力度更大和机会更多，支持空间思维的物质条件不断改善，同时，希望透彻理解不断增多的有效的空间数据的需求急剧增大，因此空间思维的教学的可行性自然显示出了它的一些特点。

第一，以不同学科教学为支撑的教学。首先，数学科中对几何的教学体现在理解点、线、面、角、视觉、三角形、多边形、圆形、转换图形、对称相似以及构建等。在利用空间视觉原理、空间推理和几何图形解决问题时，教师为学生展示一种图形后提问“你看见了什么”，学生则以不同方式联系及运用了几何学知识兼空间视觉做出回答如下：三个三角形；一个方形中间有两条线穿过；一个盒子中装着一个 Y 字；一块三明治被切成三片等。其次，空间思维是一种渗透性极强的思维方式，它贯穿在自然科学、社会科学甚至人类学的教学之中，以 2001 年美国理科教学研讨班公告上所提的关于化学科教学要求为例，即要求学生理解抽象的理论、拥有实验室操作技巧、有数学科基本数理知识、能够用口头和笔头进行交流，也能够用所给出的二维空间信息来进行三维空间思考。

第二，现代社会中实践性极强的教学。信息社会尤其强调计算机的辅助教学，给学生提供有效的课堂参与和课堂实践机会，自然地养成自主学习的习惯；以生活中的具体实例为教学素材，例如 GPS 卫星定位盲人导航系统、校园安全防范系统。

第三，尚无统一标准的教学。空间思维是美国中小学课程链条中的一个缺失，有了它，这个体系将更加紧密周全，但是到目前为止，全美国没有一个统一的标准告诉人们应该怎样去学或是学会空间思维，也没有统一的学科标准来进行空间思维的教学与评估。同时，空间思维教学缺乏学科统一的评价标准，对教育者来说就没有了设置课程或建构学习范式的动力。显而易见，没有全国统一的空间思维教学标准，教师们要将 GIS 和其他支持教学的工具引进学习指导过程中去将是非常困难的。

对我国中小学教学来说，与空间极其具有相关意义的学科，如地理，也一直为广大中小学师生所忽视，甚至认为仅仅是地图学习而已。空间思维教学作为学生的一项素养来培养的要求也可以说是一个空白。借鉴美国空间思维教学的举措，我们可以来加强数学学科（尤其是几何学）的学习，培养学生的动手能力、空间思维习惯；培训师资，以便能够操作教学辅助设备，提高教师的信息素养；多样性地进行课程的开发，以培养出适应信息社会挑战的学生，让21世纪年轻的中国学生更具创造性，更具有国际视野。

摘自人教网（2012-04-13）

专题六

现代课程理论概述

第一章　课程论的基础知识

第一节　课程理论的历史发展

课程理论同其他任何学科一样，在“成长”中经历了萌芽、形成、发展并逐步走向繁荣的历史过程。要理解课程论的发展状态，明了其解决的主要问题，并用科学的眼光来审视这些问题，就必须从课程论的思想史或问题史出发，运用史学的方法对其进行梳理，以获得课程论在产生与发展过程中的整体印象。

一、课程理论学科化研究的准备

在 20 世纪以前，课程研究尚处于萌芽状态。尽管关于课程的思想甚至可以回溯到古代，但毕竟那时的课程研究还没能成为一个专门的研究领域，许多课程思想大都是混杂在一些思想家、政治家和教育家的著作中。大约从 17 世纪开始，随着教育学学科化的发展，课程论的相关问题就开始得到一定程度的探讨，但直到 1917 年前仍然没有获得系统研究。在这个时期，课程论的发展有赖于个别教育思想家对课程做出的先导性研究，以及一系列重大教育事件的出现。但是，这个时期还没有出现专门的课程学者、课程专著等。

（一）先导性课程思想

1917 年之前所进行的课程研究，主要是为课程论的学科化做准备工作。在这段时间里，涌现出了一些重要的教育思想家，在他们的著作中开始出现明显的课程思想，这些思想成为课程论学科化发展的直接源泉。

1. 夸美纽斯及其课程理论

捷克教育家夸美纽斯在泛智主义教育思想的指导下对课程进行了探讨，提出了相对系统的课程理论。夸美纽斯的课程思想集中反映在由他著述的《大教学论》《泛智学校》和编撰的《世界图解》中。在《大教学论》中，夸美纽斯设想了广博的课程内容，他称为“周全的教育”，主要包括学问、德行和虔信，囊括了“一切最重要事物的原理、原因和用途”。在《泛智学校》的专著中，他认为“泛智”主要包括三个内容：认识事物、行动熟练、语言优美。同时，他区分了三种课程类型：（1）主要课程，包括语言、哲学和神学等课程；（2）次要课程，是主要课程的辅助性课程，主要包括历史课程和各种练习课程；（3）第三类课程，主要指各种游戏、娱乐和戏剧表演等课程。夸美纽斯主张把“泛智”的教育内容按照圆周式的排列方式分配到各级学校的教育中去。夸美纽斯所设想的具体课程包括玄学、历史学、辩证法、修辞学、文法、诗词、音乐、天文学、算术、物理学、光学、地理学、经济学、政治学、道德学、宗教学、医学等二十多个项目。夸美纽斯根据培根（F. Bacon）提出的历史性、广泛性、集中性和母语性原则，在其《世界图解》中构建了按照上帝、文化、历史、宗教、语言、人、非生命体、植物、动物、自然的顺序进行运转的封闭知识系统，且所有这些元素处于相互的联系之中。有学者认为这是“第一个现代课程标准”。

2. 赫尔巴特及其课程理论

德国教育学家、心理学家赫尔巴特的课程思想主要体现在《教育学讲授纲要》和《普通教育学》中。在这两本著作中，赫尔巴特以他的实践哲学和表象心理学为基础，并以兴趣为依据提出了他的课程思想。赫尔巴特认为：教学的最终目的虽然存在于德行这个概念之中，但是为了达到这个最终目的，教学必须特别包含较近的目的，这个较近的目的可以表达为“多方面的兴趣”。赫尔巴特把兴趣划分为六种类别：

（1）经验的兴趣；（2）同情的兴趣；（3）思辨的兴趣；（4）社会的兴趣；（5）审美的兴趣；（6）宗教的兴趣。然后，赫尔巴特根据其对兴趣的划分拟定了中学教学科目：为了满足经验的兴趣，学校需要设立博物、物理、化学和地理等学科；为了满足同情的兴趣，学校需要设立古典语、现代外语、本国语等学科；为了满足思辨的兴趣，学校需要设立数学、逻辑学、文法、自然哲学等学科；为了满足社会的兴趣，学校需要设立历史学、政治学、法律等学科；为了满足审美的兴趣，学校需要设立文学、音乐、绘画等学科；为了满足宗教的兴趣，学校需要设立神学学科。赫尔巴特所设计的课程内容体系，既包括古典人文学科、宗教学科，又包括新兴的自然科学等学科，并使这些课程内容处于一种相互联系中，强调了知识的系统性。尽管赫尔巴特所依据的实践哲学和表象心理学具有自身的局限性，但是用心理学的理论来探讨课程问题，以及把哲学和心理学作为建立和论证课程的重要依据，这对后来的课程研究具有重要的意义。

3. 斯宾塞及其课程理论

英国功利主义哲学家、社会学家、教育家斯宾塞的课程思想，集中地体现在 1861 年首次出版的《教育论：智育、德育和体育》中。在该文集中，斯宾塞分别论述了智育、德育、体育和“什么知识最有价值”的问题，并阐明了他的课程思想。为了使人获得这些科学知识，斯宾塞建立了他的课程体系：（1）生理学和解剖学；（2）语言、文学、算学、逻辑学、几何学、力学、物理学、化学、天文学、地质学、生物学、社会学等；（3）心理学和教育学；（4）历史学；（5）自然和艺术。此外，他还强调了这些学科知识的组织方式，如从简单到复杂、从不准确到准确、从具体到抽象、从实验到推理等。

（二）课程理论的科学化雏形

尽管在早期教育家的著作中蕴涵了课程思想，但课程问题成为人们关注的重要问题还是 19 世纪 20 世纪初的事情。关注课程研究的最早运动源于美国，1890 ~ 1910 年出现的许多重大教育事件强化了人们对课程问题进行研究的兴趣。1893 年，在哈佛大学校长伊利奥特（C. W. Eliot）领导下，“十人委员会”发表了一份讨论必修课、选修课、大学预备科和实用学科等课程问题的报告。1895 年，“赫尔巴特学会”也就学校课程内容的选择和组织等问题展开了热烈研讨。同一时期，“小学教育十五人委员会”也深入研究了小学课程的精简和综合问题。1896 年，杜威在芝加哥大学的实验学校从事课程的实验与改革，特别提倡“儿童中心”的课程设计，为以后提出实用主义课程理论奠定了坚实的实验基础，极大地影响和推动了课程论在美国的形成和发展。1899 年和 1911 年，“大学入学资格委员会”和“教育时间经济委员会”分别讨论了学校课程的编制和改革等重要问题。总的来看，上述研讨和发表的不少报告，均是零碎的，也没有摆脱玄学思辨的局限。

到了 1910 年以后，由于受到教育测验运动、学务调查运动和实验方法的影响，课程研究开始日益摆脱哲学思辨的束缚，转而采用实证的研究方法。1910～1917 年较有影响的课程事件是“新课程委员会”在 8 年内发表的 4 册研究报告，内容主要包括：（1）编制算术、语言和代数测验；（2）分析现行教科书和课程；（3）根据人类的实际活动来确定有社会价值的知识和技能；（4）阐明现代社会生活中存在的问题。这些报告的总体精神在于探明“教什么的问题”。此外，课程的分科研究在这个时期内也非常活跃，主要开展了词汇研究、文法语言研究、数学研究和社会学科研究。

1910 年后，课程研究的总特征是：其研究较之以前更加精确化和科学化，不崇尚思辨。从其理论观点来看，初步形成了两大阵营：一是保守派，主张保存已有文化，特别重视研究现行课程，其基本方法是分析教科书；二是革新派，主张从现代生活需要出发，研究新材料，创造新课程，不局限于分析旧教科书。从基本方法来看，主要有：研究富有社会价值的事实和技能；了解现实生活必需的基本观念；研究各年级适用的教材；研究儿童的错误、困难及学习问题；职业分析。

从以上分析可以看出，年课程问题越来越受到人们的关注，但是即使 1890～1917 年掀起了课程研究的运动热潮，也仅仅是“对课程日益具有自我意识”，还没有产生“公认的同一课程专业领域”，也没有一个人被认为是“课程专家”，这段时间的课程研究仅仅是经验总结或课程思想的形成。

二、课程论学科化研究的形成

经过前期阶段的课程研究积累，把课程作为一个独立的研究领域并从理论上进行系统研究的条件基本成熟。一般认为，美国学者博比特（F. Bobbit）在1918年出版的专著《课程》，标志着课程作为一个专门研究领域开始形成。该专著是教育史上首部专门论述课程问题的著作，确立了现代课程研究的基本范围和取向。同时，英国学者英格利斯（A. Inglis）出版了专著《中等教育原理》，美国全国教育协会中等教育改造委员会也编写了《中等教育原理》一书。从1918年课程论的学科化研究拉开序幕，直到1948年美国课程专家拉尔夫·泰勒出版《课程与教学的基本原理》前夕，美国教育领域发生的一系列重要社会事件或课程事件，都为课程论的学科化起到了促进作用。

1. 博比特的课程理论

“社会需要”促使博比特把工业科学管理的原则运用于学校教育，继而又把它推演到课程领域。博比特著的《课程》一书分为五个部分共计21章，分别论述了“目的与手段”“职业的效率之训练”“公民教育”“身体的效率之训练”和“社交教育”。博比特所开创的课程研究领域，始终围绕着“效率”这个轨道运转，把行为主义和科学主义的原理与方法运用到课程编制之中，从而建立了“目的——手段”课程研究范式。在《课程》一书中，博比特阐释了课程的本质，认为“人们从事（成人）事务所需要的能力、态度、习性、鉴赏力和知识形式能显现出来以成为课程目标，这些目标众多、明确且详尽，而课程就是儿童及青年实现这些目标必须具备的一系列经验”。博比特在另一本著作《怎样编制课程》中，对课程开发理论进行了完善，并创造了课程开发的方法——“活动分析法”。该方法把课程开发的具体过程分为五个步骤：第一步是分析人类经验，即将广泛的人类经验划分成一些主要的领域，如语言、健康、公民、社会生活、休闲娱乐、心理健康、宗教、家庭和职业等。第二步是分析任务，即把第一阶段所获得的人类经验的主要领域进一步分解为更加具体的活动。他倾向于通过实际的个人经验来确证某一活动对某些人类经验的重要性，主要采用了工业中常见的工作分析方法。第三步是导出目标，即对完成人的各种活动所需要的能力进行详尽而具体的陈述并导出课程目标，这些目标又可以进一步分解为知识、技能、习惯、价值、态度等各个部分，它们是课程编制者决定具体教育结果所依据的一般标准。第四步是选择目标，即从第三步所获得的诸多目标中选择适合学校教育的最终目标，以作为规划学生活动的基础。在这个过程中需要排除学生在正常生活中能够获得的或社会反对的或非现实的或不能通过学校教育达成的目标。第五步是规划细节，即列出为达成最终目标，每个年级儿童所需要的各种活动、经验、机会并构成课程。

2. 查特斯的课程理论

查特斯作为与博比特同时代的课程专家，他的课程理论与博比特的课程理论有相似之处。查特斯在他的《课程编制》一书中认为，进行课程开发涉及课程目标的制定、课程内容的选择，进而把课程开发过程划分为七个步骤：（1）通过生活分析获取课程目标；（2）根据课程目标来确定课程内容的理想和各种活动；（3）对理想与活动按其重要性进行排序；（4）强调对儿童具有较大价值的理想和活动；（5）确定必须且能够在学校获得的理想和活动；（6）收集处理这些理想和活动的最佳方法；（7）按照儿童心理特征来组织理想和活动。

尽管查特斯与博比特的课程开发方法非常相似，但是它们之间仍然存在差异，主要表现为三个方面：一是查特斯更加强调决定课程内容的理想。他把理想看作可观察的结果的目标，认为它不是从活动中抽象出来的，也不存在可以决定理想的科学方式；它可以通过全体教员的投票或生活领域中富有思想的人或研究学生等方式获得；它并不必然导致适度的满足，但可以产生长远的满足或社会意义上的满足。二是对系统知识的强调。查特斯区别于博比特的第二个方面是，在课程编制的方法中关注系统化的知识，强调这些知识对生活和形成学习者动机的价值，并强调从社会生活情境中来确定各学科的重要知识。三是采用“工作分析”的课程开发方法。查特斯强调通过“工作分析”，而非“活动分析”来决定各科目中最重要的素材，他更加强调个人生活中的职业领域对科目素材的决定作用。

3. 全美教育学研究会第 26 期《年鉴》

1927 年，全美教育学研究会编出两卷本《年鉴》，即《课程编制：过去与现在》和《课程编制的基础》，对当时课程研究的各个方面进行了详细而系统的探讨，为课程作为专门的研究领域和实践领域进一步提供了理论基础和合理说明。第 26 期《年鉴》的撰稿人几乎包括了迅猛发展着的课程领域的所有带头人，他们是拉格（H. Rugg）、巴格莱（W. Bagley）、博比特（CF.Bobbit）、查特斯（W. W. Charters）、康茨（G. Counts）、贾德（C. Judd）和克伯屈（W. H. Kilpatrick）等。这些学者运用科学方法和进步主义思想，对课程编制的基本原则和专门技术、美国学校课程的过去与现在、各家研究成果、各实验学校试行新课程的经过，以及所有以前关于课程研究的论文目录等，都做了详细的分析与批判。

该部《年鉴》的《课程编制：过去与现在》，对传统教育中的分科课程、机械学习、强迫训练、心智训练等，都进行了十分尖锐的批判，认为当时美国中小学通行的课程设置并不适当，不能满足世界飞速发展的形势和儿童的心理需要。因此，为了实现美国教育制度的理想，即帮助年轻人发展成为有责任感、富有创造性的幸福公民，必须组建一支骨干队伍研究每个城市和州的课程，以便进行课程改革。《课程编制：过去与现在》还总结了公私立学校进步教育的实践与计划，认为这是进入20世纪以来最有革新意义的教育方案。该部《年鉴》的《课程编制的基础》，描述了到那时为止的课程编制技术的进展情况，包括课程编制的本质和方法，强调了课程编制对于课程改革的迫切性和必要性，勾勒出的理想课程的特征是：（1）集中于人类生活的现实事物；（2）处理国家、地方和社区的现实问题；（3）让学生对政治制度进行批判性思考；（4）形成和发展一种开放的态度；（5）考虑学生的兴趣和需要；（6）处理现代生活和社会文化史方面的问题；（7）考虑选择和解决问题的能力；（8）课程组织强调问题和实践等。《课程编制的基础》还要求教师和课程专家协作，组织各个学科领域的内容和材料，建构理想的中小学课程体系。

三、课程论学科化研究的完善

1949～1970年，课程领域在前一段取得的成果的基础上进一步发展，使课程论的学科化运动取得了里程碑式的进展。这主要表现为：1949年，美国著名课程专家泰勒（R. W. Tyler，1902～1994）在对博比特、查特斯和“八年研究”所取得的成果进行总结的基础上，使课程理论进一步系统化、原理化，并撰写出版了重要著作《课程与教学的基本原理》；在随后近20年间，课程工作者又对泰勒的课程理论进行了补充与发展，使之进一步完善。

泰勒是美国当代最负盛名的课程理论家和评价专家。他1902年出生在芝加哥，1927年获芝加哥大学哲学博士学位。泰勒的指导教授是当时在美国教育界颇负盛名的康茨、贾德和查特斯。泰勒在俄亥俄州立大学任教时，领导过“八年研究”评价委员会的工作。作为一名教师，泰勒可谓“桃李满天下”，他的许多学生在后来都成为课程与教学或教育评价领域里享有盛誉的学者，如塔巴、施瓦布、比彻姆、古德莱德和布鲁姆等。作为一名行政人员，泰勒学识渊博、待人诚恳，因而深得人们敬仰。作为一名学者，泰勒著作较多。据统计，到1986年春为止，泰勒的论著已达700篇（部）之多。其中，他在1934年出版的《成绩测验的编制》和1949年出版的《课程与教学的基本原理》分别确立了“评价原理”和“课程基本原理”，因而被誉为“当代教育评价之父”和“现代课程理论之父”。鉴于泰勒对美国教育产生的重大影响，1981年，美国“课程历史研究会”第四次年会的主题就是考察泰勒半个多世纪以来的著作，因为“在某种意义上说，考察泰勒的著作，也就是考察课程和评价领域以往半个世纪的历史”。

1949年，泰勒在总结课程研究已经取得的成果的基础上，撰写出版了《课程与教学的基本原理》，树立了课程研究领域新的里程碑。到1975年，该书已重印33次之多，并被译成多种文字，对世界课程论的发展产生了重要影响。该书在1981年被评为自1960年以来对美国学校课程领域影响最大的两本著作之一，现已成为“现代课程论的经典著作，是试图理解这个领域的后继著作的人的必读书”。

在《课程与教学的基本原理》一书中，泰勒提出，从事课程编制活动时必须回答四个基本问题：第一，学校应该达到哪些教育目标？第二，提供哪些教育经验才能实现这些教育目标？第三，怎样才能有效地组织这些教育经验？第四，我们怎样才能确定这些目标正在得到实现？

这四个基本问题构成了现代课程领域最有影响的理论框架，被誉为“课程原理”或“泰勒原理”。泰勒并没有对这四个问题的具体答案做出直接回答，而是探讨研究或解决这些问题的方法与程序，即确定教育目标、选择学习经验、组织学习经验、评价学习效果。

总体来看，泰勒的“课程原理”是理论性的，它既是对 20 世纪以来美国课程研究最为精练的理论概括，也是对博比特等人的课程思想以及“八年研究”成果的综合和发展，因而被看作“课程研究的范式”。该范式对课程领域影响深远。正如有人指出的那样，“泰勒原理”已经对整个世界的课程专家产生了影响，不管人们是否赞同，也不管人们持什么样的哲学观点，如果不探讨泰勒提出的四个基本问题，就不可能全面地探讨课程问题。可以说，1949～1962 年，所有课程方面的著作都在隐含地或外显地探讨这四个问题。

四、课程论学科化研究的繁荣

进入 20 世纪 70 年代，泰勒的“课程原理”一统天下的局面开始被打破。派纳（W. F. Pinar）曾对课程论在 20 世纪 70 年代以来的新特征进行了分析，认为：课程论从 1918 年至 1969 年主要是“课程开发”的时代，课程研究者主要把课程与教学的问题视为如何的问题，课程研究者是毫不犹豫地接受别人观点的、执行别人政策的、技术熟练的规划者；但从 20 世纪 70 年代开始，课程领域开始走向变革，它不再被“课程开发”所占有，而是被“课程理解”所占有，即课程领域不再把课程与教学问题视为“如何”的问题，而是视为“为什么”的问题。综观 20 世纪 70 年代以来的课程发展，可以从以下一些方面来把握其发展脉络。

（一）课程领域的十年巨变

1970～1979 年，“课程研究领域有 400 多部书在这个动荡的十年里出版了，而这个十年是巨变的、争论的和范式转变的十年”。在这十年中，比较有影响的课程事件就是人本主义课程范式、实践课程范式以及概念重建课程范式的产生。

1. 人本主义课程范式

人本主义课程范式盛行于 20 世纪 60 年代末和 70 年代，其主要代表人物有福谢伊（A. W. Foshay）、范迪尼（M. Fantini）、温斯坦（G. Weinstein）、乔丹（D. Jordan）、西蒙（S. Simon）等。在这个时期，出现了诸多反映人本主义课程思想的课程文献，例如美国课程开发和督导协会把 1970 年的《年鉴》取名为《养成人性》，呼吁教育是为了自我实现，其中福谢伊的“课程开发与人文素质”以及范迪尼与温斯坦的《走向人本主义教育：情感课程》集中体现了人本主义的精神。此外，还有许多相关的课程文献体现了人本主义课程思想，例如，1971 年出版的詹宁斯（F. Jennings）编辑的《师范学院学报》，麦克林托克（R. McClintock）著的《美国的课程设计》，格林（M. Greene）著的《课程与意识》，费尼克斯（P. H. Phenix）著的《超越与课程》，肖恩（H. G. Shane）在 1977 年著的《课程变革：走向 21 世纪》，弗赖米尔（J. R. Frymier）在 1973 年编写的《明天的学校》，古德莱德在 1975 年出版的《教学变革的动力：走向反应性学校》等。

人本主义课程理论的心理学基础是“第三势力”心理学，又称为“人本主义心理学”。这个包罗极广的学派包括新弗洛伊德主义和后弗洛伊德主义、哥尔德斯坦（K. Goldstein）的机体心理学、格式塔心理学、人格心理学、自我心理学、现象学心理学、存在主义心理学以及人本主义心理学等。该心理学理论主要盛行于美国 20 世纪 60 至 70 年代，后来影响了全世界。人本主义心理学注重个人的主观体念，强调人的主体性与自我实现，重视人的价值与尊严，其主要代表有马斯洛和罗杰斯等。人本主义课程理论的哲学基础主要是非理性的人本主义，尤其是存在主义哲学思想。其课程哲学强调“事实与价值的融合”，认为“事实具有价值性”和“价值具有事实性”，因而在教育认识中主张把事实认识与价值认识进行整合；强调教育目的在于通过知识的教学达到个性自由与人性解放。其课程主要采用“融合课程”“意识课程”和“自我导向课程”等形式。

从人本主义课程范式的理论倾向来看，它力图消解课程研究中的二元论思维方式，采取整合的思维方式来思考课程问题。其提出的重要主张包括：一是强调培养完整的人、个性解放的人或自我实现的人的课程目标；二是注重人的认知发展、情意发展、社会性发展和自我发展的统一；三是提倡并行课程、情意课程和体验课程等；四是注重“适切的”课程内容和综合化的课程组织；五是重视学习者掌握学习方法，从而进行意义学习或自主学习等。人本主义课程范式在一定程度上发展和补充了“泰勒原理”，为人们思考课程问题提供了新的思路。

2. 实践课程范式

20 世纪 70 年代，美国著名课程论专家施瓦布进行的研究在课程领域产生了重要影响。施瓦布曾与布鲁纳一起领导了五六十年代的“学科结构运动”，这次运动以失败而告终。施瓦布对课程领域进行了深刻反思，并在 1969 年美国教育研究学会年会上宣读了撰写的论文《实践：课程的语言》，该文于 1970 年公开发表。1971 年，施瓦布又发表了《实践：折中的艺术》；1973 年，施瓦布又发表了《实践：课程的转化》；之后，施瓦布还于 1983 年发表了《实践：课程教授要做的事情》。施瓦布的“实践”论文的思想被认为是课程领域研究范式的转换。施瓦布认为，传统的课程探究是理论的，如果仅仅按照这种课程方法和原理进行研究，仅仅把注意力放在对课程领域的理论追求上，课程领域对美国教育质量就不会做出新的贡献，因而他主张课程领域向其他三种传统的运作方式转向，即走向实践的方式、准实践的方式和折中的方式。他首先区分了实践与理论，然后诊断了当时课程领域存在的原理危机：（1）逃避自己研究领域本身；（2）上浮，即对课程领域主要进行元理论或元元理论的研究；（3）下沉，即回到原始状态，对课堂层次上的课程进行研究，避免先验经验；（4）旁观，即仅仅对课程领域进行评论、批判或描述其历史等；（5）老调重弹，即重提前人的研究；（6）为争论而争论。施瓦布在对传统的课程探讨方式及其理论进行批判以后，也提出了实践的课程的探讨方法——课程审议。

施瓦布认为，要还原在理论概括时所丢失的实践问题的特殊性，要使运用的理论具有协调性或一致性以及要克服单个理论的局限性，其方法相当复杂，而且这些复杂方法的运用还需要根据当时的具体情况再行修正和调整，因而他把这些方法称为艺术。施瓦布在他的系列性“实践”论文中提出了进行课程审议的三种艺术：（1）实践的艺术，主要涉及观察艺术、问题形成艺术和问题解决艺术，它们主要针对个体感知的个别的、具体的、特定的、整体的情境而言。观察的艺术有利于发现考察的对象存在的问题；问题形成艺术在前一阶段的基础上进一步诊断问题并表述出来；问题解决艺术在于形成可供选择的问题解决方案并进行选择和采取行动。（2）准实践的艺术，这是实践的艺术的延伸。常见的情境总是由多个相互关联的、多样的个别情境构成的准实践，其问题的界定比较灵活而广泛，且表达具有流动性，因而除了运用实践的艺术以外，还需要在决策过程中允许多方代表的参与以获取问题的解决方案等。（3）折中的艺术，重在为课程决定提供辩护，尽管其没有固定的模式可循，但都需要对影响课程决定的每种理论进行分析，然后进行比较和综合等，使各种可供选择的理论形成一种统整的理论。此外，施瓦布还提出了课程审议的内容，即教师、学生、教材和环境及这四者之间的相互作用关系。

从实践课程范式的理论倾向来看，有两个方面值得关注。首先，在课程哲学观方面，它把“实践兴趣”作为课程的终极目的，把教师和学生看作意义的创生者，把过程与结果、手段和目的看作一个连续的过程，倡导课程行动研究。其次，在具体的课程主张方面，它强调通过教师、学生、教材和环境的相互作用来生成“实践的课程”，注重课程研究、课程开发和课程评价的整合性，倡导通过集体的“课程审议”来开发学校或班级本位的“实践的课程”。这种实践的课程范式在一定程度上超越了“泰勒原理”，对泰勒原理具有重要的补充和发展价值。

3. 概念重建课程范式

课程领域的概念重建运动是以对泰勒学派的批判为起点的。20 世纪 70 年代，美国社会和文化发生着巨大变化，传统课程开发范式非历史、非政治的“技术理性”路线，使其概念和工具都不能反映美国社会和文化的变化，违背了课程实践是一种价值实践的本质。1970 年，美国课程开发督导协会召开了旧金山会议，整个大会都关注课程领域的概念和工具对正在变化着的美国社会和文化的反应，其批判者指责“泰勒原理”所代表的传统课程研究方式及其理论依据是行为主义的、机械的，把学校视为工厂，把学生等同于产品，行为目标的分类模式更强化了课程设置和教材编写的技术性，把课程研究引向了歧途。随着这种批判的深入，一些学者开始了课程领域的概念重建，他们抛弃了“技术理性”的观点，致力于探讨制约课程的社会背景，如政治、历史和价值观念，反对非政治、非历史的技术观点，把课程编制看作更加开放和自由的过程，并受政治等意识形态的制约。

1975年，由麦克唐纳等人合编的年鉴《学校在寻找意义》收录了概念重建主义者许布纳（D. Huebner）、阿普尔（M. W. Apple）、曼（J. Mann）和麦克唐纳等人的论文，集中反映了课程领域对政治和社会经济文化的关注。同年，派纳编辑出版了《课程理论化：概念重建主义者》一书，提出了课程领域的三种研究势力：第一种研究势力是以泰勒为代表的传统主义者，所建立的课程风格专注于课程开发、设计、实施和评价的具体任务，仅仅关注"怎样做"的问题，"它们想要指导实践者"或"被用作学校工作人员的指南"。第二种研究势力是"概念—经验主义者"，所建立的课程风格在于像其他社会和行为科学的研究那样来考察课程领域，专注于经验性的"现象"和对行为的描述与控制。第三种势力是概念重建主义者，其所进行的课程研究不是要指导实践者，而是期望透过人文科学（如历史、哲学和文学批评等）来理解课程，从而建立起历史的、哲学的和文学的主导模式。1979年，在派纳等人的努力下，创建了《课程理论化杂志》，该杂志成为课程领域概念重建主义者的主要理论阵营。

在20世纪70年代，概念重建主义者的主要任务在于对传统的课程范式进行批判，从第二个十年开始，其主要任务在于完善自身的方法论及理论框架。但从总体上来看，概念重建主义者打破了传统的课程开发的主导范式，致力于运用现象学、政治学、神学、社会学等学科方法或思维方式来考察课程现象。

（二）当代课程话语：多元的课程文本

20世纪70年代是课程领域研究范式的一个重要转折点，被视为"反文化"的时代。在这个十年里，课程领域所发生的思想巨变，为从80年代至今的课程领域多元化发展奠定了基础。纵观20世纪80年代以来的课程领域，其可以被看作对70年代课程领域变化的延伸、完善或"注释"。

从20世纪80年代开始，课程研究者继续沿着70年代所打开的课程研究局面，从不同的视角出发，根据特定的理论基础或旨趣对课程领域的各种属性进行了探讨并发展了各种各样的独立性课程理论体系，其可谓是课程领域的"百家争鸣""百花齐放"的时代，也是课程领域的"无政府主义"时代。美国课程论专家派纳对当代课程领域的这种多元化特征进行了分析和梳理，并从"文本"的视角来解读当代的课程研究文献。在他的名著《理解课程：历史与当代课程话语研究导论》中，把1980年以来的课程研究文献归结为10种文本：（1）从政治学的主导模式出发把课程理解为“政治文本”；（2）从文化学的主导模式出发把课程理解为“种族文本”；（3）从女性主义的主导模式出发把课程理解为“性别文本”；（4）从现象学的主导模式出发把课程理解为“现象学文本”；（5）从后结构主义、解构主义或后现代主义的主导模式出发把课程理解为“后结构主义的、解构的、后现代的文本”；（6）从自传或传记的主导模式出发把课程理解为“自传或传记文本”；（7）从美学的主导模式出发把课程理解为“美学文本”；（8）从宗教神学的主导模式出发把课程理解为“神学文本”；（9）从制度或政策学的主导模式出发把课程理解为“制度文本”；（10）从着眼于全球的国际比较视野出发把课程理解为“国际文本”。

当代课程话语的多元化发展在一定程度上丰富了人们思考课程问题的视角，使课程实践的多种属性成为研究者关注的对象；同时，这些具有不同理论旨趣的课程探讨也为未来的课程研究提供了智慧启迪，为更加全面地把握课程提供了丰富的材料，但多元的课程话语也把课程理论与实践带入了新的困境。一方面，这种运用不同学科的思维方式来考察课程问题使得课程领域逐渐失去了自己的学科视角、分析课程问题的独特方法和衡量课程理论的共同标准，课程领域的独特身份和立场受到威胁；另一方面，解决同一课程问题的不同理论话语也使得课程实践者在具体的行动中无所适从，面临艰难的取舍和抉择，从而消减了课程实践者主动采用课程理论的动力。

此外，在认识到课程理论话语走向多元化的同时，还需要注意到，尽管当代课程领域对“泰勒原理”形成的传统课程研究范式进行了批判，并构建了上述形形色色的课程理论，但由“泰勒原理”所形成的课程研究范式始终是课程领域的重要力量，并不断地获得发展和完善。到目前为止，所有这些课程理论与实践在发展中已共同呈现出新的走向，即它们之间逐渐地走向求同存异、互补发展，力图对课程领域做出更加全面而综合的考察。课程领域发展的未来走向也正好表明：课程本身是具有各种属性、涉及诸多方面的复杂综合体，这些属性或方面之间通过相互影响或作用共同决定着课程的真实状态，因此仅仅从某个视角或方面出发来试图对课程进行真实的考察似乎并不可能，必须整体地、整合地、全方位地考察课程的各种属性或方面，并关注这些属性或方面之间的相互作用和联系。

第二节 课程的概念

在教育领域中，课程是定义最繁多、含义最复杂的概念之一。要研究课程理论、理解课程实践，需要对课程自身的意义进行具体的分析。

课程究竟是什么？对这一问题的回答，既规定着课程研究的思维与取向，又是认识课程的出发点。在漫长的课程历史中，人们对课程的认识经历了一个不断发展的过程。

在我国，课程一词早有使用，《诗经·小雅·巧言》中有言："奕奕寝庙，君子作之。秩秩大猷，圣人莫之。"唐代孔颖达注解道："以教护课程，必君子监之，乃得依法制也。大道，治国礼法，圣人谋之，若周公之制礼乐也。"不过，这里的"课程"主要指的是要遵守的章程、法度，和现代的课程概念在意义上还相差甚远。之后，南宋的朱熹在《朱子全书·论学》中有"宽著期限，紧著课程"，"小立课程，大作工夫"的论述。这里的"课程"，其基本的含义即指功课及其进程，和现在的课程含义比较接近。到了近代，由于班级授课制的施行、赫尔巴特学派"五段教学法"的引入，人们开始关注教学的程序及设计，更多地从学程的角度来理解课程。新中国成立之后，受苏联教育学的影响，课程一词在我国很少出现，一直到 20 世纪 80 年代末，受西方课程理论和我国课程改革的影响，课程研究开始成为我国日益关注的一个领域。

在西方教育史上，课程（curriculum）一词最早出现在英国教育家斯宾塞《什么知识最有价值》（1859 年）一文中，它是从拉丁语"currere"一词派生出来的，意为"跑道"。根据这个词源，最常见的课程定义是"学习的进程"

（course of study），有引导学生继续学习并达到预期培养目标的含义。这一解释出现在英国牛津字典、美国韦伯字典、国际教育字典等英文词典中，它们大都将课程定义为一门学程或者是学校提供的所有学程。

随着课程实践的丰富和课程理论研究的深入，不管是在我国还是在外国，有关课程的概念在不断发展，对课程的定义出现了五花八门的局面。根据美国学者 I. A. C. 鲁尔在其博士论文《课程含义的哲学探讨》（1973 年）中的统计，课程定义至少有 119 种之多。美国的教育学者斯考特（R. D. V. Scotter）等人甚至说，课程是一个使用得最普遍的教育术语，也是一个定义最差的术语。实际上，课程定义的繁多，一方面反映出人们对课程的定义还没有达成共识；另一方面也说明人们对课程的观察视角是丰富的，研究立场也是多样的。

一、已有的课程定义

（一）课程是学科和教材

把课程视为学科和教材是最为传统的定义，在历史上由来已久，例如，我国古代的课程有礼、乐、射、御、书、数，称为“六艺”；欧洲中世纪的课程有文法、修辞、辩证法、算术、几何、音乐、天文学，称为“七艺”。所谓学科，是指根据教学目的而划分的教学内容的各个科目，教材则是各门学科的具体内容。在学科中心的教育观念指导下，课程被看成是学科的教材的综合，学生学习的全部学科被称为课程。一些权威的教育辞书也沿用这样的定义，将课程定义为所有学科的总和，或指学生在教师指导下的各种活动的总和。把课程看作“为实现学校教育目标而选择的教育内容的总和”。

将课程视为学科和教材，强调受教育者掌握完整的科学知识体系。学校的课程也往往分科开设，整个课程体系是以相应学科的逻辑、结构为基础进行组织的。课程内容追求逻辑的严密和体系的完整，注重学科自身的内在体系，从而使课程内容外在于学习者的个人生活，并且经常是凌驾于学习者之上的。学习者成为课程内容接受者的角色，学校和教师成为课程内容的说明者和解释者。

（二）课程是经验

这种观点是在批判和反思前一种观点的基础上形成的。将这种观点加以系统化、理论化并付诸实施的代表人物是美国的教育家杜威。杜威是自卢梭提出自然教育理论后又一位重视儿童、解放儿童的教育家，他十分重视儿童的价值。杜威明确提出教育过程的基本因素是身心发展还不成熟的儿童，儿童的不成熟性是他不断生长的条件。“儿童是起点，是中心，而且是目的。儿童的发展、儿童的生长，就是理想所在”，“决定学习的质和量的是儿童，而不是教材”。因此，杜威反对把学校当作一个传授某些知识、学习某些课业或养成某些习惯的场所，强调教学必须“成为儿童生活经验的一部分”。

正是从这个意义出发，杜威认为，课程的组织必须围绕儿童的需要和经验并通过这种课程使儿童能够自我发展，自由发挥自己的主动性和创造性的本能。他从其“教育即生长”的观点出发，提出教育的目的正是根据儿童的自然禀赋，通过组织某种适当的课程，使儿童这种与生俱来的能力得以生长。

为此，他进一步提出，课程设计要符合儿童的需要、本能和兴趣，“学校科目相互联系的真正中心不是科学，不是文学，不是历史，不是地理，而是儿童本身的社会活动”。

将课程视为经验，认为只有个体亲身的经历才称得上是学习，外在的知识才能转化为学习者自身所有——经验。在这种观点支配下，课程概念强调和突出学习者作为主体的角色以及在课程中的体验，课程不是外在于学习者，也不是凌驾于学习者之上，学习者本人就是课程的组织者和参与者。

（三）课程是教学计划

在西方，杜威的经验主义课程观受到了推崇和大力发展，但也受到一些课程研究者的质疑，一些课程学者就试图寻找新的课程定义方式，以摆脱进步主义教育的阴影，例如塔巴（Taba）极力反对进步主义的课程定义方式，认为它如此宽泛以致失去了作用，她建议把课程定义为“学习计划”。美国课程论专家比彻姆也认为，课程是指有关学校教育计划的范围和安排的书面文件，它包括四个方面的内容：勾画应当教给学生的文化内容；陈述目的或特定的目标；说明课程设计的意图以及使用课程的方式；说明评价方案。

把课程定义为教学计划，看到了课程与教学之间的紧密联系，课程不但包含了静态的内容体系，还包含了课程内容实施的各个环节。

（四）课程是预期的学习结果或目标

美国课程专家约翰逊认为要把课程与教学进行区分，课程构成教学的指南，即课程必须看作是被期待式的结果。他认为："在个人与环境进行相互作用之前，根本不存在经验。显然，这种相互作用是教学的特征，而不是课程。由于课程构成教学的指南，课程就必须看作是期待的，而不是报告式的。课程规定教学的结果，但并不规定其手段，即不规定那些为实现结果而加以利用的活动、材料，以至教学的内容。因此，课程只能是由预期的学习结果的构造系列所组成。"

这一观点在北美课程理论中颇有影响，其代表人物博比特、加涅、波帕姆等均认为，课程不应该是教学活动计划，而应该是教育者企图达成的一组教学目标或预期的教学成果，即要把课程重点由手段变为目的。这就要求在进行课程设计时，事先指定一套有结构、有序列的教学目标或学习结果，所有教学活动都是为达到这些目标服务的。这些学者从行为主义心理学和科学管理原理出发，强调预测、控制和效率，把目标看成是课程当中的核心要素，强调目标和效率的重要性。

（五）课程是文化再生产

学校不仅是培养人的机构，而且是一个传递社会文化的场所。作为学校教育核心的课程，理应承担再生产社会文化的任务。课程设计者的任务，就是要选择社会文化中有价值的内容，以之组织课程。也就是说，课程是再生产社会文化的手段和工具。以斯基尔贝克和劳顿为代表的一批英国教育社会学家就是这一课程观的倡导者。他们主张通过分析社会公共文化来确定反映公共文化的课程形式及其编制方法，强调通过以学校为基础进行编制的公共课程传播公共文化，注重用文化分析的方法来说明课程与文化的关系，来解释课程的基本问题，把课程视为"再生产社会文化的手段和工具"。

然而，也有研究者从另外一个侧面来阐述课程与社会的关系，巴西教育家弗莱雷（P. Freire）在《被压迫者的教育学》一书中指出，课程的使命不是要使学生适应或顺从社会文化，而是要刺激和发展他们的批判意识，要让学生通过参与课程规划和实施，克服对课程的依赖心态，摆脱外部束缚，成为积极主动和自由完美的人。

（六）课程是教学内容及其进程

王策三在其《教学论稿》一书中指出，课程是教学内容和进程的总和，其中包括大纲和教材。课程与教学计划两种称谓，可以并行不悖、互相补充。也就是说，教学计划是课程的总规划，教学大纲是具体学科的规划，教科书是具体知识材料的叙述。刘克兰在《现代教学论》一书中进一步指出，课程是实现各级各类学校培养目标而规定的全部教学科目，以及这些科目在教学计划中的地位和开设顺序的总称。从范围上讲，课程包括学科，是不同学科的总称；从性质上讲，课程不仅包括学科，还包括学科的安排和进程的含义。

（七）课程是学习活动总体规划

李秉德在其主编的《教学论》中认为，课程就是课堂教学、课外学习以及自学活动的内容纲要和目标体系，是教学和学生各种学习活动的总体规划及其过程。这种观点在一定程度上丰富了课程的内涵，不仅将课程从范围上扩展到课堂教学、课外学习和自学活动，还把课程看成是一个静态和动态相结合的过程。

（八）课程是一个由多个要素构成的综合体

吴文侃在《比较教学论》一书中指出，课程一词的定义至少要包含下列一些要素：课程是对人类文化进行恰当的演绎；课程是实现教育教学目标的手段；课程是关于教学内容及其进度的规划；课程是进行教育教学评价的依据。将课程看成是一个复杂的综合体，是因为课程出现在教育的各个环节，每个环节所承担的角色各不相同，因此只能从不同的环节来分析构成课程这一综合体的各个要素。

以上归纳了国内外一些具有代表性的课程定义。从已有的课程定义来看，课程定义的分歧是一种客观存在，很难说哪一种课程定义更恰当，因为每一种定义的背后都有特定的哲学、社会学、心理学为其理论基础。因此，认真考察每一种课程定义的理论背景和具体观点，将加深我们对课程概念的认识。

二、课程定义价值取向的思考

任何课程定义都有相对特殊的表述形式，在这些各不相同的表述后面，往往隐藏着某些认识论的假设或者理论上的取向。

1. 强调文化知识的学术性取向

在传统的教育观中，这种取向占有主导地位，它所关心的是如何使学生获得民族文化传统的工具，并给学生提供接受前人创造的伟大思想和间接经验。秉持学术取向的学者认为，由于学校不可能传授所有的经验，只能选择那些集中人类智慧的间接经验和文化遗产，以传统学科的形式组成知识体系。至于知识体系如何构成并没有一致的看法，有的强调程序化，有的强调结构化；有的主张分科化，有的主张整合化；有的注重实用化，有的注重理论化。

尽管在构成方式上还存在争议，但学术性取向的课程观，强调的是内容完整和逻辑严谨的知识体系对学习者的重要性。

课程定义的学术性取向所带来的结果是促使人们“试图研制一种用观察、注意关系、分析资料和得出结论所需要的基本概念和方法来武装学习者，使其步入知识世界的课程”。显然，学术取向的课程注重对学习者进行文化传递，给学习者提供各种机会，使之获得最有影响的人类智慧的成果，以培养他们的聪明才智，使之成为某一方面的专业人才。

2. 强调过程效能的技术性取向

这种课程定义的取向是基于对学习性质所作出的某种假设而产生的，这种假设认为学习是按照一定系统的可预测的程序进行的，只要采取有效的方法予以控制，就能成为最佳的学习，使学校效果达到最优化。

赞同技术性取向的课程研究者认为，课程的本质就在于为实现一系列预先规定的明确的目的去发现一种有效的学习手段，通过这种手段来传授知识、推动学习。他们注重的是发展教学技术，将学习资料进行有效的整理并提供给学生，却很少考虑课程内容与学生的个别差异性。这种取向追求一种技术效应的课程体系，把课程视为一种技术性的生产过程，遵循工业管理的模式，常常用工业系统的分析方法来讨论课程问题，往往使用输入、输出、控制、分析、强化等词汇来分析课程现象。

技术取向的课程提倡工业效率，在课程组织的效能、教学顺序的排列、内容呈现的方式、学习进展的监控以及教学媒体的利用等方面对课程理论与实践的发展产生过重要影响。不过，这种技术模式的课程体系也存在诸多问题，如重形式而轻内容、重效率而轻意义等。

3. 强调个体经验的个人化取向

这种取向关注个体的价值，注重个人的目的和取得个人平等待遇的需要。它以儿童为中心，重视儿童的生长过程，因此个人化取向的课程论者认为，课程的功能是为每一个学者提供有助于个人自由发展的经验体系。

马斯洛、罗杰斯等学者从人本主义的角度出发，积极倡导个人化取向的课程观，认为要通过课程将学校教育的全部纳入儿童的生活，要求把课程内容本身当作重要的目标，使之成为每一个儿童的自我经验，从而促使自我成长、自我实现。这种取向注重个人经验，要求课程的设置要从个人的兴趣、需要出发，以达成学习者的个人目标。

4. 强调适应和改造的社会化取向

前三种课程取向的共同特点是注重课程自身的因素，而社会化取向的课程定义则将课程放在社会的背景下加以审视，极力强调教育与课程内容在整个社会环境中的突出作用，这种作用主要表现为适应和改造两个方面，因此，社会取向的课程定义也分为两个不同的分支：一种主张课程要适应当前社会要求；另一种主张课程要进行社会变革，创造更美好的未来。这两个不同的分支的共同点是将学校课程与社会发展结合起来，把课程作为一个媒介和手段，通过课程学会处理社会问题。

主张社会适应的课程学者认为，社会变化和发展决定了个人的发展，应当建立一种能够使个人在迅速发展的世界中更好地维持生活和发展自身的课程体系，通过课程的学习能够增强对社会的适应能力。主张社会改造取向的课程学者认为，课程的首要目的是要使学习者面对人类所面临的一连串严重的、不祥的危机，这些危机不只是社会科学所关心的事情，它渗透到生活的各个方面，包括经济学、自然科学和数学等领域，因此应该使这种普遍性危机体现在更为广阔的课程体系中。

第二章 课程的理论基础

第一节 课程的哲学基础

课程与哲学的关系非常密切，可以说，在课程论的各种理论基础中，哲学的影响是最为长久、最为深刻的。课程论的产生与发展，起源于哲学的发生与发展。离开哲学，课程论就失去其存在的根基与发展的动力。哲学对课程的影响主要表现在本体论、认识论、价值论以及方法论等方面。

一、在本体论方面

本体论研究的是存在的本质、心物关系或物质与意识的关系。哲学的作用是为课程提供思辨的前提，课程中的重要原理是从哲学中推导演绎出来的，课程思想是哲学观点在教育领域的延伸。在本体论层次上，哲学对于课程论的影响是与对整个教育理论的影响一致的，以特定的哲学理论关于自然、社会、人的学说诠释教育活动的性质、意义，并且贯彻到课程领域，表现为形成关于课程的各种基本理念：课程本质、课程的基本价值和终极目标等。各种课程流派为人们所识别和接受，首先是以对这些理念的界定实现的。而这些基本理念，又会贯彻到课程论的各个方面，通过关于课程的具体主张表现出来。不同哲学流派对本体论的不同认识导致了对课程的不同理解和主张。

唯心主义哲学在本体论上强调先天理性和自由意志，主张理性的、内省式的思维，以及培养这种思维能力的心智训练。于是在教育和课程上，认为课程是人类理性的体现，课程的学习过程就是不断唤醒沉睡在人脑中的既有理念的过程，强调文雅教育的普通课程而排斥实用教育的职业技术性课程，忽略经验与科学的重要性。

以古典唯物主义哲学为基础的永恒主义哲学认为，人的本性是永恒不变的，人类有思考和理解普遍真理的能力；因而教育的本质也是不变的，其目的在于培养人区别于动物的根本特性，人类可以通过理智能力的训练获得绝对的真理，从而丰富理智的美德，使人成为真正具有智慧和理性的人。为了发展学生的理智能力，增强其意志力，培养其智慧美德，首先，学校课程内容必须是永恒的经典学科，教材以古典名著为主。那么，哪些是经典的永恒学科呢？永恒主义者认为，永恒的经典学科必须是那些经历了许多世纪而达到古典著作水平的书籍，尤其是古希腊、古罗马的思想家们的著作，如柏拉图的《理想国》、亚里士多德的《伦理学》等。其次，课程的实施以教师为主导，主要通过语言文字来教授。教师被认为是知识的权威，他们的知识是不可怀疑的。教师的任务就是要锻炼学生的意志，使之能够克服困难，最终掌握永恒的知识。

实用主义哲学认为，知识是动态的而不是静止的，更不是永恒不变的，现实是个人与环境或经验相互作用的产物，心智的发展有赖于经验。于是在教育和课程上，实用主义强调通过人与环境的交互作用获取知识经验，坚信活动课程的价值。实用主义主张教育应该积极主动，并且与儿童的兴趣相联系；学校应该以通过解决问题的方式来学习，而不是灌输教材；教育应该是生活本身而不是生活的准备；教师的职责不是依靠权威来指挥而是提供建议，应该由儿童自己来决定他要学习的内容；学校应该有充分的民主，应该鼓励合作而不是竞争。在这种观念的主导下，课程应该做到以下几点：一是课程内容的选择、组织、实施以及评价都应该符合学生的心理并与学生的兴趣相联系，以学生的兴趣、需要为基础。二是课程的类型主要是相关课程、活动课程。三是课程的学习主要应采用解决问题的方式，引导学生从实际问题到理论原则，从具体的感性知识到抽象的理性知识，培养学生解决现实问题的各种能力。

存在主义哲学把人的存在作为其全部哲学的基础和出发点，认为只有人才能意识到自己的存在。在存在主义看来，教育应以个人的自我完成为目标，教育应使人认识到自己的存在，形成一套不同于他人的较为独特的生活方式。与此相适应，学校课程也应当定位于启迪人的自由天性，注重学生完善的人格，形成健全的个性。

后现代主义则对启蒙运动以来现代主义二元对立的思维方式进行了消解，对理性至上的方法论进行了颠覆。可以说，反思、质疑和批判是后现代主义的精髓和核心。与以往的课程观不同，后现代主义认为，课程既非学科、教材，也非学生预期的学习结果或者教学计划。在后现代主义看来，上述界定都较为注重结果，而忽视了学生学习的过程。它主张课程内容的多样性，主张消减教师权威，注重师生之间的理解与沟通，从而使得后现代主义课程呈现出丰富多彩的局面。

二、在认识论方面

认识论对课程理论和实践起着直接的指导作用。哲学为课程提供的认识论根据，主要表现在下述几个方面：

其一，哲学关于认识的来源和知识的性质对课程设计模式起着直接的指导作用。事实上，各种不同的知识就是课程设计的依据（题材）。关于认识的来源和知识的性质，传统上主要划分为经验论和唯理论两大流派。起源于亚里士多德，后经培根等人发展形成的经验论，认为一切认识都来源于感觉，知识的性质是经验性的，只有通过人与外部世界的相互作用才能掌握知识，因此课程设计应注重知识和技能的传递，强调课程的经验化和体验性。而开始于柏拉图的唯理论，认为认识来源于早就存在于人的内心世界的观念，知识的性质是永恒的，因此课程设计应主要关注如何把学生先天已有的理念引导、挖掘出来，强调学生的理性活动和课程的理论化、抽象性。

其二，哲学关于认识的形式和知识的分类直接影响着课程的类型和门类，比如唯心主义哲学认为，知识是主观的，来源于理性的作用，因而是先天的、永恒的，人类获取知识的过程是主动的而非被动的。基于这种思想，唯心主义者重视人文学科课程、理论学科课程和传统学科课程，要求学校应开设神学、历史、文学、哲学、艺术、天文、地理等课程。唯实主义认为，知识是发现事物本质以适应环境的经验，是客观的、永恒而普遍的真理。知识的获得是被动的，它受环境的影响和经验的制约。因此，唯实主义者认为学校应开设自然科学和基本的读、写、算等课程。实用主义哲学认为，知识既非领悟宇宙真理的内在观念，也非认识外在事物本质的结果，而是人与环境相互作用的产物。基于此，实用主义者要求任何一门学科材料必须来源于日常生活经验，体现生活即教育和从做中学，主张经验中心课程论。存在主义哲学认为，知识不是某种先天的理念，不是感知外部世界的经验，也不是经验改造的产物，而是人的主观意识。因此，存在主义者强调人文学科课程，如历史、文学、哲学和艺术，认为这些学科比其他学科更深刻而直接地揭示了人的本性与世界的冲突，有利于人的自由发展，注重学生情意的学习。

其三，哲学关于认识的价值取向影响着课程内容的选择与组织。认识的价值取向反映在课程中，也就是课程的价值取向问题。比较典型的课程价值取向有三种：一是课程的社会价值取向。它强调课程是用于服务特定社会利益的工具，由一定的社会需要来决定，课程应选择与组织适应社会发展的知识和技能作为其内容。二是课程的个体价值取向。它主张课程内容的选择与组织要以个体的兴趣、需要为基本依据和出发点，一方面追求个体的理智健全、人格完善，另一方面满足个体的需要、兴趣。三是课程的知识价值取向。它强调课程内容知识的内在价值，认为“课程内容知识的价值在于知识本身，为知识而掌握知识是值得的，知识是心智的食粮”。

三、在价值论方面

课程实践在本质上是一种价值创造活动，对价值问题的思考是课程内容选择、组织、实施、评价的根本出发点和决定因素。任何国家在任何时期的课程建设都要优先考虑课程的价值、价值取向等问题。任何课程建构如若不优先考虑价值取向问题，如若没有哲学价值论的引领，都将陷入盲目和混乱，从而以失败而告终。对课程的价值评判主要包括课程实施对象的价值评判和课程内容的价值评判两大方面。

首先，对课程实施对象的价值评判。主要涉及人的本性，追问人的本性是什么，有没有教育的可能性。对人的本性的认识不同，课程内容的选择以及教学方法也大不相同，比如经验主义、行为主义认为人性无善恶之分，强调后天的发展，在选择课程内容时强调知识的真理价值。基督教神学认为人性是恶的，强调对个体加以限制、惩戒、心智训练，使之真正领悟神学的“真理”，因此在课程内容中神学占据主导地位，课程的实施强调训练、惩罚。而自然主义、人文主义认为人性是善的，强调尊重学生，反对体罚，在选择课程内容时注重那些具有实用价值、功利价值和审美价值的知识，在教学过程中强调学生学习的主动性。

其次，对课程内容的价值评判。主要涉及知识的价值，追问什么知识最有用。对知识的价值判断是确定课程范围、选择课程内容的基础。在哲学史与课程史上，最早运用哲学价值论探讨课程问题的是英国思想家斯宾塞。在其著名的《什么知识最有价值》一文中，他提出并回答了“什么知识最有价值”这一经典课程问题，从而形成了科学课程论。英国当代教育学者赫斯特（P. H. Hirst）注重知识与心智的和谐性，认为有助于发展心智的最基本方面的知识最有价值；以此知识价值观为基础，就形成了他以博雅教育为目标的课程论。美国著名教育家杜威认为最有价值的知识是与儿童生活经验相联系的经验；以此知识价值观为基础，就形成了他的活动课程论、经验课程论。

四、在方法论方面

不同的哲学流派，其采取的方法论不同，直接导致了对课程的认识结果的不同，例如客观唯心主义或经院哲学采用的是演绎方法，在课程设计和实施上要求学校课程应该是绝对无误的“真理”，按照演绎的逻辑组织知识。经验论者认为只有通过实践才能获得真理，在课程设计和实施上则要求通过归纳、推理、组织课程内容并进行教学活动，要求学校向学生提供经过实践证明的知识，训练学生从观察和实验中获取知识的真理。逻辑实证主义和语言分析哲学采用逻辑分析的方法，在课程设计和实施上则重视学生逻辑分析能力的培养，强调教材以及教学过程中使用的语言在逻辑上的严密性。后现代主义主张在课程标准上用“4R”（丰富性、回归性、关联性、严密性）取代传统的“3R”（读、写、算）；在课程范式上，反对传统的泰勒模式的封闭性，主张后现代范式的开放性，倡导采用类似自然科学中的不确定性原理、非线性观点、模糊数学等模式；在课程实施上，主张“去中心”“边界松散”，主张消除学科之间的界限。

第二节　课程的社会学基础

课程是培养人才、实现教育目的的重要手段，是联系教师与学生的中介。课程在本质上是一种社会文化的选择，受社会政治、经济的制约和影响。因此，将社会学作为课程的基础，探究课程与社会的关系，具有重要的价值和意义。

社会学对课程的影响主要表现为：一方面为课程提供了社会研究范式，另一方面为课程提供了制约机制。

一、社会学为课程提供了社会学研究范式

范式是指从事同一个特殊领域研究的学者所持有的共同信念、理论、传统和方法，它是一种模式、形式或规则，支配着探究的行为、解释资料的方法以及看待问题的方式。社会学为课程研究提供了社会学范式。

课程的社会学研究范式，侧重于分析课程的社会制约性问题，研究社会结构和师生互动对课程的影响、课程所扮演的社会角色以及社会权力在分配不同形式的课程知识中所占的地位等问题，进而从单纯的“工艺学模式”的技术层面转向关注政治、经济、意识形态层面，以解答单纯依靠“工艺学模式”而无法回答的课程现象与问题，给课程研究注入了强大的生命力。它主要包括以下几个方面的内容：（1）核心概念是“社会控制”，关注课程中所蕴含的社会影响、社会制约、社会控制的成分。（2）基本命题是课程作为一种“法定文化”

是社会控制的中介，社会通过制订和实施课程这种“法定文化”来维护现行社会的秩序、稳定与和谐，并且满足统治阶级利益的需要。（3）基本问题有四个，一是学校课程所代表的是谁的知识；二是课程内容是由谁来选择的；三是为什么要这样组织课程知识，并以这种方式来教，其社会原因是什么；四是课程的知识对特定社会群体是否有益。课程的社会学范式研究的所有课题，可以说都是这四个基本问题的具体展开。（4）基本研究方法包括理论研究和实证研究两种，并以实证研究为主。其中，理论研究主要用社会学理论对课程标准、内容及模式等有关范畴或因素给予合理的理论分析与解释，并对不同文化、经济发展水平、政治制度的国家或地区的课程的社会学属性加以比较，以找到其共同特征及各自的社会独特性。实证研究主要采用内容分析法、现场观察法、实验法、问卷法、访谈法等方式，运用社会学规律，探讨课程内容的实施，评价整个过程中的一系列问题。（5）基本研究途径：主要从分析课程的目标、内容、结构、类型、实施、评价等整个过程入手。

二、社会学为课程提供了制约机制

第一，政治影响课程的机制。在学校课程中，采用何种方式制定其政策，如何分配有限的资源，如何筛选复杂多样的信息，如何评价其利弊得失等，对这些问题的回答主要取决于政治体系中的统治集团。具体说来，政治对课程的影响主要体现在以下几个方面：（1）在课程目标方面。占统治地位的阶级利用其拥有的各种权力，颁布一系列的教育法律、政策和规章，借此来合法地强制教育部门贯彻执行教育目的和课程目标，以维护和巩固其利益和地位。（2）在课程内容的选择及实施方面。课程内容的选择标准体现了统治阶级的意识形态，任何违反这一标准的知识都将被排除在课程之外。不仅课程的选择过程受政治权力的制约，就连课程的实施过程也要由政治权力来决定，例如我国封建社会官学中的课程等级森严，不同阶层的人接受的课程是不同的。（3）在课程管理体制方面。与政治管理体制相对应，课程管理体制也有集权和分权之分。在集权制国家里，学校的课程、教材、教学大纲乃至各门学科的教学时数，都由国家相关部门统一规定，各个学校需严格执行，而在分权制国家，学校由地方政府负责管理，各地课程设置大不一样。（4）政治运动也会对课程产生冲击作用。一般而言，促进社会进步的政治变革对课程产生积极的推动作用，而阻碍社会进步的政治运动则对课程产生破坏性作用，使课程发展陷入低谷，影响着教育质量的提高。

第二，经济影响课程的机制。经济的发展水平决定着教育的发展规模和速度，而教育的发展程度又制约着课程从形式到内容等多方面的发展可能，因此社会经济是课程进步的重要基础和必要保证。具体说来，经济主要从下述几个方面影响着课程：（1）社会生产力发展水平制约着课程的设置、结构、范围和内容。在生产力水平相对低下的小农经济时期，由于生产过程和生产技术都很简单，人们不需专门学习高深的文化知识和技能。学校课程主要面向统治阶级的后代，传授一些“高贵典雅”的知识，而将实用知识和技能排除在课程之外。随着生产力的发展，尤其是经过了几次产业革命之后，社会生产力对劳动者的文化技术素质提出越来越高的要求，学校课程开始吸收大量科学技术方面的知识，课程设置门类也越来越齐全。（2）社会经济发展的水平所能提供的教学设施和各种媒介决定着课程实现的程度。教学设施和各种媒介是课程的重要载体，如果没有进行物理、化学、生物实验的基本仪器，没有计算机供学习操作使用，这些课程即使规定了，也是形同虚设。（3）社会经济体制制约着课程发展的模式和价值取向。长期以来，我国以计划经济为主，这种经济体制导致了我国教育的统一化和课程发展模式的单一化。中国共产党十一届三中全会以后，随着社会主义市场经济体制的逐步确立，我国教育领域的僵化状况逐渐改变。体现在课程问题方面，就是逐步打破了“大一统”的发展模式，不断调整课程结构，改革课程内容，使学校课程呈现出多样化、个性化的发展趋势。在课程价值取向上，纠正了过去片面强调政治的倾向，学校课程非常注重学生的个性发展，并把它作为课程价值体系中极其重要的一个方面。（4）社会经济发展的不平衡决定了课程发展的多元化。从总体上看，课程建设要与国家经济发展的总体相适应，但就局部而言，任何一个国家的经济发展都有其不平衡性。这就要求课程建设同地方经济相适应，形成课程与地方经济建设之间的良性循环机制，这就必然导致课程的多元化。

第三，科学技术影响课程的机制。作为历史发展的“有力杠杆”和“革命力量”的科学对课程理论和实践有着根本性的影响，是课程发展的基本动因。（1）科学技术的发展水平制约着课程的设置、结构、范围和内容。20世纪以来，由科学技术革命所引发的世界性教育课程改革可谓此起彼伏、从未间断。现代课程越来越注意吸收新的科技成果，不断调整课程结构，以适应科学技术发展对未来人才培养的要求。（2）科学发展规律制约着课程内容的结构特点。科学发展是有规律可循的。从科学发展的内部动力来看，它是循着“理论——实验——理论”这一运行机制发展起来的。这表明，实验乃是科学发展的重要基础和源泉。同样，实验在科学课程内容结构中占有十分重要的地位。科学教育课程只有建立在实验的基础上，才能使学生了解科学发展的规律，更好地掌握科学知识，学会科学方法，形成科学精神。（3）科学发展的综合趋势和科学知识的急剧增长将导致课程形式的多样化。现代科学发展中各学科相互交叉、相互融合的综合化趋势猛烈地冲击着学校课程，从而打破了过去单一的分科课程形式，综合课程成为学校课程体系中一个重要的组成部分。同时，由于科学知识的急剧增长，导致了必修课与选修课、课内与课外的进一步结合，学生摄取知识的途径和渠道朝着日益多样化的方向发展。（4）科学技术的发展影响了课程理论的形成。每一种课程理论的孕育和形成，总是与一定的哲学思想相呼应的，而一定的哲学思想又是以一定水平的科学知识为基础的，科学的发展状况决定着每一时代哲学思想的形态。科学技术正是通过影响各个哲学派别的形成和发展，进而对课程理论产生深刻的影响。每一种课程理论的发展，无不打上了科学技术变革的烙印。

第四，社会文化影响课程的机制。课程是文化的一个组成部分，文化与课程自然有着十分密切的关系。具体说来，社会文化对课程影响主要表现为以下方面：（1）文化传统影响着课程的价值取向。每个民族都有自己的传统文化特点，因而课程建设和发展往往各具特色。（2）文化交流影响着课程发展。不同地区、不同民族之间的文化交流是文化赖以发展、提高的基础，也是课程发展的推动力量。（3）文化变革影响着课程改革。课程不仅具有传递文化的职能，更负有发展文化的使命，因此课程建设一方面要适应文化传统，另一方面也要促进文化的变革。而文化的变革，反过来又极大地推动着课程改革与发展的步伐。每当文化发生大的变革时，课程也必然会作出相应的改革。

第三节 课程的心理学基础

作为研究心理现象及其规律的科学，心理学是探讨学习活动、学习内容和学习方法的基础，因而经常被作为各种课程抉择的依据。事实上，心理学已被公认为课程的理论基础之一。至于心理学与课程的关系，杜威在《儿童与课程》中有过形象的描述："心理的考虑也许会遭到忽视或推在一边，但它们不能被排除出去。把它们从门里赶出去，它们又从窗子里爬进来。"由此看来，需要论证的不是学校课程与心理学是否存在联系，而是存在何种关系以及应该怎样联系。

一、心理学为课程提供了心理学研究范式

课程研究的心理学范式属于事实性研究，研究对象是客观事实，主要对课程中的心理学现象和规律做出描述、解释和判断，侧重研究课程中的技术性问题、事实性问题。它包括以下几个方面的内容：（1）核心概念是"心理发展"，关注课程对于促进学生心理发展的意义。（2）基本命题为课程是影响学生个体心理发展的基本材料，课程的选择、编制与实施是否符合心理学规律，在很大程度上决定着教育对学生心理发展的影响力。（3）基本问题有两个，一是现有课程是否适应学生已有心理发展水平；二是课程对促进学生心理进一步发展有何意义。课程的心理学研究的所有课题，可以说都是这两个基本问题的具体展开。（4）基本研究方法包括理论研究和实证研究两种，并以实证研究为主。其中，理论研究主要用现有的心理学理论对课程标准、内容及模式等有关范畴或

因素给予合理的理论分析与解释。实证研究主要采用观察法、实验法、问卷法、访谈法等，运用心理学规律，探讨课程开发整个过程的一系列问题。（5）基本研究途径主要从分析课程标准、课程模式、课程类型、课程评价等方面入手。

二、心理学为课程目标的制定提供了基础

尽管课程目标的内容主要受社会政治经济制度、哲学思想和办学宗旨等方面的影响，但心理学理论尤其是学习心理学有助于我们在确定课程目标时采用什么样的表达方式，或确定其目标能够达到何种程度。现代课程论之父泰勒就曾把心理学作为一个非常重要的“筛子”，对已选择出来的课程目标进行筛选。心理学对学校课程目标的筛选作用主要表现在两个方面：在较低层次上，学习心理学的知识有助于我们把可能期望通过学习过程使学生产生的变化，与不可能期望产生的变化区别开来；在较高层次上，学习心理学的知识有助于我们把在特定年龄阶段可行的目标，与那些可能需要花费很长时间或几乎不可能达到的目标区别开来。依据心理学规律，学校课程目标既要有一个基本的共同性目标，以适应大多数学生的基本需要，符合学生心理发展的共性要求，又要在共同性目标的基础上确立差异性目标，以适合不同学生的需求，符合学生心理发展的个性特点；既应当具有整体性，在设计时考虑一个全面系统的目标，以促进学生在认知、情感、技能等方面全面发展，又应当具有层次性、差异性，有所侧重，从而构成不同层次的课程目标。

当然，需注意的是，不同的心理学流派对课程目标的观点又有所不同，比如行为主义心理学注重可观察和可测量的外显行为，因而它非常强调行为目标；认知主义心理学认为，课程目标应能促进学生认知结构的形成与发展，课程设计应关注学科的知识结构和学生的认知结构；与认知主义心理学不同，人本主义心理学则认为，课程的价值在于为每个学习者提供真正有助于个性解放和成长的经验。它成功地将课程的重点从教材转移到个体身上，将课程的目标定位在促进个体的自我实现上。这种课程目标超越了行为主义和认知主义，强调个性发展与创造性表现，旨在通过课程教学追求学生反应的多元化和个性化；建构主义心理学主张，课程目标应是生活体验、价值取向的“生成性目标”，是学

生在与学习情境交互过程中不断生成的目标，强调意义建构和引导学生获取生活经验。

三、心理学为课程内容的选择提供了依据

不同的心理学流派对课程内容的看法不尽一致。在行为主义心理学研究者看来，学习是一种在外界刺激和奖励惩罚等作用下，使学习者做出正确反应、逐步形成稳定行为方式的过程，其产生是外控的，保持是强化的结果，过程是被动、循序渐进、积少成多的，因而在课程内容方面强调由简到繁的累积，强调基本技能的训练。认知学习理论认为学习是学习者内部心理结构的形成和改组，而不是刺激—反应联结的形成或行为习惯的加强或改变，探讨的主题是学习者内部心理结构的性质以及它们是如何变化的，重视学习的迁移。该派主张课程的内容由概念、命题组成，强调学科的基本概念、基本原理，并按一定的结构呈现；设计时应尊重学生的认知规律，依据学科的知识结构和学生的认知结构，坚持简约和精要原则，尽量把教材化为概念、图式，鼓励学生对信息进行处理，主张螺旋式课程。人本主义心理学既不像行为主义那样过分地关注学习的结果，也不像认知主义那样过分地关注学习的过程，而是关注学生学习的起因，即学生学习的情感、信念、意图、态度等问题，认为学生是学习的主体，生来就有进行意义学习的潜能，学习的关键在于使学习具有个人意义。在人本主义者看来，学校课程内容必须是有意义的学习材料，要与学生的基本需要、所关心的事情密切联系起来，对学生情感的丰富和理智的发展具有重要意义，设计时要考虑学生的实际情况，贴近日常生活，符合他们的年龄特征，使课程内容生动活泼、充满激情，让学生从中找到对自己来说十分具体的意义。课程的形式包括“融合课程”“意识课程”“自我导向课程”等，其中最典型的是融合课程，体现情感与理智的整合、个人与社会的整合、教材与学生生活的整合。而在建构主义心理学看来，学习不是由教师把知识简单地传递给学生，而是由学生自己建构知识的过程；学生不是简单被动地接收信息，而是根据自己的经验背景，对外部信息进行主动地选择、加工和处理，进而建构知识的意义，这种建构是无法由他人来代替的；学习意义的获得，是每个学习者以自己

原有的知识经验为基础，通过同化和顺应，对新信息重新认识和编码，建构自己的理解。以建构主义心理学为基础，建构主义课程论认为，课程内容不是解释现实世界的“绝对参照”、绝对正确的“最终答案”，它具有动态性、发展性；课本知识不是解释现实的“模板”，在不同的情境下有其特异性。掌握知识并不意味着掌握了规律，我们不能拿来便用，一用就灵，而需要把握在不同情境中的复杂变化，需要针对具体情境进行再创造。课本知识只能说是一些信息、信号或符号，在被个体接受之前，它对个体来说是毫无意义的，只有通过个体的主动建构，变成认知结构中的知识，它才能获得意义。

虽然不同的心理学流派在课程内容的选择上都提出了自己的主张，但从心理学角度而言，在选择课程内容时应遵循以下几个方面的原则：（1）动机在学生学习中具有重要作用，要重视培养学生学习的内在动机。（2）学生的主动参与对学习效果关系重大，要让学生积极主动地参与到课程内容中去，既包括外显式的参与，也包括内隐式的参与。（3）学生只有在面临问题时，才会认真思考并从学习中获得满足感，应当鼓励学生尝试各种新的问题解决方式。（4）过难或过易的问题都会抑制学生学习的积极性，在选择时要考虑学生原有的认知水平，不能过深、过难、过多，也不能过浅、过易、过少，要难易适度、多少适量。根据心理学原理，课程内容既要注重基本知识、基本技能，有一个比较统一的范围和共性要求；同时，还应体现差异性，反映课程的个性化，在难度上呈现层次性，在类型上体现多样性和灵活性。只有这样，才能促进学生全面而富有个性的发展。

四、心理学为课程内容的组织提供了方法

杜威认为，理想的课程应该是一种心理化的教材，即是“把教材作为全部的和生长的经验中相关的因素来考虑的。这样来看，就是使教材心理化”。根据心理学规律，学校课程内容的组织应该由浅入深、由简到繁，处理好每一门课程中知识分化与综合的关系以及整个课程结构中分科课程与综合课程、必修课程与选修课程等方面的关系。泰勒在分析了课程内容组织的逻辑顺序与心理顺序之间的关系后，提出了课程组织的三原则，即连续性、顺序性以及整合

性。“连续性是指在学习者的经验中反复强调这些特定的要素；顺序性是指使学习者的发展不断增加广度和深度；整合性是指使学习者的行为与相关要素日益统一。”换句话说，连续性即直线式地陈述课程内容；顺序性强调后续的内容要以前面的内容为基础，同时不断增加广度和深度；整合性则要求注意各门课程的横向关系，使学生获得一种统一的观点，并把自己的行为与所学内容统一起来。

五、心理学为课程实施与评价提供了参考

学校课程的实施与评价也应充分运用心理学知识，以更好地促进学生的自主学习和发展。

总之，就心理学研究的发展趋势来看，心理学的观点要求我们在课程实施与评价过程中，应注意以下两点：首先，课程的实施要求教师必须改变传统的课程观念，不应只关注知识的传递，更应关注学生的学习兴趣、学习方式和学习效果，树立以人为本的课程观。这就要求教师应认真分析课程的知识结构是如何转化为学生的认知结构的，课堂上师生关系之间的心理关系对知识的传递具有哪些影响，如何在教学过程中促进学生认知与情感的协调发展等问题。其次，在课程评价中，教师则应注意各种评价手段对于促进学生心理发展的有效性，研究各种评价手段本身对学生心理发展的影响，如考试对学生学习兴趣的影响、分数对学生自我意识的影响、名次对学生自尊心以及自信心的影响等，转变考试观念，构建综合性的评价体系，以促进学生的全面发展。

第三章　课程基本理论

第一节　知识中心课程理论

课程理论作为一个独立的研究领域伴随着课程改革不断获得新发展。总体上说，课程作为学校教育的主要途径，以向下一代传播和发展人类文化知识体系为主要目的，从而使他们具备未来步入社会所必需的基础知识、基本技能，获得终身学习的方法，形成正确的价值观和生活态度等。同时，作为一种社会现象，课程是一定社会的产物，必然体现特定时期、特定社会对人的发展的基本要求，因此课程所涉及的主要因素无外乎三个，即知识、学生、社会。对这三个因素的关注程度，决定了课程理论的倾向性。从历史上看，课程理论主要形成了三种不同的研究倾向，即强调学术的知识中心课程理论、强调学生的学习者中心课程理论以及强调社会问题的社会中心课程理论。

知识中心课程理论关注的是学科知识本身，重点探讨学校教育应选择什么知识、如何组织知识等问题。其中有代表性的理论主要有永恒主义课程理论、要素主义课程理论和结构主义课程理论。

一、永恒主义课程理论

永恒主义又被称为“古典主义”“古典人文主义”，它于20世纪30年代产生于美国，覆盖面则遍及英、法等一些欧洲国家。永恒主义课程理论的主要代表人物是美国的赫钦斯（R. M. Hutchins）、阿德勒（M. J. Adler），英国的利文斯通（R. Livingstone）和法国的阿兰（Alain）等。其观点主要有以下几个方面：

（一）课程的目的在于促进学生理性的发展

永恒主义者强调个人的完善是理性、道德和精神等诸方面充分的发展，但是，在他们看来，这三个方面并不是平行或并列的，理性的发展不容置疑地处于首要位置。关于理性，他们认为，人是有理性的，人和宇宙都是理性的产物。因为理性是人的最高属性，所以人必须按照经过深思熟虑而选择的目的，用理性来指导他的本能方面的天性。人的责任是按理性而生活的，控制他难以控制的各种本能。我们不能原谅坏人，把坏人的恣意妄为归咎为环境不好或他个人遇到了困难；我们也不能宽恕儿童在学校中的任意胡为，认为他只是在表现他的真正自我或缓解他内在的紧张情绪。

永恒主义者把培养人的理性作为教育教学的最高目的。赫钦斯明确指出："理智的美德是由理智能力的训练而获得的习惯。一种受过适当训练的理智，一种适当形成习惯的理智是一切领域里能够起着很好作用的理智，因此不论学生是否注定从事沉思的生活或实际的生活，由理智美德的培养所组成的教育是最有用的教育。"

（二）以"永恒学科"作为课程的内容

永恒主义者认为，在人的表面的差异背后，有某些永恒的东西。尽管人的生活环境是多种多样的，但人性是永恒的、不变的。赫钦斯说："每个人有作为一个人的职责，但一个公民或国民的职责可能在各个社会并不相同，因而训练的制度，或适应的制度，或教学的制度，或满足直接需要的制度，可能随之而不同。但是人的职责在每个时代和每个社会都是一样的，因为这是作为一个人的本性所造成的。"人在历史的长河中生生不息，但在千差万别、形形色色的背后，有一种永恒存在的东西，如在价值、尊严、权利、希望以及命运等问题上从未改变过。

永恒主义者提出了从小学到大学的一整套学校课程计划，这些课程计划是其课程编制思想的集中反映。在小学，他们强调在进行读、写、算等基本训练的同时，要求儿童熟记一些伟大的古典著作中的某些段落；在中学，开设古典语言课程，为学生学习伟大的古典著作打好基础；大学生必须阅读古代作家的名著，从中汲取那些永恒的东西。在这方面，最著名和最典型的当数“圣约翰计划”。赫钦斯和阿德勒在 1937 年接任圣约翰学院的董事会后，实施了以“名著”课程为主的“圣约翰计划”，旨在促进学生道德和精神的发展。该计划为期 4 年，相当于中等教育的高年级和大学的低年级（16～20 岁）。他们编辑了一套系统的名著教材，该套教材共 54 册，1952 年出版，所开列的名著范围相当广泛，涉及哲学、文学、史学、政治学、自然科学等方面，共收集了自柏拉图以来包括马克思、莎士比亚、达尔文、弗洛伊德等 70 多人的 100 多种著作，其中大多数是哲学家的著作，也有部分是自然科学家和文学家的著作。

（三）教师指导下的学生主动学习

永恒主义者认为，教育是一种有目的、有计划地培养学生理智的活动，因此，教育教学不能一味地迁就学生的愿望和兴趣。学生应该有责任感和义务感，要服从教师的管教，在教师指导下学习。阿兰指出，学习不同于游戏，学习是艰苦的劳动而不是玩七巧板或吃蜜饯。人是靠辛苦的陶冶而成其为人的，先付出后收获，这是规律；给精力旺盛的儿童施加适当的压力以促使其学习并不是什么坏事，苦尽然后才会甘来。教师的责任就在于给儿童提出严格的要求，铁面无私地对儿童下命令，责令他们完成各种作业，而不是心慈手软地哄他们游戏。

二、要素主义课程理论

要素主义又被称为“本质主义”“精粹主义”“精华主义”等，于 20 世纪 30 年代产生于美国。要素主义主张文化的价值具有永恒性和客观性，在人类文化遗产中有着共同的、不变的文化要素，教育的使命就是把这些最基本的要素传授给青年一代，授予他们社会所必需的“共同知识”和“共同价值”，以使学习者能够掌握社会所必需的“起码的知识、技能和态度”。要素主义课程理论的主要代表人物是美国的巴格莱（W. C. Bagley）、贝斯特（A. E. Bestor）和科南特（J. B. Conant）等，其观点主要有以下几个方面：

（一）课程的目的在于理智与道德训练

要素主义者认为，理智和道德的训练对于国家民主制度具有十分重要的意义。从政治层面看，民主国家要求公民具有高度的文化教养，在推理和判断能力方面受过严格的训练，否则公民将会无从理解科学、经济学、政治学以及经常需要国家当机立断的国家关系等复杂问题，而有害于政治民主制度。从经济层面看，学校担负着培养各领域人才的重任，如果不进行这方面的工作，国家就将因为丧失智力而受到威胁，国家安全将受到影响。从精神层面看，国家的文化价值也应当通过学校去捍卫，否则一个民族丧失对自己崇高目标的信念将会导致精神的堕落。因此，要促进社会进步与民主，就必须通过对公民进行理智和道德的训练。

（二）以“人类共同文化要素”作为课程的内容

要素主义者认为，要对人进行理智训练，应当以人类的共同文化要素为基本素材。巴格莱指出，教育的本质就是传授人类种族传递下来的共同经验和文化精神，这是人类社会得以存在、繁衍和发展的重要前提。他说：“在最广泛的意义上讲，教育则是传递这些知识的过程，或者说教育是传递人类积累的知识中具有永久不朽价值的那部分的过程。”

共同文化要素包括共同思想、共同理解、共同准则以及共同精神等方面，它是人类文明的精华，也是教育的核心内容。这些宝贵的文化要素主要涉及四个方面：（1）学习习惯和基本技能；（2）知识，包括观念、概念、含义、事实、原理、理论假说；（3）理想或情感化的准则；（4）态度，包括理论观点、顿悟、兴趣、忠诚等。

（三）强调学科课程和教材的逻辑组织

要素主义者指出，否定在学校中进行系统书本知识传授的做法，是一个潜在的、可悲的、非常危险的陷阱，它削弱基础知识，夸大浅薄的东西，贬低顺序性和系统性，而且还加重了较低级学校的弱点和缺乏效能，最终的结果必然导致教育质量的下降。要克服这些弊端，就要设计出稳定而系统的课程，给学生提供分化了的、有组织的知识。因此，他们认为，解决这一问题最有效能和最有效率的方法就是学科课程。这种课程的一个重要特点在于，它是由若干门学科组成的，而每一门学科都有自己特定的组织，这样，每一门学科及其智力训练的作用就能得到充分的发挥。

（四）教师权威下的学生接受式学习

从强调理智的训练和系统的学习出发，要素主义者认为，教学过程是学生受到严格训练和艰苦钻研的过程，不能凭学生自己的兴趣和爱好行事，教师在教学过程中对学生的管束是正当的。教师相对于学生而言，在掌握知识和社会经验方面更为成熟，能更清晰地识别和欣赏人类文化中的价值，因此教师在教学过程中应该拥有较大的权威，要用其权威去对学生进行严格的控制。巴格莱说："成年人对未成年人所负教导和管束的责任，对于人类的未成熟期和必需的依赖期具有生物学的意义。"

要素主义者把教师的地位抬到了较高的位置，则必然对教师的素质要求较高。"这种教师必须受过通才教育，具有关于学习领域的广博知识，对儿童心理学和学习过程有深刻的理解；有传授事实、知识和理想给年轻一代的能力，能正确评价教育学的历史、哲学基础，并且忠诚于自己的工作。"

（五）制定严格的学业成绩评价标准

在课程评价上，要素主义者反对进步主义教育完全放弃以严格的学业成绩标准作为升学的条件，而让全体学生"按照预定时间表"升学。这是基于以下两点理解：第一，它不能造就社会需要的合格人才，造成教育资源的浪费；第二，它对学习者和民主集体都是不公平的，威胁着学校和自由本身。

要素主义课程理论强调学科课程，主张以知识为中心来开发课程，并按照知识内在的逻辑规律来组织课程，使学校教育能够快速高效地传递人类文化遗产的精华，进而加速新生一代文明化的进程。强调教师在教学中应有的积极性和主动性有利于教学进程的有序开展，制定严格的评价标准能够更好地保证教育教学质量。这些都是其积极意义，但是其局限性也十分明显：把学生的个性需要、心理规律置于边缘，容易阻碍学生的个性发展；教育过程脱离社会实践和学生的生活实际，会压抑学生的学习积极性，不利于学生更好地适应未来的社会生活；严格的考核标准在有助于选拔优秀学生的同时，一定程度上也会阻碍学生创造力的发展。

三、结构主义课程理论

结构主义作为一种哲学思潮，最早产生于20世纪初的欧洲。结构主义认为事物是有结构的，事物的结构代表了事物之间相互关联的组合，事物的本质就是结构。结构主义课程理论主要是透过西方20世纪五六十年代声势浩大的“学科结构运动”而体现出来的，其代表人物有布鲁纳、施瓦布、费尼克斯等。布鲁纳是这场运动的发起人，也是该课程理论的典型代表，其理论观点主要有以下几个方面：

（一）使学生掌握学科的基本结构

布鲁纳从结构主义立场出发，指出学科知识在现代社会中迅速增长，有其不断“膨胀”的一面，但任何知识作为学科结构中的一部分都是相互联系的，知识发展的相互联系和结构化，使知识在“膨胀”的同时，又表现出“聚合”的一面。学校应当利用知识的聚合性来解决知识的膨胀所导致的学校教学内容日益增多、教不胜教的难题。因此，他在《教育过程》一书中提出：“不论我们选教什么学科，务必使学生理解该学科的基本结构。”所谓学科的基本结构，他解释到，“基本”就是指一个观念具有既广泛又强有力的适应性，而“结构”则指的是学科中的基本概念、原理和法则及其之间的关联性。“学科的基本结构”就是指每门学科中那些广泛起作用的概念、原理和法则的体系。学科的基本结构包括学科的题材结构和学科结构。前者指学科小单元教材的结构，如英语中的主、被动句转化的文句构造等；后者指整个学科的结构，如布鲁纳与其他研究者为美国小学五年级设计的人类学，其学科结构由五个基本概念构成：使用工具、语言、社会组织、长时期的儿童教育、心情的象征表达等。

（二）编制“螺旋式”课程

布鲁纳提出螺旋式课程的根据之一是关于“学习准备”的理念。他指出，学习准备并不是“让人单纯地去等待有准备”，而是要“教学生有准备，或者为准备提供机会”。为此，他提出了这样一个假设：“任何学科都能够用在智育上是诚实的方式，有效地教给任何发展阶段的任何儿童。”这一假设的基本精神是使学科结构适合儿童的能力和智力发展特征，比如尽管微积分是难度较大的内容，但是同样可以以一定的形式教给儿童。由于儿童与成人的思维方式和接受能力等方面存在较大差别，所以在微积分相关内容的选取和组织上，就要根据儿童智力发展的特征来组织，使儿童能够接受，而不是以成人可以接受的方式来组织。布鲁纳提出了编制螺旋式课程的主张。所谓螺旋式课程，就是以与儿童的思维方式相符合的形式尽可能早地将学科的基本结构置于课程的中心地位，随着年级的提升，使学科的基本结构不断拓宽与加深。这样，学科结构在课程中就呈螺旋式上升的态势。螺旋式课程的基本内容，主要是学科的基本概念、原理、法则等的螺旋式组织，即是将这些内容以学生可接受的方式尽可能早地传授，并在以后各年级中不断使之拓宽加深，周而复始。在对上述内容进行螺旋式组织的同时，布鲁纳强调也要把相应的学习态度作同样的处理，使学生内在的学习动机逐渐得到发展，也呈逐步上升的态势。

（三）倡导发现学习

布鲁纳是当代“发现学习”教学方法的主要倡导者。何谓发现学习？布鲁纳认为，发现学习就是不把学习内容直接呈现给学习者，而是由学习者通过一系列发现行为（如转换、组合、领悟等）而发现并获得学习内容的过程。他提出了这样一个假设，即不论是学校中的儿童所进行的发现活动，还是科学家所从事的尖端的研究活动，从性质上来说，都是把现象重新进行组织和转换，从而超越已有的现象进行再组合、获得新的领悟，因此儿童的发现和科学家的发现并没有本质区别，只是程度或层次不同而已。

（四）课程评价的目的是指导课程建设和教学

关于对课程评价的理解，布鲁纳指出：“评价，最好被看作一种教育智慧，它是指导课程建设和教学的。”在此基础上，他提出了对课程评价的一系列看法。

第一，课程评价必须对实现教育目的做出贡献。教育的终极目的，就是促进人类的发展，使人类能够运用他们潜在的力量去获得美好的生活。

第二，课程评价的真正性质是对被评价的课程提出质疑并为改进课程指明方向。

第二节　学习者中心课程理论

学习者中心课程理论强调以学生个人的需要和兴趣组织课程与教学，而不是按照学科知识内在的逻辑体系施教。这一倾向的课程理论有代表性的主要有经验自然主义课程理论和人本主义课程理论。

一、经验自然主义课程理论

经验自然主义课程理论是美国著名教育家约翰·杜威基于其独特的哲学观、心理观和社会观，通过系统的理论研究和实践探索而确立起来的，其观点主要有以下几个方面：

（一）儿童与知识、社会相关联的课程设计

杜威在其名著《儿童与课程》中，剖析了儿童与知识之间最基本的差异：儿童的世界狭窄且个人化，课程则涉及非个人的无限宽广的时空；儿童的生活连贯而且一致，课程则呈专精分化；儿童的生活是实际而且富有情感的，课程中的逻辑分类与排列标准则是抽象的。他指出，传统教育固守学科中心论，认为儿童的经验混乱、模糊、不确定，而各门学科则提供了经过衡量的、精确的、永恒的真理。儿童的任务就是尽可能地接受这些真理，教师的使命就是以学科为核心对儿童进行训练、控制，从而使得这些真理没有成为儿童经验生长的工具。这不仅脱离了人类的生活经验，而且使儿童的完整而统一的经验被肢解，破坏了儿童自己生活的统一性和完整性。而某些“新教育”认为一切学科只是处于从属的地位，它们是工具，并根据其服务于儿童生长的需要而衡量其价值。儿童的任务是充分地自由表现，教师的使命是满足儿童的需要并为儿童的表现创设情境。这种观点过分强调儿童的直接经验，仅仅停留于儿童兴趣和

能力的自发性方面，它强调一切系统科目必须从属于儿童的活动，忽视系统知识的学习，排斥对儿童心智的训练，这就从另外一方面阻碍了儿童的发展。

并且，这种承认教育社会责任的课程必须提供一种环境，在这种环境中，代表“社会生活中的各种标准要素”的各门学科应当成为“启迪社会价值的工具”。这样，学科知识与社会就是相互作用、相互依存的。知识和社会才能与儿童真正发生联系，使儿童在学校这样一个真实的社会情境中，从儿童现实的心理经验出发，通过经验的不断改造，逐步达到学科所蕴含的经验的高度。

（二）“主动作业”与“问题解决”的学习方式

杜威主张儿童、知识与社会相统一的课程设计，他所考虑的是怎样使儿童获得系统知识，使知识成为经验改造和生活的工具，既不违背儿童的心理发展水平，又符合社会的需要。在这一点上，他认为能够很好地连接三者的形式就是“活动”，因此，他倡导“主动作业”的学习方式。尽管杜威批判旧的以系统知识为表现形式的学科课程，但是他并未试图用活动来取代学科课程或把两者对立起来，而是试图将两者加以调和，使之尽可能地统一起来，而且认为这种统一是建立在对学科课程进行新的认识和改造的基础上的。杜威还主张学校应鼓励儿童在行动中通过解决问题来求得知识，这就是其著名的“问题解决法”。

“问题解决法”主要有五个步骤：（1）问题的感觉。学生在一个经验情境中遇到了困难，感受到了障碍，这些困难或障碍阻止了学生连续活动的进行。（2）问题的界定。将遇到的困难或障碍理智化，使其成为有待解决的难题和必须寻求答案的问题。（3）问题解决的假设。收集、分析各种资料信息，进行必要的观察，形成解决疑难问题的方法。（4）对假设的逻辑推理。对假设从理智上进行认真的推敲，判断其能否解决疑难。（5）检验假设。通过行动来检验所确定的解决问题的方法的有效性。

（三）内在价值与工具价值相统一的课程评价

杜威把教育价值分为内在价值和工具价值两种类型。所谓内在价值，就是欣赏的价值，是指学生能在真正的生活情境中深切了解到事实、观念、原则和问题的重要意义；工具价值，就是比较价值，是指对特定情境目标的需要和满足的程度，对需要和满足程度进行权衡，通过比较和判断可以得出工具价值。

二、人本主义课程理论

人本主义课程理论兴起于 20 世纪 70 年代的美国，作为当时广泛的人本主义教育运动的一部分，它直接起源于人本主义心理学的崛起。人本主义课程理论的代表人物有马斯洛、罗杰斯等人，他们秉持人本主义关于充分发挥人的潜能和价值、发展“完满人性”、追求“自我实现”的基本理念，提出了如下的课程主张：

（一）满足学生自我发展和自我实现需要的课程目的

人本主义课程以需要理论为基石，以自我实现的人格理想为核心。马斯洛认为，人的需要分为由低到高七个层次，其中，“自我实现”是理想人格追求的最高目标。“自我实现”强调完满的人性，强调以生物学为依据的人的本性的发展。“完满的人性”主要指人的友爱、合作、求知、审美、创造等特性或潜能，这些潜能充分实现，人也就达到了自我实现。罗杰斯认为，所有的人都有一种内在的需要，以生长、生存和提高自己，所有的生命内驱力都包括在实现倾向中。由此出发，人本主义者强调课程目的就是促进个人的成长和个人潜能的自我实现，进而促进人性的全面发展和人格的自我完善。

（二）主张“意义学习”

罗杰斯将人类的学习分为两种类型：无意义学习和意义学习。无意义学习是一种机械式学习，只涉及心智，不涉及情感和个人意义，与完整人格无关，因而学习者的学习效率是极低的，故可以称其为“颈部以上”的学习，比如无意义音节的学习，学习者要记住这些无意义音节是一项困难的任务，因为它们没有生气、枯燥无味、无关紧要，很快就会被忘记。他认为，学生在课堂里学习的内容，有许多对他们来说是无意义的，几乎每个学生都会发现，他们课程中有很大一部分内容对自己是没有意义的。

（三）倡导以学生为中心的“非指导性教学”

罗杰斯对以教师为中心的传统教学进行了批判，认为传统教学只重视学生认知方面的发展，不重视把学生培养成“完满”的人；教师是知识和权力的拥有者，单纯灌输知识，学生只能接受和服从；学校实行强制管理，缺乏民主和信任感，学生经常处于怀疑和恐惧的状态之中。他非常希望看到一个更好的教育制度、一种给学生“自由学习”的环境，而不是一种高度组织了的学习环境，因此他倡导一种不同于传统教学的方式，即以学生为中心的“非指导性教学”。“非指导”并不是不要教师的指导，而是教师以另一种形式对学生进行指导，即教师的指导是间接性、非命令式的，而非传统教学中那种直接告诉、简单命令、详细指示式的指导。罗杰斯一再强调：“教师应把学生的感情和问题所在放在教学过程的中心地位，自己的发言要有所节制。”“我们不能直接地传授给他人，我们只能使他人的学习得以容易地展开。”因此，“非指导性教学”的要旨在于，学生是教学活动的中心，学生通过自我反省活动及情感体验，在融洽的心理气氛中自由地表现自我、认识自我，最后达到改变自我、实现自我。它不仅是罗杰斯提出的一种教学策略，更是一种教学设计模式、教学思想。

（四）学生自我评价和教师鼓励性评价相结合的课程评价方式

罗杰斯认为，教师用分数或其他手段对学生的学习结果进行评价，实际上是对学习的干预，因为所谓的标准测验只是要求学生记住所学的东西，做出一些正确答案。这种评价方式的实质是，把学生的能力和熟练程度与别人作比较。而事实上，学习是学生个人的事，没有人可以真正了解另一个人学到了什么、学到了多少，只有自己最清楚自己学得怎样，因此他主张进行自我评价。

人本主义课程理论具有重要的理论价值和现实意义。它充分肯定了学生的主体地位，认为学生是有自我实现需要的“完满”的人，主张知情合一，倡导以学生为中心的教学；强调课堂教学不应停留于识记知识的水平，而应通过传授知识促进学生人格的建设性变化；主张教学中重视学生的情感作用，创设良好的教学氛围，建立新型的师生关系，使学生主动、愉快地学习等等。这些对于调动学生学习的积极性、充分发挥学生的潜能和创造力无疑具有积极的意义。有学者评价说：“它具有使人们行动起来的能力，使他们感到更自由，更坦率，更加具备适应能力。”但是，其局限性也比较明显。过于强调以学生为中心，教师只是促进者，会削弱教师在教学中应具有的地位和作用，容易形成学生的放任自流。在目标、内容、进程、方法和评价等方面都以学生为中心，很可能影响学生系统知识的获取，使学生在学习上走弯路，浪费学习时间。

第三节　社会中心课程理论

社会中心课程理论强调以社会问题为中心，通过对社会问题的分析来进行课程设计。它赞同打破传统学科课程的界限，但其方法不是以学生的活动来组织课程，而是以社会现实问题为核心来设计课程。这一倾向的课程理论有代表性的是社会改造主义课程理论。

社会改造主义课程理论于 20 世纪 30 年代产生于美国，主要代表人物是康茨、拉格和布拉梅尔德（T. Brameld）等，其课程主张主要有以下几个方面：

一、改造社会的课程终极目的

社会改造主义者认为，社会需要进行持续不断的改造和变化，这种改造和变化需要利用教育。教育可以推动社会的变化，设计并实现理想的社会。而学生中心课程实质上是在帮助学生“适应”社会，不是使学生“改造”社会。尽管社会改造主义者也强调课程的经验性质，主张人的经验是第一位的，但是他们所谓的经验不同于学生中心课程所强调的个人经验，而主要是指团体经验。团体经验的实质在于改造社会，因此课程的最终目的是要发展学生改造现实社会的各种能力，如参加社会运动的能力、塑造新的社会秩序与社会文化的能力等，从而帮助学生摆脱对社会制度奴隶般的顺从，明确社会改革的需要，积极参与社会改革实践，成为改造社会、推动社会发展的主人。

二、以社会问题为中心的课程组织

社会改造主义者对当时的课程提出了尖锐的批评。拉格认为，现存课程主要的问题是传授过去的知识，而无视当前社会中的问题，因此学生将无力解决未来的社会问题。布拉梅尔德也指出，现存学校课程就其结构来说，是一种过了时的“鸡蛋筐”式的课程，被划分成各自独立、相互不联系的学科，各门学科的教材之间只有很少的或毫无意义的联系，是“一个不相连贯的教材的大杂烩”。

鉴于此，他们认为，学校课程应从社会问题中产生。康茨指出，美国遗产中的民主主义和平等主义尽管具有永久的文化价值，但是要对它们进行改造，使之与现代工业社会相结合。课程还应当包括一些重要课题，如贫困与种族歧视、环境污染、战争等。这些问题都与现实社会息息相关，对这些问题进行分析，可以培养学生关心社会的积极态度和解决社会问题的能力。

三、民主的学习过程

布拉梅尔德认为，民主的目的只有通过民主的过程才能真正得以实现，学校教育的过程应该成为一种民主的过程。为此，他把学生的学习过程分成了以下四个较为民主的阶段：

（一）证据阶段

团体中每一个学习者从各种材料中获得证据，提出自己的意见或观点。这些材料的来源主要是直接经验和间接经验。

（二）交流阶段

学习者之间相互交流意见和观点，相互影响。直接经验和间接经验都可以用来交流，并且这种交流是互惠的，它可以使双方对各自的观点有更深刻的理解。

（三）协商阶段

学习者对各种认识和价值标准等进行商讨，以获得一致的看法。能否形成一致的看法，取决于经验证据的数量、质量以及交流是否充分。

（四）行动阶段

通过在实际情境中直接或间接地应用来检验和证实达成一致的观点和看法，而且尽管学习者交流协商所达成的一致观点和看法存在少数反对力量，但是也应该作为制定政策或采取行动的依据。这就如同在政治生活中一样，少数派的反对并不意味着他们可以拒绝实践多数人制定的合法化的政策。

四、“劝说”的教学方法

社会改造主义者对当时学校所使用的大多数教学方法持批评的态度，认为这些教学方法具有一种隐蔽性，支持并加强传统的价值和现状，它使学生接受现存的价值观念、适应现存的生活模式。在这个过程中，教师通过他们的教育方法和过程来维持社会现状，教师实际上成为传统价值和观念的维护者，而教师对此却并不知情。

社会改造主义者以改造社会作为学校教育和课程的终极目的。为了实现这个目的，他们提出了关于教学方法的主张。布拉梅尔德主张“劝说”法。他认为，教师应该劝说学生去改造他们所生活的社会。通过劝说，使学生清楚地了解社会改造的重要意义和必要性，使他们形成达到“社会一致”理想的奉献精神，并为实现这一理想做准备。

五、教师应担负社会改造的责任

社会改造主义者极为重视教师在社会发展中的作用。康茨指出，教师应该成为学校与社会之间联系的桥梁，主动思考社会未来的发展方向，向学生和社会阐明社会的发展前景并鼓励学生去实现这种前景。作为领导者，教师不仅要关心学校事务，而且要在相互冲突的目标和价值中做出选择，在有争议的政治、经济和道德等问题上保持自己的立场，成为政策的制定者。

第四节　课程理论的当代进展

在社会各领域相互交融、多元发展的时代背景下，20世纪70年代以来，课程研究者也积极吸取其他学科的理论和思想，并将其运用到对课程问题的理解和反思中，使课程理论有了新的发展，呈现出多姿多彩的研究景象。

一、诠释学课程理论

诠释学课程理论以当代西方哲学中的现象学、诠释学为理论基础，着眼于个体自我意识的提升与自我经验的重构。其主要代表人物有美国的派纳（Pinar）、格鲁梅特（M. R. Grumet）和加拿大的范梅南（M. Van Manen）、史密斯（D. J. Smith）等。

在课程本质观上，这一课程理论对传统“知识课程观”进行了批判，并对“课程”一词进行了概念重建。派纳认为：“课程是一种特别复杂的对话，课程不再是一个产品而更是一个过程。它已成为一个动词、一种行动、一种社会实践、一种个人意义以及一种公众希望。”他将“课程”（curriculum）一词回复到该词的拉丁文词根“currere”。从词源学上来讲，作为名词的“curriculum”原始意义是“跑道”（race course）。在这里，课程是静态的、预设的，但是作为动词的“currere”（跑，跑的体验）却有着截然不同的内涵。它关注跑的动态过程与奔跑时主体产生的体验。于是，课程不再是学科知识的代名词，而成为学生体验的统一体，从而被赋予了动态的、个体的含义。这些主张体现了对课程本质的看法由“课程是学科知识”向“课程是生活经验的重构”的转变。

在课程目的观上，针对传统课程对人性的压抑和对个人主体的偏执，这一课程理论将解放主体性作为课程追求的目的。派纳认为，当今课程的主要弊端在于对自我意识的压抑和对个性的扭曲，它限制和剥夺了学生作为主体的自由体验、探究与表达的权利。要使被束缚的主体性解放出来，就应恢复和提高学生对“自我”的意识水平和感受能力。概念重建后的课程就是要通过个体对生活体验的反思与解释，最终将其主体性解放出来。认识到西方个人主义传统易于导致个人主体的过度张扬，派纳强调个人、他人与社会之间的有机统一，不能将解放看作针对某一孤立的个体进行的工作。史密斯则借鉴了东方的禅宗智慧，认为应该放弃区分自我与他人的企图，因为这二者是相辅相成的。既不应把自我与他人看成彼此独立的个体，同样也不应否定自我与他人的存在。

在课程内容观上，诠释学课程理论认为实证科学控制下的课程知识无助于提升自我意识水平。要实现解放主体性并建构交互主体性的目的，课程就应该关注学生在生活世界中的体验和生活经验，从而发现主体作为意义建构者的地位和价值，因此这一派的课程论者将“生活体验”作为课程内容的源泉。派纳认为，为使文本阅读成为个体解放活动，注意的焦点就应由文本转向由文本、读者的即时反应和读者的“传记性情境”构成的生活连续体，其中主体的传记性情境是这个连续体的核心，它是主体生活体验的记载。范梅南明确指出，课程研究是以“生活体验”为研究对象的，其目的在于追问生活世界中教育事件的本质和意义。他认为反思所获得的知识与其他知识相比更有价值，“这一机智行动的、蕴涵着思想的身体知识给我们的日常的普通行为和经历赋予了一种关心性的、思维的品质”。

二、社会批判课程理论

社会批判课程理论主要以德国法兰克福学派的“社会批判理论”为基础，把批判性的分析课程的社会背景因素（政治的、经济的和文化的等）作为课程研究的重心，意识形态色彩相当浓厚。其主要代表人物有英国的伯恩斯坦、法国的布迪厄（P. Bourdieu）和美国的阿普尔（M. Apple）、吉鲁（H. A. Giroux）等。

在课程本质观上，社会批判课程论者将课程视为“反思性实践”，认为课程不只是一套要实施的行动计划，它还是一个行动过程，是通过主体的行动和反思问题的动态相互作用而得以开展的。因此，课程是在真实的学习情境中建构起来的，不是某些人在一个虚拟的情境中为其所想象的学生设计的，课程是师生对所有知识进行批判性反思的具有创造意义的实践过程。

在课程目的观上，这一课程理论主张培养学生的批判意识和批判能力，以实现社会正义和人类解放。吉鲁认为学校课程不是要学生适应或顺从社会制度，而是“培养学生成为批判的公民，反省班级和其他教育场所之中权力和权威的运作，了解制度和文化不平等对某些团体的排挤、对某些知识形式的压迫和对批判对话的禁止”。学校课程的目的在于：（1）激发学生的反省和批判意识与能力，抵抗社会不公正，获得自我的解放；（2）提升学生的历史意识，使学生了解不同历史条件下知识的传递、分配等有关意识形态的问题，帮助学生形成集体的批判意识和消除“文化霸权”的控制；（3）加强实践行动，将“认知”和“行动”结合起来，在对广泛的社会、政治、经济、文化现象具体把握的基础上，采取适切的行动，促进社会平等和正义。

在课程内容观上，社会批判课程论者将知识分成三种类型，即实证性知识、解释性知识和再生性知识。实证性知识是指围绕生产效率、科学技术而组织的知识；解释性知识是指帮助个体形成日常生活行为的知识，一般通过对历史发展的描述分析和对社会状况的考察获得；再生性知识则是帮助人们理解社会关系如何形成、如何由权力关系制约，从而发展人的批判意识的知识。吉鲁指出，三种知识中再生性知识是真正有用的知识，是应该追求的知识。再生性知识具有两个性质：一是能够提供批判主流知识形式的基础；二是有助于发展挑战所有支配形式的策略，并同时形成主动社群的民主形式。也就是说，学校课程必须能够增进历史上被排除在主流文化之外的学生（如劳工阶级的子女）的社会分析能力，并能够指出促进社会转型的行动。这种课程不能以共同文化、高级文化或经典文化来涵盖，而是要容纳多元多样团体的文化资本，重视大众文化的价值，把与主流文化相异的价值、观念、思想引进课程领域，产生文本的“离心”现象。

在课程实施观上，这一课程理论认为课堂教学不是系统知识传授的场所，而是学生实践的场所，“在教师的指引下直接参与认知的活动……它可以是像艺术、游戏一样活动，也可能是慎思性的思考，但最后它应该是‘批判’的活动”。在这个过程中，学生是“批判者”，不能把文本作为单纯地继承下来的知识，要在教学过程中对文本进行批判和重新解读，分析过去是如何影响现在的以及现在是如何诠释过去的，了解现存的历史如何以专断和整体化的叙事让某些人的声音隐而不显，来呈现主流的正义言说。学生要参与批判性的讨论、共同协作，通过自己的“声音”来重构历史，重写自我经验，颠覆、挑战或转化主流意识。当然，学生带到学校中的经验也不能照单全收，教师必须对学生“促进人类基本价值”与“导致破坏人类基本价值”的行为进行区分，只有前者才意味着“对自由与解放的追求”以及“为反对支配与服从而进行的斗争”。

三、后现代主义课程理论

后现代主义课程理论以后现代主义为出发点，站在后现代的立场对课程问题进行了全面的解读，提出了许多新颖而独到的观点。其主要代表人物有美国的多尔（W. E. Doll）、斯莱特里（P. Slattery）等。

在课程本质观上，后现代主义课程理论把课程看成是学生生成与创造经验的过程；认为学生的现实经验和可能生活是课程的依据，课程不是由教育行政部门或学校对学生发展的“规定”，而是学生依据自己的经验进行的再创造。多尔指出，以往更多的是把课程当作一种文本，而忽视了学生的经历和体验。事实上，课程并不是预先设计的文本，课程的展开过程就是课程的生成过程，也是教师和学生发展的过程，因此不必制定非常完备、具体的课程文本，而是要给师生留出足够大的空间，使他们在实践中共同创造课程。

在课程目的观上，后现代主义课程理论反对目标的外设性、还原性、再现性和封闭性，把课程目标看成是开放的、生成的、流变的。多尔认为，课程作为一个自组织的过程，其最终目标是无法预测的。因此，课程目标应采取一种“一般的、宽松的、多少带点儿不确定性的方式”。课程目标“不仅单纯地先于行动，而且产生于行动之中”，是合作的、发展的，它利用意外性，指向“背景性认识”而非“技术性认识”，帮助学生获得“各种描述的不断扩展的全部技术”。

在课程内容观上，后现代主义课程理论强调文化、知识的多元性，强调文化知识间通过对话形成有机性特征，强调学生对课程内容的生成或创造。多尔提出了课程的“4R”标准，即丰富性（rich）、回归性（recursive）、关联性（relational）和严密性（rigorous）。关联性包括两种联系：教育的联系和文化的联系。前者注重课程结构的内在联系，课程文本被当作需要修改的而不是必须遵从的材料，要求学生重新组织呈现的材料，选择或重新设计课程的内在结构，并将其同自己联系起来，因此课程是由课堂社区来创造的，而不是由课本作者来决定的。后者则是指课程之外的文化或宇宙观联系，强调课程的地方性、背景性或境域性，提倡通过对话使地方性文化扩展开来。

在课程实施观上，后现代主义课程理论把课程实施视为一个诠释与创造的过程、交往与对话的过程。多尔将课程实施看成是一个“舞蹈”的过程，认为这种课程的舞步虽然是模式化的，但却是独特的，是两个舞伴之间——教师与课本、教师与学生、学生与课本——交互作用的结果。这一过程不是教师直接对学生的作用，它更多的是来自师生、生生、生本之间的对话与交流，更注重的是学生与教师的个人反思，因此，“开放的、互动的、共同的会话是构成后现代课程的关键”。在这个过程中，学生和教师都是课程的开发者和创造者，课程是师生共同探索新知的发展过程。

在课程评价观上，后现代主义课程理论认为课程评价不是要评判学生对目标的达成度，而在于考查学生获得了怎样的发展。多尔指出：“评价模式不再以偏离规范和标准的程度——一种欠缺的概念，而是以生产的质量——一种启发性的、不易于测量的概念来衡量。”事先确定的课程目标并非终极的标准，而是课程活动转化的起点，它随着课程活动的展开而不断丰富。对此，多尔做了一个形象的比喻：“开放的、转变性的系统本质上总是流动的，总是处于（热）动态的相互作用和调和之中。在这一过程中，吸引中心的确存在，但通常如出现时一样迅速地消散（如流动的溪水或起伏的云）。而且，正是转变的过程要求将达到的目标反馈（重复）到系统中，以促使这一过程的继续。”

四、生态主义课程理论

生态主义课程理论以生态主义为出发点，运用生态主义的基本观点对课程问题进行了重新思考，形成了自身的理论特色。其主要代表人物是美国的卡普拉（F. Capra）。

在课程价值观上，生态主义课程主张摒弃西方对自然的二元论、还原论和功利主义态度，真正确立起系统整体观念、民主平等原则、尊重差异的思想以及动态发展的观点，处理好人与自然、人与社会、人与人、人与自我的辩证关系。具体来说，课程应体现以下价值理念，即增进对自然的理解、尊重与保护。生态主义课程价值的首要理念就在于它致力于增进学生对自然的理解、尊重和保护，促进正确自然观的形成，增强社会发展的可持续性。课程价值也定位于促进社会可持续发展观的形成，提升社会发展的可持续性。提升文化发展的生态化。生态文化代表了当代文化发展的方向，保护和促进文化生态的形成和发展是课程的一个重要职责。促进个体发展的和谐性，促进个体身心的全面和谐发展，并使他们领略生命的意义、感悟生活的真谛，这是课程永恒的追求。

在课程目标观上，生态主义课程致力于人的自然性、社会性和自主性的和谐健康发展，注重一致性与差异性的统一、理性与非理性的统一、意识与潜意识的统一以及个体需要与社会需要的辩证统一，以培养自由和解放的公民。值得注意的是，通常确定课程目标的依据有三个方面：对学生的研究、对社会的研究、对学科的研究。自然被排斥在课程目标的来源之外。事实上，自然、社会、文化是一个有机统一的整体，自然是人类获得生命、灵感、智慧和激情的温馨家园，应该是课程目标的来源之一，因此增强学生对自然的认识和了解，学会与自然和谐共存的技能，培养他们尊重自然、热爱自然的态度，形成维护生态平衡，与自我、社会、文化、自然环境和谐共存的价值观，都应成为课程目标的重要内容。

在课程内容观上，生态主义课程主张将各种课程资源整合起来，使之成为一个有机整体。具体来说，就是要打破把以强调系统知识传授为主的教材作为单一课程资源的状况，综合考察自然环境资源、社会环境资源、文化资源以及学生自身经验资源等各个要素，并将各要素纳入到课程中来。这种课程的设计应遵循和谐、联系和发展的理念。和谐的理念包含三方面的内涵：天人和谐、人际和谐与身心和谐。这是课程设计的首要前提。联系的理念就是指反对二元对立的思维方式，将自然环境、社会进步、文化发展以及学生个体的成长看成一个整体，将课程看成是学生个体与自然环境、社会进步与文化发展之间交互作用而获得的整体的教育性经验。发展的理念是指课程设计以推动自然、社会、文化和学生个体的发展为目的，即致力于推动自然生态的良性演化发展、社会的可持续发展、文化的生态化发展以及学生个体的和谐发展。

在课程实施观上，生态主义课程主张将生态意识整合、渗透到整个教学过程中。注重知识与知识之间的内在联系，注重学习经验、自然界以及生活本身的联系，注重课堂与社会的密切联系。摒弃单一的课堂教学形式，提倡学生深入社会进行实地考察、到大自然中去研究等教育形式。同时，在教学过程中，既要关注学生外在学习环境的平衡和保护，如注重学校建筑、教室布置等自然环境的整体和谐，也要注重学生个体内部心理品质的生态平衡，如情感、态度、潜意识等方面。

五、课程理论的发展趋势

随着社会的变迁、时代的发展，人类社会呈现出了新的发展面貌。课程作为一种特殊的社会现象，自然也体现了一些新的时代特征。在新的社会状况下，课程理论总体上呈现出以下发展趋势：

（一）课程理论的发展将更为繁荣

人类社会经历了一个漫长的发展过程。时至今日，社会的生产力和科学技术水平已经达到了一个相当高的阶段。这些在古代社会是无法想象的。在不久的将来，社会将发展到何种水平、达到何种高度，也难以得出准确的推论。

社会的发展程度越高，社会的组成部分就越复杂，各领域间充斥的问题也就越多。在当代社会，由于科学技术的迅猛发展，人们的生产生活方式发生了巨大的变化，新事物不断涌现，传统的观念和思想也不断被颠覆。课程领域主要涉及目标、内容、教师、学生等要素，在当前社会背景下，这些要素的特点和作用也都发生了极大的变化，比如，在信息时代，知识的更新速度加快、半衰期日益缩短；学生可以从多种渠道获取知识和信息，而不再仅仅依赖书本和教师；教师的权威受到挑战等等。面对这些新变化，人们必然会对这些要素进行重新审视和思考，发展与此相适应的、能够更好地促进人的发展的课程理论。这样，新的课程理论就会产生和形成。这个过程是一个持续不断的发展过程，社会发展程度越高，课程理论的更新和发展就越快。而且，新的社会状况所产生的新的教育问题也越来越多，如新近受到重视的终身教育、多元文化教育等，这些都会对课程理论产生新的要求，也将促进课程理论的丰富和繁荣发展。

（二）课程理论的视野将更为开阔

在当前的社会状况下，各学科在原有的基础上都获得了新的发展和进步，而且学科间的壁垒不断被打破，知识已经不再局限于单一门类的自主发展。不同学科之间彼此渗透、相互借鉴成为知识发展的一个重要趋势。交叉学科的形成就是这种趋势的体现。

课程理论也从中获得了新的发展机遇。不少学者运用其他学科的方法论来对课程问题进行解读，从而形成了诸多新的课程理解方式，如从政治学的角度理解课程、从美学的角度理解课程、从神学的角度理解课程、从生态学的角度理解课程等。肖特（E. C. Short）在 1991 年出版的《课程探究的形式》一书中就列出了课程研究的 17 种方式：分析性的、扩充性的、推测性的、历史性的、科学性的、人种志的、叙述性的、美学的、现象学的、解释学的、理论性的、规范性的、批判性的、评价性的、整合性的、慎思性的和行动研究。时至今日，课程研究的方式和方法只能是日渐增多。在新的研究方式下，课程理论必将获得新的发展。

（三）课程理论的地位将更为独立

1918 年，课程开始成为一个专门的研究领域。在此之后不到百年的时间里，课程理论取得了令人瞩目的发展成就。在这个过程中，其他学科的进展为课程理论的发展提供了诸多启发和方法论基础，但是也正因为如此，不少学者对课程理论的独立地位产生了怀疑，认为课程理论打上了其他学科的烙印，几乎变成了其他学科的依附品，成为其他学科的应用领域，其自身的独立地位正在日渐消失。

对于这种观点，我们认为，在当今时代背景下，任何学科的发展都不能固守于自身领域之内，不同学科间应相互学习、相互借鉴，以从中获得新的发展动因。因为单就某一个领域来说，其涉及的范围是有限的，而借鉴其他学科的理论或运用其他学科的方法来对本领域进行研究，则扩大了本领域研究的视野，能够帮助我们更好地理解相关问题，从而合理地提出解决的办法。

在这个过程中，其他学科的理论和方法只是我们用以解决问题的辅助手段或途径。因此，对于课程理论来说，尽管新的理解方式使人感到眼花缭乱、纷繁复杂，但是，其他学科的理论和方法不过是我们研究课程的手段，我们最终的目的仍然是为了分析和理解现实中的课程现象和课程问题，并提供良好的解决办法。况且，课程理论从来没有离开过它所要探讨的课程问题，如课程目标、课程内容、学生、教师等要素。因此，无论现在还是将来，只要课程论的学科地位不变，课程理论就不会走向“依附”，而是更加独立、自主。

第四章　课程设计

第一节　课程设计概述

课程设计作为课程领域的一项复杂而系统的活动，要获得它的一般认识，就必须首先探讨它的活动本质、活动主体以及活动原则等重要内容。

一、课程设计的概念

迄今为止，在课程设计“究竟是什么”的问题上，学者们已给予了不同的回答。尽管这些回答存在差异，但每种回答都揭示出了课程设计的某些重要特征，因此这里有必要从三个维度出发，对课程设计的主要特征进行系统的归纳和总结，以便获得全面而系统的认识。

表：“课程设计”概念的代表性观点

代表人物	对课程设计的界定
菲利普·泰勒	是指那些经过精心计划的活动，通过这些活动，设计出各种学程、获得方案
克莱因	是指课程的组织形式或结构，也就是对课程的各种因素的安排，它基于理论基础和方法技术两个层面

（续表）

代表人物	对课程设计的界定
盖伊	是撰写教学目标、内容、活动和评价程序的技术，是课程决定中的最后产物
奥恩斯坦	是对课程进行构思和对课程的主要组成部分（学科材料内容、教学方法和资料、学习者的经验或活动）做出安排的方式，借以为我们编制课程提供定向和指导
王策三	课程设计就是制定课程，包括制订教学计划（学校课程标准）、编写教学大纲（学科课程标准）和教科书
靳玉乐	课程设计是一个有目的、有计划、有结构地产生课程计划、分科课程标准以及教材、教科书等的系统化活动
廖哲勋 田慧生	是按照育人的要求和课程内部各要素、各成分之间的必然联系而制订一定学校的课程计划、课程标准和编制各种教材的过程，是课程建设系统工程的一个组成部分
黄光雄 蔡清田	是一种教育实务工作，而不是一种纯粹理论的研究，旨在设计一套课程产品系统，以达成教育目标，而不只是去解释现有的课程现象

这里可以把课程设计看作这样一种活动，即课程设计主体以既有的课程理论或通过专门研究而建构的理论为基础，采用一定的实践模式，使用一些具体的方法或技术，有计划、有组织、有系统地对课程目标、课程内容、课程实施和课程评价等课程领域内的要素做出某种安排或不同程度的变革，从而为学校教育提供实现教育目标所需要的课程。

二、课程设计的主体

在不同国家和地区，参与课程设计的实际主体存在着差异。这说明在课程领域中，课程设计的主体本身就具有多元性和复杂性。为了全面地把握课程设计的主体，这里从两种视角对这些主体进行分析和说明。

（一）从教育行政层级看课程设计的主体

不同国家的课程设计主体与该国的课程管理制度或教育行政建制密切相关。一般来讲，在中央集权制的国家，课程设计往往由国家教育行政部门组织或委托特定的机构、团体或人员专门进行，地方教育行政部门、机构、学校或团体往往不能成为课程设计的主体。在地方分权制的国家，国家教育行政部门往往并不直接参与课程设计，而地方教育行政部门、机构、学校或团体往往成为课程设计的主体。从 20 世纪后半叶开始，随着世界上主要国家在课程管理制度变革上的相互影响，原先在课程设计上采取中央集权制的国家和地方分权制的国家开始呈现折中的趋势。这表现为：主要由国家教育行政部门作为课程设计主体的国家，开始承认地方教育行政部门、机构、学校或团体的课程设计主体地位。而主要由地方教育行政部门、机构、教师或团体作为课程设计主体的国家，国家教育行政部门开始逐渐收回课程设计的部分权力，增强国家教育行政部门在课程设计中的影响力。

（二）从参与者的身份或角色看课程设计的主体

从世界各国课程设计者的身份或角色来看，课程设计主体主要有以下五类群体：

第一类群体是教育管理者，主要包括国家或地方层面的课程（或教育）决策者以及个别国家的学校校长等。这些主体受到政府的委派，他们通过直接参与或监督课程设计的过程来确保国家或地方课程（或教育）政策在课程设计中获得落实。

第二类群体是课程（或教育）专家，主要包括在教师教育机构、教育研究机构等部门从事课程（或教育）研究的教育理论工作者。这些主体为课程设计提供理论基础和技术指导，或直接参与国家、地方或学校层面的课程设计工作。

第三类群体是学科专家，主要包括在综合性大学或专门机构从事某学科领域研究的科学家或研究者。这些主体从学科发展的视角出发，为学科课程的目标、内容、实施和评价等要素的设计提供建议和帮助。在一些主要国家的某些课程改革中，这类群体甚至成为课程设计的核心主体。

第四类群体是教师。教师作为课程设计的主体在许多国家都受到重视，我国从 2001 年开始的基础教育课程改革也格外重视教师在课程设计中的主体地位。实际上，课程领域的一些重要事务，比如活动课程、潜在课程以及各种课程的实施等，都需要经过学校中的教师进行设计或再设计。不仅如此，教师参与课程设计的程度直接影响着课程设计的质量。

第五类群体是课程的其他利益相关者，包括课程教材的出版者、某些教育委员会的人员、教育文化机构的人员、学生、家长、社区人士等。

从整体上看，在不同国家中，课程设计主体的身份或角色以及参与的程度等方面都存在着差异。

三、课程设计的原则

课程设计者要高效地进行课程设计，就必须遵循课程设计活动的规律。

课程设计的原则就是为遵循课程设计活动的规律而制定的、用以规范和指导课程设计工作的基本要求或准则。到目前为止，课程理论工作者与实践工作者已经提出了诸多的课程设计原则。其中，有些原则源自学理的演绎，有些原则源自课程设计的实践经验，但它们都对课程设计工作具有较大的指导作用。总体来讲，主要有以下七个原则：

1. 发展原则；
2. 系统原则；
3. 合作原则；
4. 探究原则；
5. 责权对等原则；
6. 历史性与时代性相统一的原则；
7. 学术性与政策性相统一的原则。

第二节　课程设计的模式

课程设计模式是根据课程理论或规律形成的、相对结构化和稳定化的课程设计操作程序及其策略体系，它是对课程设计思路的一种概括性和简约性描述，是连接课程理论和课程实践的“桥梁”。在课程论的学科化过程中，由于受到不同的意识形态、技术、认识论、心理学、社会学和社会背景等因素的影响，先后出现了不同的课程设计模式。这些模式为课程设计工作提供了方法论的指导，体现了人们对课程设计活动的多元理解和实践。总体来看，在课程设计中，具有较大影响和系统性的模式主要有：目标模式、过程模式、情境模式、自然模式等。了解这些模式，有助于把握人们在整个课程领域的实践活动。

一、目标模式

目标模式是课程设计者以确定教育目标为始点，展开课程设计工作的一种操作程序和策略体系。这种模式又被称为技术性模式或工学模式。最早提出目标模式的学者是博比特，经拉尔夫·泰勒的系统化后形成了泰勒模式。

其后，塔巴、惠勒和索托等学者针对泰勒模式的缺陷进行了补充和发展，逐渐成为课程设计领域影响最为深远的经典模式。

泰勒的目标模式。目标模式最早源于博比特提出的“活动分析”课程设计方法，但作为一种课程设计模式被确定下来却是由泰勒完成的。实际上，泰勒主要通过《课程与教学的基本原理》确定了课程设计的目标模式，因此这里从“泰勒原理”的主要内容出发，简要地描述其中包含的课程设计思路。泰勒把课程设计主要分为四个步骤，他认为课程设计者应该首先确立教育目标。

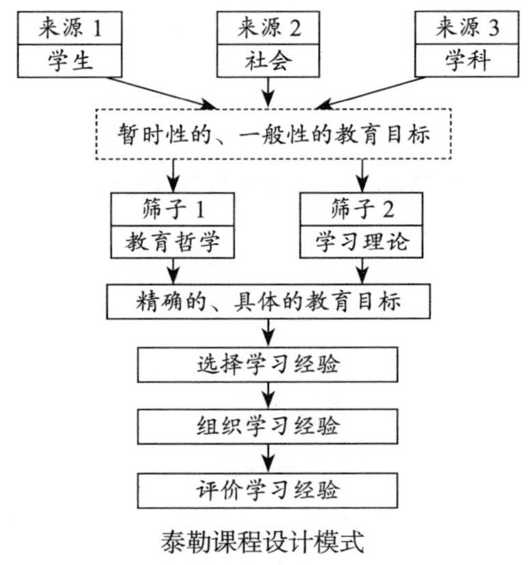

泰勒课程设计模式

目标模式经过诸多学者的补充和发展，逐渐形成了一系列的显著特征。第一，它以明确而具体的行为目标作为课程设计的中心，其他设计步骤都围绕着预先设定的行为目标进行。第二，它强调目标的行为导向，要求确立明确而具体的外显性行为目标。第三，它重视目标的结构性，要求按不同的层次水平将各项目标组成一个完整的目标体系，例如博比特将目标体系分为终极目标和渐进目标。惠勒将目标体系分为远期目标、中期目标、近期目标。布鲁姆将目标具体地分为三个领域，每个领域又分为若干层次。克拉斯沃尔（D. R. Krathwohl）将目标体系分成课程目标、学科目标、行为目标。这些划分揭示了目标之间的相互关联及其层次性，使课程目标构成一个连续的体系。第四，它主张目标的价值中立，认为教育是一门科学而不是一门艺术，课程设计仅是一个技术问题，就像工程技术理论一样不受社会价值标准的约束，它只是为某一既定目标的实现提供手段，其本身可以单独由经验方法来确定，因而也拒绝对目标进行价值判断。第五，它以社会为出发点，强调学生对社会生活的适应，因而特别注重教师的作用。

从某种意义来讲，教育目标或课程目标在课程设计中的重要作用是不言而喻的，目标模式强调设定目标并将其作为课程设计的始点，这有助于课程设计工作的开展。首先，目标模式对明确具体的行为目标的强调，改变了过去教育目标表述过于笼统以致难以把握的状况，极大地推动了课程设计活动的科学化、专业化进程。其次，目标模式在某种程度上促进了教育测量与教育评价的作用，加快了标准化测验的完善进程。再次，目标模式提出的基本问题成为其他课程设计模式都必须思考的基本问题，其形成的严密而系统的课程设计思路，为其他的课程设计模式的产生提供了榜样或反思对象。

但是，目标模式是以科学实证主义哲学和行为主义心理学为理论基础的课程设计思路，由于这些理论基础自身的缺陷，目标模式也存在诸多的片面性或局限性。第一，它忽视了课程结构的整体性，把由多种成分或多种要素组成的课程结构整体分割开来，片面强调目标的特殊性，将目标置于至高无上的地位，凌驾于其他各要素之上。这种设计思想，与现代课程设计注重系统化的科学方法论格格不入，它企图以局部的分析代替全面的总体设计，其结果必然导致种种偏差或失误。第二，它仅仅强调教育是一门科学而看不到教育也是一门艺术，割裂了教育过程中的事实与价值，看不到教育过程是一个价值创造和意义诠释的过程，从而使课程设计局限于技术理性的框架之中，导致课程设计的机械性和缺乏艺术性。第三，它强调目标的具体性、可预期性和行为化，却忽视了非预期的学习结果，这样的课程设计只看到了正式课程而忽视了潜在课程，因而是一种不全面的课程设计。第四，它在根本上重视训练的机制，却忽视了对教育内涵的真正把握。这种教育把学校看作工厂，把学生看作原料，强调经过“输入、输出”的过程把学生训练成具有特定性格的社会成员，因而它必然导致学生主体地位的失落，压抑他们的积极性、主动性、独立性和创造性。

二、过程模式

针对目标模式的不足与弊端，课程设计的过程模式应运而生，该模式又被称为历程模式。过程模式并不预先制定目标，而是详细地说明内容和过程中的各种原理，即过程模式强调在设计中详细地说明所要学习的内容、所要采取的方法以及活动中的同有标准，而学生所创造的“最终产品”并不按照行为被事先地指定出来，而是在事后借助那些建立在该知识形式中的标准来加以评价。因此，从某种意义上讲，如果说目标模式选择内容的依据属于“学习者行为中心”，那么，过程模式选择内容的依据则属于“知识中心”。主要代表人物有斯腾豪斯、布鲁纳、阿特金、巴恩斯等，他们的课程设计思想都是过程模式的重要组成部分。

1. 斯腾豪斯的过程模式

第一位明确地提出过程模式的学者是英国的斯腾豪斯。他认为，过程模式比目标模式更适合于那些以知识和理解为中心的课程领域。斯腾豪斯的基本思想是：“人们可以通过详细说明内容和过程中的各种原理的方法来合乎理性地设计课程，而不必用目标预先指定所期望达成的结果。”他认为，可以从具有内在价值的知识形式中，挑选出那些足以体现该知识形式的内容，这些选择出来的内容，能够代表那些最重要的过程、最关键的概念和该知识的形式（或领域）中同有的标准。同时，对这样的内容进行选择，不是根据它所要引起的学生行为，而是根据它在多大程度上反映了该知识的形式，这种内容本身不需要从外部加以论证。斯腾豪斯以哲学为例，对过程模式如何应用于一切知识形式的课程设计做了说明。他说：“如果你确定了某个哲学课程的内容，确定了构成正确的哲学教学步骤的那些东西，并确定了评价学生学习情况的清楚的标准，那么你就是在进行着不用目标的理性设计。”由此可见，在过程模式的课程设计中不存在行为目标，教师并不刻意寻求在学生身上形成任何特定的观点或引起任何特定的反应，其所强调的不是行为目标，而是注重确定在处理某些争议问题过程中的一些原理。

2. 布鲁纳的过程模式

布鲁纳按照结构主义课程理论所设计的《人：一门学程》（简称 MACS），充分地体现了他在课程设计中持有的过程模式思想。MACS 是适用于 9 岁至 13 岁儿童的社会科学课程，包括教科书、影片、海报、录音带、参考资料和游戏等，它以行为科学的观点及心理学、社会学、人类学等的研究成果作为课程内容的主要依据。在教育目标方面，它只提出了三条基本原则：第一，了解在人类行为中什么是人性；第二，人性是如何发展起来的；第三，能否使人性获得进一步发展。

该课程设计没有叙述行为目标、教学目标或作业目标，它仅仅提供了一些题目和观念，要求由教师根据班级的特点、资料和实践自行修订使用，而且不提供任何特定的目标和评价工具。

在课程内容方面，则以上述三个含糊的主题为核心，根据社会科学和人类学的研究成果，让学生思考与人性相关的问题。其设计的概念主要有：第一，生命周期；第二，本能和习得的行为；第三，适应；第四，生物学上自然淘汰和选择；第五，结构与功能；第六，信息传播和沟通。

这些概念共同构成了 MACS 的学科结构，教师在这个课程中主要是引导学生进行探究和发现。同时，该课程强调学习的过程和方法，而非学习的结果；强调引导学生进行发问、收集资料、建立假设、验证假设与形成结论并对结论进行交流和反省等。

3. 阿特金的过程模式

阿特金于 1975 年在日本文部省召开的课程发展会议上提出的“罗生门模式”，体现了课程设计的过程模式思想。他认为，科学的课程设计如果只追求达成特定目标的效率，就会造成“教育公害”，因此必须加以防范，而防止产生这种“教育公害”的办法就是采用“罗生门模式”。阿特金借用了日本小说家芥川龙之介的小说《罗生门模式》之名，其主要表明了立场不同、观点互异者对同一事件或事实的看法会有所不同的观点。阿特金采纳这种思想，将其运用到课程设计之中，认为不管教学目标如何，要先观察教学活动引起的一切事情，分别让专家、教师、儿童或父母根据不同的观点做出评价。其课程论设计程序是：（1）设定一般目标；（2）实施有创造性的教学活动；（3）论述；（4）评价教学活动引起的结果。

4. 巴恩斯的过程模式

巴恩斯认为，课程设计并非必须从学习目标的制定开始，其也可以从学习内容或活动的设计开始，注重教和学的过程以及学生在学的过程中的体验或经验，给予学生进行自由创造的机会，形成多样化的学习结果。他认为，课程设计应该遵循一定的原则。这些原则应该反映课程设计者的价值观，他把这样的原则称为“程序原则”。他认为课程设计需要采取这样的步骤：一是建立程序原则，其包括属于整个课程的通则和属于特定题材的原则；二是运用程序原则来选择活动并指导教师在课程中的参与。程序原则具有多种类型，如用于选择活动的原则、用于选择内容的原则、用于选择问题的原则等。

三、情境模式

情境模式又称为环境模式或文化分析模式。这种模式既具有目标模式的特点，又具有过程模式的特点。这种模式的代表人物主要有斯基尔贝克、劳顿、索基特等。

1. 斯基尔贝克的情境模式

斯基尔贝克强调按不同学校各自的情况，通过对学校环境进行全面的分析和评估来设计课程，其基本假设是："课程设计应该针对单个的学校和它的教师。换句话说，以学校为单位的课程设计乃是促进学校活动真正行之有效的方式。"斯基尔贝克指出，课程设计仅仅是一种手段，通过这种手段，教师就可以使学生领悟到各种文化价值，学会各种用来对文化进行解释的思想方法和符号系统，从而对学生的经验进行改造。因此，这种模式不是在脱离现实的"真空"里制定各种课程方案，而是必然带着某种政治色彩，因为不同的社会阶级和阶层以及不同的意识形态，都在谋求对文化传递过程施加影响。

斯基尔贝克将进行课程设计的情境模式归纳为五个主要组成部分：分析情境，形成目标，设计方案，诠释与实施，检查、评价、反馈及重建。

2. 劳顿的情境模式

英国学者劳顿继承并进一步发展了斯基尔贝克的课程设计思想，提出了更详细的情境模式，该模式又被称为文化分析模式。劳顿认为，进行课程设计需要考虑三个方面的因素，即知识的本质、儿童的本性和社会情境。同时，他认为，教育的目标主要在于把文化中最重要的部分教授给学生，因此，如何合理地选择文化中的最重要的部分也就成为劳顿的"文化分析模式"力图解决的主要问题。

3. 索基特的情境模式

索基特认为课程设计的目标模式主要适用于技能发展的领域，因此他在课程设计的很多方面都支持斯基尔贝克的情境模式，认为情境模式有助于透过课程的结构来进行课程设计，但是他又受到过程模式的影响，认为课程设计可以通过程序原则或内容来完成。

4. 情境模式的评价

情境模式被誉为当代最具影响力的课程设计理论之一，是一种既体现了目标模式特征又包括了过程模式风格的综合化的课程设计理论，被视为一种具有操作性、适应性的课程设计模式。情境模式将课程设计置于文化背景和学校教育的具体环境中，以此来确定学生未来发展的目标，使目标既不空泛又不僵化；既充分考虑了学生当前发展的需要，又力图去满足未来发展的可能。在情境模式中，教师能为学生提供具有当代文化价值、诠释框架和符号系统的学习机会，让学生的经验与当前的教育情境相遇，生成新的经验和知识。从这个意义上看，情境模式在课程设计中更具有全面性、现实性、合理性和适切性，既克服了目标模式的机械性、固定性的弊端，又弥补了过程模式的无序性及理想化的不足。

四、自然模式

斯坦福大学教授沃克（D. F. Walker）通过对成功的课程设计进行实证研究，提出了课程设计的自然模式。自然模式针对目标模式过于强调目标在课程设计中的优先地位、使设计工作偏离中心的缺陷，认为这种模式不能反映传统教育中实际发生的课程设计现象，因为在实际的课程设计中，尽管也需要涉及目标，但它仅仅是课程设计工作的附属部分，并非主要部分，课程设计同时还包括许多其他的重要层面。基于此，沃克研究并参与了一项名为“科特林艺术课程”设计的实际过程。

（一）自然模式的主要内容

沃克的自然模式主要包括三个要素，即课程的立场、审议过程和设计过程。

首先，确定课程的立场是课程设计的自然模式的起始环节。它的重要任务在于明确课程设计人员的现有观念，其主要包括课程设计人员的信念、价值、假定、意象、理论、目的以及行动或决定的程序等。课程的立场为课程设计人员提供了实然的和应然的观念，是课程设计人员在构思所要设计的课程时需要共同遵循的准则或信念。

其次，进行审议是从课程立场到形成课程决策的过程。沃克的“审议”概念主要来自施瓦布，其认为在审议过程中，特定情境里的事实与目的和手段有关，因而需要将这些事实置于具体的个案或情境中并对其进行事实判断和价值判断，以便识别问题和明确目的，然后形成各种可供选择的解决方案并为这些方案提供辩护，最后决定最佳的解决方案。在此基础上，沃克指出课程设计的核心工作包括：课程设计人员找出决策点，形成决策点的各种备选方案，为各种备选方案提供辩护，从各个方面进行衡量并做出最佳的选择。沃克认为，为各种备选方案提供辩护是整个审议过程的核心，课程设计者需要从自己的课程立场出发。在审议过程中，课程设计者也可能需要通过收集额外的资料，从实证方面来肯定或进一步澄清自己的课程立场。而且，通过课程审议获得的结果可以作为先例，从而成为以后课程决策的依据。沃克把这些先例的全体称为“政策”。

再次，进行设计是根据审议结果去形成课程方案。沃克认为课程设计主要在于将课程中的各种抽象关系具体化，而对学生产生影响的因素是这些抽象关系，而非物品本身，因此他主张找出课程设计的架构来分析设计的要素及要素之间的关系，他认为在审议过程中所形成的一系列课程决定就是这种架构。他指出，在课程设计中，有些决定需要通过外在的审议过程预先地做出，这种决定可以称为外显的课程设计，但有些设计行为则由课程设计者内在地、自动地完成，其并没有经过外在的审议过程，因而不能称为决定，其属于内隐的课程设计。在自然模式中，课程设计的结果不是一组物品或行为目标或行为经验，而是一系列行为决定或课程方案。

第三节　课程设计的方法

课程设计的方法主要指课程设计者按照某种模式进行具体的课程设计时所采取的方式、手段或行为的统称。在课程的学科化运动与课程实践的发展中，已经产生了各种各样的课程设计方法。其中，以下一些方法在课程设计领域中具有重要的影响。

一、哲学或理论演绎法

在实证科学的方法尚未引入课程设计领域之前，课程设计主要是从一种"理想人"的培养或特定社会秩序的维持出发，其确定课程的标准或理由主要源于一定的哲学思想或政治形态，形成的具体课程或教学内容主要来自这些哲学思想或政治形态的演绎。这里把这种课程设计的方法称为哲学或理论演绎法。在古希腊、古罗马、欧洲中世纪和中国古代的教育中，课程设计基本上都采用这种方法，甚至到了20世纪，该方法在课程设计的一些模式中仍然依稀可见。哲学法或理论演绎法的特点在于：（1）从特定的哲学观、知识观或理想人的模型出发来演绎课程结构；（2）课程结构及其内容与特定阶级或阶层的教育理想密切相关；（3）课程设计活动具有较强的思辨性，缺乏实证的分析和研究。

二、主观法

主观法又叫判断法，其中的"主观"主要是相对于客观和实验而言的。在课程设计中，主观法主要指："设置什么学科，组织什么活动，选择什么教材，怎样组织安排等等，都是由某个人或集团的意志来决定的。"这种方法也是古今中外长期沿用的课程设计方法之一，其特点表现为：不经过实验，不调查实际情况，仅仅由专家、学者根据自己的愿望来编辑教材、选择活动，具有较大的随意性。从某种意义上讲，主观法主要是就形式而言的，因为从表面上看，选择和编写教材似乎是由某个人或某个社会集团决定的，但实质上，个人和集团的愿望不能脱离当时的社会背景，这也是社会客观现实的反映，归根结底取决于社会存在。因此，采用主观法进行的课程设计仍然具有客观性。

三、活动分析法

20 世纪 20 年代，美国课程专家博比特和查特斯等人提倡所谓的活动分析法，他们根据社会调查和统计分析来决定成人生活的基本领域和需要，进而编写课程目标。博比特指出："人类生活虽然极其复杂，但不外乎完成各种特殊的活动。为生活做准备的教育，就是要确定完全为这些活动而准备。这些活动对于社会来说，无论多么复杂，都是可以发现的。重要的一点，人们该深入到他们所处的世界中，去发现这些纷繁事务的具体情况。这些具体情况能够表达人的能力、态度、习惯、鉴赏力以及人类所需要的各种知识，这些将是课程的对象。"他在对社会生活活动做出大规模调查的基础上，将人类广泛的生活活动划分为十大类：（1）语言及社会沟通活动；（2）健康活动；（3）公民资格活动；（4）一般社交活动；（5）娱乐活动；（6）心理健康活动；（7）宗教活动；（8）双亲活动；（9）业余活动；（10）职业活动。博比特对此又做了进一步的详细分析，定出 821 个特殊而明确的目标，作为课程设计的基础。

苏联也有学者在课程设计中采用"个性——活动"分析法。他们从工人典型的活动及其相互关系中，分析出工人应具备的个性品质和才能模式，比如典型的技能主要包括机械技能、电力技能、自动化技能、组织技能；相应的知识主要包括自然现象、社会和心理现象方面的知识；典型关系主要包括直接发生的组织与经济关系，间接发生的道德、法律和审美联系。这些活动和关系，就构成了综合技术教育内容的理想模式。这种理想模式，结合某种具体时期、具体学校的实际，就产生出综合技术教育内容的具体模式。

四、青少年需求中心法

青少年需求中心法在 1940 年前后出现，它受进步主义教育的影响，倡导者是多恩（D. Oane）、艾伯特（H. Alberty）等人。这种方法的倡导者反对成人本位的课程，主张研究儿童，了解儿童的种种需求，然后再对社会需求加以考虑，从而选择和组织课程内容。这种方法强调详细分析儿童的共同需求，然后以这些需求为框架来选择和组织以学生发展为中心的课程内容体系。美国进步主义教育协会所属的中等学校课程委员会，曾以此提出了如下四个有关青少年基本生活侧面的主要需求：（1）个人生活；（2）个人之间的人际关系；（3）社会的公民关系；（4）经济关系。

五、经验法

所谓经验法，主要指设计什么学科、活动，选择什么教材，怎样组织等，都是根据从已有课程实践的经验教训中所获得的某种结论、认识或原则来做出选择或决定的。经验教训通常包括：教师、学生、家长有什么反应、分量如何等等。只要回顾新中国成立前后的教育就会发现，经验主义的方法曾是我国课程设计的主要方法，经常在删减或增加教材内容、加深或减轻教材度之间左右徘徊，这些行为缺乏科学的理论依据和实验基础。正如有人指出的："旧中国的小学历史、地理，时而又合在博物学之内。中学数学，开始分算术、代数、几合、三角，时而又改为混合数学。新中国诞生后，这些课程也时分时合。分或合产生的教学效果，我们缺乏切实可靠的实验根据，只能以常情论，小学重点在学好语文、算术；为了减轻负担，有利于儿童发育和为中学分科做准备，设社会常识和自然常识，是合情合理的，也是合乎儿童心理特点的。"其中，"只能以常情论"道出了经验法的根本特征。

六、实验法

实验法是指根据一定的理论研究和经验总结提出一种假设，然后设计出一定的课程并拿到一定学校、班级去试行，经过一段时间后取得各种数据，进行分析处理，获得相应的结论，肯定、否定或修改已有的课程。这种方法由来已久，西方从实验教育学开始，由局部的教学方法实验，逐步推广到课程、教材的实验。西方流行的“设计教学法”“道尔顿制”“莫礼生单元教学法”“程序教学法”等，尽管都是教学试验法，但首先是一种课程试验法。在美国，影响最大、意义最为深远的课程实验就是“八年研究”。我国制定的课程计划（或教学计划）、课程标准（或教学大纲）和编写的教材都有“试行”“试用”字样，在一定意义上也可以说是一种自然课程实验。

七、生活情境中心法

生活情境中心法又被称为问题领域法。1945 年前后，由斯特拉梅尔（F. B. Stralemyer）和艾伯特提出。他们认为，生活是儿童、成人共同追求社会理想的行为。撇开儿童，并无成人社会；离开了社会，亦无单独存在的儿童，因此应研究现实社会中现实的儿童，研究他们所处的实实在在的生活情境，从中发现问题，并以这些最基本的问题领域作为选择和组织课程内容的中心。他们通过分析研究，把生活情境分为三大类十个部分，即要求个人能力成长的情境，包括健康、智力、道德选择、审美表现和鉴赏；要求社会参与成长的情境，包括人与人的关系、人与团体的关系以及团体之间的关系；要求应付环境因素和压力的能力。生长的情境，包括自然环境、产业技术力量、政治经济与社会机构及其力量。这些生活情境中的基本成分便构成了课程内容的范围。这种课程设计兼顾了儿童与社会两个方面的需求，又协调了他们之间的关系，因而是有效的。

从总体上看，上述每一种方法的出现，都有一定的社会背景或原因，都具有一定的实用性和局限性，因而不能一概肯定或否定。在现代的课程设计中，课程设计者应该批判地、综合地借鉴和吸收这些课程设计方法，并根据一定的理论与实践积极地创建新的课程设计方法。

第五章　课程目标

第一节　课程目标的意义

课程目标是课程设计与实施的出发点和归宿，它不仅制约着课程设计的方向，而且是选择和组织课程内容的依据，也是制定课程评价准则的参考，在整个课程运行过程中发挥着重要的作用。

纵观课程目标研究的发展过程，课程目标的含义一直是争论的焦点之一。迄今为止，在许多教育性文件和文章中对这一词语的用法和解释还存在歧义，造成课程实施者在实际工作中无所适从。随着我国新一轮课程改革的逐步推进，人们越来越意识到了澄清课程目标实质的重要性。

一、课程目标的实质

（一）课程目标的含义

课程目标是一定教育阶段的学校课程力图促进该阶段学生的身心发展所要达到的程度，是特定阶段的学校课程所要达到的结果。它具有两方面的规定性：一是时限性，即课程目标要同特定教育阶段相联系，不是对所有阶段学习结果的笼统规定；二是针对性，即课程目标主要针对某类学科领域，是学生通过某门课程的学习而应达到的学习结果。课程目标是指导整个课程编制过程最为关键的准则，是课程编制的起点和终点，具体体现了课程开发与设计中的教育价值。它的实现仍需进一步落实到具体的教学活动中，即要规定教学目标。

教学目标，也称教学任务，是指教师教学和学生学习的目标，是每个单元、每节课甚至每个教学环节、教学活动应该达到的具体目标。它是课程目标的进一步具体化，是指导、实施和评价教学的基本依据。

按照上述理解，我们以目的与目标的概括性程度为准则，可以将它们之间的关系表述为：教育方针——教育目的——培养目标——课程目标——教学目标，按照从抽象到具体、从一般到个别、从低密度到高密度、从制度目标对价值判断高依赖程度到低依赖程度的顺序排列。

（二）课程目标的特点

课程目标作为学生在特定教育阶段通过学校课程的学习而应达到的学习结果，一般具有以下几个特点：

1. 既可以预设也可以生成

课程目标是学生发展状态的理想性规划，而不是已经达到的实际结果，所以，课程目标是可以预设的。学生的学习是有意识、有目的的行为，在课程实施之初，就会有一个基本的规划和要求，这是每一个学生都必须达到的，否则难以保证学校教育质量。同时，由于学生具有主体性和创造性，学生的发展也会受到学生所处的环境与课堂情境的影响，所以课程目标也会随着课程实施过程的展开而自然出现和产生，形成个性化的目标体系。可见，课程目标是预设与生成的统一，预设为生成指明了方向，而生成是预设课程的拓展、更新。在课程实施过程中，预设与生成相辅相成，共同促进学生的发展和进步。

2. 既有客观性又有主观性

课程目标不是由某个人随意构想的，而是要反映社会的政治、经济、文化和科技发展的要求，具有现实的内容，因此它具有客观性，即其内容是客观的，是对现实的反映。然而，课程目标总是由人来制定的，是客观要求在人的主观意识中的反映。人们的认识不同，所依据的标准不同，所持的教育观和课程观不同，便会制定出不同的课程目标，因而课程目标又有主观性的一面，即其形式是主观的。可见，课程目标是客观内容与主观形式的统一。

3. 既有灵活性又有稳定性

由于课程目标既是课程设计与实施的出发点，又是进行课程评价的一个尺度，因此，课程目标一旦制定出来，在一定时期内就要保持相对的稳定性，不能随意变动。只有保持它的相对稳定性，课程实践才会有所遵循，如朝令夕改，则让人无所适从，造成混乱。当然，课程目标的稳定性是相对的而不是绝对的。随着社会的发展及课程理论与实践的丰富完善，对课程目标的客观要求会不断提高，对课程目标的主观认识也会不断深化，课程目标的客观内容和主观形式也相应地发生变化和发展。换言之，在课程实践中，课程目标常常随着社会的发展和认识的深化而不断调整、补充、修正或更新。

4. 具有系统性和层次性

课程目标要对学生的身心发展做出全面的规定，而学生身心发展是一个复杂完整的系统，包括认知的、情感的和操作的三个子系统，因此课程目标不能是单一的，必须对学生身心发展的三个子系统做出明确而具体的发展规定，形成一个群集，这就要求课程目标具有系统整体性。当然，由于人的心理行为水平有高低之分，知识也有难易之别，课程目标系统中的各个子目标并不是都处在同一个层面的，而是分层级的。每一种较高层次目标的实现要以较低层次目标的实现为基础，而较低层次目标则是较高层次目标的分解或具体化。课程目标的实现不是一下子就可以完成的，它是一个渐进性的、累积性的过程，总是要经历由低级到高级、由简单到复杂的矛盾运动，最终达到目标。由此可见，课程目标不是一个平面示意图，而是一个立体结构，具有层次性。

5. 具有时限性和操作性

课程目标要同特定的教育阶段相联系，指向一定的对象范围并需要在一定的时限内实现，具有时间的规定性。只有有了时限的规定，才能督促教师和学生努力争取时间按时完成教学任务，按期达到课程目标。而且，课程目标不同于教育目的，它不是一般性的规划。它所描述的学生身心发展的结果与学生所要达到的发展水平必须是明确的、可以付诸实施的。

二、课程目标的功能

美国学者麦克唐纳曾指出，教育目标的功能随着目标水平的不同（宏观、中观、微观）而各异，但它们有着共同的功能，这就是：通过明确教育活动的目标，提示旨在达到目标的最优的内容和方法，并且成为评价教育教学活动结果的一种标准。他具体描述了教育目标的五种功能：第一，明确教育进展的方向；第二，选择理想的学习经验；第三，界定教育计划的范围；第四，提示教育计划的要点；第五，作为评价的重要基础。就课程目标而言，其功能主要包括以下四个方面：

（一）导向功能

课程目标是课程设计与实施的方向标，在课程设计与实施过程中起着指示方向、引导轨迹、规定结果的作用。可以说，整个课程设计与实施过程都要受到课程目标的指导和支配，课程设计与实施也是围绕课程目标而展开的。倘若课程目标正确、合理，就会导致有效的课程设计和实施；反之，就会导致片面的课程设计与实施。

（二）调控功能

课程目标一经确定，就对课程的设计与实施起着调整的作用。课程目标既规范、控制着课程设计者的思想行为，使之按照课程目标规定的要求，设计出理想的、科学的课程，又制约着课程实施者和接受者的教学行为，使之取得理想的教学效果。课程目标的调控作用还表现在总体目标对各个子目标的规范和制约上，也表现在高层次目标对低层次目标的约束上。

（三）中介功能

课程目标的中介功能主要表现为两点：第一，它是学校课程同社会需要发生联系的纽带。社会需要同课程发生联系，主要是通过课程目标实现的。社会有什么样的需要，就会对学校课程和人才素质提出相应的要求，这些要求经过课程工作者的整理和加工，便构成了课程目标的社会要求侧面，并成为课程的基本成分，因此课程目标反映了社会政治、经济、科技文化等对学校课程的客观要求，并成为把这些客观要求转化为课程要素的中介。第二，它是课程系统内部各要素间的联系点。只有通过课程目标，才能把课程设计与实施活动中的各个要素有机地联系起来，构成一个复杂而有序的系统整体，提高课程的效果。

（四）评价功能

课程目标作为课程本身所要达成的结果，可以为课程的测量、检查、评价提供依据。课程目标包括“行为侧面”和“内容侧面”，课程评价也就要从两个方面进行：一是以课程目标的“内容侧面”为依据，评价课程设计与实施中所选择的事实、技能、知识等是否为学生掌握了；二是以课程目标的“行为侧面”为依据，确认学生的各种心理能力和品质以及行动方式是否产生了预期的变化。可见，课程目标可以为课程评价提供客观的与主观的依据，从而发挥着评价的作用。

第二节　课程目标的分类

教育领域中的目标分类历来是课程与教学理论研究及其教学设计实践关注的焦点，许多教育学家和心理学家纷纷提出自己的主张、观点及分类体系，形成了关于目标分类的若干理论。下面选择几种影响较大的观点和体系作简要的介绍。

一、国外课程目标分类

国外比较重视课程目标或教育目标的研究，其中关于教育目标的分类研究最为突出。这些研究，在实质上十分接近课程目标的分类研究，并对课程目标的分类具有启示和借鉴意义。

（一）布鲁姆等人的教育目标分类

美国芝加哥大学教授布鲁姆于 1956 年出版了《教育目标分类学》一书，第一次把分类学的理论应用于教育领域。在他的推动下，教育目标分类研究成为教育理论研究的一个专门领域。布鲁姆认为，教育目标分类应遵循以下原则：（1）教育原则。各类别之间的主要区分应大体上反映教师在实际教学中对学生的行为所做的区分。（2）逻辑原则。分类应合乎逻辑，保持内在的逻辑一致性，始终用一种前后一致的方式来界说和使用每个术语。（3）心理原则。分类学应与我们目前了解的心理现象一致，充分考虑心理学的可靠的研究成果。（4）中立原则。分类应该是一种纯粹描述性的体系，需要以比较中立的态度来表述每种教育目的。

布鲁姆的教育目标体系包括三大领域：认知领域、情感领域和动作技能领域。其中，布鲁姆本人提出了认知领域的目标分类，情感目标和技能目标的分类是由克拉斯沃尔和哈罗（A. J. Harrow）分别于1964年和1972年提出来的。

布鲁姆等人的教育目标分类学自问世以来产生了广泛而深远的影响，为课程的设计和评价提供了重要的工具，但也引来不少批评。首先，将目标分为认知、情感、动作技能三个领域，有较重的人为痕迹。在人的现实发展中，这三者总是融为一体的，很难分割开来。其次，各行为要素和亚类行为要素之间的界限不明确，比如，知识与理解的内在关系的界限是含糊的，分析和理解、分析与评价的界限也不分明，注意与反应之间的界限也难以区分，等等。再次，各领域中的目标不应该按层次排列，而应该看作平行的结构。

（二）加涅的教育目标分类

美国当代著名的教育心理学家加涅在《学习的条件》一书中，依据其对学习结果的研究，将教育目标划分为五个类别：智慧技能、认知策略、言语信息、动作技能、态度；他又将智慧技能分出五个亚类，并按其复杂程度排列为：鉴别作用、具体概念、为概念下定义、规则和高级规则。

（三）巴班斯基的教学任务分类

苏联教育家巴班斯基根据总的教育教学目的，提出“综合规划和具体确定课堂教学任务”的课题，将教学的具体任务分为三类：（1）教养任务，即形成理论知识和该学科所特有的专业技能技巧，比如，保证在课堂教学中掌握（复习、巩固）下列基本概念、规律和理论等（教师写出可能的名称）；（2）教育任务，即教师应设法掌握对学生进行共产主义教育的各个基本方面：培养他们的辩证唯物主义世界观，进行思想政治教育、劳动教育、道德教育、美育和体育；（3）发展任务，即发展学生的智力、意志、情感和动机（需要、兴趣等）。

二、国内课程目标分类

我国课程目标分类研究起步较晚，至今获得的成果也还是有限的。在 20 世纪 80 年代，我国对课程目标的研究集中体现在对“教学任务”的阐述上。华中师院等院校合作编写的《教育学》中认为，教学任务一般来说包括三个方面：一是向学生传授文化科学基础知识和基本技能，即所谓的“双基”；二是发展学生的能力、智力和体力；三是培养学生的辩证唯物主义世界观和共产主义道德品质。在王策三教授编著的《教学论稿》中，对教学任务也做了类似的区分。这三个方面的教学任务也就是对课程目标所做的初步分类。20 世纪 90 年代后，学者们纷纷主张在对课程目标进行分类时，应当做多角度的考察，而不应只从单一的维度进行探讨，例如李秉德教授认为，教学目标可以从三个主要的维度展开：第一个是教育目标的组成部分，即德育、智育、体育、美育、劳动技术教育，简称为德智体美劳；第二是通过教育教学所要形成的学生个性心理要素，包括知识、智能（智力、能力、创造力）、价值（理智的、道德的、审美的）、情意（情感、动机、态度、意志）和行为（动作技能、行为规范、行为习惯）；第三个是各部分和各要素的发展水平。着眼于这三个维度进行分类，便可形成一个全面完整的三维立体结构。

进入 21 世纪后，伴随着新一轮基础教育课程改革的不断展开，《基础教育课程改革纲要（试行）》明确提出：“改革课程过于注重知识传授的倾向，强调形成积极主动的学习态度，使获得基础知识与基本技能的过程同时成为学会学习和形成正确价值观的过程”，从而“体现国家对不同阶段的学生在知识与技能、过程与方法、情感态度与价值观等方面的基本要求”，由此形成了“知识与技能、过程与方法、情感态度与价值观”三维课程目标体系。三维课程目标作为国家新课程基本理念的重要体现，体现着新课程的价值追求，是各学科课程目标的共同框架。

（一）知识与技能

所谓知识，是指个体与其环境相互作用后获得的信息及其组织。这里的“知识”不再囿于客观认识论的知识观念，而是充分认识到知识的层次性、整体性与价值性，从而将知识区分为公共知识与个性知识、显性知识与隐性知识、确定性知识与不确定性知识等类别，并将其价值与意义纳入知识的结构范畴。所谓技能，是指个体通过训练或经验而获得的程序和方法。它显然不限于认知，还包括表达交流、问题解决、信息处理、实验实践、创新创造等。

知识与技能是人整体素质结构中的重要组成部分，对学生的全面、持续发展具有奠基性的作用。

知识与技能目标又被称为结果性目标，即是通过一定时间的教学，学生学习行为变化要达成的结果。换言之，学生在一定阶段通过对一门课程的学习，在知识方面获取多少，在技能上提高到何种程度，因此这一维度重视学生学习过程中基本知识的掌握、基本能力的形成，强调让学生学到知识、发展能力。这一目标维度是每个学科课程都要设定的预期教学指标，也是开展有效教学的根本保证。偏离了“知识与技能”的教学活动最终会偏离新课程理念，与新课程改革背道而驰。

（二）过程与方法

所谓过程，是指让学生在体验、活动、探究的学习活动中经历的知识与技能的形成过程。方法是掌握各类知识与技能的学习策略与方式。重视过程，强调方法，其实质是尊重学生的学习经历、体验和方式，进而保护学生学习的能动性与创造性。

过程与方法目标的提出是对传统教学过分重视“双基”而忽略其他的一种反思，是为了突出“知识与技能”这一结果性目标产生、发展和形成的过程。它强调如何指导学生学会学习、学会发展、学会创新，从而着眼于学生的可持续发展，使学生形成学习的能力和终身学习的意识，进而勤于实践、勇于创新。需要指出的是，这一维度目标的实现是建立在“知识与技能”维度之上的，没有“知识与技能”的学习也就根本谈不上“过程与方法”的反思。强调学习活动过程，不仅要明确知识与能力的获得要经过哪些步骤、程序和阶段，还要懂得在过程的前、中、后应选取何种具体做法，才能使整个学习活动过程实现最优化。注重学习方法，就要考虑这一方法的功能效用在何种程度才能有效发挥；哪种类型的学生在哪一步应该采取何种方法，个体与整体的学习效果才能达到最佳。

为什么要把“过程”与“方法”放在一起，合成为一个维度的目标呢？这是因为，过程与方法是相辅相成的一个整体，离开任何一方，都会失去应有的价值。也就是说，脱离了具体过程讲方法，方法无所谓优劣；离开方法去讲过程，过程无所谓好坏。因此，过程与方法二者的关系是统一的、辩证的，方法寓于过程之中，过程体现探究方法。只有把过程与方法统整起来去思考、去学习，才能取得理想的效果。

（三）情感态度与价值观

所谓情感，是人们对外界刺激肯定或否定的心理反应，在教学上，它包括学习动机、学习兴趣、学习情绪和内心的丰富体验。态度是指人对于事情的看法和采取的行动，既指学习态度、学习责任，更指科学态度、生活态度和人生态度。价值观是指人对人生、社会价值系统的理论和看法。三者中，情感决定并形成态度，而态度体现情感，往往积极的情感形成正确的态度，消极的情感形成错误的态度。而情感、态度是价值观形成的基础，价值观是情感态度的升华，没有积极的情感和正确的态度，就不会有科学的价值观。

情感态度与价值观目标，又称为体验性目标。它从根本上体现了社会主义教育的本质，突出了人文主义的课程文化观，是人全面发展的基本诉求。作为教师教学的主要任务之一，就是要引导学生形成积极的情感、正确的态度和科学的价值观，真正实现学生的全面发展。

与以往传统的道德目标相比，情感、态度与价值观的提法更为具体、可行。传统教育重认知轻情感，不关注学生在教学活动中的情绪变化和情感体验；重智育轻德育，忽视学生在教学活动中的道德养护、人格养成。而情感态度与价值观培养目标的确立，反映了在多元文化并存的全球化时代对学生价值选择的尊重，它是引导学生健康向上、乐观积极的精神基石。当然，这一维度的达成又有赖于前两个维度的实施与深化，同时，也是对前两个维度的意义价值的提升。

通过以上分析，我们可以看出，新课程三维目标中知识与技能、过程与方法、情感态度与价值观三者之间是一个辩证、有机的统一体，是一个完整的人在学习活动中实现素质建构的三个侧面。在具体教学实践中，不应该将它们设计为三个环节分别操作。正像有的学者所论述的那样，课程目标的每一维都可以成为学习的目标，而同时也可作为达成其他二维目标的辅助和凭借：第一，"过程与方法"可以作为"知识与技能"生成的导控保障系统，"情感态度与价值观"可以作为"知识与技能"学习的动力支持系统而体现其价值，从而实现"知识与技能"学习的高效和优质。第二，"知识与技能""过程与方法"也可以作为实现"情感态度与价值观"培育的凭借与途径，作为"情感态度与价值观"养成的方法与手段。第三，"知识与技能""情感态度与价值观"也可以作为一种教学资源服务于过程的体验与反思、方法的习得与训练。

总之，新课程的三维目标是辩证统一的有机整体，缺一不可，它们完整地构成了新课程改革的核心理念，促进人的全面发展。教师只有正确把握新课程三维目标的科学内涵和内在联系，并在教学中躬行实践，才能够较好地推进课程改革。

第六章　课程内容

第一节　课程内容概述

课程内容是课程内部结构的一个重要成分，更确切地说，课程内容是课程的主体部分，它存在于学校的各科教科书和各种活动之中。什么是课程内容？这是课程理论无法回避的基本问题。对这一问题的回答，深刻影响着课程内容的选择与组织。要考察课程内容的内涵，也需要对其相关概念进行辨析。

一、课程内容的含义

对课程内容的定义，国外的课程理论主要有两种观点：一种观点认为，课程内容是在教育机构范围内要向学生灌输的知识；另一种观点认为，课程内容是指一门课中所传授或所包含的知识，也指各门学科中特定的事实、观点、法则和问题等。实际上，二者体现了不同的观点、视角。前者是课程知识的社会学观点，后者则是技术学的观点，是从课程设计及构成的角度来定义课程内容的。二者在课程内容的取向和出发点上有很大的差别。

我们认为，课程内容是符合课程目标要求的一系列比较规范的由间接经验和直接经验组成的用以构成学校课程的文化知识体系，是课程的主体部分。

从对课程内容的界定中可以分析得出：第一，课程内容是按照课程目标的要求从社会文化知识体系中选择出来的，所以，它受制于社会文化知识体系的发展水平，同时经过教育学、心理学等加工后而富有了教育的意义；第二，课程内容所包含的文化知识体系，不仅仅是科学文化知识，而且也包含了学生在学校生活世界中通过自身活动所获得的各种各样的经验。由此观之，课程内容的构成要素包括三个维度：科学知识、社会生活经验、学习活动。

二、课程内容的相关概念

（一）课程内容与教材

课程内容与教材有着密切的关系。对教材的定义，国内目前没有一致的看法。《中国大百科全书·教育》对教材的定义是：关于教材，一般有两种解释：一是根据一定学科的任务编选和组织具有一定范围和深度的知识和技能体系，它一般以教科书的形式来具体反映；二是教师指导学生学习的一切教学资料，包括教科书、讲义、讲授提纲、参考书、辅导材料等。随着教学改革的不断发展，教材的外延在不断扩大，内涵也在不断丰富，因此对教材的认识也应不断更新。教材是以一定育人目标、学习内容和学习活动方式为基本成分而分门别类组成的提供给学生认识世界的规范化、程序化、具体化的育人内容。无论什么样的教材，都应该具备以下一些基本特征：第一，教材是课程内容的载体，而载体的形式又是多种多样的，如书本、光盘等；第二，教材可以向学生传递某学科的信息，而这些信息不是随意堆砌在一起的，而是根据一定的育人目标、学习内容、学习方式进行加工处理，并按照一定的规范和程序编排在一起的。因此，教材是经过科学信息加工处理后的结果；第三，教材的内容结构是丰富的，它不仅包含了某学科的知识、技能等要素，而且还包含了能力、态度、情感、价值观等因素以及蕴藏在教材之中的对学习方式的引领。应当指出，教材是课程内容的载体，但是二者之间不能画等号。因为教材只是体现了某学科的部分课程内容，而不是全部，课程内容的某些要素，如学生的学习经验在教材中是无法体现的，这也是课程内容与教材的区别所在。

（二）课程内容与教学内容

课程内容一般指特定形态课程中学生需要学习的事实、概念、原理、技能、策略、方法、态度及价值观念等。学科中的课程内容往往以课程标准的形式规定下来，具有法定的地位，因而是相对稳定、不能轻易改变的。而教学内容是教师对课程的物化形式，即对教材这个中介进行的创造性的、个性化的演绎。课程内容规定的是学科某一阶段共同的、统一的标准或要求，教学内容则是教师视具体教学情境变化而重组的课程内容，因而是具体的、个别的并能体现差异。课程内容是一种抽象的存在，不能作为学生直接掌握的对象；教学内容是具体、生动、动态化的，是教师和学生直接操作的对象。课程内容通常以书面的文字材料进行表述；教学内容则可以通过多种多样的文字和非文字手段进行表达，不仅包括形式各异的素材内容，也包括一些活动、方法、观念、实践操作等。

三、课程内容的结构

课程内容的构成要素包括三个维度：科学知识、社会生活经验、学习活动。

（一）科学知识结构

虽然科学知识不等于课程，但一般来说，课程内容的主体就是具有教育性的科学知识。就形式而言，课程表现为一种知识体系，课程编制的核心内容也就主要表现为对知识的选择与组织。因而，“知识是课程的最直接的一级制约因素，而其他因素诸如社会或学生是通过赋予知识以某种价值取向及方法的方式来影响、制约课程的，是以知识为中介的二级制约因素。抛开了知识，课程就成了无源之水、无本之木”。而科学知识的结构就是指人类知识包括哪些。通常我们把知识总体划分为四个主要的结构范畴：自然科学、社会科学、人文科学和数学。在选择课程内容时，课程设计者还要进一步明确每个主要的结构范畴的分支学科及其之间的关系，并在此基础上根据课程目标的要求按照学科对这些知识进行选择和组织。

科学知识的发展经历了一个不断深入、完善的过程，而在科学知识发展的每个阶段都出现了与之相适应的课程内容体系。文艺复兴后，科学从神学的束缚中获得了解放，实验方法和数学方法的应用弥补了哲学思辨和自然观察的局限，大大推动了科学发展，力学、数学、机械学、物理学、解剖学、生理学和动植物学等自然科学知识获得了广泛系统的发展。捷克教育家夸美纽斯如实地反映了科学取得的巨大成就，提出了“将一切事物教给全人类”的响亮口号，推动了科学教育的发展。18 世纪末到 19 世纪初，近代自然科学得到迅猛发展，基础科学的各个部分基本形成了自己的理论体系，成为各自独立的科学学科，在工业生产上获得了极大程度的运用并推动了生产力结构的变化。科学技术的进步及其社会功能的发挥，对课程理论与实践产生了巨大的影响。学校课程敏感地反映了科学技术的巨大成就，大大充实了课程内容结构。科学知识成了最有价值的知识，在学校课程体系中日益占据主导地位。20 世纪后半期，以电子技术为标志的第三次科技革命引发了 60 年代的世界性课程改革热潮。现代课程普遍加强了理论性，精选基本学科和内容，注意吸收最新科技成果，并广泛开设选修课。历史的发展表明，人类科学每一次大的进步都使课程内容发生了深刻变化。从总体上说，科学与课程内容的发展基本是同步的，科学的发展水平制约着课程内容结构以及特点。

在科学知识结构的划分问题上，美国学者泰克西纳提出的知识分类方法是很有特色的。泰克西纳把人类的所有系统化了的知识划分为相互联系的 12 个领域，其中艺术领域包括建筑学、戏剧、用符号表示舞蹈动作的艺术、书画刻印艺术、工艺设计、自然美化、文学、音乐、绘画、雕塑。

（二）社会生活经验结构

培养全面发展的人需要的不仅只有科学知识，科学知识以外的那些有助于发展学生智能、形成丰富情感和良好道德品质的社会生活经验，也应当成为课程内容的重要组成部分。社会生活经验的构成要素主要包括三个方面：关于活动方法、方式的经验，关于创造性活动的经验，关于情感与态度的经验。

1. 关于活动方法、方式的经验

人类在长期的社会实践中积累了一系列有关活动方法、方式的经验。学生出于参加学习活动、社交活动以及基本生产活动的需要，就有必要吸取前人积累的有关这些活动的方法、方式的经验。学生只有具备了这类经验，才能形成自己的技能技巧，而选择这类社会生活经验的目的也就是要让学生形成一系列基本的技能技巧。技能可以分为智力技能和操作技能两类。智力技能是运用知识和经验完成某种智力活动的方式，它是在头脑内部对事物进行分析与综合、抽象与概括的技能；操作技能则是运用知识和经验去完成某种机体运动或操作某种对象的活动方式。这两种技能的形成，都离不开有关活动方法、方式的经验。这就要求课程内容必须包含与此类经验有关的学习材料。

2. 关于创造性活动的经验

人类在长期的社会实践中逐步形成的关于创造性活动的经验对学生也有特殊的教育意义。这种经验虽然不是系统的认识成果，却是课程内容不可缺少的重要方面。如果不给学生提供创造性活动的经验，他们的各种能力特别是创造能力的发展就将受到限制，不利于培养开拓型、创造型的人才。为了使学生获得这种经验以促进其创造能力的发展，在选择和组织课程内容时，应注意提供与这类经验有关的学习材料，注意通过设计各种实际活动特别是创造性活动，来使学生获得这方面的经验，从而发展其多方面的才干。

3. 关于情感与态度的经验

情感是人对所经历过事实的心理体验，这种体验有积极的也有消极的，而态度则是人内在体验的外在流露。情感与态度的经验可以起到发展学生非智力心理因素及其价值观体系的重要作用，是理性化、概念化的知识体系所不能替代的，因此要培养学生具备正确的情感与态度经验，就需要课程内容的范围扩充到学校社会关系、心理环境等领域当中，通过合理设计课程使学生获得有关情感、态度的丰富经验，促进学生个性的完善发展。

（三）学习活动结构

学习活动深刻地反映了学习过程的内部联系，是学生达到课程目标、掌握科学知识和社会生活经验的必然要求，因此学习活动是课程内容的重要基础。学习活动与学习经验不同。在西方课程史上，20 世纪初的教育文献中还没有提出“学习活动”与“学习经验”这两个概念。关于课程内容的考虑，主要集中在知识选择问题上。随着心理学的发展和杜威著作的影响，加之 1918 年课程作为一个专门研究领域的诞生，学习活动日益成为课程内容中的一个关键性因素。到 1925 年，许多课程论著作和课程指导文件都把学习活动看作课程与教学情境中的重要因素。这一时期的课程通常都要包含一系列有助于学生获得学科知识的各种活动。随着课程研究的深入，学习活动在课程内容中的作用越来越受到重视。

课程内容中的学习活动与教学过程中的学习活动有联系也有区别。首先，从时间上看，课程内容中的学习活动的选择与组织发生在教学过程中的学习活动之前，后者是以前者为前提的，是前者的展开和具体化。其次，从结构上看，课程内容中的学习活动结构主要阐明学习活动的种类有哪些，与每种活动相适应的活动方式是什么，它不涉及每一种活动的运行程序，而教学中参差不齐的活动结构所要探明的是每一种活动的心理结构和运行程序，是对过程的刻画而不是对活动范围的划分。教学活动中的学习活动结构一般由以下成分构成：需要、动机、学习任务、动作与操作。

总之，课程内容来源于科学知识、社会生活经验和学生的各种学习活动，三者是紧密联系、辩证统一的，而只有包含了这三种要素的课程内容，才是充实和完善的，也才有助于实现课程目标。

第二节　课程内容改革的趋势

当今世界面临着激烈的社会政治、经济、文化与技术的挑战，世界发达国家纷纷对本国的基础教育进行大规模改革，而课程改革作为教育改革的核心问题，备受各国政府和教育界的关注。20 世纪 80 年代以来，许多国家都发起了面向 21 世纪的基础教育课程改革。由于世界发达国家的社会、民族、文化与教育的历史传统各异，课程改革情况也各有千秋。但是，纵观其发展历程，我们仍能从中发现当今世界课程内容改革的发展趋势。

一、课程内容的综合化

课程内容综合化，就是强调课程内容之间的联系和一致性，避免过早地或过分地强调各个领域的区别和界限，从而防止各个领域之间彼此孤立、相互重复或脱节的隔离状态的一种课程设计思想。课程综合化与当代科学知识发展的综合化倾向是分不开的。随着边缘学科、交叉学科的大量涌现，科学知识的分类越来越细，相互之间的关系也越来越紧密。课程内容综合化的原因主要有以下三个方面：首先，社会发展的要求。各种带有普遍性的问题，如环境问题、生态问题、科学危机、贫困问题、粮食问题、文化冲突等，都不是依靠单一学科能解决的，而需要依赖多种学科的共同努力。其次，个性发展的要求。学生个性发展的标志不单是知识的积累和技能的熟练，更是在复杂的情境中做出明智选择和解决问题能力的提高，这就需要突破传统的以分科为特点的“学科主义”的束缚。再次，脑科学研究的进展。脑科学研究指出，脑是以整合的方式而非分散的方式对知识进行加工的，知识越整合越易于学习。

中小学课程综合化目前已成为各国课程改革的共同倾向，为众多国家所接受。基于以上原因，许多国家纷纷开设了综合课程。综合课程打破了学科界限，减少了学科门类和内容，减轻了学生的学习负担，弥补了分科课程造成的学生知识面狭窄的缺陷，有利于学生的全面发展和各种能力的培养。国际上流行的STS（即科学、技术、社会）和STEAM（科学、工程、技术、数学、艺术）课程就是将科学技术和人文科学融为一体的综合课程。美国在《2061计划——普及全体美国人的科学教育》中提出的课程改革，注重自然科学、社会科学和数学的综合。这个计划将中小学生12年中应获得的基本科学知识浓缩为12大类：科学、数学、技术的本质、自然界构成、生存环境、人体机能、人类社会、技术世界、数学世界、科学史观、共同主题和思维习惯。此外，加拿大在小学开设了“生活科学”“太空科学”“地球科学”“加拿大研究”等综合课程，英国的“统合教学日”以及日本的“综合学习时间”也都属于综合课程。我国基础教育新课程改革也力图改变课程门类过多和缺乏整合的现状，从而减轻学生的学习负担，使他们能更好地理解和把握世界。

二、课程内容的现代化

现代化作为一股势不可当的时代潮流，目前正影响着人类社会的各个方面，而教育也处在现代化的改革浪潮之中。课程作为教育过程的一个重要环节，与人类社会的现代化更是息息相关。课程内容的现代化就是不断吸取新的科学技术和文化成果，改革陈旧的内容。实际上，课程内容只有不断更新才能跟上科学技术发展的步伐，也才能满足学生发展和成长的需要。美国20世纪60年代的中小学教育改革实际上就是一场课程改革，这场改革以“新三艺”为特点，重在加强数学、自然科学和外语这三门学科的教学。20世纪70年代以后，美国学校为迅速引入新学科，采取“短、平、快”的形式，开设了微型课程，重点讲授新兴学科、边缘学科等方面的知识，深受学生的欢迎。80年代以来，美国又提出加强“新基础课”，把英语、数学、自然、社会、计算机等五门课程列为新的基础课程，计算机课程首次成了学校的基础课。法国20世纪80年代以来的中小学课程改革的一个突出特点就是将信息科学技术知识引入课程，小学独立开设了科学与技术课，初中的综合技术课中增加了信息科学技术的内容，高中开设了信息科学选修课。俄罗斯在2004年基础教育教学计划中为适应社会发展需要和科学技术进步的要求增设新课程，而这些新的课程内容正是为了俄罗斯的社会政治经济的发展乃至整个社会的转型适应现代化的发展，如信息学与信息技术、经济学、法学等。课程内容反映科学技术的最新进展，不仅是全球课程改革的趋势之一，也是我国基础教育课程改革所追求的目标。与发达国家相比，我国的现代化进程起步较晚，但课程内容现代化问题也日趋突出。我国新一轮基础教育课程改革的内容一方面剔除了陈旧、烦琐和艰深的内容；另一方面注重吸收现代科技的最新成果，特别是现代信息技术的应用，并且使课程内容与学生生活相联系。2003年颁布的《普通高中课程方案（实验）》指出，课程内容的选择应体现当代社会进步和科技发展，反映各学科的发展趋势，关注学生的经验，增强课程内容与社会生活的联系。

应当指出，课程内容要反映科学技术发展的最新成就，反映社会变化和社会问题，但是更要反映学习者的状况，如果课程内容不适合学生的发展状况，它就不会对学习者产生多大的影响。美国20世纪60年代轰轰烈烈的课程现代化运动之所以失败，其中的原因固然很多，但是课程内容过难就是个重要的原因。

三、课程内容的生活化

基础教育的基本任务是使学生有效掌握人类文化遗产中的精华，充分发挥自身的能力，以适应未来社会发展的需要。所以课程内容应让学生了解社会、接触社会，学习并掌握解决社会问题的基本技能。实际上，课程也只有反映社会及生活的需要、帮助学生了解社会和生活、使学校成为社会生活的一部分，才能体现课程的本质功能。课程内容生活化意味着课程直接面向社会，与生活融为一体，既使课程与学生生活和现实社会之间保持密切的联系，又使实践和生活成为学生发展的活的源头。美国教育家杜威曾指出："学校必须呈现现在的生活，即对于儿童来说是真实而生气勃勃的生活。像他在家庭里，在邻里间，在运动场上所经历的生活那样。"为此，课程应增加学生与社会现实生活相关的部分，使课程内容更加具体、更富有生活气息，课程内容的选择和编制应珍视童年生活的价值，承认儿童生活和成人生活的等价性，尊重他们现实的生活及其兴趣需要等的独特价值。总之，课程内容生活化作为现代课程发展的一个重要理念，已经渗透到各国的课程改革实践之中。美国《2061 计划——普及全体美国人的科学教育》提出的课程内容选择标准是：实用、社会责任、知识的内在价值、哲学价值、丰富孩子的童年时代、既非全新又非一成不变。荷兰的中等教育课程改革就追求一种"真实的教育学"，这种"真实的教育学"的含义是："在纯粹的真实的工作环境中建构知识；知识的建构要与学生的个体世界紧密相连；重视学校之外的学习活动的价值；合作与交流。"

四、课程内容的最优化

课程内容的结构反映了课程各部分和各要素的配合与组织，它是课程体系的"骨架"，主要规定了组织课程体系的学科门类以及各学科课时的比例关系，必修课程与选修课程、分科课程与综合课程的搭配等。课程内容结构优化的具体标志体现在以下三点：首先，课程系统内各种课程类型的划分以及各科目和活动项目的设置要合理，能满足课程总体目标的多方面要求，这是课程内容结构优化的物质性标志。其次，课程系统内各部分要最充分地相互协调，形成一个有机的整体，而不能产生功能冲突，这是课程内容结构的关系性标志。再次，课程宏观结构、中观结构和微观结构的优化要相互协调，这是内容结构优化的整体性标志。可以说，课程内容结构与人的素质结构具有对应性和同构性，对课程内容结构的设计就是对人的设计。面对“全人发展”教育的新理念，当代世界各国都重视课程的整体功能，力图实现知识与智力、认知与情感、主体精神和社会责任感的统一，实现课程内部的和谐，寻求课程内容结构上的有机关联与平衡。

概括而言，世界各国课程的内容结构呈现出以下发展趋势：

第一，为保证课程的基础性、多样性和选择性的统一，谋求必修课程与选修课程的多样化结合。芬兰普通高中课程由三部分构成：必修课程、专业选修课程和应用课程。芬兰通过配套的“无年级制”使学生有多次机会学习必修课程，从而使必修课程有了选择；通过限定专业选修课程的最低数量（每一所学校必须开设的最低数量以及学生必选的最低数量），从而使选修课程有了规范；通过留出 21%～27% 的自主选择空间，满足了学生个性充分发展的要求。1998 年日本的新课程方案调整了课时比例，缩减必修课，扩大选择学习幅度，增设了“综合学习时间”，从而使得日本的课程结构由“必修学科”“道德”“特别活动”三个板块变成四个板块。俄罗斯的基础教育课程改革，也扩大了地方课程和学校课程的权限，采取课程计划的多种方案，同时增加选修课的比重。德国中学也普遍开设选修课，包括理科、技术和经济、音乐或艺术、德语、经济与社会等。

第二，为保证课程对学生和社会的适应性，谋求学术性课程与非学术性课程（即职业类、生活类课程）的结合。英国、日本、韩国的普通高中均体现出把学术性课程与非学术性课程有机结合起来的综合化倾向。这是走出高中教育的“精英主义”倾向、深化教育民主化进程的重要举措。美国在 20 世纪 90 年代以来颁布的一系列文件中规划了中小学课程结构，其特点是以学术性科目为轴心，以非学术性科目为外围，削减点缀性科目比重，从而追求学术性科目和经验性科目之间的新平衡。

第三，为培养学生多方面的能力、发展学生个性，谋求学科课程与活动课程的结合。世界各国除了在传统的学科课程中引进与课程目标相匹配的、鲜活的、具有时代感的课程内容外，也适时增加了新的课程领域或门类。如英国在高一设置了“综合学习”课程，法国在高二和高三设立了注重学生个人（或集体）探讨的“框架性个人研究”课程。这些内容与我国的综合实践活动课程颇为类似，均属活动课程或综合课程的范畴。通过这些课程的设置，反映了这样的课程理念：学生的直接经验或个人知识不是可以被学科知识代替的东西，也不是有效掌握学科课程的媒介，它本身就是课程。

第七章 课程类型

第一节 课程的分类

从不同的角度和标准出发，人们将课程分成不同的类型：有人将课程分为综合课程和分科课程，有人将课程分为学科课程和活动课程，有人将课程分为正规课程和潜在课程，等等。不同的课程思想、课程流派有不同的课程价值观，也就有了不同的课程类型及相应的组织结构。

不同课程类型的形成，是因为人们对课程进行分类时采用的维度各不相同。以下从知识的性质、知识的组织模式等不同的维度出发，将课程划分为不同的类型。

从本质上说，课程是一种教育性经验体系，亦即知识体系，因此依据知识的性质对课程分类是一个恰当的维度。依据知识的性质对课程分类，又可分为两种情况：一是以知识的认识论特征为依据分类；二是以知识的社会学特征为依据分类。

一、以知识的认识论特征为依据进行分类

这种分类是建立在知识的客观形态基础上的，也就是以知识的分化和综合形态、直接经验和间接经验形态为依据对课程进行分类。这种课程分类又可划分为以下几种情况：

第一，六分法。一些课程学者将学校课程分为六类，即科目本位课程、相关课程、融合课程、广域课程、核心课程和经验本位课程。这六类课程构成了完整的学校课程体系。

第二，四分法。一些课程学者将学校课程分为四种类型，如科目课程、广域课程、核心课程和经验课程，或学科课程、活动课程、综合课程和潜在课程。

第三，三分法。将学校课程分为三类：科目课程、活动课程和核心课程。科目课程又包括分科课程、相关课程和广域课程。

第四，二分法。将学校课程分为学科课程和活动课程。学科课程指由一系列各自具有独立体系、彼此缺乏相应联系的科目所组成的课程，它强调保持学科本身的体系，忽视各科目之间的联系。活动课程又叫经验本位课程，与学科课程相对，是从儿童的兴趣和需要出发、以儿童的活动为中心、为改造儿童的经验而设计的课程。

二、以知识的社会学特征为依据分类

第一，将课程分为正规课程与潜在课程，是以课程的外在表现形式为依据进行分类的。正规课程是以文本、活动等形式出现并通过课程表表现出来的学校正式课程，而潜在课程是以一种隐性的方式出现但同样起到教育影响作用的非正式的课程，如校园文化、教科书的社会背景等。

第二，有研究者把学科课程等同于分科课程，与综合课程相对应，我们不赞成这种观点，因为综合课程最终还将以学科的形式出现。从科学发展的趋势看，分化与综合是对立统一的，分科课程与综合课程也是对立统一的。对立表现为各自是独立的，互不包含；统一表现为二者是相互联系的，二者同属学科课程范畴，因此学科课程应包括分科课程和综合课程。

第三，有研究者认为活动课程也是一种综合课程，要将活动课程划入综合课程。的确，从某种意义上说，活动课程是综合课程的一种形式，但一般意义上的综合课程是指学科之间的综合，不是各种活动之间的综合。学科综合课程主要是以文字符号为载体的知识体系，而活动课程则是以活动为载体的知识、经验体系。

第二节　学科课程

学科课程一直是课程理论和实践关注的重要方面，不少课程理论和实践的基本问题都是围绕学科课程展开的，但是自20世纪初期以来，学科课程的一些弊端日益凸显，对它的争议越来越大，因此如何正确地认识学科课程，显得非常重要。

一、学科课程的意义与特点

学科课程历史最为悠久，也是课程最主要、最基本的组织形态，至今仍然处于不断变化、调整和完善的动态发展过程之中。

（一）学科课程的发展及其必然性

人类的学习和认识受其器官的限制，学科分化彰显的是人们认识和学习的策略性。教育作为追求人无限发展的实践活动的必要性，就是因为人类在历史发展中所积累下的知识与新生一代无知之间的矛盾。这又产生了教育中的两个基本矛盾，即科学知识的丰富性与学习时间的有限性之间的矛盾，以及儿童素质发展的可能性、广阔性与社会要求的有限性及学生成长期限的有限性之间的矛盾。学科课程是教育力图解决其基本矛盾的基本手段。学科课程总是想在有限的时间内，努力教授自己认为最有价值和适合学生学习的知识，让学生学得更好，这就要求对知识有所选择。知识的选择和编排总是要有根据和规则的，这就出现了体系化的分科必然性。

（二）学科课程的意义

当今世界各国仍然以学科知识为中心来建构学校课程体系的这一现状，“不是某个人的意志所能决定的，也不是某些人的意愿可以改变的，它是人类发展历史的选择”。学科课程经历长久的历史发展依然成为学校课程体系的核心部分，其原因在于学科课程自身的重要意义，主要表现在以下几个方面：

1. 学科课程是传承人类文化遗产的主要载体

学科课程所体现的教育价值正如要素主义考察了人类教育发展的历史后所认为的那样：“‘种族经验’和‘文化遗产’概括了千百万人的经验，这些经验比个人经验更有意义，比未经检验的学生的经验更有意义。‘文化遗产’仅靠受教育者本身的生活经验是学不到的，不学习历史，学生的见闻就不能超越时空的限制，就不能了解整个世界……各门学科中的知识构成了人类‘文化要素’，这是每个公民所必须具备的。”学科课程将人类文化遗产的要素加以组织和系统化，成为人类文化遗产的载体，学校教育以这个载体为教学的媒介，将人类文化遗产进行传承。

2. 学科课程是学习系统文化知识的最佳途径

在前科学时代，就已经存在初具形态的多种门类的学科，例如在中国，春秋时期已有“孔子以六艺教人”，经汉代董仲舒“独尊儒术”，延续为儒家的“四书”“五经”等课程内容；在西方，亚里士多德已经提到构成学科课程的最下层的读、写、体验、音乐及图画这一类基本的训练性学科，古希腊、罗马的学校中就有了文法、修辞、辩证法（逻辑学）和算术、几何、天文、和声（音乐）等“七艺”。17 世纪自然科学迅速发展，独立的科学分支越来越多，人们的生活日益分化为不同的领域，资本主义经济所赖以支撑的机器大生产也迫切需要教育提供掌握专门化了的科学知识与生产技术的实用型的专门人才。这样，人类的文化知识体系变成由许多不同领域所构成的庞大的学科系统。学习者通过学习不同领域、不同科目的学科课程，可以比较系统地掌握人类的文化知识。

3. 学科课程是提高教学效率的重要手段

学科课程的知识体系主要由间接经验构成，它可以在有限的时间内让学生高效率地掌握系统的学科知识。事实上，一个人所接受到的知识，绝大部分都是间接经验的东西，每代人都把前人的认识当作自己认识的起点，又都以自己的认识成果充实人类知识的宝库，作为下代人认识的基础。人类通过世世代代的知识积累和交流，推动着认识的发展。摒弃前人的认识成果，一切都从头开始，人类的认识就会永远停留在原始的最低水平上，得不到发展和提高。

（三）学科课程的基本特点

迄今为止，出现了三种典型的学科课程，即科目本位课程、学术中心课程和综合学科课程。它们有以下两个特点：

第一，强调知识的系统传授。无论是要素主义者、永恒主义者还是结构主义者，都主张课程要发挥知识传递的功能。要素主义者重视种族经验和社会文化遗产的传递。永恒主义者则主张设置“永恒的学科”，让学生掌握完整系统的古典文化知识，从而成为具有“理性精神”的人。结构主义者强调掌握学科的基本结构、基本概念和基本原理，目的就是为了使学生获得迁移能力，能够更好地学习和掌握知识。

第二，强调根据知识的逻辑理性编排课程。学科课程主张按学科的逻辑顺序来组织课程内容，把课程内容的重点放在逻辑的分段和顺序上。一门学科本身就是一个概念体系，因此在课程编排上，要严格按照学科的基本结构选择和编排内容。

二、分科课程与综合课程

分科课程与综合课程共同构成学科课程体系，我们可以从以下三个方面来理解分科课程与综合课程：

（一）分科课程与综合课程的关系

分科是综合的基础。只有在深入分化的基础上，才可能有较高水平的综合，否则综合只能是表面和肤浅的，例如古代社会中科学的综合，是基于当时人们对世界的认识还未完全分化，没有在任何一个领域或部门深入到直观和经验的水平之上。因为缺少分科的基础，综合也就只能是低水平的，如果不打破这种综合，也就不会有现代科学技术的辉煌，更不可能有今天人们追求的高水平的综合，在科学和课程领域都是如此。

强调二者联系的绝对性和独立的相对性，包括这样的含义：分科的深化程度决定综合的层次，也只有在这样的认识基础上，科学的综合才是可能的。完全抛弃分科，科学和真理的严肃性将有可能遭到破坏，综合将有可能流于肤浅和表面。

分化与综合，是课程设计的一对永恒矛盾，它贯穿了课程发展的整个历史过程。纵观历史，世界课程的发展经历了综合——分化——综合的辩证过程。综合课程并不是一个新问题，在国外，尤其是英美等国，课程的综合化不仅是学术研究的一个多产领域，而且也是教育实践中的一个既成事实。

传统的科学分类主要是按照科学分化的体系来确定的，各门学科都有其独立的、严密的体系和独特的研究对象，这在一定历史条件下是十分必要的。而且正是由于这种分门别类的研究，才为进一步综合化提供了基础，但是科学乃是一个统一的整体，将科学划分为若干不同领域，这与其说是由事物本身的性质决定的，还不如说是由人类认识能力的局限性造成的。其实，从物理学、化学、生物学和人类学直到社会科学，这中间存在着连续不断的环节。随着人类认识能力的不断提高和科学研究手段、方法的不断改进，科学现在已发展到了很高的程度，以致它再也不能逃避辩证的综合，大量涌现的交叉学科、综合学科和横向学科预示着科学知识的综合化趋势已属必然，是根本不可逆转的。

课程综合化是以分科课程的改进形态出现的，而不是作为分科课程的对立形态出现的，正如英国学者英格拉姆（J. B. Ingram）所说："与其说综合教学是分科教学的背离，毋宁说综合教学是分科教学的延伸和拓宽。"的确，严格的分科课程不利于学生整体地认识世界和把握世界，不利于学生形成完整的知识结构，但同时也要看到，分科课程本身还有许多综合课程无法替代的优点：有利于系统知识的传递和学习，有利于提高教学效率，有利于学生掌握高深的学术理论知识等。另一方面，在综合占优势的当下，分化的过程也并没有中止，科学知识在新的水平上深入发展着。大量新学科的出现表明，新的分化和综合正紧密地交织在一起。这就意味着，知识的分化和综合是辩证统一的，是相互渗透、相互转化的。分化和综合看似矛盾，但当今科学发展恰巧处在一个高度分化和高度综合相结合的过程当中。过分地强调分化，就会导致形而上学，用绝对的"非此即彼"的观点看待事物，就不可能把握住事物的本质；反之，如果过分强调综合，则又会陷于空泛、笼统和虚幻的所谓整体观念之中，同样也无法认识事物的本质，因此在学校课程体系中，分科课程和综合课程同样重要，二者缺一不可。

（二）综合课程的目的与功能

课程的综合化也是由教育目的的综合性决定的。马克思主义关于人的全面发展的理论，就集中地体现了教育目的的统一性和综合性。全面发展的教育追求的是个人在德、智、体、美、劳几方面共同得到发展。德、智、体、美、劳作为一个有机的统一体，它要求的知识结构也必然是一个有机的统一体。这种有机体的统一性来自高度的综合性。从德、智、体、美、劳几方面的有机统一到个体的综合化发展，是一个因果链。这个因果关系的基础是心理的、内在的，它与人类的知识体系的综合化进程互相呼应，共同促使人们更加自觉地正视课程综合化的要求。

3. 社会方面的作用

第一，综合课程有助于促使教师和学生共同进行创造性、促进性和合作性的教学。第二，综合课程有助于学校教育更好地处理当代社会问题方面的内容，例如对学生进行性教育，就不可能只靠一门学科解决，而要通过诸如心理学和社会学等学科的综合才能奏效。第三，综合课程有助于沟通学校与社会之间的联系。

当然，对综合课程的作用不能夸大，而应该看它的作用是否是分科课程所不能起到的以及实际的教学效果。在我国现实的情况下，开设综合课程确实有助于保证课程结构的优化，有利于课程的现代化，有助于培养学生的整体认识能力和适应能力等等。

（三）综合课程的类型

课程的综合化或一体化可以分成四大类。第一类是一门学科之内课程的综合化，例如它可以在某一学科中借用另一学科领域的思想和概念，也可以在某一学科中有效地利用另一学科领域的方法和其他认识手段，然后在学科内部把各个知识点之间的逻辑关系联系起来，综合成相互印证、相互补充和相互照应的整体性学科知识结构。第二类是学科之间知识的综合化，就是把两门或两门以上学科的知识内容有机组合成一门新的课程，或在已有知识领域交叉处形成新的“边缘学科”。其中有的是在自然学科或社会学科内部展开的综合，而有的则是超越了自然、人文和社会各学科的传统界限，把关于自然、社会和人的知识综合为一个有机的整体。第三类是以社会所面临的问题为中心的课程综合化，人类社会所面临的全球性问题是多种多样的，诸如人口增长、环境污染、能源枯竭等，都不是由单一学科知识所能解决得了的，必须围绕着这些社会问题开展跨学科研究，这就要求学校课程进行大范围的综合化。第四类是学生将以其兴趣为中心或者个人深入钻研或者向他人学习而获得的知识综合化，它反映的是学科和学生之间的关联性。

由此可见，综合课程有不同的表现形式，比较常见的综合课程有以下几种：

1. 相关课程

相关课程是指两种或两种以上学科既在一些主题或观点上相互联系，又保持各学科原来的相对独立性。随着学科呈现的高度综合化趋势，相关课程表现在诸多领域，如物理、化学和数学等课程，历史、地理和社会等课程。相关课程是针对分科课程过分强调学科自身的逻辑体系而造成的彼此封闭、各自为政的现状应运而生的，把原来“不相干”的课程通过共同的主题或观点联系在一起。

2. 融合课程

融合课程是将有关学科融合为一门新的学科，融合之后原来学科之间的界限不复存在，例如历史、地理、公民融合为综合社会科，物理、化学、生物融合为综合理科，植物学、动物学、解剖学、生理学融合为生物学，西方历史、西方地理、西方音乐、西方文学融合为西方文明，等等。融合课程并非原先的几门传统学科的拼盘或混合，而是打破或超越了被融合的各学科的固有逻辑，形成了一个新的有机体——融合课程的逻辑。由此看来，融合课程在学科综合的程度上超出了相关课程。从课程实践看，融合课程并不普遍，原因是设计融合课程存在许多障碍。每门学科通常被认为是相互独立的，怎样将不同学科内容整合起来以形成新的体系，这很难达成一致意见。实际上，开发融合课程所存在的困难不仅是不同学科内容本身的关系问题，从更深层的社会背景看，每门学科所代表的是某一群体的利益，学科融合会打破业已确立起来的不同群体间的利益平衡，导致利益冲突，这必然会使课程融合产生困难。

3. 广域课程

广域课程是指能够涵盖整个知识领域的课程整体。广域课程在其出发点上与融合课程存在某种相似之处，即都是围绕一个所选择的组织核心而将分支学科组织为一个新的课程整体，而且被整合的每门学科都将失去其独立性。广域课程与融合课程也有区别，即广域课程在范围上要比融合课程来得大，融合课程的范围主要限于与学科有关的领域，而广域课程则不仅包括与学科有关的领域，人类的所有知识与认知的领域都可以被整合起来。像“19 世纪美洲的移民”这样的主题就可以整合很多知识领域，而不只是相关学科，由此形成的课程即是广域课程。

4. 核心课程

对核心课程这一定义有两种理解：第一种理解认为核心课程是一种课程设计理念。在此设计中，儿童的学习有一个中心，所有的学习活动都围绕着这个中心进行。核心课程是 1880 年左右开始兴起的学科综合化趋势发展的结果。在 1930～1955 年风行时，有三种类型：一是以学科为核心，即以分科、相关、融合或广域课程为核心；二是以活动为核心；三是以社会生活领域或社会问题为核心。第二种理解认为核心课程是指所有学生都要学习的共同学科。它是学校（或系科）所设课程中最重要、最基础的部分，是核心学科、共同基础课的同义语。这些学科被认为是“普通教育的核心”。在小学，一般将道德、母语、外国语、数学、自然、社会、体育、音乐、美术作为核心课程；在中学，一般将道德、母语、外国语、数学、历史、地理、物理、化学、生物、体育、艺术作为核心课程。在泰勒看来，核心课程是指选择对学习者有直接意义的学习内容，并且给学习者足够时间对所选内容进行充分学习的计划。在 20 世纪 30～60 年代，核心课程十分风行，有三种类型的“核心课程”非常普遍，即文化时代核心课程、青少年需求核心课程和社会问题核心课程。

三、必修课程与选修课程

一般来说，必修课系指同一学年的所有学生都必须学习的公共课程或教学科目，它体现了国家对各阶段的学生发展的共同的基本要求，例如我国从 2001

年开始实施的新课程计划规定，小学阶段开设的品德与生活、品德与社会、语文、数学、英语、音乐、美术、科学、体育与健康、信息技术等和初中开设的思想品德、历史与社会、语文、数学、外语、历史、地理、物理、化学、生物、体育与健康、音乐、美术、信息技术等，均为国家规定的必修科目。选修课是指学校所开设的课程，并不要求学生人人都学，但学生可以根据自己的需要、兴趣和能力选择一定的教学科目，与此相应的规定就是选修课制度或叫选课制。实行学分制也给高中学生选修课程提供了机会。根据《普通高中课程方案（实验）》的精神，国家规定学生在三年内至少获得 144 学分，必修学分不低于 116 学分，选修学分总共不低于 28 学分。这表明，学生可以根据自己的学习兴趣和未来发展需要选择适合自己的选修课程。

（一）必修课程与选修课程的关系

在学校课程的发展历程中，必修课程一直占据重要地位，在我国曾出现过全是必修课的情况，即只有必修课、没有选修课。近年来，选修课程在中小学校教育中开始涌现，在课程中的比重逐渐增大。如何处理必修课程与选修课程的关系，和课程制度自身有紧密联系。

1. 全必修课制

全必修课制要求所有学生都学习完全相同的课程，因而这也是一种统一的课程制度。在这种课程制度下，学校的课程体系中没有选修课程，只开设必修课程。这些必修课程的门类和内容都是最基本的，是各地区、各学校普遍需要并且能够开设的，也是所有学生必须学习的。学校只需要一张课程表就可以开展教学，既方便管理，又可以很好地发挥班级授课制的优点，但这种只有必修课程的课程制度，其缺陷也显而易见，既不符合学生个性发展的需要，也不能满足社会多样化的需求。

2. 全选修课制

全选修课制是根据学校的培养目标，设置能够达到各类培养目标的多样化的课程体系。学生根据自身的实际情况、兴趣爱好，在教师的指导下，选择适合自己发展需要、符合培养目标的课程。全选修课程制度没有对全体学习者做出强制性的课程要求，所有课程都由学习者自己选定。这种课程制度出现在欧美中学的高年级和大学阶段，并且和学分制紧密结合。和全必修课制的刚性相比，全选修课制体现出了十足的弹性，但全选修课制忽视了必修课程在课程体系中的作用，不仅容易造成学生忽视一些一般性、基础性的课程学习，而且对学校的课程实施条件提出了高的要求。

3. 必修课与选修课结合制

必修课程为人才的培养提供了统一性的要求，因此，它在学校课程体系的支柱作用毋庸置疑，而选修课制度是个性化教育的必要条件。我们认为，要正确处理必修课程与选修课程之间的关系，需要建立一种必修课与选修课相结合的课程制度。

（二）选修课程的分类

不同的教育阶段和类型，选修课程的类型也不相同，如高中阶段的选修课程和大学阶段的选修课程类型有所不同。一般来说，选修课程可以分为限制性选修课程和任意性选修课程两种。

1. 限制性选修课程

这里的限制，指的是学习者在一个可供选择的课程群当中，必须选择一定数量或课时的课程。限制性选修课程是在必修课程的基础上，根据这个学习群体的培养目标形成一个课程群。

2. 任意性选修课程

任意性选修课程又叫自由选修课程，学校对这类选修课程没有硬性要求，学生从自己的兴趣爱好和未来出发，根据课时和学分情况自由选择符合自身实际情况的种类和科目。任意性选修课的目的主要是扩展学生的学习领域，培养和发展他们的兴趣爱好和特长，并不一定与学生的升学或就业直接相关。在我国基础教育阶段，任意性选修课程设置还比较少。在大学，任意性选修课程往往以全校通选课等形式存在。

限制性选修课程和任意性选修课程在课程性质和开设方式上各有特点。不过，这两类选修课不能截然分开，因为它们是有联系的，并且在学校的课程设计思想和课程内容自身不断发展的情况下，限制性选修课程和任意性选修课程可能会相互转换。

第三节　活动课程

活动课程和学科课程共同构成学校的正规课程，是课程结构中一个不可或缺的重要组成部分，但目前人们对活动课程的本质与特征、意义与功能，类型与实施等诸方面的认识都还存在不少误区，需要我们对上述问题进行深入探讨和研究。

一、活动课程的本质与特征

人们对活动课程本质的认识，往往存在两个方面的误区：一是在价值论方面，没有从教育对人的全面发展这一高度去认识活动课程的价值与意义，出现了一些诸如“主次论”“从属论”和“并重论”的观点。“主次论”认为，学科课程是主导的、主要的方面，活动课程是非主导的、次要的方面，学科课程远比活动课程重要得多；“从属论”认为，活动课程是学科课程的延伸和补充，是为学科课程服务的；“并重论”认为，学科课程和活动课程是同等重要的，在教学安排上应一视同仁，不能重此轻彼。二是在本体论方面，没有对活动课程进行清晰的界定，活动课程的定义显得比较混乱。直到现在，依然还有不少学者把活动课程视为学科课程的辅助。更有甚者，依据旧版《辞海》(1983 年版）教育心理分册“课程即教学的科目”“教学的科目即学科”等观点，推导出“课程和学科是等义的”的结论，认为活动的实质只是方法和手段，不能与学科相提并论。显然，按照如此狭义的课程观推导下去，活动课程再也没有必要存在了。

（一）活动课程的本质

活动课程是指学生通过各种有计划、有组织、有目的的活动而获得的促进其身心全面发展的教育性经验。也就是说，活动课程就是一种经过教育者设计，以学习者为主体，以问题、主题等方式开展的具有教育性影响的活动，它的目的在于使学习者在参与和体验活动的过程中获得直接经验及感性认识并促进其情意、认知和能力的发展。

（二）活动课程的特征

根据以上对活动课程的界定，和其他类型的课程比较，活动课程的特征主要表现在以下几个方面：

1. 相对独立性

活动课程作为一种和学科课程对应的课程类型，在课程的形式和内容上都具有相对的独立性，活动课程不是学科课程的附庸或点缀，在课程的表现形式上主要以一些主题活动、问题探究等方式呈现，在内容上注重学习者的直接经验。

2. 整合性

活动课程打破了学科课程的逻辑框架，从问题或主题出发，在活动的过程中将不同的学科知识、能力整合到活动的开展过程中，具体表现在活动课程的目标、内容和方式上可以不受学科知识的束缚，根据问题的解决或主题的探究而进行有机整合。

3. 开放性

活动课程提供给学生的是一个丰富多彩的、广阔的、充满着弹性的开放生活空间。首先，在内容上具有广泛性，在活动主题的确定上有较大空间，可以根据教学目标进行多样化的选择。其次，活动课程的组织实施方式具有灵活性。由于活动课程的内容广泛多样，与之相适应的活动方式也是丰富多彩的。

4. 主体性

确立学生的主体地位并发挥其自觉、自主性，是活动课程的先决条件。学科课程虽然和学生的主体性并不违背，但却可能在没有实现学生主体地位的条件下完成。而活动课程则不然，离开学生的主体作用，不能发挥其自觉、自主性，则难以实施。无论活动课程的内容是什么，进程怎样，都要求学生自觉、自主地参加和完成，根本不可能像学科课程那样凭借教师的讲授来进行。

5. 过程性

活动课程明显区别于学科课程的，在于它对教学过程的关注超过对于教学结果的关注。活动课程以活动的形式开展，其目的在于让学生通过过程的参与获得切身的体会和体验。

二、活动课程的功能

活动课程在课程体系中具有独特意义，是因为活动课程具有学科课程所不能替代的功能。活动课程的功能表现在以下几个方面：

第一，陶冶情操，培养品德。情感、意志和良好的品德行为是在学生感兴趣并积极参与的活动中形成、巩固和发展的。学生在生动、活泼的自主活动中获得亲身体验，有助于形成积极的思想和道德情感、正确的道德观念、分辨是非的能力以及民主、合作、竞争、进取等意识；有助于陶冶情操、磨炼意志、丰富生活，有助于追求美与创造美，培养文明礼貌和团结友爱的品德；有助于学生在自我管理和自我教育中形成认真负责、诚实、勤俭、坚毅等良好的品质和行为习惯等。

第二，丰富知识，开阔视野，完善心理结构。活动课程的内容丰富，涉及的领域广泛，可以把课内与课外、理论与实际、个人与集体、知识与生活、学校与社会等辩证地统一起来。这样，有助于学生通过各种可接受的方式去接触新的事物，获得各种新的知识信息，不断丰富学生的知识领域、扩大学生的视野；有助于巩固、充实、扩展、增进学科课程所传递的知识技能，补充、完善学科课程的不足，形成学生合理的知识结构；有助于把理智、情感、意志和技能技巧统整起来，调动各种心理活动因素，使之协调发展，形成完善的心理结构。例如，要参加一项活动，要有兴趣和热情，能正确地发表见解和做出明智的判断与选择，还要能与同学友好相处，等等。

第三，发挥特长，促进个性发展，增长才干。活动课程的内容广泛，形式多样，适应各类学生发展的需要。学生可以根据自己的兴趣爱好，自由选择参加何种活动，从而发挥其特长，进而发展个性、形成独特的心理品质。由于活动课程强调学生的自主、自动的实际操作，必然有助于培养学生的自学能力，即主动地、独立地获取新知识的能力、自我知识更新的能力、实践能力以及探索精神和创造能力。活动课程提供的各类活动，既可以把知识与生活联系起来，又可以把个人与个人、个人与集体、集体与集体联系起来，故可以培养学生的社会适应能力和社交才能，这在学科课程中是很难学到和形成的。

第四，增强体质，强健体魄。群众性的体育锻炼和体育竞技活动是活动课程的重要组成部分，也是养成锻炼习惯、培养自我保健能力的重要途径。开展各类活动都需要有良好的体质、充沛的精力、准确的动作、灵活快速的反应力、持久的耐力等基本素质。故可以通过各种活动增强体质、强健体魄。同时，经常性的卫生保健活动，可以消除各种致病因素，保持健康的身体。

三、活动课程的类型

尽管活动课程和学科课程一样都属于学校正规课程，但和学科课程不同的是，活动课程的开设和学校、班级的实际情况紧密联系。结合目前活动课程开展的情况，我们将活动课程主要归纳为以下几种基本类型：

（一）社会实践活动课程

这类活动课程旨在沟通学校、社会、家庭之间的联系，组织学生参加社会生产劳动和社会服务、社会调查、参观访问以及军事训练等活动，引导学生接触工农，了解社会，端正劳动态度、增强社会责任感；此外，通过游览、了解大自然、热爱大自然，树立保护大自然生态平衡的意识等。社会实践活动课程的开设，在中小学和大学、普通学校和职业学校，根据不同阶段的性质，具体的课程名称和表现形式也各不相同。

（二）主题式活动课程

主题式活动课程是根据某一现实生活或学科课程中的某一个主题、设置一定的活动、以主题为线索组织课程内容的课程。这种主题式活动课程完全脱离了学科课程的藩篱，是一个相对完整的活动计划，也就是一个基于实际问题的研究计划，主要包括单元主题、框架问题、实施方案、评价量规等四个部分。主题式活动课程的内容和课时并没有统一的规定，而是根据学习的需要和主题自身的性质来确定。

（三）班级活动课程

这类活动课程旨在对学生进行日常训练和思想品德教育，包括晨会、班队活动（含学校传统活动）、班级读书活动、班级例会、开学前训练、毕业仪式、升学仪式、群众性和竞技性体育活动、卫生保健活动等。班级活动课程具有很强的灵活性，没有固定的内容和模式，但它不是简单的课外活动，而是构成班级正规课程的一个重要部分。

（四）科技文体活动课程

这类活动课程主要包括体育锻炼、科技活动以及旨在锻炼学生素质的文娱体育活动。需要指出的是，这些课程当中的一些内容和学科课程的体育、音乐和美术等课程有交叉之处。

以上各类活动课程，均有各自特定的目的、任务、内容要求和相关的注意事项，但总体来说，活动课程是一个复杂的体系，随着课程理论与实践的发展，活动课程的内容和形式还会发展变化。

四、综合实践活动课程

综合实践活动课程作为活动课程的一种特殊发展形态，在我国新一轮基础教育课程改革中备受关注。

（一）综合实践活动课程的意义与特征

活动课程的设置出现在 20 世纪 90 年代初期，将活动课程纳入课程计划，成为我国中小学课程体系的一个重要组成部分，反映了当代课程改革的发展趋势，是我国基础教育的一项重大改革。活动课程设置以来，积累了正反两方面的经验和教训，使人们逐渐认识到，活动课程的设置是为了克服单纯学科教育的弊端而在学科之外为学生获得直接经验和培养综合能力设计的新型课程。既然强调基于实践的学习、面对学生完整的生活领域，那就不妨放弃寓意不准的活动课程的提法，突出“综合”和“实践”的特点，旗帜鲜明地构建“综合实践活动”课程的内容和体系。可见，综合实践活动课程是在活动课程多年实践的基础上形成起来的，是活动课程的深化、发展、规范和提高。

综合实践活动课程是基于学生的直接经验、密切联系学生自身生活和社会生活实际、体现对知识的综合运用的课程形态。这是一种以学生的经验与生活为核心的实践性课程。它将人类社会的现实性问题、跨学科性知识的综合性问题和学生感兴趣的实践性问题以实践课程和探究活动的形式统整起来，并实现了学问性知识与体验性知识、单一学科知识与跨学科性知识、理论与实践、课内与课外、校内与校外的有机结合。其具有以下基本特征：

1. 课程目标注重实践和体验

综合实践活动课程的目标是多方面的，具有综合性的特点。首先是认知性目标。综合实践活动课程要求学生掌握必要的学科知识和科学知识。这种知识已不是局限于书本知识尤其是教科书所规定的知识，而是侧重于操作性知识和实践性知识。这些知识既可以让学生通过各种实践活动获得，也可以从心理层面上对自己或他人的亲身经历进行再体验来获得。其次是技能性目标。综合实践活动课程追求的并不是学生的一项或几项特殊技能的获得和提高，而是各方面综合能力的培养。

2. 课程内容注重现实性和融合性

综合实践活动课程超越了传统单一学科的界限，课程知识常常会跨越多门学科课程知识，并且依据学生的身心发展水平、学习兴趣、生活需求、社会实践以及跨学科的综合性知识为基础设计课程内容，强调学科间知识的联系与知识的综合运用。综合实践活动课程主要以主题或专题的形式来引导学生开展学习活动，而活动的主题或专题往往是横跨几个学科领域知识高度综合的内容，主题范围包括了学生与自然、学生与社会生活、学生与自我关系的基本情境和问题。

3. 课程实施注重灵活性和多样性

综合实践活动课程要实现综合性的课程目标，要满足综合性课程内容的要求，必须有与之相适应的综合性的学习方式。综合实践活动课程强调运用一切有利于调动学生活动积极性和激发学生探索兴趣的学习方式，强调运用能调动学生多种感官参与和多种心理能力投入的各种方式。

（二）综合实践活动课程的构成

《国务院关于基础教育改革与发展的决定》第十六条中规定：“小学加强综

合课程，初中分科课程与综合课程相结合，高中以分科课程为主。从小学起逐步按地区统一开设外语课，中小学增设信息技术教育课和综合实践活动，中学设置选修课。”教育部于2001年颁发的《基础教育课程改革纲要（试行）》，明确地将综合实践活动课程规定为小学中高年级即3年级以上到高中的必修课程。在第二部分“课程结构”的第五条作了如下的论述：“从小学至高中设置综合实践活动课程并作为必修课程，其内容主要包括：信息技术教育、研究性学习、社区服务与社会实践以及劳动与技术教育。强调学生通过实践，增强探究和创新意识，学习科学研究的方法，发展综合运用知识的能力。增进学校与社会的密切联系，培养学生的社会责任感。在课程实施的过程中，加强信息技术教育，培养学生利用信息技术的意识和能力。了解必要的通用技术和职业分工，形成初步技术能力。”

从以上论述我们可以明确，综合实践活动课程是一类独立的课程，它不单是学科的补充和延伸，也不是传统意义上的课外活动，而是一门独立于学科之外的，以学生实践为基本特征的新的课程类型。它包含了以下四个指定领域：

1. 研究性学习

研究性学习是指学生基于自身兴趣，在教师指导下，从自然、社会和学生自身生活中选择和确定研究专题，主动地获取知识、应用知识、解决问题的学习领域。它强调学生通过实践，增强探究和创新意识，学习科学方法，发展综合运用知识的能力。学生通过研究性学习活动，形成一种积极、主动、生动的自主、合作、探究的学习方式。

2. 社区服务与社会实践

社区服务与社会实践是指学生在教师指导下，走出教室，参与社区和社会实践活动，以获取直接经验、发展实践能力、增强社会责任感为主旨的学习领域。通过该学习领域，可以增进学校与社会的密切联系，不断提升学生的精神境界、道德意识和实践能力，使学生人格臻于完善。

3. 劳动与技术教育

劳动与技术教育是以学生获得积极劳动体验、形成良好技术素养为主的，以多方面发展为目标，且以操作性学习为特征的学习领域。它强调学生通过人与物的作用、人与人的互动来从事操作性学习，强调学生动手与动脑相结合。通过该领域的学习使学生了解必要的通用技术和职业分工，形成初步的技术意识和技术实践能力。

4. 信息技术教育

信息技术教育不仅是综合实践活动有效实施的重要手段，而且是综合实践活动探究的重要内容。信息技术教育的目的在于帮助学生发展适应信息时代需要的信息素养。这既包括培养学生利用信息技术的意识和能力，还包括发展学生对浩如烟海的信息的反思和辨别能力，形成健康向上的信息伦理。

以上四大领域并不是并列的关系，也不是相互割裂的关系。一方面，“研究性学习”作为综合实践活动的基础，倡导探究的学习方式，这一方式渗透于综合实践活动的全部内容中；另一方面，“社区服务与社会实践”“信息技术教育”“劳动与技术教育”则是“研究性学习”探究的重要内容，因此在实践过程中，四大指定领域是以配合的形态呈现的。

除上述指定领域以外，综合实践活动还包括大量非指定领域，如班级团队活动、校传统活动、学生同伴间的交往活动等。指定领域与非指定领域互为补充，共同构成内容丰富、形式多样的综合实践活动。由此我们可以看出，在新的基础教育课程体系中，综合实践活动与各学科领域形成一个有机整体，二者既有其相对独立性，又存在紧密联系。具体说来有以下三方面的联系：第一，学科领域的知识可能在综合实践活动中延伸、综合、重组与提升；第二，综合实践活动中所发现的问题、所获得的知识技能可以在各学科领域的教学中拓展和加深；第三，在某些情况下，综合实践活动也可以和某些学科教学打通进行。因此，我们在教学过程中要妥善处理综合实践活动与各学科领域的关系。

第四节　潜在课程

一、潜在课程的定义与特点

潜在课程和正规课程是整个课程体系中的两个组成部分。正规课程以一种外显的方式存在，在整个课程体系中似乎占据着主流的地位。事实上，尽管潜在课程的表现和作用的方式比较“隐秘”，但它在学校的课程体系中起着正规课程难以发挥的作用。要给潜在课程下一个准确的定义是比较困难的，但至少应当明确以下几点：

第一，潜在课程是一种独立的课程形态，是一种教育性经验，因而它不是一般意义上的教育影响因素。如果把潜在课程视为一般意义上的教育影响因素，潜在课程的边界将会无限扩大而最终导致否定潜在课程。

第二，潜在课程以非学术性的教育经验为主，但也存在学术性教育经验的成分。潜在课程的确比较偏重于非学术性的教育经验，但它并未完全排除学术性的内容，例如同学之间的知识交流，教师认知方式和教学方式对学生思维方式的影响等。

第三，潜在课程是非预期性与可预期性、有意识性和无意识性的统一。一方面，潜在课程是一种自然的潜在，我们无法对它的教育影响进行准确的判定，具有非预期性的一面，但潜在课程的可预期性也比较明显，比如，通过营造良好的师生关系和教学环境来提高教学效果；另一方面，学校环境、校园文化对学生潜移默化的熏陶，教师人格和行为对学生的感染等，都是潜在课程无意识性的表现。但目前有关课程社会学、课程文化学的研究表明，通过对潜在课程的设计，可以达到一定的课程目标。因此，潜在课程对学习者的影响是有意识性与无意识性的辩证统一。

可见，国内外对潜在课程的理解有所不同。根据我国教育的实际情况，我们这里将潜在课程定义为：学校通过教育环境（包括物质的、文化的和社会关系结构的）有意或无意地传递给学生的非公开性教育经验（包括学术的与非学术的）。

与正规课程相比较，潜在课程具有以下基本特征：

1. 隐含性

正规学科是学校教育中有计划的学科体系，包括教材内容、规划、目标、教学大纲、教学指导书等，出现在学校等教育机构的课程表当中，由公开的内容构成。而潜在课程则是隐含在课程表之后、以一种非公开的形式存在的课程，它以一种隐蔽的力量对教育产生作用。

2. 依附性

潜在课程尽管是隐含在课程表之后的，但同样需要客观的物质载体，需要借助于某种客体才能传递它蕴含的经验、发挥其功能。如果说正规课程是以书面的文字符号为物质承担者的话，那么，潜在课程的物质承担者则是具体的人、事、物。例如，教师、校园物质环境、文化氛围、学校组织结构、社会关系结构和正规课程中隐含的某些“背景因素”（即指特定社会的和时代的政治、价值、文化传统等意识形态层面的内容）等。离开了这些客观的物质载体，潜在课程也就失去了它存在的基础。

3. 持久性

一方面，作为潜在课程载体的物质环境、学校传统、校园文化以及正规课程的意识形态背景等，在一定时期内是稳定的、持久的；另一方面，学生长期在潜在课程的“熏陶”下，往往会形成某些稳定的个性心理品质，能够持久地伴随人的一生。潜在课程主要靠日积月累、滴水穿石的力量，使其形成自己的态度、价值观、人生观和行为方式等，在教育影响上具有持久性。

4. 非量化性

正规课程具有明确的内容和目标，我们可以根据这些目标和内容制定出相应的评价指标体系，因此可以用考试或其他测量手段加以量化。潜在课程没有明确的内容及其界限，难以通过量化的方式对其效果加以检测。

二、潜在课程的内容与功能

尽管潜在课程主要通过无意识的、非预期的方式对学习者产生影响，但在进行课程设计时，则要尽可能做到有意识性和预期性。这首先要求我们对潜在课程的主要内容进行归纳。

（一）潜在课程的内容

潜在课程与学科课程、活动课程不同，它的构成因素复杂、多变。大体来说，潜在课程主要由以下四个部分构成：

1. 社会背景

指的是隐藏在正规课程背后的社会文化、意识形态、主流的价值观念等，这部分的潜在课程往往通过对教材内容的加工、选择产生作用。

2. 物质环境

学校的物质环境潜藏着一定的价值、观念、美感等，对学生的心理品质会产生潜在的影响。学校的物质空间涵盖面广，应进行系统规划。学校所在地域的气候条件、地理位置、自然景观构成的氛围，以及学校的建筑设计都要符合建筑学、心理学、卫生学、美学的原理，使学校建筑层次分明、错落有致、空间宽敞、个性鲜明，从而具有韵律、和谐、平衡等审美心理效果。教室内的设计应从学生的年龄特征和身心发展考虑。教室内应当空气清新、桌椅整齐、光线充足、环境优雅。校内外建筑、花草树木等色彩的协调既能给学生一种美感，也能使学生潜在地产生一种能勇于进取的心态。

3. 师生互动

师生互动是教育心理学、教育社会学研究的重要范畴，也是潜在地影响学生的认知、情意、人格等心理品质形成的重要因素。师生互动过程对每一学生个体而言是一种有意或无意的学习过程，从而潜在地影响其心理品质的形成。心理学家罗森塔尔（R. Rosenthal）和雅各布森（E. Jacobson）关于教师期望的经典实验表明了教师的期望可以对学生产生重要的影响。因为教师对学生的不同期望影响到教师对学生的态度和行为，这种态度和行为有意或无意地影响学生的成就动机和归因方式，从而影响学生的积极性和学业成绩乃至教学过程的质量。

4. 校园（班级）文化

文化层面的潜在课程，表现为校风班风、教风学风等，它们影响着学生心理活动和心理品质的形成。作为文化层面的潜在课程，其心理学基础主要体现为无意识心理活动的原理。人在特定的心理氛围中，通过暗示、感召、移情、认同、模仿、熏陶等形式逐步使心理品质发生变化，在特定情境控制下还能超水平地调动人的心理潜能，达到常规教育、教学情境所无法达到的效果。

（二）潜在课程的功能

不同的潜在课程起到不同的作用，就整体而言，潜在课程对社会和个人都能产生相应的功能。

1. 社会功能

潜在课程作为学校教育的“附生物”，与学校教育并存了几千年。几千年来，尽管人们未能明确认识到它的存在，但它却一直潜移默化地发挥着社会控制功能。到了 20 世纪初尤其是 60 年代中期以后，潜在课程的社会控制功能日益为人们所认识。美国学者瓦兰斯就曾明确指出，潜在课程往往通过把统治阶级的意识形态、价值观等转变为一种“深层结构”来达到其社会控制的功能。

美国学者安庸（J. Anyon）也指出，不同类型的学校环境有着不同的物质、教育、文化和精神的特征，因而包含着不同的潜在课程。这种潜在课程以一种微妙而隐蔽的特殊方式与“产出”过程相联系，教给学生不同的知识、技能、态度和价值观，而这些内容又是和学生将来的社会地位有内在联系。所以说，潜在课程再生产了复杂的社会关系结构，发挥着社会控制的职能。

在我国学校中当然存在着潜在课程，同样发挥着社会控制的职能。其目的在于潜移默化地教导学生树立主流的价值观念和思想品质，成为符合社会需要的人。

2. 个体功能

潜在课程作为一种特殊的教育现象，在学生个体发展中所发挥的巨大作用日益为人们所重视，这一点在德育过程中表现得尤其明显。潜在课程在学校德育中的地位和作用，已为不少学者所肯定。美国著名道德教育理论家科尔伯格指出，潜在课程作为道德教育的重要手段，比正规课程来得更加有力，因此他要求“利用潜在课程进行道德教育”。科尔伯格曾明确地说过，“日常的道德教育活动”可以被看作是“‘潜在’或‘自发’的课程”。“唯一综合地考虑潜在课程的方法就是把它看作道德教育”，“讨论潜在课程的教育影响，就是讨论它是否以一种在道德上可以接受的方式传送某种有价值的东西，或是否能使某种有价值的东西以一种在道德上可以接受的方式得到传递”。在这里，科尔伯格几乎把潜在课程看作道德教育，因而把潜在课程的德育功能强调到了无以复加的地步。

潜在课程对个体产生的作用，不仅体现在德育过程中，更重要的是通过对潜在课程的设计，能使我们的教育机构形成某种氛围和环境，达到“蓬生麻中，不扶而直”的境界，即产生一种无形的约束力，可以通过一定文化背景中的价值观念和大多数人的行为方式，对个体思想和行为产生影响，即导向功能。

第八章　课程文件

第一节　课程计划

课程计划是国家或地区教育主管部门根据国家或地区的教育方针、政策、目的以及学校的性质统一制定和颁发的、对一定学段的课程进行总体规划的课程文件。为了全面而深刻地理解课程计划，这里对它的性质、演变过程和内在结构等重要问题进行分析和探讨。

一、课程计划的性质

从课程计划及其在教育领域中的历史作用来看，这种课程文件主要具有五种性质。

（一）思想性

课程计划的思想性主要表现为政治性。课程计划往往受到国家意识形态的影响和制约，是教育为国家的政治、经济、文化、科技等领域服务的综合反映，也是教育对培养的人的政治素养的基本要求。例如，我国不同时期颁发的课程计划的思想性与特定时期的政治生活主题密切相关，它们都较为鲜明地突出了教育的社会主义性质和我国政治生活的状态，比如1992年国家教委颁发的《九年义务教育全日制小学、初级中学课程计划（试行）》中明文规定："本课程计划遵循教育要面向现代化、面向世界、面向未来的战略思想，贯彻国家的教育方针，坚持教育为社会主义建设服务，实行教育与生产劳动相结合，对学生进行德育、智育、体育、美育和劳动教育，以全面提高义务教育质量。”同时，还明确地指出：“本课程计划把坚定正确的政治方向放在第一位。”事实上，从我国不同时期颁发的课程计划内容来看，思想性始终是课程计划的首要属性，它使课程计划成为教育领域的一种重要政治文本。

（二）强制性

课程计划是国家教育主管部门或相关的教育行政机构统一制定和颁布的官方文件，它具有强制实施的性质。在我国的课程计划中，义务教育阶段的课程计划直接根据义务教育法来制定，被视为国家实施义务教育的具体保障，其强制性更为突出。例如，我国 1992 年颁布的《义务教育全日制小学、初级中学课程计划（试行）》，在正文中开门见山地指出：“九年义务教育全日制小学、初级中学课程计划是依据《中华人民共和国义务教育法》制定的。”这就是说，义务教育课程计划是义务教育法的实施计划，体现了义务教育法的基本精神，它必须被强制实施。同时，在该课程计划的实施要求中还明确地规定：“本课程计划国家安排课程规定的课程门类、教学内容、教学要求和课时分配，体现了国家对义务教育的基本要求，是各级教育部门和小学、初级中学组织安排教育活动的依据，是编定教学大纲和编写教材的依据，也是督导、评估学校教育工作的依据。各省、自治区、直辖市教育委员会、教育厅（局）在本计划的指导下，可结合本地区的实际情况进行适当调整，并对地方安排课程的课程设置、课时分配等做出明确规定。调整后的课程计划，报国家教育委员会备案，各地学校必须严格执行。”因此，即使对义务教育课程计划可以做出适当的调整，但仍然需要报国家教委审核或批准。

（三）科学性

课程计划的科学性又可以称为“学理性”，它是指制订课程计划依赖于一定的理论成果，注重从教育及人的发展的客观规律出发来对课程进行总体规划。随着教育理论研究及其教育实践的发展，我国越来越重视课程计划的科学性。这种特征在我国 1992 年以来制订和颁发的课程计划中体现得较为明显。例如，在从 2001 年开始的新一轮基础教育课程改革中，课程计划的相关内容就充分地体现了全人发展的课程理论、科学与人文整合的课程理论、回归生活的课程理论、综合取向的课程设计理论、缔造取向的课程实施理论等。不仅如此，课程计划往往还依据一定的哲学、心理学等领域的理论。

（四）时代性

特定时代的课程计划总是特定时代的政治、经济、文化、教育等的产物，它充分地反映了这个时代对教育的各种要求。我国过去60多年的课程计划发展历史已经充分地证明了这一点。事实上，从我国课程计划的发展趋势来看，它越来越重视课程计划对时代特征的回应，主要表现在四个方面：第一，课程计划越来越关注教育的全球理念，比如联合国教科文组织提出的学会认知、学会做事、学会共同生活和学会生存等理念；教育民主化理念；国际理解教育理念；回归生活教育理念；可持续发展教育理念，等等。第二，课程计划越来越关注国际教育发展的趋势，例如，我国现行的基础教育课程计划就是在充分研究世界各国基础教育课程改革趋势的基础上制订的。第三，课程计划越来越反应特定时代社会发展的主题。教育通常要为社会的政治、经济、文化、科技等领域服务，因此这些领域在某一特定历史时期的主要特征必定作用于课程计划，并通过课程计划的培养目标、课程设置等内容体现出来。第四，课程计划越来越反应特定时代课程（或教育）理论发展的特征。这方面主要通过课程类型、课程门类、学时（课时）分配、学科顺序、考试考查方式与实施要求等反映出来。

（五）概括性

课程计划作为对一定学段的课程进行的总体规划，它仅仅对这个学段的培养目标、课程类型、课程门类、学时（课时）分配、考查方式、教学要求等做出概括的说明，因而它是反映特定学段的课程的宏观文本。课程计划的概括性主要通过两个方面表现出来：在横向维度上，它并不反应特定地区或特定学校的课程特色，而是对整个国家的同类学校的共同课程做出统一的规定和说明；在纵向维度上，它只反应学段课程的总体目标、课程类型以及具体学科等的一般情况，而不对该学段中的学年或学期目标、学科课程标准、学科实施要求等进行详细的说明。

二、课程计划的结构

我国的课程计划在60多年的发展过程中已经形成了比较完善的、稳定的结构，这种结构主要由制订课程计划的指导思想、培养目标、课程设置、考试考查和实施要求等部分构成。其中，制订课程计划的指导思想、培养目标和课程设置是我国课程计划的核心组成部分，因而这里对其进行详细的探讨。

（一）指导思想

课程计划是学校课程与教学活动的依据，也是制订课程标准、编写教科书和设计其他教材的依据，因而它必须具有正确的指导思想。就我国而言，几十年来的课程计划所坚持的指导思想可以归纳为三个层次。

第一个层次，制订基础教育课程计划所坚持的基本指导思想。其主要包括：使制订的课程计划能够实现教育要面向现代化、面向世界、面向未来的战略思想；能够贯彻国家的教育方针；能够坚持为社会主义建设服务；能够实行教育与生产劳动相结合；能够对学生进行德、智、体、美、劳等全面发展的教育。

第二个层次，不同历史时期制订的基础教育课程计划所体现出来的具体思想。它可以归纳为六个方面，主要包括：把坚定正确的政治方向放在第一位，以人类社会的优秀文化成果教育学生；面向全体学生，注重全面打好基础，因材施教，促进学生健康发展；根据儿童和青少年身心发展规律，合理安排各类课程，既注意突出主要学科，保证学科之间、主辅科之间的相互联系，又注重加强“双基”，减轻负担，培养智能；切实加强劳动教育，适当进行职业技术教育；从我国实际情况出发，注意城乡和各类地区的教育差异，坚持统一性、稳定性和灵活性相结合；关注特定时代社会各个领域发展的新特征，强调课程计划的时代性。

第三个层次，义务教育课程计划所特有的指导思想。在义务教育的课程计划中，我国除了坚持第一、二层次的指导思想外，还凸显了以下三种指导思想：（1）坚持义务教育课程计划的强制性。义务教育课程计划不是普通的课程计划，它是国家实施义务教育的具体保障，受到相关法律的制约。（2）坚持义务教育课程计划的普遍性。义务教育课程计划的适用范围需要比其他课程计划的适用范围更广。它对培养目标和课程设置等方面的规定需要适应全国绝大多数地区、学校和学生。其中，既包括经济文化发达的地区和城市、条件较好的中小学校和智力发展较好的学生等，也包括经济文化落后的地区和城市、条件较差的中小学校和智力发展较差的学生等。（3）坚持义务教育课程计划的基础性。义务教育课程计划的作用就在于充分保证为学生的全面、和谐发展打好基础，因此课程门类要齐全，课程的课时比例要适当，以保证学生在思想素质、科学文化素质、健康素质、心理素质、劳动素质、职业素质等方面获得全面的提高。

（二）培养目标

培养目标主要指各级各类学校教育的具体目标，它是教育目的在不同层级或性质的学校教育中的具体化。事实上，不同层级与性质的学校在培养目标上既有共同性，又有差异性。所谓共同性，主要指无论哪种类型或层级的学校，它的培养目标都必须与教育方针或教育目的相一致。所谓差异性，主要指各级各类学校必须根据自身在整个教育体系中所处的位置，去培养不同层次、不同类别和不同规格的人才，完成特定的教育任务。我国自1952年以来颁发的课程计划（或教学计划）都为不同层级的基础教育学校规定了具体的培养目标。综观这些目标，它们具有如下特点：

第一，注重培养目标的全面性。从我国历次颁发的课程计划对培养目标的内容规定可以看出，我国在基础教育阶段的培养目标着重从德、智、体、美等方面对学生的培养提出全面要求，力图促进学生全面、和谐地发展。

第二，强调培养目标的政治性。从我国历次课程计划对培养目标的表述来看，加强对学生的思想政治引导始终是培养目标的首要观点，这也反映了始终把正确的政治方向放在第一位的指导思想。

第三，重视培养目标的时代性。我国不同时期的课程计划对培养目标的具体规定与当时的政治、经济、文化等方面的发展状态密切相关，它们都反映了特定时代对人才培养规格的要求。

第四，凸显培养目标的发展性。我国课程计划在培养目标方面的演变，展现了培养目标不断发展和完善的过程。它主要表现在两个方面：一是规定的培养目标越来越具体、全面；二是规定的培养目标越来越关注学生、社会、知识等的发展要求。

（三）课程设置

课程设置是指一定学校选定的各类各种课程的设立和安排。以往，人们把“课程设置”仅仅理解为学科课程的开设，这是不够全面的。目前，在我国中小学课程计划中，设置了学科类课程和综合实践类课程两种课程类型。课程设置主要规定课程类型和课程门类的设立，及其在各年级的安排顺序和学时分配，并简要规定各类各科课程的学习目标、学习内容和学习要求。

课程设置主要包括：合理的课程结构和课程内容。合理的课程结构指各门课程之间的结构合理，包括开设的课程合理，课程开设的先后顺序合理，各课程之间衔接有序、能使学生通过课程的学习与训练，获得某一专业所具备的知识与能力。合理的课程内容指课程的内容安排符合知识论的规律，课程的内容能够反映学科的主要知识、主要的方法论及时代发展的要求与前沿。

课程设置必须符合培养目标的要求，它是一定学校的培养目标在一定学校课程计划中的集中表现。

第二节　课程标准

一、课程标准的内涵

在我国，课程标准主要用来指称对课程计划所设置的每一门具体课程进行总体规划和说明的课程文件。课程标准是为了落实课程计划而制订和颁发的又一种纲要性文本，这种课程文件也曾被称为教学大纲。

二、课程标准的变化过程

课程标准在我国并非是一个新的课程文件术语，在 1912 年南京临时政府公布的《普通教育暂行课程标准》中就使用了该术语。直到 1952 年，我国一直把对一定学段的课程水平和课程结构作出规定的纲领性文件称为“课程标准”。在这段时期，我国的课程标准通常包括两个重要组成部分：一是课程标准总纲，它是对一定学段的课程进行总体设计的纲领性文件，它对各级各类学校的课程目标、学科设置、各年级各学科每周的教学时数、课外活动的要求和时数、团体活动的时数等作出规定和说明；二是分科课程标准，它对各具体学科的课程目标、教材纲要、教学要点、教学时数以及编写教材的要求等作出规定和说明。因此，我国 1952 年之前颁发的课程标准的总纲部分类似于 1992 年以后指称的课程计划，而分科课程标准类似于 2001 年以后指称的课程标准。我国从 1952 年开始把分科课程标准称为教学大纲，直到 2001 年的基础教育课程改革中又把教学大纲改称为课程标准。

第九章　课程评价

第一节　课程评价的定义

课程评价作为课程研究与课程建设的一个有机组成部分，在整个课程系统中占有十分重要的地位。因为它既是有效性课程设计与实施的保证，又是课程设计与实施持续性、科学化发展的不竭动力。同时，对于整个课程改革来说，它又发挥着激励、监督、调控与甄别的功能与作用。基于此，课程评价在课程理论与实践中越来越受到人们的关注与重视。

一、课程评价历史概述

评价及课程评价活动虽然在教育实践中早已存在，但都明显处于经验化或主观性的水平与阶段。而真正现代意义上的课程评价则可追溯到美国进步主义教育协会组织发起的“八年研究”，它标志着课程评价领域趋于成熟。

正如对课程定义的探讨充满了复杂性、多样性一样，课程评价的定义也各异其趣。“评价这一概念本身含有复杂而广泛的意义，而且，由于以课程的计划、实施、评价的全过程为对象，其评价因素多样而复杂，所以，课程评价的概念不能说是明确的。”

二、课程评价的几种类型

在课程发展史上，关于课程评价的定义可以区分出以下五类：

1. 把课程评价等同于教育测量和测验，强调以量化的方法对学生的学习结果进行测量，例如桑代克等人即认为课程评价是基于对学生考试成绩的测量。

2. 把课程评价定义为对教育目标达成程度的评估。泰勒认为："评价是一个确定实际发生的行为变化的程度的过程。"在这里，强调评价以教育目标为中心，注重行为结果与预设目标的对照与比较。由于这一界定具有明确的指向性和具体的可操作性，在教育与教学实践领域也就产生了很大影响，甚至在很长的时间内，它已成为一种主导的课程评价模式。

3. 把课程评价定义为搜集与提供信息，以有利于决策人员进行科学决策。美国学者克隆巴赫认为，评价是"为做出关于教育方案的决策搜集和使用信息"的过程。斯塔弗贝姆继承了克隆巴赫的观点，明确指出："评价最重要的意图不是为了证明而是为了改进"，"评价是一种划定、获取和提供叙述性信息的过程。这些信息涉及研究对象的目标、设计、实施和影响的价值及优缺点，以便指导如何决策，满足教学效能核定的需要，并增加对研究对象的了解"。可见，他们所理解的课程评价就是通过搜集、提供信息的方式来促使对课程方案的决策与改进。

4. 把课程评价视为一种进行价值判断的过程。英国课程专家凯利（A. V. Kelly）认为，课程评价是评估任何一种特定的教育活动的价值和效果的过程。桑德斯（J. R. Sanders）指出，课程评价指的是研究课程某些方面或全部的优缺点和价值的过程，课程可以包括教育经验的设计、需要、过程、材料、目标、环境、政策、各类支持措施以及结果。"课程评价指的是研究一门课程某些方面或全部的价值过程。根据课程这一术语的不同定义方法，课程评价的焦点或目标可能包括课程需要和（或）学生需要，课程设计、教学教程、在教学中使用的教材、学生成果目标、通过课程学生取得的进步、教师有效性、学习环境、课程政策、资料分配以及教学成果等内容。"这些界定提出了评价活动中的"价值与效果"因素，并从课程的构成要素、对象及运行过程等方面给予课程评价一种全景式的描述，具有一定的完整性。

5. 把课程评价视为一种政治活动。贝茨（Bates）认为，评价可分为技术性评价和批判性评价两类，前者强调效率、管理和生产，后者则视学校为不同意识形态的竞争场所，评价的重点在于了解一定社会背景下学校、课程中存在的霸权状况，并以公义和价值作为评价准则。这种界定是把课程投放到社会学的背景下加以考查，课程是统治阶级为维护自身统治需要，而对民众开展的意识形态控制与行为规约的一种工具与手段，课程评价则是对此现象的描绘与揭示。

由此可以看出，人们对课程评价的内涵与外延的认识是不同的。课程评价的界定从“教育的测量和测验”“对目标达成度的评估”到“对教育方案决策所给予的辅助”以及“意识形态批判”，也就意味着课程评价逐渐从工具性、程序性的技术化操作转向了科学决策、价值判断与文化批判上，进而推动了课程评价领域的深入发展。

第二节　课程评价的主体

课程评价活动细微而复杂，若想有效地达到课程评价的目的，不仅要明确其定义是什么，还要清楚应该由哪些人来开展评价活动，即课程评价的主体构成问题。课程评价主体是指为改善课程设计与实施效果而参与评价活动的人员构成与组织结构。一般而言，课程评价的主体包括课程行政与管理人员、课程专家、课程实施者、学生等。

一、课程行政与管理人员

课程行政与管理人员对于推动课程方案的实施、管理与反馈，发挥着至关重要的作用，是课程评价的主体之一。随着时代的变迁与教育改革的深化，其职业角色更多地从权威者、领导者转变为了服务者与协调人，但在现实情境中，课程行政与管理人员不顾具体的教学环境限制，忽视课程实施的边际效应，刻意追求立竿见影式的效果等一系列不合理的做法，也是值得这一评价主体反思与注意的。

二、课程专家

作为课程编制者的专家，由于具有较为深厚的理论素养，对课程设计的指导思想、精神实质熟稔于心，所以，对课程设计存在的问题与不足较之他人也具有更多的认识与了解。专家群体参与课程评价，有利于保证评价的科学性、客观性、严肃性与公正性，因此，尽管专家主体有着自身无法克服的局限性，但仍应当是课程评价中的主要代表。

三、课程实施者

教师在课程评价中具有举足轻重的作用，应当成为不可或缺的主体。因为教师既是课程决策的参与者，又是课程实施的执行者与贯彻者。在整个教学活动中，他们对于课程的各个步骤与环节较为了解与熟悉，因而能较为准确地判断出课程设计中的缺点与不足，也就最能提出切合教学实际的富有合理性、建设性的意见与看法，因此教师是课程评价中最有发言权的主体。

四、学生

长期以来，学生在课程评价中处于边缘地位，得不到应有的重视与关照。“评价主体由上而下依次是政府部门评价学校，学校评价教师，教师评价学生，学生被排斥在评价主体之外，成为永不变的被评价对象。”而实际上，学生是课程设计与教学活动的承受者、体验者与践行者，对课程的难与易反应也更为直接与明显，因此把学生从被动的接受者转化为主动的参与者，认真倾听与省察学生的声音与态度，对于课程设计的改进也就能提供更有价值的信息与参考。

五、其他人员

主要是学生家长、社区教育委员会成员以及关心学校教育并且有联系的社会各界人士。

第三节　课程评价的功能

总体而言，课程评价的功能主要表现为以下几个方面：

一、诊断功能

评价的诊断功能是对正在形成的课程计划或现有的课程方案的优点与缺陷做出分析与判断。任何一种课程方案无论其预先设计得如何完美或完善，都面临着如何与具体的教学情境相适应的问题，因此通过评价，可以发现课程方案的设计与实施是否具有科学性、客观性与可行性。

二、修正功能

评价的修正功能是指对诊断之后的课程方案作进一步的补充与完善。由此，评价的旨趣不在于判断课程方案的优与劣，而是努力地发现其不足，进而修正与改进，促使课程方案更加趋于合理化，发挥出积极的作用。

三、鉴别功能

在具体的课程实施过程中，存在着多种可供选择的课程方案，而要区分出最有效用的课程方案，就需要对它们进行鉴别与比较。通过评价可以了解不同方案的目标设置、内容组织及实施效果上的差别，从而筛选出最佳的课程方案。

四、决策与服务功能

评价的决策与服务功能是指通过评价得出的结论，可以作为政府管理部门或课程编制人员进行决策的依据。换言之，课程决策部门可以借助评价结果调整、改革课程方案或课程计划，使学校课程更加适应学生全面发展的需要。由于这种评价功能关系到课程方案的存与废问题，所以它涉及的评价主体不仅包括课程方案的制订者，还包括课程方案的实施者与接受者。同时，评价的范围也不仅是对课程目标达成程度的评价，还含有对课程运行过程中各环节的评价等，其目的就是为决策者提供充足的信息与参考。

第四节　课程评价的取向

课程评价的取向是指课程评价活动所体现的某种特殊价值观念，还包含着在此观念支配下的具体操作方式与行为策略。评价取向的不同反映了课程评价观或价值立场的迥异，也会影响或导致评价者在评价方法、评价手段、评价模式等各个评价环节或要素的差别。课程评价主要有以下三种取向：

一、目标取向的课程评价

目标取向的课程评价认为，课程评价是对行为结果达到预定目标程度进行评估的过程。目标取向中的“目标”具有两层意义：一方面，它通常被称为整个课程计划或教学结果所要达到的成果或成效，是被预设与先验性的；另一方面，它又是在评价课程方案或课程计划时，所采用的最主要的依据与标准，且具有唯一性。换言之，课程编制中的目标既具有规范或规定教学计划的功能，也具有评定或评判教学效度的功能，因此此种评价其实是在测量、确定学生学习结果与预定课程目标之间的差距，而一旦得到这些精确化、客观化、数字化的统计数据，则会应用于下一次的课程目标的选择与修正上，从而得到更加具体、具有可操作性的课程目标。

二、过程取向的课程评价

过程取向的课程评价是指以对被评价者在课程实施过程中的具体行为表现为关注点，强调评价者与特殊评价情境交互作用的一种评价方式。由于它改变了“预定目标”框定的偏颇与狭隘，尤为强调评价过程本身的价值，显然是课程评价观的重要转变。

这种评价方式具有以下两个特点：首先，评价范围得以扩大。在复杂化的教学活动中存在着大量随机的、不确定性的课程事件，这些课程事件所带来的课程成果或课程效应，是预定目标所无法包括与涵盖的，因此目标定向式的评价也就具有了不完整与非客观性的缺点与不足，而“过程取向的评价试图使课程评价挣脱预定的目标，强调把教师与学生在课程开发、实施及教学运行过程中的全部情况都纳入评价范围”。其次，被评价者的主体性与创造性受到尊重。它不再过多地关注学生行为变化与预定课程目标的达成度，而积极关注于学生的行为变化本身，使其得以自由、全面的发展，也就在一定程度上削弱了预定目标的控制性与约束性。

三、主体取向的课程评价

主体取向的课程评价认为，课程评价是评价者与被评价者、教师与学生共同建构意义的过程。首先，这种评价强调“双主体性”，即评价者与被评价者、教师与学生都是整个评价过程中不可或缺的主体，都是作为评价过程中重要的成员来看待的，而不是被外部评价人员所评价的对象。其次，它秉持一种“价值多元论”的立场。评价活动本身就是一个价值负载与价值判断的活动，必然融入评价主体的多元文化认同与价值观念，而这些观念在本体论上均具有同等的地位、同样的价值。所以，主体取向的课程评价其实也就是评价主体与主体之间交流、协商进而融合的对话过程。同时，也包含了评价主体的自主精神、责任承担与反思意识。

第十章　课程领导

第一节　课程领导的意义

在我国，课程领导这个概念，是伴随着新课程改革出现的，在 21 世纪之前很少有人提及。那么，什么是课程领导？它的出现对于课程以及课程改革究竟有什么意义呢？

一、课程领导的含义

课程领导这个词，从字面上我们就可以看出它包括两个重要的部分，即一个是课程，一个是领导。前者是课程与教学领域中的一个重要概念，而后者则是教育行政与管理领域的一个重要概念。

根据我们对“领导”的界定，所谓课程领导，就是组织中的领导者对课程所发挥的引领和导向的功能或者过程。问题在于，课程作为一个现象或者一个过程，本身并没有思想意识，对于没有思想意识的事物，领导者如何才能够发挥引领和导向作用呢？

很显然，领导者并不能直接影响课程，让课程听从或者跟随自己的命令。课程领导者必须通过开发课程的人来对课程进行引领和导向。这样，课程领导就有两个非常重要的影响对象：一个是课程本身，一个是开发课程的人。换句话说，课程领导所要做的，就是通过对课程开发者进行引领和导向，来完成对课程的引领和导向，因此课程领导必然包括两个重要部分：有关课程事务本身的专业领导和有关人事和物质运作的行政领导。二者必须相互配合、相互促进，促进学校课程不断向前发展。

对于课程的影响而言，课程领导者必须确定组织的课程立场和课程目的，并使这样的思想在组织中的各种课程中体现出来。对于课程开发者的影响而言，课程领导者也必须有非常清晰、明确的课程立场和课程目的，并把这样的立场和目的阐述出来，引领他们做好课程设计和课程实施工作，进而在组织的课程立场上达成组织的课程目的，很好地完成育人的任务。总之，课程领导应该是一个多层级、多面向的动态运行系统，它通过集中众人智慧，最终指向课程质量的提升、学生学习品质的改善以及学生身心素质的提高。

因此，我们将课程领导界定为：课程领导就是以课程品质及学生学习成效的持续提升为目的，以学校行政领导为前提，课程领导者引导组织成员集中更多精力关注课程和教学事务，共同创建学校课程愿景，朝着正确的目标前进，上下一心进行课程实践的活动过程。

二、课程领导的特征

特征是一个事物或者现象与其他事物、现象的区别所在，把握了课程领导的特征就更便于在现实中对之进行有效的实施。课程领导的特征是在和其他类似现象的对照中凸显出来的，主要包括课程领导的方向性、专业性、高位性、整体性、现场性。

（一）课程领导的方向性

所谓课程领导的方向性，是指课程领导要能够确定和把握学校课程发展的方向。这一重要的特性是和课程管理相对而言的。管理和领导的最大区别在于前者更倾向于按照机构的规则实施已有的程序，而后者更注重目标和方向的建立与坚持。

（二）课程领导的专业性

所谓课程领导的专业性，是指课程领导者应该在课程与教学方面具有比较强的专业能力和专业权威。这一重要特性是和行政领导相对而言的。

从某种意义上来说，课程领导是行政领导的一个重要领域，有很多和一般的行政领导相似的地方，比如，两者的影响对象都是人，都需要对学校中的人际关系进行一些处理等。一些学者也在有意无意间将课程领导看作行政领导的一项职能，但这并不是说，行政领导就是课程领导。这是因为：第一，有相当多的行政领导并没有发挥课程领导的功能，也就是说，在学校课程的发展方面并没有自己的见解和贡献，很多学校领导把主要精力放在课程以外的事务上，心目中根本没有课程观念；第二，一些学校教师虽然并没有担当校长、教导主任之类的职务，但是他们对学校的课程与教学的方向有着非常深入的思考，形成了自己关于课程与教学的清晰见解，并且能够影响、带动周围的教师朝着这个方向努力，这样的教师实际上发挥着课程领导的功能。

（三）课程领导的高位性

课程领导的高位性是指，和一般教师相比，学校课程领导者具有一定的战略眼光和理论素养，能够站在全校的，甚至理论的高度来理解课程，推动学校课程向前发展。课程领导的高位性，是和教师课程领导相对而言的。

教师的课程领导是新近才由西方传递过来的新概念，主要包括两个方面的含义：第一，在学校中，一些并没有担任行政职位的优秀教师，凭借自己的专业权威，在课程方面对学校的一些教师形成影响力，从而在一定程度上决定了学校课程发展的方向。第二，学校和其他工业企业组织不同，从性质上来说是一个学习共同体，仅仅依靠有关领导者本人难以有效地发挥领导作用，领导者必须给教师赋权增能，使更多教师都承担起领导的责任，发挥领导的作用。至于教师课程领导的任务，有研究指出可以从建立美好的愿景和共同信念、促进组织学习和发展组织工作、进行合作管理、参与学校和地方课程工作、促进同伴的专业发展、参与学校发展和变革、参与社区和学生家长工作、指导准教师教育和培育成功的学校文化等方面考虑。

（四）课程领导的整体性

课程领导的整体性是指，虽然课程领导必须关注一些零零碎碎的课程和教学事务，但是在课程领导过程中，必须把学校看作一个整体，把学生在学校中受教育的过程看作一个整体，全面地对课程和教学事务进行思考。课程领导的整体性，是和教学领导相对而言的。

（五）课程领导的现场性

课程领导的现场性是指，课程领导者是课程开发和课程实施现场的领导者，和一些理论工作者相比，他们对教育现场更加熟悉，对教师和学生的需求和思维方式更加清楚，更便于实施即时的现场指导、监督和管理。课程领导的现场性，是和校外课程专家、校外课程领导相对而言的。

三、课程领导的理论意义和实践意义

一个概念或者理论之所以受到人们的关注，主要在于这个概念或者理论对于本学科研究或者实践发展有着重要的意义。那么，课程领导在理论上和实践上究竟有什么意义呢？

（一）课程领导的理论意义

在学习课程理论过程中，我们经常看到的是有关课程的实质性内容，如课程目标、课程内容、课程实施和课程评价，这样容易给人造成一个误解：课程是比较技术化的一个领域，课程理论的主要目的在于如何进行课程的设计和课程的实施与评价。造成这种误解的原因在于人们并没有看到课程的另外一个层面：课程是一个靠人来实现的过程，在这个过程中，人与人之间的互动给课程带来重要的影响。也就是说，课程除了技术层面之外，也具有政治、文化等因素，课程领导就是课程开发过程中关键的政治、文化因素之一。这是因为，首先，课程领导决定着学校课程改革和课程实施的主要方向，掌控着学校课程的权力或影响力，因此是课程开发过程中重要的政治因素；其次，除了对课程及其要素直接产生一定的影响之外，课程领导对学校中的人以及人与人之间如何互动产生重要影响，从而成为学校文化演化、发展的关键因素，影响着学校课程开发的进程和具体方式。在这个意义上，课程领导的引入，为我们揭示了课程开发过程中政治、文化的一面，是课程理论的一个重要突破。

课程领导在理论上的另一个重要意义，在于它处于课程论和教育行政与管理两个专业的理论交叉之处。课程理论主要是揭示课程如何规划、开发、实施和评价的学问，而教育行政与管理则主要是揭示如何对学校组织进行规划、设置和管理以使之有效运作的学问。课程领导所研究的，就是通过对学校组织进行规划、设置和管理来做好课程规划、开发、实施和评价的工作，使学校课程与教学卓有成效。在这个意义上，课程领导所研究的，其实是通过整个学校的行政与管理来促进学校的核心工作——课程与教学的发展。这不管是对于课程理论来说，还是对于教育行政与管理来说，都是理论的重要拓展。

（二）课程领导的实践意义

从某种意义上来说，课程领导在实践上的意义要远大于其理论意义。这不仅在于课程领导本身是一个实践问题，而且在于它能够给实践提供极大的帮助。课程领导在课程实践中不可替代的作用，具有如下三个方面的意义：

首先，课程领导的存在，使学校课程开发、实施和评价有了更加明确的方向，使学校课程与教学做得更加有思想、有高度、有效能，能够提高学生的学业成就。这一点在当前社会价值日益多元、教育改革日益频繁、教育理论不断翻新的形势下，显得特别重要。因为在这种社会转型时期，只有目光远大、专业意识和能力较强、实践智慧丰富的领导者，才能够从纷繁复杂的教育现场发现前进的方向，进而排除各种干扰，坚持前进的方向，带领学校通过课程与教学的改进走向卓越。

其次，课程领导的存在，对于学校文化氛围的改善、教师的专业发展、学校成员之间的团结，都有重要的意义。对于学校文化氛围而言，课程领导通过创建共享的学校课程愿景，优化学校的思维方式，让人们的注意力关注在课程与教学上，形成相互协作、积极向上的学校文化；对于教师专业发展而言，课程领导通过课程目标的确立和课程变革的运作，促使教师认识到专业发展的重要性和必要性，同时也给予教师专业发展的途径，不断推动教师向前发展；对于学校成员之间的团结而言，课程领导指明了课程发展的方向，让人们知道自己应当努力的所在，精力不再分散在一些琐碎的事务上，这样他们就会因为共同的目标、共同的方向，合作做事而彼此了解、彼此团结。

再次，课程领导的存在，使学校领导更加专注于教育的核心——课程与教学，从而能够调配人力、物力，使之更充足、有效地用于学校课程开发、实施和评价。课程领导揭示了课程发展的方向、目标、意义和各种可能性，使原来高不可攀的课程变得生动、实在，必然会振奋行政领导的精神，从而给课程与教学以更多的关注和资源，促进学校走向实质性的发展。

第二节　课程领导的任务

从前面课程领导的定义中我们可以看出，课程领导的任务主要在于两个方面：促进学校课程事务和影响学校教职员工。这二者互相配合，就可以很好地引导一所学校的课程实践。

一、促进学校课程事务

通过学校课程事务的有效运作达成学校课程目标，是课程领导的核心任务。课程开发的过程包括课程规划、课程实施、课程评价，与之相对应，课程领导要在学校愿景创建、课程规划、人员安排、课程实施、课程评价等方面发挥自己的影响作用。

（一）共创学校愿景

愿景是一个组织对未来目标的形象表述，通过愿景可以鼓舞士气，使组织成员团结起来。同样，学校也需要有一个明晰的办学目标，有中长期发展规划，这是学校课程建设的根本，是引导教师以新的观念、角色和视野审视课程与教学的法宝。传统的课程管理模式只需要学校成员在国家制定的统一的课程目标指引下忠实地实施课程就足够了，不需要另外确立学校的课程目标。新的课程领导需要在实施国家和地方课程的基础上，开发和实施适合本校实际的课程，实现统一性、灵活性和多样性的有机统整，这就要求学校需根据本校的文化传统、办学理念和特色制订出学校的发展计划，领导教师出谋划策，提供知识、智慧和远见，共创学校愿景。

（二）规划与设计课程

课程设计主要涉及课程目标的制定、学习经验的选择和组织、教材的编排、课程的实施与评价等因素。首先，课程领导者要组织学校成员根据学校的共同愿景讨论学校课程的目标，课程目标要充分展现学校教育特色。其次，课程领导者组织相关课程规划者根据学生的学习能力、模式和成效、学科知识的性质和基础、教师的专业视野和教学能力、学校课程资源和社区资源等情况，整体规划课程。再次，在课程规划后，仔细审视现有课程，对于不完备的而对学生成长又特别重要的课程，课程领导者也要成立一些课程开发小组，展开课程设计。

（三）推进课程实施

在形成学校完备的课程体系之后，课程领导要能够在统整行政资源的基础上，确定优先发展的计划，制定时间表，确定实现目标的方法以及评价的标准等，稳步推进学校课程的落实。在这个过程中，制定出切实可行的课程实施方案是非常关键的，它要求全校课程一盘棋，方方面面都要考虑到，方方面面也要相互配合。另外一个关键是人员的调配，课程实施需要发动全校各个层面的人员，因而需要课程领导者对他们进行正确的分工，然后每一个人员才可能依据各自的职责要求，将学校课程规划有条不紊地实施下去。

（四）建立健全学校课程运行的评价机制

评价是检验课程实施乃至课程本身效果的一个重要手段，课程领导必须通过评价来了解学校课程运行情况，在此基础上采取有效措施，进一步促进学校发展。学校中的课程评价本身是比较复杂的，包括对学生的评价、对教师的评价与对课程本身的评价。

（五）充分挖掘师生潜能，增强学校效能

我国当前课程改革的基本理念是以学生发展为本，学校课程首要考虑的便是怎样才能让学生获取最佳的学习效果，学校的一切工作都是围绕这个目标进行的。学校课程目标的制订、内容的选择和组织、课程方案的规划与评价等都以此为核心来运作。由此，课程领导的根本出发点和归宿就是学生的持续发展，通过学校课程的内生性发展与不断的变革来为学生提供适当的学习内容和发展

机会，挖掘学生的潜能。

学校课程也为教师提供了自主探究、个性张扬与特长发展的空间。课程领导者应利用这一优势，挖掘教师的潜力，做到人尽其才，发扬个性，满足个体的最大化需要，使之全身心地投入到学校课程的运作之中。这样既可以保证学校课程的顺利运行，也可以充分挖掘师生的潜能，从而增强学校效能并使之成为课程运行的重要动力。

（六）提供与规划课程资源

学校课程的运行需要相应的资源作保证，为此，课程领导要做到以下几点：

1. 了解所需要的资源并提出取得资源的计划

学校课程的每一运作程序都需要配合丰富的资源，包括时间、经费、人力、物力以及专长。课程领导者应该了解所属资源的特点和多少，并根据具体的运作要求合理配置。

2. 向政府争取资源

学校课程的运作离不开政府资源的支持，要摈弃“等、靠、要”的思想，结合当地的实际，将政府的资源有效地利用到学校课程的运行中，比如除争取经费外，还可将政府的一些设施作为课程活动的场地等。

3. 向社会争取资源

社会的参与已成为学校课程的内在要求和有效运行的保障，社会的作用不仅仅是影响和控制课程，还应该为学校提供资源服务。课程领导者应与学校教师通力合作，向社会争取诸如经费、设施、人力、物力等资源为学校课程服务，甚至还可以向一些社会团体、个人、家长以及一些协会等募捐。

4. 开发和高效利用学校资源

如果将学校的物理环境合理利用，可以将有限的资源最大化使用，同时也可以开发平时认为不用或不能用的资源，使之适合相应课程运作的需要。除了开发和利用教师人力资源外，课程领导者还需注重教师开发课程资源的积极性和主动性，并提高教师开发和利用课程资源的能力，通过教师去发现和挖掘那些隐形的课程资源，比如教师可以利用自己的一些社会关系寻求课程开发的相关智力支持和物力支持，还可以利用学生为课程建设寻找素材。

二、影响学校教职员工

课程领导对学校教职员工的影响是其另一核心功能，对学校课程事务的推进实际上是通过影响教职员工来实现的，因此课程领导需要在影响教职员工方面发挥巨大的影响，同时彰显民主化、建构式的领导风格。具体来讲，学校课程领导在这个方面要完成如下任务：

（一）决策引领

领导从某种意义来说就是决策，管理则是对决策的执行，学校课程发展方向的厘清和选择，就是学校课程决策的重要内容。

（二）专业引领

任何一门新课程的开发、实施和评价都要求改变固有的观念、知识架构，需要学校各部门、各层级的人员努力强化专业发展。课程领导者作为学校的领路人，作为课程运作的舵手，既是学校教育的领导者，也是教师专业发展的引领者，有必要为学校成员提供观念支持、知识支持，引领成员运作好课程的各个环节。

（三）团体建设

理论与实践都表明，课程运行光靠学校课程领导或者教师“单兵作战”是不能完成的。此外，当代课程领导的一个趋向就是强调权力分享，让教师和学生不再仅仅是课程的外在接受者，他们可以在具体的教育情境中通过探究、反思等方式对课程知识进行理解和把握，以自己的主观经验减弱课程的预设品性，把已有的书本知识与自己的情感体验等结合起来。这就需要与课程相关人士组成团体，大家共同参与，推动学校课程的发展，因此课程领导者需要发挥组织作用，通过团体建设让更多课程相关人士参与进来。这些团体包括学校课程规划委员会、学校课程开发小组、学校课程推进小组、学校课程评价小组等。这些团体的主要成分是教师，同时也要吸收学生、家长以及相关的社会人士，以保证大家可以从各个角度来审视和开发课程。

（四）沟通和协调的作用

学校是一个有特定任务的组织，这个组织的任务同时又是由相应的小团体来完成的，不同团体的任务差异性和课程运行系统的连贯性等要求学校课程领导者进行沟通和协调。

第三节　课程领导的策略

研究和实践经验表明，学校课程愿景的构建、学校课程决策、学校整体课程的规划、学校文化的重建等，既是课程领导工作的重点，也是课程领导工作的难点所在，需要详细地加以讨论。

一、学校课程愿景的构建策略

课程愿景的构建，是课程领导所关注的重点之一，不少课程领导的研究者都把学校课程愿景的构建作为课程领导最为重要的举措。

（一）学校课程愿景的意义

简单来说，学校课程愿景是一所学校课程发展目标的具体化、形象化，是关于学校课程未来的心灵图像。愿景具有以下三个重要特性：

一是未来性，即愿景指向组织未来发展的目标，而且这一目标所描绘的景象要比现在组织的境况好很多。

二是可信赖性，即对于愿景所描绘的景象，组织成员确信在未来完全有可能实现。

三是形象性，即愿景是对组织未来栩栩如生的描绘，它一半是分析性的，一半是情感性的，它的陈述必须是生动的、鼓舞人心的、富有意义且简短的。

（二）学校课程愿景的构建

愿景的意义如此重大，因此愿景的构建就应当十分慎重。不过，有不少学者已经在这个方面做出了积极的探索，成为学校课程愿景构建的基础。一般来说，愿景构建有两个重要途径：彼得·圣吉所提出的自下而上途径和华莱士等人提出的自上而下途径。

自下而上途径是从员工的个人愿景出发，形成学校共享的课程愿景。结合彼得·圣吉个人的论述，这种途径的学校课程愿景的构建一般分为以下步骤：

1. 鼓励建立个人愿景。个人愿景是每个人根植于自我的价值观以及对教育、学校甚至于全世界的关注与热望而建立起来的对未来的图景。学校共同课程愿景构建的第一步，就是把学校中教师以及其他人员的愿景激发并收集起来。

2. 融合个人愿景，塑造整体图像。在收集每个人的愿景之后，课程领导要能够带领大家讨论分析，发现在不同的个人愿景中的共同渴望，将这种渴望明晰化，形成具体的学校课程愿景。

3. 将整体图像与个人愿景结合起来。共同愿景建立起来之后，一定不能仅仅给大家提供一个“官方说法”，相反，要让每个人明白愿景来自于每个人的心声。因此，共同愿景也要回到每个人那里去，让每个人根据共同愿景反思自己的个人愿景，发现二者的相通之处，发现个人愿景经过共同愿景得以实现的途径，使个人愿景真正融入到共同愿景中去。

4. 将共同愿景融合在日常所有工作中，直至人们看到愿景如何在日常具体的工作中体现出来。

自上而下的愿景构建途径，是从领导者自身的愿景出发，展开共同愿景的构建。具体分为如下五个步骤：

1. 领导者自己要首先澄清自己的个人课程愿景，只有自己有了愿景，才能够领导大家发展出共同愿景来。

2. 大家对领导者愿景进行充分讨论，经过补充、修正等过程，形成学校课程的共同愿景。在这个过程中，一定要防止领导者由于过度强势，而没有人敢于对其愿景提出实质性的批评，那样只会造成一种“服从”而非对愿景的“投入”。

3. 把愿景形之于文字，构成学校课程愿景说明书或者使命陈述，分发给所有教职员工。

4. 展开广泛的讨论，让所有的人都清楚地理解课程愿景，并把课程愿景与自己所承担的工作结合起来，理解自己所做的工作能够对愿景的实现做出什么样的贡献。

5. 将愿景日常工作化，使所有的学校课程工作都围绕着愿景来开展。

在愿景构建的过程中，一定要把握以下四个要点：

第一，目标的理性化。愿景是目标的形象化。从个人愿景出发，首先，要把个人心目中的愿景进行理性化分析，形成清晰的学校课程发展目标。因为我们每个人心目中的愿景一般都是比较模糊的，很多时候只是一种感觉，但这种感觉的实质究竟是什么，并不是很清楚。在进行理性化分析的过程中，首要关注的是目标的道德性，只有符合教育道德的目标才能为大家所接受，才真正具有鼓舞性。就课程而言，这种道德性的目标就是人本化的学生以及教师的成长目标，课程的任何目标都应该紧紧围绕学生以及教师的成长。

第二，目标的适宜性。也就是说，目标要和学校课程、资源、学生情况等现实情况密切结合起来，经过努力是可以达成的。再次，目标要有长远性，并不是仅仅为解决眼下的课程问题，而要着眼于学校课程未来 5 到 10 年内的发展。此外，要做到目标的理性化，需要课程领导者仔细反思自己的课程哲学，找到学校课程目标在哲学体系中的地位，很多因素才能够真正明朗起来。

第三，文字的感性化。愿景是目标的形象化描述，因此在目标清晰之后，需要通过感性的语言文字将目标表述出来，使之简洁、形象、朗朗上口。愿景文字感性化一般会经历三个步骤：首先，寻找和课程目标一致的意象，意象是情感和图像的结合，比如重庆市某小学将学生的个性化发展作为课程的主要目标，结合学校的传统找到一个重要的意象：朵朵绽放的红梅。其次，将意象转化为生动的文字，比如上述学校最后就形成了课程发展的愿景：红梅花儿开，朵朵放光彩。再次，要将上述生动的文字与课程发展的理念、目标进行再对照，以防以文害意。

第四，愿景的具体化。所谓愿景的具体化，就是将愿景具体化到日常工作的方方面面，最后形成大家日常行为的一种心照不宣的规范。只有这样，愿景才真正有可能实现。这需要课程领导者从以下几个方面着手：一是寻找与愿景有关的学习经验；二是根据上述学习经验，重新反思学校的课程、教学和评价并且都与愿景保持一致；三是在做出任何课程决策之时，都要参考课程愿景，使每个决策都与愿景保持一致；四是建立和愿景一致的评价指标并在评价报告中将评价结果与愿景保持一致。这样，经过长时间的努力，愿景就会成为学校课程发展的主线，也就逐步渗透到工作的各个方面，形成自己的特色，最终实现愿景。

二、学校课程决策的策略

决策是领导的核心，要做好课程领导，必须首先做好学校课程决策。新课程改革之后，学校拥有了更加广阔的课程空间，需要学校做出自己的选择，课程决策也就成为学校课程发展的一个重要事项。

决策，从其本质上来说，是从多种可能性中进行选择的过程。学校课程决策则是以学校成员为主体的对课程发展中的事务做出种种判断和抉择的过程。课程决策在课程规划过程中的各个部分都有所体现：在课程目标方面，课程决策必须确定以什么样的教育思想作为教育的导向；在课程内容方面，则要决定哪些学科进入课程体系，这些学科该如何整合或者分化以及在这些学科中哪些知识可以纳入课程；在课程实施方面，则要决定采用什么样的组织原则来规划教与学的活动，同时也要评估诸如硬件设施、学习氛围、人力资源等因素；在课程评价方面，则要选择形成性评价还是终结性评价以及各种评价的标准和策略等。在这个过程中，各种决策可以依序而行，也可以在目的与结果之间往复进行，其中的关键则在于做好缜密的思考工作。

（一）学校课程决策的一般原则

从课程决策的含义及其过程来看，课程决策是一个充满人际互动和权力分配的过程，有相当复杂的因素决定着课程决策的结果。为避免课程决策过程成为一个充满混乱的过程，课程领导需要遵循以下原则：

1. 民主参与的原则

在进行课程决策的过程中，民主参与是一个非常关键的步骤。这是因为：第一，课程决策是决定学校未来课程发展方向的大事，影响到教师、学生、家长等的利益，对于课程该如何发展，他们有权利提出自己的意见，发出自己的声音；第二，如沃克的自然模式所显示的，不同的人对于课程该如何发展有自己的见解，如果课程决策只由领导者个人做出决定，则难以从多个角度来看待学校课程，不仅不利于汲取各个方面的智慧，还容易使课程决策出现偏颇；第三，从某种意义上来说，实践者对课程最为了解，最知道什么样的课程决定有利于学生的发展，只有让实践者有更多的参与机会，才能够做出合乎学校实际情况的课程决策；第四，让课程领导者之外的其他人参与到课程决策过程中，会使他们对学校课程产生一种拥有感（ownership），能够更加积极地投入到课程中去，提升学校课程效能。

2. 围绕愿景的原则

在课程决策过程中，容易出现两个问题：第一，课程决策往往成为领导者个人意志的产物，学校课程决策随意性大、连续性不高，往往会随着领导者的变更而变更；第二，学校的多项课程决策，缺乏内在的一致性，有些决策之间相互矛盾，从一个比较长的时间段来看则表现为左右摇摆，使学校课程的效能降低。解决这两个问题的方法，一是进行民主参与的决策，一是要为学校课程决策找到一个内在的“魂”——学校课程愿景。学校中的一切课程决策，都要围绕课程愿景进行，每做一个课程决策，都要质疑：这一课程决策是否和课程愿景保持方向上的高度一致？它对于课程愿景的实现有什么意义？通过这样的方式，就可以杜绝由于人事变动所引起的课程愿景的随意性以及学校课程决策的混乱。

3. 量力而行的原则

任何课程决策，都面对一定的课程情境，是为解决这一具体情境中的课程问题服务的，这实际上也是把课程管理的权力下放给学校的重要原因。课程领导在带领学校成员进行课程决策时，一定要遵循量力而行的原则，也就是要考虑学校的人力、物力，考虑学生的具体需求，不盲目地学习他人，也不盲目地求高、求大。这样的课程决策，才能够在学校真正得以实施。

4. 具体化原则

在学校课程决策中，往往会有决而不行的情况发生。究其原因，主要在于这些决策往往大而无当，教师不知道从何入手实施，因此学校课程决策必须贯彻具体化的原则，也就是所有的课程决策，必须能够具体化为一系列可以操作的行动。当然，这并不是说要抛弃学校的课程哲学或者课程愿景，反之要牢记课程哲学和课程愿景，但同时要有具体的行动支撑，做到“仰望星空，脚踏实地”，兼顾方向与具体。

（二）学校课程决策的具体策略

1. 赋权增能的策略

所谓赋权增能，就是给教师、家长和学生赋予发出自己的声音、参与学校决策的权利，同时也提升他们有效发出自己声音、参与学校决策的能力。二者相互配合，才能够使教师等真正参与到课程决策中来发挥自己的作用。

2. 机构重建的策略

提高学校课程决策效能的另外一个重要的举措是进行组织机构重建。从结构理论的角度来说，任何社会功能的发挥，都与一定的组织结构有关，甚至可以说，有什么样的组织结构，就有什么样的决策方式和决策结果。因此，要在学校课程方面做出一定合理的改变，要做出有效的课程决策，就需要有效改变组织结构，这就是学校的机构重建。

三、学校课程的整体规划策略

在课程决策中，学校课程的整体规划是一项非常重要的内容，关系到学校课程愿景能否在学校真正落实，需要课程领导给予密切的关注。

（一）学校课程整体规划的含义与背景

学校课程的整体规划简单来说，就是学校课程（包括国家课程、地方课程和校本课程）的校本化，是指学校以本校的实际情况为基础，根据学校课程哲学和课程愿景，对学校课程内容与结构、日程安排、实施和评价的策略等进行整体设计和安排。学校课程的整体规划在我国课程理论与实践中都是一个比较新的事物，原因在于我国过去一直实行统一的国家课程管理制度，课程进入学校之时已经是一个规划好的系统，且不允许学校做出自己的改变。但是，今天的情况发生了巨大的变化，从各个方面要求学校对其课程进行整体规划。

第一，我国进入一个社会转型时期，多元价值成为一种无法回避的社会现实。这一方面意味着和过去相比，地区与地区之间、学校与学校之间的差距日益扩大，用统一的要求来规范所有的学校会带来很多不良后果；另一方面意味着有关人员，如学生、家长、教师等的教育观念有了很大的变化，用统一的标准也无法满足人民群众对教育的需要。这就要求学校必须基于学校的实际情况，做出自己的整体课程规划，给学生提供有效的课程营养。

第二，三级课程管理体制赋予学校新的课程权力和责任。三级课程管理赋予学校“在执行国家课程和地方课程的同时，应视当地社会、经济发展的具体情况，结合本校的传统和优势、学生的兴趣和需要，开发或选用适合本校的课程”这样的权力。在获得权力的同时，学校也必须承担相应的责任，需要以课程政策、地方现实和学校具体情况为基础，将国家和地方课程校本化。

第三，教育观念的转变要求学校做出自己整体的课程规划。在过去人们的教育观念里，相信有着最佳教育内容、教育方法的存在，国家和科研部门需要进行大量研究获得这些内容和方法，然后交由学校实施。然而，教育研究逐步发现这种客观性、确定性在这个多元的、变革的时代已经难以存在。相反，地方性的、个体性的事实在很大程度上决定了既定内容和方法实施效果，甚至说既定内容和方法也会随着这些事实的不同产生大幅度的演化。在这种新的观念下，一方面，我们依旧要重视国家统一的课程要求和课程规划，以保证基本的教育水准；另一方面，我们要切实关注学校依据自身的资源和条件做出有效的规划，以使学校做出超越国家规定的卓越贡献。

（二）学校课程整体规划的基础

学校要做出有效的整体性课程规划，就需要做出系列的课程决策。为保证课程决策的系统性和科学性，在做出任何课程决策的时候，都需要深厚而坚实的基础。对于学校整体课程规划而言，主要包括以下基础：

1. 课程政策

课程政策是一个国家对学校课程问题做出的官方规定，其核心在于对教育的发展方向、课程权力的分配等问题做出自己的回答。课程政策是每一所学校所必须遵守的标尺，学校必须在符合国家政策的前提下做出自己的发展和创新。具体来说，学校要进行整体课程规划，首先要研究的就是国家对课程的规定，其次是学校有权力在哪些方面做出自己的补充和完善。

2. 课程理论

课程理论包括对“学校课程应该是什么”和“学校课程可能是什么”两个方面问题的回答，前者是对课程方向的指引，后者则是具体路径的提供。学校在进行课程整体规划时，要从这两个方面积极地汲取来自课程理论的营养，同时要审视自己所做出的规划是否有着理论支撑。当然，由于理论自身的复杂性，很多时候理论对现实问题并没有唯一的答案，这需要学校对自己的教育哲学做出一定的选择，选择之后就坚定不移地依照这样的哲学去审视整体课程规划。

3. 教育变革的理论

学校进行整体课程规划，本身就是在进行一次深刻的教育变革。因此，学校在做出规划之前，一定要深入地理解变革是如何在一个学校中出现和发展的，也就是说要深入地理解有关变革的知识，包括：对变革现象的认识、变革动力的来源、变革的道德目标、变革中各个组成部分的横向和纵向联系、变革中的人、变革中的团队建设、学校文化、变革的模式和策略、变革与周围关系等。理解了变革，才会对课程规划与实施过程中出现的种种问题有足够的警觉和准备。

4. 学校现状

学校现状是一所学校各项工作的总和，是其综合实力的体现，是学校整体课程规划的立足点，因此学校课程整体规划要充分考虑学校的现状，并以此作为考查学校课程规划可行性的重要标准。学校现状包括学校的外在环境和学校的内在环境两个方面，前者主要涉及学校在整个学校系统中的位置、与其他社会机构的联系、学校的社会声誉和社会资源等；后者主要涉及学校物质资源、人力资源、学校文化、生源状况、组织架构等因素。

5. 学校课程愿景

学校课程愿景是对学校课程未来发展的预测和期待，是一个学校课程规划的核心。整个课程规划，都需要围绕着学校课程愿景的实现进行，这样才可以确保课程规划的整体性和一致性。

（三）学校课程整体规划的内容

任何规划都有自己具体的范围和内容，只有明白了学校课程整体规划的范围和内容，才知道如何着手进行规划。一般来说，学校课程整体规划主要包括以下几个方面的内容：

第一，学校课程方案。学校课程方案是学校课程整体规划的核心，要回答以下几个重要的学校课程问题：（1）学校课程涉及哪些学习领域，以给学生的发展提供全面的营养？（2）学校课程的组织形式是什么？（3）不同的学习领域时间如何分配？一般来说，一个成形的学校课程的整体规划方案应包括学校课程设置方案、课时安排、无法进入课程表的综合课程安排等。

第二，学校课程规划实施策略。这种策略包括两个部分：（1）学校课程整体规划的推进策略；（2）具体的有效教学策略。前者关注学校课程整体规划如何一步一步地得到教师的理解并落实到教育教学实践中去，后者关注学校的课程哲学如何在课堂教学中得到具体落实并做到高效教学。具体的有效教学策略是学校课程整体规划得以实践的核心，又有很多具体的策略，比如，创建促进学习的环境、研究并理解学生、明晰目标与组织内容、提供多样的学习机会、持续的教学反思和创新等。

第三，学校课程的评价纲要，包括学习评价、教学评价和方案评价等。

（四）学校课程整体规划的模式

学校课程的整体规划是一个系统工程，需要采取一定的程序和策略，也就是说，需要学校发展出一定的规划模式，按照模式进行科学的规划。根据不同学校的实际情况，通常可以从以下三种模式中做出选择：

1. 内生模式

该模式是在充分了解学校基本状况的基础上，通过探索和创新来生成学校独特的课程规划。其基本环节包括：组织构建、收集资料、确定目标、收集资料、构建方案、进行审核、修改方案、描述方案。在这个模式中，学校需要依次完成系列性工作，主要包括：建立以校长、教导主任、骨干教师和教育专家为主体的学校课程规划团队；收集课程开发所需要的各种资料，如课程政策、课程资料、学生资料、社区（或社会）资料、教师资料等，并分类整理；确定学校的课程目标，构建校本化的课程标准；根据校本化的课程标准进一步补充和充实先前的各种资料；构建学校课程的方案，如课程设置的方案、课时安排的方案、课程开发的方案、课程实施的方案、课程评价的方案以及完善课程的方案；把课程方案移交全校教职员工进行审核、评价，课程规划在广泛听取大家的意见后着手修改各种方案并再次移交教师代表审核，最后以学校行政公文的方式下达执行。

2. 外引模式

该模式主要是通过引进其他学校的课程规划方案来构建本校的课程规划方案。其基本环节有：收集方案、构建审议团队、形成筛选标准、方案评价、初次筛选、方案补充、描述方案。学校需要做的具体工作包括：尽可能多地收集同类学校的课程规划方案，并按照不同的风格或特点进行分类；建立以校长、教导主任和骨干教师为主体的课程规划团队负责对规划方案进行评审；根据学校的办学目标和校情等确定筛选课程规划方案的标准，再根据所确定的标准对收集的课程规划方案进行逐个评审；选择比较适合学校实际的课程规划方案并送交教师代表大会进行审议，然后根据审议的结果对课程规划方案做出进一步的修改；用简明扼要而又准确的语言对各种方案进行描述并根据需要下达给不同的主体去执行。

3. 分化模式

该模式主要指学校将课程分为多个模块，如基础性课程、拓展性课程和研究性课程，然后根据学校的实际情况使一部分模块的课程规划由学校自主生成，而另一部分模块的课程规划借鉴于其他的学校。其基本环节包括收集资料、模块分化、模块借鉴与生成、方案整合、集体审议、描述方案。

若采用这个模式，学校需要广泛地收集资料，包括学校的人力与物力资源、课程政策、同级学校的课程规划方案等。进行课程模块的划分，一方面，课程模块的划分要能体现学校课程规划的总体目标和学校在课程规划方面的优势；另一方面，课程模块的划分要能充分利用同级学校的优秀方案，根据对本校的优劣势的分析确定学校自主生成和需要从外校借鉴课程规划的课程模块，并着手方案的生成或筛选工作。对校内外的课程规划方案进行调整，使其内部一致并送交教师大会进行审议，根据审议结果提出修改意见。对方案进行修改并用准确的语言予以描述，以作为学校课程事务的行动指南。

关联拓展阅读之一

走向人本的新课程

刘晓玲

从苏格拉底将教育的目光转向对人的重视，到卢梭、裴斯泰洛齐、福禄贝尔等人的自然教育，到杜威的“儿童中心”教育，再到柏格森、狄尔泰的生命哲学以及建构主义、后现代主义教育思潮，我们不难发现，教育正是在不断追求对于人的关注和重视、不断追求人的身心和谐完整发展的过程中逐渐走向成熟并彰显教育的本义。因此，课程作为实现教育目的的直接载体，要真正有效地促进人的发展，必须充分肯定人的价值及人的需要在课程中的合理地位。

“文革”结束后我国第一次大的课程改革奠定了之后二十多年学科中心课程的基本框架。学科中心课程的突出特点是以学科知识的逻辑体系为准则来设置课程和编排课程内容，它在人类文化的传承上功不可没，但相对脱离社会、脱离生活、忽视学生的心理需要，在具体的教学中则演绎出“唯书是从”“见物不见人”的现实，致使人的主体性、创造性以至人的尊严严重受挫。

如今我国新一轮课程改革旨在彻底改变这种现状。与原有课程体系相比，新课程立足于学生身心和谐完整的发展，着眼于学生创新意识与实践能力的培养，在我国课程价值取向上实现了由学科中心到以人为本的重要转变，表现在课程目标、课程结构体系与内容、课程实施、课程评价与管理等方面都有新的突破。

一、课程目标方面

新课程确立了知识与技能、过程与方法、情感态度与价值观一体化的新目标。各门课程标准根据《基础教育课程改革纲要》及本课程特点将这一总目标进行了具体论述，尤其对后两个方面的目标作了比较翔实的阐释，如要让学生在学习过程中获得愉快的情感体验、对学习产生兴趣并形成正确的价值观。可见，新课程关注的是青少年健康心灵的养育并为他们终身学习与可持续发展打好基础，充分体现了人本价值取向。如美术课程目标是“让学生获得对美术的持久兴趣、了解基本美术语言的表达方式和方法、表达自己的情感和思想、美化环境与生活”；“在积极的情感体验中提高想象力和创造力，发展创造美好生活的愿望与能力，陶冶高尚的审美情操，完善人格”。化学课标提出“让每一个学生以轻松愉快的心情去认识多姿多彩、与人类息息相关的化学，积极探索化学变化的奥秘，形成持续的化学学习兴趣，增强学好化学的自信心”。为了便于在实施过程中落实，各学科还将本学科的总目标分解为循序渐进的一系列阶段性目标。如语文课标将九年义务教育分为四个阶段，其中第一学段（1～2 年级）的课程目标有这样的表述：“喜欢学习汉字，有主动识字的愿望”“喜欢阅读，感受阅读的乐趣”“对写话有兴趣”“对周围事物有好奇心”。英语课程的总体目标是学生综合语言运用能力的形成，这一能力的形成以学生语言技能、语言知识、情感态度、学习策略和文化意识等素养的整合发展为基础。这一目标的确定将英语课程从仅仅关注语言知识技能提高到学生整体素质的发展上。

另外，与原教学大纲显著不同的是，新课程目标的阐述角度及落脚点发生了根本变化。原教学大纲的教学目标是从教师“教”的角度提出来的，规定的是教什么、如何教。事实证明，教师教了什么不等于学生学了什么，教师教得好不等于学生学得好，这样的目标难以真正有效地落实在学生身上。所以，新的课程目标直接从学生“学”的角度提出，直接指向学习活动本身，关注的焦点是学什么、如何学、学得如何，并要求以学论教。

二、课程结构体系和内容方面

新课程从结构、体系及内容上改变了过去课程的学科本位、分科过早而且脱离学生、脱离社会的倾向，从学生学习需要出发，根据不同阶段学生身心发展的特点构建了综合课程与分科课程相结合的九年一贯的义务教育课程体系（小学阶段以综合课程为主，初中阶段分科课程与综合课程相结合，高中阶段以分科课程为主）。新课程设置了历史与社会、品德与生活、科学、艺术、体育与健康、综合实践活动等综合课程。综合课程的设置有利于密切学科之间的联系、学科与社会生产生活的联系，有利于学生以联系的眼光、整体的眼光去感受世界、认识事物，能更好地满足学生学习与发展的需要。突出了以人为本、紧密联系社会生活实际的特点，使学生、学科与社会的发展需要得到协调统一。

我国原有基础教育课程以学科知识的逻辑体系为框架来构建课程内容体系，所以难免脱离生活、脱离社会及学生的生活经验，忽视学生的心理需要。尤其数理化等学科内容偏深、偏难、偏窄、难学、使人畏学最为典型，被西方人士评价为“培养科学家的课程”。针对这一问题，新课程从义务教育的基础性、普及性与发展性出发，根据青少年学生学习与发展的需要对课程体系进行重构，在内容上不求系统、全面，而强调学科知识与现实生产生活、与学生生活经验的密切联系，实现了由过去的精英式课程到面向全体学生的大众课程的转变。比如，化学新课程第一次打破了按化学科学体系组织化学教学内容的传统体制，结合学生已有经验、社会生活实际、人与自然的关系和学科的最新发展趋势，精选并构建了最基础、学生发展最需要的化学课程内容体系，教学资源来源于生产、生活及社会的各个领域。生物新课程一改过去以学科为中心建构课程体系的思路，以人与生物圈为主线，从学生学习的角度出发，构建了全新的主题式内容体系，体现了科学内容与人文内涵有机融合的教育意蕴。新的历史与社会课程则打破了以往历史教材以年代为顺序、以朝代分篇章罗列史实的模式，构建了学习主题式的内容体系，大力弘扬人文精神、科学态度、民主与法制观念、国际意识、可持续发展观念，以帮助学生认识历史而不是单纯记住史实。

新课程十分关注人的生活及人生活于其中的现实环境，将生活世界纳入了课程内容的重要范畴，如生物课程里安排了“生物与环境”“健康地生活”等内容；化学课程里有“身边的化学物质”“化学与社会发展”（其中包括化学与能源资源的利用、化学物质与健康、保护好我们的环境）等内容；新的体育与健康课程首次将心理健康、社会适应等与人的身体健康息息相关的内容纳入了课程。可见，新课程追求的是人的身心和谐发展的教育理想，是对生命整体的终极关怀。

三、课程实施方面

课程实施与教学着眼于学生学习方式的变革，改变了过去学生单纯接受学习、死记硬背、机械训练的状况，将“过程与方法”作为重要的课程目标落实在教学中，倡导以主动参与、乐于探究、勤于动手、感受体验等为突出特点的新型学习方式，让学生真正成为学习的主人，让学生的知识经验、创新意识与实践能力同步增长。所以，各门课程的内容设计与组织都是围绕学生的学习、以学习为中心来展开的，如生物、物理、历史与社会等课程从学生学习的角度出发构建了主题式的课程内容体系，美术课程则直接根据美术学习活动的特点与学习方式将课程内容分为“造型·表现”“设计·应用”“欣赏·评述”和“综合·探索”四个学习领域。物理、化学、生物等课程一方面将探究性学习作为重要的学习方式加以大力提倡，在课标里有具体的教学建议；另一方面，将“科学探究”作为重要的学习内容、作为首要的学习主题单独设立，并明确提出发展科学探究能力所包含的具体内容与培养目标，而且对“科学探究”的教学实施与评价也提出了相应的建议。

针对现实教学中学生被动学习、机械学习、动手动脑少的问题，新课程着眼于为学生主动学习、探究性学习营造环境，强调在教学中要让学生多动手做、亲身实践体验、自己发现问题、自己尝试解决问题，要求教师不要用简单的讲解来取代学生通过亲身实践来体验、思考、感悟、创造与发现的过程，给学生创新意识的萌动和实践能力的提高提供广阔的空间。如化学课标提出，让学生在知识的形成、联系、应用过程中养成科学的态度，获得科学的方法，在“做科学”的探究实践中逐步形成终身学习的意识和能力；英语新课程教学则要求从过去的语法讲解和词汇的死记硬背中解脱出来，提倡“任务型”教学，让学生在实践、交流、合作、体验中提高语言综合运用能力；美术新课程教学要求学生以个人或集体合作的方式参与各种美术活动，尝试各种工具、材料和制作过程，学习美术欣赏和评述方法，丰富视觉、触觉和审美体验，美化环境与生活，激发创造精神，发展美术实践能力。

教师成为课程开发的实践主体。以往在我国的课程体系里，课程是权威的、预设的、制度化的文本，教学是忠实传递课程的运作过程；课程的研制与开发是由专业人士即课程专家来完成的，教师是教学人员，是课程的执行者，教学讲究的是“扣纲扣本”，教学即“教书”，教师仅仅是间接知识或他人思想意识的传声筒，是课程的局外人。这实际上是课程在“逼人就范”。

新课程有着崭新的课程理念，认为课程是生动的、开放的、发展的意义世界，是由师生在教学过程中创生的。在新课程中，教材不再是唯一的课程资源，师生是重要的课程资源，教学环境是不可忽视的教学资源，生活世界属于课程的重要范畴。新课程强调，对学生具有真实意义的课程是在具体的教学情境中通过师生互动建构来实现的，它闪耀着师生个体知识经验、智慧、情感、态度、价值观与被认识对象之间互相交汇、碰撞产生的火花，充满了探究的、快乐的体验与鲜活的人性。所以，新课程提倡在教学中用好教材、超越教材、广泛利用各种课程资源，在实践中不断开发和丰富课程。各科新课标都根据本课程特点对课程资源的开发与利用提出了相应的建议。

教师成为课程开发的实践主体，可以根据不同学生的需要与现实条件来开发和设计个性化、人性化的课程，做到课程真正适应学生、适合自己的教学，教师的智慧与创造性有了发挥作用的广阔空间。这正是教师的人生价值与职业意义之所在。

四、课程评价方面

从选拔性评价到发展性评价。我国原有基础教育课程的评价主要是以考试为手段的终结性评价，凸现的是评价的选拔和甄别功能，其突出的弊端在于评价不能及时给课程教学提供反馈信息并有效促进教与学的改善。新课程的评价则淡化选拔功能，重视评价的诊断、激励、改进等教育发展功能，以促进人的发展为根本、以有利于课程教学的改进和师生的共同提高为出发点。新课程的评价强调这样几点：一是评价贯穿在日常的教育教学活动中，成为课程教学的有机组成部分，为师生调控课程教学过程提供及时有效的反馈信息，发挥评价促发展的功能；二是淡化评比意识，尊重个体差异，保护学生的自尊心和自信心；三是从长远发展的角度对个体进行全方位评价，包括知识与技能、学习过程与方法、情感态度价值观、创新意识与实践能力等，要求尽量反映个体的长处和各自在原有基础上的进步并发现存在的问题，以帮助学生树立信心、形成良好的自我意识及进一步改进学习；四是不以书面考试为唯一评价尺度，重视反映学生参与教学过程的情况（如个体在实验、制作、讨论等活动中的表现）及学习过程中的进展（如建立个人学习档案），构建起形成性评价与终结性评价、质性评价与量化评价相结合的评价体系；五是评价主体多元化，师生成为评价主体，师生主动感知、评价与反思自己教与学的成长历程，尤其是学生成为自我评价的主体，可以切实感受自己的进步、发现自己的不足并明确努力的方向，促进自我意识的觉醒与成熟，形成学习与发展的内驱力。

新课程实行国家、地方、学校三级管理，改变了过去课程由国家集中管理的状况。给地方、学校赋予课程管理自主权，是为了使课程更好地适合学生的需要、更好地服务于人。

选自黄浦区教育学院网站

关联拓展阅读之二

关于新课程改革中后现代主义的反思

崔惠萍

我国基础教育的课程改革自2001年开始，已经开展十多年了。对这次课程改革的指导思想，许多学者认为是以西方20世纪60年代盛行的后现代主义作为新课改的主导思想，[1] 并对传统的现代教育思想进行了颠覆性的批判。而有关对新课改实施效果的研究表明，由于对后现代主义思想的理解混乱，造成很多从教多年的老师突然不知道该怎么去教学了。当然，这一方面是教师自身素质的局限造成的，但它与后现代思想的相对主义、虚无主义、主观主义的局限性也是分不开的。加之国内的部分学者对其误读或过度诠释，又将这种虚无主义、主观主义推向了极致。

首先，“改革”一词本身就包含着继承和创新两个方面，即在保留已有事物的好的东西的基础上，吸收新事物的有利成分来变革不好的，而不是完全颠覆、全新的革命。而在当前的课程改革中，很多学者却走向了极端，大有全盘否定现代教学、不加批判地全面接受西方后现代主义的趋势。诚然，后现代主义的思想中有其积极成分，这些对于变革我国当前教育的种种弊端，无疑起到解放思想、开阔视野的作用，但对其采取的态度应是取其精华、去其糟粕，在利用时应该使其本土化，这也是后现代主义强调的知识文化情境性的体现。在后现代主义看来，任何知识都具有情境性，不具有普适性，那么后现代主义思想本身作为一种知识也应该具有情境性，它产生于西方文化社会，适用于西方，但到了我国，毕竟我国和西方在文化、社会政治经济等各方面都存在着很大的差异，那么它还同样适用于我国的教育吗？这个问题应该在拿来使用之前作充分论证，对它的应用只能是在结合我国本土文化的基础上批判地使用，进行符合我国教育特点的诠释和解读，而不应照搬照抄、人云亦云。本文即是从我国教育的现实出发，对后现代主义的师生观、知识观以及课程观进行符合国情的解读和反思。

一、对后现代主义"主体间性"师生观的反思

师生观一直是教育领域中颇具争论的话题，对于早期教育中单主体师生观的弊端教育界已经达成了共识。争论较多的主要是围绕近些年来出现的"主导—主体观"、双主体观和后现代主义的主体间性等观点。多年来我国在正视以"教师为中心"的这种师生观的弊端后，提出了"教师主导—学生主体"的师生观（简称主导—主体观），并被广大教师认可和接受。但随着新课改中后现代主义思想的泛滥，批判"主导—主体观"的声音越来越多，为"主体间性观"唱赞歌的越来越多。一些研究者把现代的师生观与后现代师生观对立起来，那么，二者真如部分学者认为的是水火不容、非此即彼的关系吗？

后现代主义倡导主体间性，主张"以主体间性来消除现代主义主客二元论在人与人之间设置的人我对立"[2]。主体间性是一种"交互主体性"，强调师生之间的民主平等的人与人之间的关系，即把教师和学生作为教学主体，教师主体与学生主体在平等民主的基础上，通过理解与对话，从而达到对知识的共识与共享。在这种主体间性的语境下，师生之间不再有"老师的学生"和"学生的老师"，只存在"作为老师的学生"和"作为学生的老师"[3]。诚然，教师与学生之间的关系首先是人与人之间的关系。人与人之间在人格上是平等的。这对改变我国自古以来师道尊严的传统具有积极意义。教师不能体罚、侮辱学生，教师不是知识的权威，要允许学生质疑，允许学生有不同的理解、不同的声音。这是师生主体间性互动的前提，也是学生人格健全发展的前提，体现的是人文关怀，是对学生作为人的尊重。但是，我们不能因此而否定师生知识占有和能力上的不平等，它是通过师生主体间性互动促进学生发展的前提，也是教育存在的理由。师生之间的对话绝不是对等的，他们在教育中的地位和所起的作用是永远不可能平等的，这是

教育的特殊性所在。“作为老师的学生”和“作为学生的老师”这句话只是在强调教学过程中没有绝对的老师，也没有绝对的学生，所谓“三人行必有我师”，“弟子不必不如师，师不必贤于弟子”，强调的是教学相长。但是，在基础教育中，学生知识较少、认知水平较低，而教师闻道在先，在通过交往对话形成共识共享的过程中，显然教师有能力也有责任在对话的过程中起到引导者、帮助者、促进者的作用。这是师生在人与人关系基础上的一种教育关系。若无视这种关系，即是否认教育活动与其他社会活动之间的差异，那么教育这种特殊的社会活动还有存在的理由吗?

对现代教育中的主导—主体观，有人认为忽视了教师主体，不重视教师的自身发展，强调蜡烛精神，而教师也应有主体人格[4]。而事实上，主导和主体这两个概念说的是同一事物的两个不同方面，而不是对立的两个概念。马克思主义哲学认为，有认识和实践能力的个体都是主体。而教师在教学活动中，主动地了解学生的特点、创设教学情境、引导学生的知识建构，这就暗含了教师的主体地位。而在教学活动中，教师发挥着主导性的作用，采用引导、促进和激励等方式，吸引学生主动投入教学过程，成为教学过程的主体，实现教师与学生的“主体间性”互动，师生共同努力探索问题、寻找答案，促进学生知识、能力的增长，实现学生的情感体验。教师的主体性是通过其主导作用的发挥体现的，而其主导作用就是在发挥着“主体间性”观中所谓的“平等中的首席”的作用。教师的主导作用发挥得越好，学生构建知识的主动性就发挥得越好，自然，师生的主体间性的互动就越成功、越有效。

而且，信息社会知识更新频繁，学生的心理发展也不是一成不变的，教师要发挥好主导作用，必然要不断地进行自我发展、吐故纳新，教师的知识绝不是静止不变的。教师不是燃烧自己照亮别人的蜡烛，而是在照亮别人的同时也照亮自己。因此，那些认为强调教师主导就是不重视教师的自身发展的观点是站不住脚的。

由此可见，现代的“主导—主体师生观”和后现代的“主体间性师生观”两者并不是对立的，二者只存在不同的角度、不同的侧重点，各有所长、互为补充。如教师主导—学生主体的观点有利于纠正对师生主体间性观中师生在教学过程中的作用绝对平等的片面理解，而师生主体间性的观点又有利于防止教师主导观产生教师主导过度而导致的师生不平等的现象。

二、对后现代主义知识不确定性的知识观的反思

知识观是由个体所持的哲学的认识论所决定的，而客观主义和主观主义二者分别构成了哲学上知识观的两极。现代教育中的知识观是一种强调科学的知识观，追求知识的客观性、普遍性和中立性，把科学等同于真理，而后现代主张知识是不确定的、情境性的、多样性的。以后现代主义的眼光来看，知识既不是对认识对象的“镜式”反映，也不是对事物本质的发现和揭示，它是由认识者的认识能力、兴趣乃至利益所选择和建构的结果[5]。这的确反映了知识具有主观性的特点，但我们决不能由此推断知识就是任意的、完全主观决定的。必须看到，任何个体都是处于一定群体和社会之中的，他必然会和其他社会成员对话交往，在这种对话交往的过程中，个体不断地反思修正自己建构的知识，以达到与他人的共知共享。对于知识意义的建构，我们不仅要看到个体在建构中的主体作用，还必须看到群体及社会在意义建构中的协商作用。在笔者看来，知识的不确定性和多样性，只是知识在意义建构过程中的一种中间状态，是调动学生主体参与性的一种途径，而不是最终的结果。

后现代主义的知识不确定性包含着容错性建构知识的内涵，指的是面对学生个体不同的理解，甚至是有失偏颇的理解，教师不应该给予即时的否定和纠正。教师的一句“你错了”的评判就足以阻断所有积极的有一定意义和价值的才思，同时也阻断了对意义和价值的进一步追求和尝试，而其本质上阻断的是主体获得知识的进一步实践活动。那么，从这个角度看，早期苏格拉底的问答法就强调通过教师引导性的诘问，让学生在积极反思过程中从最初的不确定的，甚至是错误的认识逐渐形成正确的知识的过程。

而且，基础教育阶段所包含的知识具有相对稳定性和相对客观性。虽然一些人文学科的知识具有多面性、复杂性的特点，允许学生从不同角度做出不同的理解，这体现了知识多元性和不确定性的特点。我们也主张学生能够用发散思维去创造性地理解课程内容，这是学生主体参与性的体现，也是发展学生思维能力的需要，但是我们还应该看到，在基础教育中有更多的知识是相对确定的，如数学和自然科学的理论基础和基本的原理是不允许我们作情境性理解的。而科学技术是第一生产力，我国的现代化建设需要科学知识。因此我们仍然要传承现代的文明，传承科学知识。在此基础上追求文化和知识的多样性、价值的多元化。新课改之所以强调后现代主义知识观，是由于现代教育过程中过于注重知识的权威性和唯一性、教学评价的标准化，而限制了学生的批判性思维，使

学生的思维意识和思维能力退化，后现代知识观在一定程度上可以矫正现代教育中的这种不足，对改变教师教学观念、促进学生思维发展起着积极作用，但这并不代表我们要完全地摒弃现代知识观，走向主观主义。

三、对后现代主义课程的生成性、目标不确定性的反思

后现代主义强调课程的生成性，认为课程是在教师主体、学生主体和文本主体三者之间的互动中生成的。由于过程的动态性，加之其混沌理论的思想基础——蝴蝶效应，即初始条件的任何一个微小变化都会导致系统长期行为结果的巨大变化[6]，因此认为课程目标是不确定的。那么，这是否等于说课程无须预先设定目标呢？如果这样，那么我们的教育目的何以落实？早前杜威的经验主义课程本质上也含有生成性这一特点。儿童在从事自己感兴趣的活动中去发现问题、解决问题，从而获得知识发展经验，但事实证明，杜威的课程在基础教育中是失败的，它缺乏系统性，学生通过活动获取的知识零散、杂乱，最终导致了美国基础教育质量的下降。基础教育是后续教育的根基，根基不牢，后续的教育势必会受影响，因此必须强调系统性、完整性。

当然，课程生成性有其可取的思想。它强调教学的灵活性和学生的主体参与性，这无疑对改变我国当前教育实践对学生主体参与性的重视不够这一现状是积极的，借此可以发展我国教育中没有得到重视和落实的学生的参与意识，提高学生的反思能力。而课程目标的不确定性和生成性，也有助于改变教师的课程实施观。我国传统教师往往充当着“教书匠”“传声筒”的角色，教师一言堂，在教学中缺少创造性意识，导致僵化地、死板地、严格地按照国家课程目标和教参书目以及预先设定的教学流程开展教学，教学缺乏灵活性，缺乏与现实的课堂情境、学生特点的结合，导致学生的积极性调动不够，主体的参与性不高，课程对学生的适应性不强。

那么，应该如何诠释课程的生成性呢？笔者认为，生成性应该是在有限范围内的生成。课程实施之前，应该要有一个基础性的目标方向，以保证知识的系统性、完备性。生成性只是强调课程实施的动态性、情境的无法完全预测性和课程目标的不完全确定性，但任何活动之前，总是需要有一定的计划和期望，课程实施中，可以根据师生文本三者主体间性的互动，生成不同的学习结果，这也是知识多样性的体现，但它必须包括在作为平等中的首席的教师引导下生成的基本的课程目标。如果无视这一前提，基础教育的目标就不可能得到落实。极端地强调课程生成性和目标的不确定性，只会造成教师的懈

急、学生的困惑，违背了学校教育是一种有组织、有计划、有目的的社会活动这一前提。

四、小结

对任何新事物的应用，我们都要首先考虑它的适切性，尤其是舶来品，就更要将其本土化以后，才能为我所用，发挥积极作用。对于当前国情，我们首先要正视我国正处于现代化建设阶段，培养学生科学的知识仍然是教育的当务之急。知识的客观性、真理性、系统性在基础教育中是不能动摇的。当然，也要正视过去对学生的主体性重视不够、对学生的参与性调动不够、教学过程中教师的灵活性不够等问题，后现代思想中的师生交往观、知识不确定观、课程生成观给我国的教育注入了新鲜的血液，为我国未来的教育留足了值得热切期待和激情遐想的巨大精神空间，但同时也应看到后现代主义中对现代主义否定的极端思想。只有将二者进行整合，取其精华，去其糟粕，新课改的目标才能顺利得到落实。若一味地追求新鲜思想，迷信西方文化，全盘否定传统，只会让我们的教师无所适从，甚至使基础教育陷入混乱局面。我们应该具备"融通意识"，整合现代观与后现代观，统整民族特色和世界趋向，既立足现实，又面向未来与世界。

参考文献：

[1] 吴永军 . 正确认识新课程改革的理论基础及其价值取向 . 教育科学研究，2010（8）.

[2] 李嘉玮 . 论后现代转换中的师生关系 . 外国中小学教育，2012（2）.

[3] 保罗・弗莱雷 . 被压迫者的教育 . 上海：华东师范大学出版社，2001.

[4] 程琳 . 从主体间性透视生成性课程资源 . 辽宁教育研究，2008（10）.

[5] 潘新民，张薇薇 . 必须走出后现代知识观——试论科学知识教育的作用与价值 . 教育学报，2006（8）.

[6] 袁克定 . 从后现代主义知识观视域再认识教学结构的变革 . 中国电化教育，2011（12）.

选自《教学与管理（理论版）》2013 年第 10 期

关联拓展阅读之三

课程改革在路上：历史、现状与未来

张传燧

课程改革是一个连续的过程。每次课程改革都只是这个连续过程中的一个阶段或环节，它既承接历史，也导向未来，因此课程改革只有进行时，没有完成时。第九次全国课程学术研讨会（2014 年 10 月在上海召开，由中国教育学会教育学分会主办，上海师范大学教育学院承办）的主题是“课程改革在路上——向着《国家中长期教育改革和发展规划纲要（2010～2020 年）》迈进”，把握住了课程改革的实质。当 2011 年版新课程标准颁行后，我国新世纪首轮基础教育课程改革便告一段落，中小学课程教学改革便进入了新的常规运行状态，或者说是一种课改“新常态”。当我们继续往前走的时候，有必要回首一路走来，我们都做了些什么，有哪些经验教训。现在我们正做着什么，如何正确面对所取得的那些成就，如何研究存在的一些问题，有哪些经验教训需要总结和汲取，未来我们将走向何方。诸如此类的问题，要求我们有必要从课程改革整体过程的角度来反思历史，把握现实，展望未来。

一、历史会告诉我们什么

历史是凝重的。它定格在过去，潜藏于现在，更隐喻着未来。

严格来说，中国古代没有真正意义上的课程改革，更谈不上课程改革实验，因为古代学校没有严格意义上的课程。正如华东师范大学杜成宪教授在提交给全国教育史学会 2014 年年会的论文《中国传统课程特点刍议》中所说，中国传统学校课程是“文献本位而非学科本位”，是“‘学程’而非‘教程’”，是“‘课’程而非‘课程’”。总之，古代学校的“课程”不是现代学校建立在知识分科化和精细化基础上、经过精心选择和编制的课程，而是以文献为基础、以问题为核心、以学生的学为中心笼而化之安排的学习课目。[1]中国真正意义上的课程改革是到20世纪初新式学校产生并有了真正意义上的课程后开始的。即是说，中国真正的课程改革是“五四”新文化运动特别是1922年新学制颁布后的事。这次课程改革实验不仅开启了现代中国课程改革实验之先河，而且有很多做法直接为21世纪初的“基础教育新课程改革实验”所沿用和弘扬。

当时的课程改革实验的基本做法是民间发起，自下而上，理念引导，由点及面。所谓“自下而上”，是说20世纪初期的课程教学实验几乎都是由民间团体发起的。譬如，“赫尔巴特五段教学法”实验、“自学辅导法”实验等，都是由江苏省教育会及俞子夷等人发起推行的“分团（分组）教学法”实验与商务印书馆及《教育杂志》主编陆费逵、朱元善等人有关；20世纪二三十年代的“设计教学法”实验、“道尔顿制”教学实验、“蒙台梭利幼儿园教学法”实验几乎都与江苏省教育会、全国教育会联合会及其相关人员如俞子夷、舒新成、廖世承等人有关；“文纳特卡制”教学法实验与中华儿童教育社有关。其他如整体性实验“职业教育实验”与中华职业教育社及黄炎培等人有关；“平民教育实验”与中华平民教育促进会及晏阳初等人有关；“乡村教育实验”则与中华职业教育社、中华平民教育促进会、中华教育改进社、山东乡村建设研究院及黄炎培、晏阳初、陶行知、梁漱溟等人有关；“生活教育实验”与中国教育改进社、生活教育社及陶行知等人有关；“民生教育实验”与中国民生教育学会及邰翼秋等人有关。这些实验都不是政府发起或主导推行的，而是由民间教育团体自下而上发起或主导推开的，但都对当时的课程教学改革实验起到了非常关键的作用，采取的不是由上而下而是自下而上的实验路向，并在一定程度上影响了当时的政府决策，都在一定范围内产生了社会影响。所谓“理念引导”，即这些实验都是在当时从国外引进、全国流行的新观念的影响下进行的。这些新观念主要有：个性化教育观念、平民化教育观念、实用化教育观念、生活化教育观念、科学化教育观念等。这些实验无论理论、观念、内容、方法，还是范围、途径都做了具体、深入、全面的创新性、先导性探索，留下了很多符合教育教学规律的宝贵经验。这些探索即使放到今天也不过时，那些理念即使现在也很先进。那些实践经验和理论成果都是后继课程改革所赖以依凭的丰富实践资料和宝贵思想财富。

但从历史和全局来看，这些实验犹如昙花一现，效果并不十分理想，并未达到课程改革的理想目标和预期目的。一是用来指导课程改革的新教育观念虽然先进，但其影响十分有限，局限于改革试验区的部分教师及相关人员，社会各界、学生家长和其他地区的广大教师对实验的指导思想和具体做法知之甚少；二是课改实验宣传、发动和准备不够，社会参与不够广泛，局限在特定的少数人群；三是实验范围十分有限，主要集中在中东部的大中城市和少数经济社会文化教育发达地区的少数中小学校，如道尔顿制实验主要集中在上海、江苏、北京等地，参加实验的学校不过百余所；四是实验学科有限，只涉及语文、数学、英语等少数学科，其他学科几乎很少涉及；五是实验零散、各自为政，缺乏沟通协调。

其教训是深刻的。一是用来指导课程改革实验的理论和观念主要是来自国外尤其是以美国的杜威为代表的实用主义教育思想，存在不切合国情的“水土不服”现象；二是实验范围过于集中在上述发达地区的少数中小学，起不到以点代面的作用；三是实验缺乏强有力的组织机构和行政领导，因而推进和深化非常困难；四是实验缺乏良好的社会环境条件。旧中国社会动荡不安，经济发展水平低下，文化教育底子薄，地区发展极为不平衡，严重制约了教育实验的持续、深化和推广。

其经验也是宝贵的。一是课程改革实验需要先进科学的教育理论指导；二是课程改革实验需要先实验后推广；三是课程改革实验需要社会的广泛支持；四是课程改革实验需要政府的高度重视。

二、现时正发生着什么

进入21世纪，我国发起了一场以“深化教育改革，全面推进素质教育”为宗旨的课程与教学改革。2001年2月国务院批准《基础教育课程改革纲要（试行）》，标志着我国新一轮基础教育课程改革全面启动。该轮课程改革是由国家发动的，其改革范围之广、推动力度之大、推进速度之快以及受高层重视之程度，放到现在看来，也是前所未有的，是以政府主导、专家引领、教师参与为方式拉开其序幕的。课改实验遵循“先实验后推广”的原则，首先在全国38个国家级实验区进行了实验，2002年秋季实验进一步扩大到330个市、县。2004年秋季，在对实验区工作进行全面评估和广泛交流的基础上，课程改革进入全面推广阶段。到2005年，中小学阶段各起始年级原则上都进入了新课程改革。这轮改革已经开展了十余年，其基本做法是：自上而下，整体推进，理念先导，渐进铺开，面向全国，覆盖全部中小学。新课程改革取得了很多理论与实践成果，产生了广泛的社会影响。

这轮课程改革的成效主要有五项：（1）促进了先进教育理念的传播，广大教育工作者的教育观念和教学行为都发生了积极变化，推动了基础教育的整体变革，为全面推进素质教育发挥了重要作用。（2）基本建立了具有中国特色的、更加符合时代要求的新课程体系，包括教科书编审制度与选用制度、三级课程管理制度以及课程考试评价制度等，“制度化课程”建设成效显著。（3）制订和颁行了新的课程计划和课程标准，坚持“一纲多本”原则，编写出版了一大批全面体现教育规律要求、反映人类文明成果、体现新课程理念的多样化教材，开发了大批网络化、纸质化、实物化的课程资源，“文本化课程”成绩斐然。（4）一些新的课程理论研究如“国家课程、地方课程、校本课程、综合课程”等理论研究渐趋成熟，“理论化课程”（即课程理论）有重大突破，并正向实践转化，发挥出重要的指导课程实践的价值。（5）多层次教师培训取得明显实效，在一定程度上转变了教师的教学观念，改变了教师的教学行为，促进了教师的专业发展，有助于课程计划和课程标准的落实与实施。

这次课程改革所取得的经验主要有：政府高度重视是课改实施并取得成效的有力政治保证；先进科学的理论指导是课改实施的必要理论条件；课程改革实验需要坚持先实验后推广的科学原则；开展多层次教师培训是课改有效实施的基本人才保障；课程改革实验需要加大宣传力度以获取社会大众的广泛支持。

但是从理论与实践角度来看，课改的效果尤其实践效果仍然不甚理想，仍未达到改变沉闷、僵化、封闭、单一的课堂教学现状的课程改革目的。正如华东师范大学崔允漷教授所说：“十年声势浩大的课程改革所表现出来的种种证据表明，新课程所倡导的先进理念得到了很大程度的认同，但先进的理念与残酷的现实之间的‘两张皮’现象不是存在，而是十分严重。”[2]很多人认为，“教学实质改变不大”。本来，教学与学习方式的转变是本次课程改革的重中之重，力图改变传统教学忽视学生的经验与体验的弊端，倡导探索性、开放性的教学与学习方式，如探究学习、自主学习、合作学习，等等。然而，由于受诸多因素的影响，这些教学方式并没有取得应有的效果，反而陷入了“形式主义”误区。可见，基础教育课程改革仍然面临着严峻挑战，还面临着许多困难和问题。新基础教育课程改革总的状态是：理念先进，课程完美，课堂依旧，教师“穿新鞋走老路”，学生的书包依然沉重。这似乎印证了美国课程论专家派纳等人“课程已死”的观点。在基础教育新课改中，无论课程理论研究还是课程改革实践，都存在以下问题：一是重课程轻课堂，重教材轻教师，重学科（课程）轻学生；二是重理论课程（专家课程、课程理论）、制度课程、文本课程，轻实践课程（实施的课程、教学）、学校课程（学校层面的课程设计、实施与评价活动）、行为课程（师生的教学行为展现出来的课程）；三是重客体、轻主体，重知识、轻师生；四是重应然课程（专家课程、行政课程、理想课程），轻实然课程（课堂教学活动实际展现的课程，即师生的教学活动所呈现的课程）、或然课程（实施中可选择的课程，即教学实际发生的课程，或者说是学生在教学活动结束时所获得的课程）。

课改中的教训也是深刻复杂的。除了社会宣传不够、师生发动不够、学校发挥不够等原因外，主要原因有四点：其一是用以指导改革试验的理论、理念大多移植甚至照搬国外（主要是美国）的痕迹非常明显，如建构主义、后现代主义、多元智能理论、存在主义以及实用主义，等等。而这些主要产生于美国的所谓先进理论和理念早已证明不完全适合我国国情，过去如此，现在仍然如此。其二是此轮课改专家中相当多的人在课改之初缺乏基础教育课程教学的经验尤其是中小学课程实验的经历，对基础教育不甚了解；在课改中也未直接参与课改实验，而是把自己悬挂于课改实验之外，高高在上地对课改实验说三道四、指手画脚，与课改实验实际上处于“两张皮”状态，并非像以往课改实验专家那样把自己置身于课改实践之中直接参与课改实验，然后在参与中去指导实验的开展，与课改实验处于二者合一的状态。其三是课改实验中的教师培训主要是由教材出版单位组织进行的，培训专家大多是由出版社聘请的课改专家，形成了“教材出版单位—政府职能部门—教材培训专家”的结构。其四是课程改革整体发展不平衡，地区之间、学校之间课改差异巨大，特别是农村、少数民族地区、边远落后地区和办学条件薄弱的学校对于课程改革在全面推进素质教育、提高教育质量、培养创新人才等方面的战略地位普遍认识不到位，课程资源匮乏、课程领导支持乏力、教育评价体系不完善等，导致课程改革推进十分缓慢，甚至举步维艰。

三、未来将向哪里去

历史像一条源自高原、流向大海、川流不息的长河，是一个绵延不断的过程，每一个阶段都是连接整个过程的点。把握这个点对于把握整个过程具有管窥的价值，把握这个阶段的前后两个点是把握这个点的基础和关键。课程改革也是一个像历史长河一样川流不息的连续的过程。把握基础教育课程改革的未来走向，即预测未来课程改革将发生什么，我们将做些什么，首先必须知道过去曾发生过什么，现在正发生什么，未来将发生什么。

目前，课程改革仍在深入进行，但笔者认为，如果说1999年6月颁布的《中共中央国务院关于深化教育改革全面推进素质教育的决定》、2001年2月国务院批准的《基础教育课程改革纲要（试行）》，标志着我国新世纪基础教育课程改革全面启动的话，那么2010年7月中共中央、国务院印发的《国家中长期教育改革和发展规划纲要（2010～2020年）》、2011年颁布的基础教育新课程标准就意味着基础教育课程教学进入了新的正常发展时期，即"新常态"时期，我将其称为"后课改时代"。教育部在《关于深化基础教育课程改革进一步推进素质教育的意见》中明确指出："当前基础教育课程改革进入到了总结经验、完善制度、突破难点、深入推进的新阶段。"这就意味着，基础教育课程改革正依照新的框架优化重组，调整步伐和节奏，开始新一段征程。我们准备好了吗？我们将做些什么？我们能做些什么？课程教学实践的重点难点在哪里？课程教学理论研究的焦点和兴奋点又在哪里？这需要全体课程教学人包括课程教学领导者、课程教学实际工作者和课程教学理论专家从实践和理论两方面来观照。

从实践来看，课程教学是一个统一活动的两个不可割裂的方面，即"一体两面"。这两个方面在教育活动中到底哪个更重要？应该说都重要，缺一不可，但相对而言，笔者以为教学更重要。因为离开了教学或教学跟不上，课程再好也白搭。教育质量，从根本上说不是由课程而是由教学决定的。教学是教师教的活动和学生学的活动的有机集成，离开了师生双方的教与学的活动，教学就无从发生，课程更无从存在。新一轮基础教育课程改革是以"课程"为中心展开的，对教学的关注相对较弱，对教师和学生在课程与教学实践中的地位、作用及其活动的关注相对不够，以至于中小学校存在着"理念先进、课程完备、课堂依旧"的"两张皮"现象。从理论来看，本来，最初既无教学论也无课程论甚至也没有教育学，后来教育学产生了，教学论产生了，再后来课程论从教学论中独立出来，取得了与教学论同等的地位。20世纪90年代以来，课程论大有反超教学论之势。[3]尤其是新一轮基础教育课程改革以来，与教学论比较起来，课程论借新课改之东风相对繁荣，而教学论则比较冷清。尽管如此，仍然存在着与课程改革的需要不相适应的问题。一是教科书式的课程论居多，而学术性的专著较为少见；二是逻辑演绎式的课程论居多，而反映课程改革实践的很少见；三是在翻译引进外国的基础上编译的居多，而源于本土课程实践、反映本土课程实践的非常罕见。课程与教学实践及其理论的这种状况既严重制约着我国本土课程论的建设和发展，也严重制约着我国本土课程改革的实践。

鉴于上述情形，未来课程与教学改革，应当确立“三个重要”（课堂比课程重要、教师比教材重要、学生比学科重要）新理念，实现“三个转向”（即从课程转向课堂、从教材转向教师、从学科转向学生），确立“教学中心取向”和“人本取向”，重视学校层面的课程、实践活动中的课程、师生行为表现出来的课程的实践探索与理论研究，关注课程中的学生和课堂里师生的行为表现。这并不是说，课程、教材、学科不重要，而是更强调与课程、教材、学科这些静态的或者说“死”（即僵硬的）的因素比起来，教师、学生、课堂这些动态的或者说“活”（即灵活的）的因素更重要。因为从根本上说，课程实施即教学效果的好坏、人才培养质量的高低，最终取决于教学主体地位的凸显、作用的发挥及其教学行为表现的优劣。[4]课程改革，最根本的不是要改变课程，而是要改变教学主体的行为。《基础教育课程改革纲要（试行）》明确提出：“改变课程实施过于强调接受学习、死记硬背、机械训练的现状，倡导学生主动参与、乐于探究、勤于动手，培养学生搜集和处理信息的能力、获取新知识的能力、分析和解决问题的能力以及交流与合作的能力。”“教师在教学过程中应与学生积极互动、共同发展，要处理好传授知识与培养能力的关系，注重培养学生的独立性与自主性，引导学生质疑、调查、探究，在实践中学习，促进学生在教师指导下主动地、富有个性地学习，教师应尊重学生的人格，关注个体差异，满足不同学生的学习需要，创设能引导学生主动参与的教育环境，激发学生的学习积极性，培养学生掌握和运用知识的态度和能力，使每个学生都能得到充分的发展。”一句话，就是要改变师生在课程实施过程中的行为。改变行为比改变课程更重要，也更难！课程改革的起点是课程与教学现状，终点和目的是学生的发展，培养一代新人，落脚点是课堂，关键和核心是要改变师生的教学行为。只有教师主导的教和学生主动的学，优化教法、学法，课程实施才会取得预期的成效。

四、我们应该怎么做

未来课程改革，突出“三个重要”理念，实现“三个转向”，确立“教学中心取向”和“人本取向”，我们应当努力做到以下几点：

（一）加强本土课程教学理论建设，为课程改革实践提供科学、适宜的理论指导

实践已经多次表明，即使外来思想理论再好，也存在“水土不服”问题。古代如此，近现代如此，当代亦然。历史上，由于中国文化强盛先进，一些外来文化或学说都

是打着“本有”（或曰“依附”）的旗号进入中土的。近代百余年来，由于中国国力衰微以及文化教育落后，以至于外来文化教育便以傲慢的姿态进入中国，一些中国人在外来强势文化教育面前存在自卑心理，被西方课程教学理论充斥大脑，而对其在中国“水土不服”的问题视而不见，反而采取“全盘西化”态度；而另一些有文化自觉和民族良知的中国人的民族文化自尊却被深深地刺伤了，于是展开了积极的本土课程教学论探索。俞子夷、廖世承、舒新城、陶行知、陈鹤琴、李廉方、庄俞、朱兆萃、瞿葆奎、王策三、吴杰、熊明安、董远骞等，都发出了教育教学及其思想理论应努力实现“中国化”“本土化”的强烈呼声。近年来，随着国外课程与教学理论的大量引入和课程改革实践的不断深化，不断有学者大声呼吁加强本土课程与教学论建设。[5]应当说，本土课程与教学论建构的主客观条件已经基本成熟，随着课程改革的深入、民族文化主体意识和学者学术良知的觉醒，本土课程与教学论的发展指日可待。[6]

（二）加强课程教学实验，探索中国课程与教学实践规律

20世纪以来，我国开展了多场发起者不同、规模、影响、效果各异的课程与教学实验。除了前面所提到的那些实验外，新中国成立以来，特别是改革开放以来所开展的多种多样的课程教学实验主要有三类[7]：第一类是在一门学科内进行的单科单项教学实验，如小学语文的“注音识字，提前读写”实验（丁义诚）和“集中识字，分散练习”实验（张田若）、“情景教学”实验（李吉林）、“小学生语文能力整体发展”实验（吕敬先）；小学数学的“教材教法改革”实验（马芯兰）、“综合构建数学教学新体系”实验（赵宋光）、“启发式教学”实验（姜乐仁）、“尝试教学法”实验（邱学华）、“三算结合教学”实验（黄继鲁）；中学语文“课堂结构改革”实验（魏书生）；初中数学“自学辅导教学法”实验（卢仲衡）等。第二类是一种方法、一种策略或一种思路多种实用的教学实验，如“六课型单元教学法”实验（黎世法）、“‘读读议议练练讲讲’八字教学法”实验（上海育才中学）、“目标教学法”实验（李建刚等）等。第三类是在综合性整体教育实验框架中的学科教学法实验，如华东师范大学附小的“综合整体实验”（刘佛年）、上海实验学校以开发少年儿童智慧潜能为主旨的“综合性整体实验”（恽昭世）、杭州市天长小学以发展学生“三自能力”（自学能力、自我教育能力、自理生活能力）为主题的“综合性教学实验”（杭州大学教育系）、“小学生主体性发展实验”（北京师范大学裴娣娜）、“面向21世纪新基础教育实验”（华东师范大学叶澜）、“新教育实验”（苏州大学朱永新），

等等。

这些实验以课程教学为中心，以现代教学理念为指导，着眼于学生的综合素质特别是能力的发展，运用科学有效的方法，针对我国中小学课程教学的实际，进行了深入系统的理论与实践探索，提出了许多新的反映中小学课程教学特点和规律的教学思想观念，形成了许多行之有效的教学模式和方法策略，如“主体教学”“和谐教学”“尝试教学”“目标教学”“生命教学”“自主学习”“和谐教学”“整体教学”“分类教学”“情景教学”“发展教学”“合作学习”“活动教学”“生成教学”等，不仅为中国本土课程与教学论建设奠定了厚实的实践基础和提供了丰富的素材及教学思想观点，也提出了加强本土课程与教学理论指导的渴望和诉求。这些实验还表明，一方面课程教学实践迫切需要并呼唤适宜性理论加以指导，另一方面也是本土课程教学理论的源泉和生成机制。同时还表明，这些实验不仅具有变革性、探索性，而且具有自主性、创新性；广大教师不仅是课程教学实验的参与者、行动者，也是课程教学思想的提出者和课程教学理论的创造者。因此，未来课程改革，要求课程教学理论工作者走出书斋，走进学校、走进课堂、走进师生，与广大教师一起关注和研究课程教学实践中的问题，并围绕这些问题扎扎实实地开展实验，对实验和实践经验从理论上进行总结和提炼，形成扎根于实践、来源于实践、生成于实践、还原并指导实践的本土课程教学理论。

（三）加强教师培训，促进教师专业发展

只有好的教师，才有好的教育。一支师德高尚、业务精湛、结构合理、充满活力的高素质、专业化教师队伍，是课程教学改革取得实效的有力保障。新课程改革以来，我国采取多层次、多途径、多形式加强了教师培训，极大地促进了广大中小学教师的专业发展。教师培训的层次由国培—省培—县培—校培组成，培训的途径有大学培训、社会培训、网络培训、校本培训等，形式有脱产与不脱产、自主与合作等。其中最有效的是基于中小学教改需要、以中小学自身力量为主、在学校范围内进行的注重教师个人反思、同伴互助合作、专家专业引领的校本培训。实践证明，校本培训是促进中小学教师专业发展、提高中小学教师质量和教学水平的有效形式和途径，但校本培训须力戒关起门来封闭地进行低水平恶性循环式培训的现象，可采取引进校外优质资源以弥补自身培训力量不足的开放式培训方式。

（四）改革相关制度，创造课改顺利进行的良好社会制度环境

首先是改革高考制度。高考关系到每个中学生的前途，牵涉千千万万父母的心，制约着中小学的课程教学活动。2014 年 9 月，国家公布了新的高考改革方案，这次改革力度最大也最彻底，其核心精神是强调“全面实施素质教育，增加学生的选择性，分散学生的考试压力，促进学生全面而有个性的发展”。针对社会反映强烈的诸如唯分数论、一考定终身、区域和城乡入学机会不平等、中小学择校现象突出、加分造假、违规招生等现象和问题，提出要建立“分类考试、综合评价、多元录取”的考试招生模式，健全促进教育公平、科学选才、监督有力的体制机制，构建衔接沟通各级各类教育、认可多种学习成果的终身学习“立交桥”。当然，还有各种“小考”（小学升初中的考试）、“中考”（初中升高中的考试）等教育考试制度也应同步配套进行。只有这样，才能为基础教育课程改革的顺利展开扫清考试制度的障碍。

其次是改革基础教育评价制度。应当彻底改变以知识、考试分数、高考升学率为标准来衡量学生学习效果好坏、教师教学水平高低和学校办学水平优劣的单一评价制度，引入企业界的多元全面质量监控与评价制度体系，使评价成为引导学生全面成长、教师专业发展、学校特色办学的助推器。

（五）广泛宣传，全面发动，上下结合

课程改革是一项庞大的全面、全民、全局性系统工程，涉及范围极其广泛，各种情形复杂多变，牵一发而动全身，离开了各个部门的协调配合，离开了全体学生和教师的积极参与，离开了全体家长和社会大众的大力支持，都很难取得预期的成效。这是历次课程改革留给我们的经验和教训。因此，为保证课改取得成功，应当加大宣传力度，让课程改革的政策、理念深入人心，全面发动与课改利益休戚相关者，社会参与，上下结合，以形成课改的合力，推动课改的顺利进行。

参考文献：

［1］杜成宪．中国传统课程特点刍议［J］．河北师范大学学报·教育科学版，2015（1）．

［2］崔允漷．基于课程标准：让教学“回家”［J］．基础教育课程，2011（12）．

［3］张传燧．课程与教学论［M］．北京：人民教育出版社，2008．

［4］张传燧．课堂比课程更重要［J］．湖南师范大学教育科学学报，2013（2）．

[5] 鲁洁．试论中国教育学的本土化[J]．高等教育研究，1993（2）；董远骞，郭戈．论教育学的"中国化"[J]．中国教育学刊，1993（2）；杨启亮．守护家园：课程与教学变革的本土化[J]．教育研究，2007（9）；释放本土教学思想的生命力[J]．课程·教材·教法，2011（2）；黄伟．建构面向实践的本土化的教学论[J]．教育学报，2007（4）；于伟，秦玉友．本土问题意识与教育理论本土化[J]．教育研究，2009（6）；张传燧．论课程与教学论的本土化[J]．教育研究，2012（3）；本土课程与教学论：内涵、体系与特色[J]．湖南师范大学教育科学学报，2014（1）；周仕德．我国课程与教学论整合的本土化研究探微：1999-2012——基于对整合以来著作镜像的文本分析[J]．湖南师范大学教育科学学报，2014（1）．

[6] 张传燧．论课程与教学论的本土化[J]．教育研究，2012（3）．

[7] 杨小微，张天宝．教学论[M]．北京：人民教育出版社，2007.

选自《课程·教材·教法》2015年第8期

关联拓展阅读之四

我国普通高中新课程设置反思：合理性与可行性分析

李志厚

一、我国高中课程改革的背景分析与课程设置特点

我国高中课程改革是在九年义务教育课程改革实施几年之后的基础上，先在四个省区进行试点改革，再逐步推广深化，边探索边完善的一场课程革新运动。这种持续探索和逐步实施的历程直到2010年才真正在全国全面铺开。整个改革从谋划设计到实施推广，既有颇具特色、值得肯定的地方，也存在需要反思、值得深入研究的困惑和问题。

（一）我国普通高中课程改革的背景分析

在普通高中实施课程改革之前，教育部对国内高中课程的现状进行了大范围的调查，也对国际高中课程进行了比较研究，在此基础上形成高中课程改革的总体思路。对教师和校长的调查结果表明，我国原有高中课程在促进学生发展方面落实得比较好的是基础知识和基本技能方面，而学生目前真正迫切需要发展的重要素质却是责任感和道德、身心健康、创新能力、实践能力、价值判断和自主获得知识的能力；对学生的调查结果表明，对于高中课程，学生普遍喜欢的课程不多（集中在体育、信息技术等学科），而感到压力很大、内容偏难偏多、实用性差、不喜欢的课程居多，超过一半的学生（50.8%）喜欢有较多动手操作或亲身实践的课堂教学方式，有些学生（30.5%）喜欢讨论交流的课堂教学方式，只有少数学生（12%）喜欢以教师讲授为主的课堂教学方式。[1] 而这些问题恰恰是原有高中教育的短板，也是促成这次高中课程改革的动因之一。此外，对世界一些发达国家和地区 20 世纪 90 年代的课程改革的比较研究表明，大部分国家在培养目标上强调公民的责任、个性发展与生存能力、创造力与批判思维、交流合作与团队精神、信息素养和课程与教学国际视野等。由此，课程改革呈现以下一些变化：力求课程的基础性、多样性和选择性的统一；将学术性课程与学生的经验和职业发展有机结合；适应时代要求，增设新的课程；赋予学校更多课程自主权；倡导学生自订学习计划；实行学生选课指导制度；实行学分制等。这种基于国际课程改革情况的分析，是促成我国高中课程改革的另一个动因。

根据教育部的精神，高中课程改革的基本理念是从结构、功能、内容、教与学、评价等方面，体现各学科自身对学生学习与发展的追求，再回应总的三维目标，即知识与技能、过程与方法、情感态度与价值观。而具体到每个学科，又有其自身的课程追求，如语文科所追求的“语文素养”，又从积累与整合、感受与鉴赏、思考与领悟、应用与拓展、发现与创新等方面去体现；数学科所追求的“数学素养”，又从数学概念、结论的理解，体会数学思想与方法以及体验数学发现与创造的历程，提高空间想象、抽象概括、推理论证、运算求解、数据处理等能力，提高提出、分析和解决问题的能力及数学表达、交流和独立获得数学知识的能力，发展数学应用意识和创新意识，提高数学学习兴趣和信心，逐步认识数学的科学、应用和文化价值等方面来体现。[2] 通俗地说，高中课程改革希望达到两个基本追求：让每位高中学生实现在共同基础上的有个性发展；实现教师教学方式的转变和学生学习方式的转变。

（二）我国普通高中课程设置的特点分析

这次高中新课程设置主要体现在课程结构的调整和基于共同课程的个性化课程选择两个方面。前者以学习领域——科目——课程三个层次为线索；后者以共同基础的必修课与促进学生个性发展的选修课、技术课、活动课相结合为特征，既体现学科拓展，又表现地方特色。

学习领域主要包括八个方面，即语言与文学、数学、人文与社会、科学、技术、体育与健康、艺术、综合实践活动；相对应的科目为以下共同必修的基础课程：语文、外语、数学、政治、历史、地理、物理、化学、生物、通用技术、信息技术、体育与健康、美术、音乐、艺术、综合实践活动；而每个科目又可以拓展或包含数个模块，如，语文的选修模块包括诗歌与散文、小说与戏剧、新闻与传记、语言文字应用、文化论著研读；地理的选修模块包括地理信息技术应用、自然灾害与防治、城乡规划、宇宙与地球、海洋地理、旅游地理和环境保护；化学的选修模块包括化学与生活、化学与技术、化学反应原理、有机化学基础、物质结构与性质、实验化学；信息技术的选修模块包括算法与程序设计、多媒体技术应用、网络技术应用、数据管理技术、人工智能初步；通用技术的选修模块包括电子控制技术、简易机器人制作、现代农业技术、家政与生活技术、汽车驾驶与保养、建筑及其设计、服装及其设计；音乐的选修模块包括音乐鉴赏、唱歌、演奏、创作、音乐与舞蹈、音乐与戏剧表演；体育与健康的选修模块包括田径运动、球类运动、体操类运动、民族民间体育、冰雪或水上运动、新兴运动、健康教育专题。[3] 可见，这次高中新课程在课程设置的结构和内容设计上做出了很大改革和调整，虽在共同基础课程方面增加和变化不大，但在选修课的设置上却有很大突破，并且在学分制采纳上既能保持与过去课程的传承，又能迈出改革的一大步，使学生有了个性化发展的机会。

在课程设置上，我国高中新课程试图体现三个基本特征：时代性、基础性和选择性。其时代性，可以从人文与社会、科学、技术、综合实践活动等学习领域体现出来；其基础性，表现在注意保留原来高中课程的共同基础的科目部分，从全面发展的视角保持课程结构内外的均衡性；其选择性，表现在注意在共同基础的科目中拓展出 2～7 个模块供学生选择，满足他们个性化的学习需要。在学分制的评分上，累计总学分是 178 分，其中必修课学分115分，占总学分的69%。这说明对于学校而言，高中课程虽仍以必修课程为主，但已经具有较大的选课自主权和选择的多样性。

二、我国高中课程设置的合理性分析

一个国家的高中课程设置是否合理，归根到底，主要集中到对两个问题的回答上，即高中学生究竟应该学习什么？为什么他们必须学习这些课程？而如何思考这两个问题，恐怕至少有五个方向：（1）今后需要的知识和技能（如在高中获得更好成绩或学科优势，考上大学，或在社会上找到好工作）；（2）使自己趋利避害的常识（如认识各种可能危险的存在，如电、水或艾滋病等传染性疾病，避免陷入困境）；（3）有益于国家的本领（如贡献较大的生产力、成为爱国主义公民及公共事务的参与者等）；（4）个人发展的素质（如个性、自律和恒心等）；（5）人人必学的东西（如文化、历史、传统经典等）。[4]从形式上看，我国目前的高中课程改革比较全面地兼顾和体现了这些方面，在课程目标和课程结构设计上尽可能反映社会对学生与学生对自己学习与发展的要求。因此，笔者认为，分析高中课程设置是否合理，可以从以下几个方面来思考和判断：

（一）课程设置的取向在坚持以学科为本的同时是否满足社会和学生的需求

从以上笔者对我国高中课程改革的背景和特点的分析可以看出，这场高中课程改革主要还是一种以学科为本的改革，即改革立足于在原有高中课程体系的基础上作拓展延伸的变化。也就是说，在原有共同课程的基础上，拓展2~7个模块，或者稍微改变课程名称，增加课程的内涵和外延，如将体育改为体育与健康，等等。当然也增加了诸如信息技术、通用技术、综合实践活动等实践性课程，加强学生动手能力的培养和与社会生活、个人经验的联系。这基本上是一种“做加法”的改革方式。这种改革方式有几个优点，一是比较容易推动改革的落实，教师也比较容易适应改革的变化而不会成为改革的阻力；二是无论课程设计者还是实施者都比较容易操作，可以做一些承上启下、承前启后的工作；三是教育行政部门比较容易推行和协调改革的进程，在保留原有机构的原则下，能比较顺利地开展课程规划、课程实施和课程评价工作。

可是，正因为这场改革是基于学科为本的课程变革，所以其不足之处也十分明显。因为，这种改革模式从课程类型来说，只涉及显性课程的变化，而很少考虑隐性课程、空缺课程和课外课程的融合，充其量加入延伸学科课程功能的合作课程元素，因此，对于时代变化、社会需要和学生个人发展的回应，显然是不够充分的，并缺乏灵活的调整机制。如跨学科的交叉学习、学以致用课程的时间保证、综合解决问题能力的培养以及创新思维发展等内容和过程的谋划就不够具体、系统和清晰。而正是由于这些缺点的存在，实际上也必然影响课程实施的可行性和结果的实效性。也就是说，尽管我们在确定课程目标时考虑了未来社会变化的要求和学生终身发展的需要，但这种质化的目标如何通过量化的课程来体现，它们之间还是缺少了合理性的说明。也就是说，增加内容和拓展范围是否真的能够满足达到目标所需？学生花费三年的时间和精力学习这些课程之后，真的能够满足上面提出的五个方面需要吗？学生用有限的三年时间真的能够学好这些课程吗？学校在实施这些课程中又应该把握哪些原则呢？

在保证学生学习共同基础的必修课程上，如何满足学生个性化学习的课程需要，这是一个涉及学校人力、物力、财力、信息和其他资源的问题，是以学校已有资源来安排选修课程，还是根据学生和社会变化需要来开设课程，这又是一个值得研讨和澄清的问题。因为它直接关系到为何要开设这些课程、开设多少、设置多长时间、如何评价课程实施效果等问题，也涉及学校课程的共同基础性与选择多样性的平衡问题。

我国这场高中课程改革在满足学生考上高等院校和学习需要方面可能问题不大，但在满足高中生找到好工作、过上幸福生活、为社会多做贡献、成为合格公民等成长的需要方面，恐怕还值得讨论。换句话说，即使我们百分之百地实施这些高中课程，真的能够实现上述目标吗？也就是说，这场高中课程改革的结果是立足于培养好社会的公民（或接班人）、能独立思考的人才还是基础扎实且训练有素的工作者的教育目标，其实还是不清晰的。

其实，学科为本、社会为本和学生为本之间并没有绝对的优劣，关键是在强调某种倾向的时候如何平衡或兼顾其他方面的需要。比如，未来世界将是一个竞争性的知识社会，更强调知识的创新、管理和服务在经济发展和政治外交方面的重要性，因此，教育发展的重心也将从重视基本技能转移到关注应用能力上；从单打独斗的拔尖到合作精神的培养；从强调打好知识基础到发展批判性思维和解决问题的能力，包括分析性思维，利用知识、事实和数据解决真实的实践问题等能力；从坚守本色到致力于创新和变革精神的培养，包括在不同学科学习中所表现出来的原创精神和整合知识的意识。而学科为本的课程能否适应和体现时代和国家对这些方面的需要值得我们思考。

（二）课程设置在基于知识学习为本的同时是否兼顾学生的发展

笔者认为，在课程设置问题上，总会涉及开设课程的重心是放在学生应该知道什么还是学生能够做什么的选择上。前者实际上是一种知识学习为本的课程设置，而后者则是一种发展为本的课程设置。虽然这次高中课程改革开设了培养学生能力和其他素质的课程，如信息技术、通用技术、综合实践活动、艺术等，但大部分学校校长和教师都明白，从课程、教学和评价的一致性而言，从共同基础的必修课而言，从高考的角度来说，改革后的高中课程主要还是一个知识学习为本的课程设置，而且还是侧重于原来学科主干的知识学习，强调学生应该知道什么而非学生真正能够做什么。当然，我们不否认在人文与社会、科学、技术、体育与健康、艺术、综合实践活动等学习领域都拓展了让学生学以致用的模块和实践活动的要求，但在操作层面上加大从知识转化为能力以及发展相关素养的建设性意见方面，还是不够的。因此，通过调整课时、学分和评价方式（如减少知识性评价，增加表现性评价和实操性评价）等方面可以均衡两者的关系。

（三）课程设置是定位于因高考设课程还是以课程定评价

课程、教学和评价是密切相关的。课程决定教师教什么和学生学什么，并在多长时间完成；教学决定教师应该如何教好课程；评价则是判断师生的教与学是否成功，如果学生学习没有达到预期结果，教师如何调整教学。这是一环扣一环的，课程决定如何教学，教学决定如何评价，而评价又为调整课程及改进教学提供反馈和建议。而应试教育的思路刚好相反，考试决定如何教学，教学决定利用课程哪些部分和利用到什么程度，这就本末倒置了。如果新的课程设置不能解决这个问题，那么，高中课程改革的价值就荡然无存了，按照学习领域调整学科，按照学科设计模块的做法也就没有意义。我们应坚持以课程目标统整课程、教学和评价三者的关系，正确看待评价的诊断、激励和甄别的功能，而不能过分地受评价的绑架，更不能把考试看作评价的唯一选择。

基于对以上问题的思考，笔者认为，高中课程改革总体而言是合理的，但在课程设置取向、课程定位和课时设计等方面仍有值得改进和完善的地方。

三、我国高中课程设置的可行性分析

课程设置再合理，课程方案再完善，最终还需要考虑其实践中的可行性。笔者认为，课程实施的可行性主要体现在人的因素、课程本身的因素和实施条件的因素等方面。

（一）新课程实施能否给参与课程改革的教师带来好处

尽管一线的高中教师并没有直接参与课程结构的调整、改革方案的设计、必修和选修课程的重构，但新课程却由他们直接实施。假设中合理的课程，究竟是否可行，还要由一线教师说了算。虽然这次高中课程改革不像九年义务教育课程改革那样在激励教师参与、培训以及校本学习和研究上搞得轰轰烈烈，但对高中课程改革的推进却是有条不紊、层层落实的，并且从小范围的实验到大范围的推广，中间不断反思总结、调整实施，效果初见端倪。各省（市、区）在实施高中新课程当中，落实的积极性不尽相同，成效和反馈也不一致。但凡那些向教师解读课程改革的意义和价值方面做得较好，培训教师比较到位，让教师在课程改革中得到专业成长、学到东西并受益匪浅的省（市、区），教师能保持较高的主动性和积极性，他们的课程改革工作就做得出色，效果明显；而那些课程改革经费不到位，对课程改革的意义解释不到位，增加教师工作负担而不安抚，教师并没有从课程改革中得到多少好处的省（市、区），课程改革自然就做得流于形式，并受制于高考而体现不出新课程的预期效果。

（二）新课程能否解决课程内容设计与学生认知发展的协调性问题

课程不仅要解决学科内容静态结构的知识体系合理性问题，而且也要考虑这些知识是否可学习、是否能够转化为学习者的认知发展和精神影响的动态可行性问题。也就是说，课程要回应学生究竟应该知道什么，学习之后能够获得哪些发展的问题。这不仅涉及课程内容的范围、深度、容量和难度与课程目标的关系，而且还涉及具体学科课程当中事实、概念、假设、定理（原理）、理论的结构布局与学生学习转化和认知发展的一致性问题。也就是说，作为各个学科的课程设计者，不仅要考虑教师要教多少内容（包括知识、技能、思维、文化等），还要考虑这些内容的消化、吸收、转化需要多少信息量（或事实量）做铺垫，才能转化为知识（或概念）；课程中又需要多少问题、作业、练习、实践才能将知识转化为能力、见识和其他素养。简言之，就是课程设计与设置如何完成从关注教师的教到关注学生学有所得的转变，如何促进学生从知识学习到认知发展的转变。

因此，在理解课程内容设计与学生认知及其他发展的关系上，必须把握好课程内容的价值、难度和结构的分寸。也就是说，在实施课程中要让教师了解课程的内容价值，知道这门课程对学生哪方面的发展有什么意义和潜在的影响、作用有多大，而不仅仅关心能让学生考多少分；同时也要让教师理解课程内容的难度，这种阶梯式难度的递增怎样形成具有挑战性的问题和任务，逐渐促进学生认知发展中每个环节的转化；而且还要让教师理解为什么该学科课程的结构要如此设计，模块要如此延伸和安排，究竟对促进学生的学习、理解、思维和应用有什么样的作用，又如何才能通过知识的有用性、趣味性和丰富性让学生对这门学科产生浓厚的兴趣、爱好和求知的欲望。课程设置的解读，犹如我们在让客人享用食物的时候，不仅让客人知道这些食物对其身体是否有营养、价值多大，还要让客人知道吃什么东西和吃多少才能做到营养均衡、对其健康有好处。

（三）各课程的设计是否体现学生学以致知与学以致用的相关性

从我国21世纪初开始的这场高中课程改革追求的理念而言，其试图在守本与创新之间保持一种平衡，使新课程既是对旧课程原有精华的延续和传承，又适应新时代变化的创新和发展。旧课程在课程、教学与评价之间基本形成一种以“学以致知”为主的应试模式，而新课程则要从思考全球化的背景、内容、角色和系统等方面来进行改革和创新。因此，其关注的重点不仅要满足学以致知的方面，而且还要满足其学以致思、学以致用、学以致趣、学以致成的领域。只有这样的课程，才能使学生知而达智、行而致远。如此，在课程、教学和评价的关系上如何解决学生既能学以致知，又能学以致用、学以致思、学以致趣和学以致成问题，使之密切相关、相辅相成，这就涉及在有限的教学时间里，如何使知与行、学与用、学习与成长之间形成既合理又可行的比例，充分平衡和利用好实体课堂与虚拟课堂、个体学习与组织学习、课内活动与课外活动的课程实施策略，最后能够积小成为大成，促进学生的优效学习与正常健康的可持续发展。

其实，对课程改革的合理性与可行性进行分析，不仅基于以上的思路，还可以回归到对课程所体现的计划性、目的性、针对性和灵活性的程度去思考。[4]

参考文献：

[1]2002年12月教育部基础教育司朱慕菊发言稿．关于普通高中课程改革方案的汇报．

[2][3]2006年12月教育部基础教育课程教材发展中心刘坚发言稿．感受高中课程标准．

[3] J.Oakes, M.Lipton.Teaching to Change the World [M].Boston: McGraw-Hill Companies, Inc, 1999: 96～97.

[4] L.Fielstein, P.Phelps. 教学导论（英文影印版）Introduction to Teaching: Rewards and Realities [M]. 北京：中国轻工业出版社，2005: 265～266.

选自《教育科学研究》2014 年第 1 期

关联拓展阅读之五

国内外几种有影响力的课程模式

第一种：美国高中 AP 课程简介

AP 课程是指针对 AP 众多的考试科目进行的授课辅导，创立于 1951 年，目前以：微积分 AB（Calculus AB）、微积分 BC（Calculus BC）、统计学（Statistics）、物理 B（Physics B）、宏观经济学（Macroeconomics）、微观经济（Microeconomics）几门课程为主。AP 是 Advanced Placement 的缩写，中文一般翻译为美国大学先修课程、美国大学预修课程，指由美国大学理事会（The College Board）提供的在高中授课的大学课程。美国高中生可以选修这些课程，在完成课业后参加 AP 考试，得到一定的成绩后可以获得大学学分。一般修一门大学的课程要花费数千美元，而参加 AP 考试只需要 92 美元，因此选修 AP 课程不仅可以展现学生的能力，它还是一种省钱的措施。2014 年有 4 135 962 人参加学习考试。

美国高中 AP 课程有 22 个门类、37 个学科，已在美国 15 000 多所高中里普遍开设。它可以使高中学生提前接触大学课程，避免了高中和大学初级阶段课程的重复。

AP 考试的成绩使用 5 分制，考生可以获得 1, 2, 3, 4 或者 5 分。一般 3 分或 3 分以上的成绩可以在大学换取学分，但也有很多特殊的例子，某些名牌大学接受的标准在 4 分以上或者 5 分，有些大学不接受 AP 成绩。

目前，已有 40 多个国家的近 3 600 所大学承认 AP 学分为其入学参考标准和该项考试为考生增添的大学学分，其中包括哈佛、耶鲁、牛津、剑桥、帝国理工等世界名牌大学。

AP 考试每年 5 月举行，目前已经在全球 80 个国家开设。

AP 成绩已成为美国大学重要录取依据。根据美国大学升学顾问委员会在全美范围内所做的调查，由于美国大学已经普遍把学生在 AP 考试中的表现作为衡量其是否能够胜任大学学习的依据，因此 AP 考试成绩已经成为众多大学录取考虑因素中最为重要的依据之一。

考试通过的 AP 课程可以折抵大学学分，减免大学课程，帮助学生缩短大学学时、跳级，更可节省高昂的大学学费。更重要的是，据统计，拥有优异 AP 考试成绩的高中生在未来的大学学习有更加出色的表现和发展，美国各大学已将 AP 成绩看作衡量学生学习和研究能力以及应付高难度大学课程能力的重要指标。参加 AP 考试科目多、考分高的学生被美国名校另眼相看。英国、加拿大、澳大利亚等国也将此作为发放奖学金的主要条件之一。

由来

AP 项目于 1951 年由福特基金会启动。1955 年，美国大学理事会接手管理，次年首次举办 AP 考试，当时的考试课程只有 11 门。1958 年，美国大学理事会投入大量人力、财力进行师资培训，随后的 10 年间在暑假中大力培训师资。20 世纪 60～70 年代，美国大学理事会致力于把这个昂贵的课程推广到低收入家庭的学生中，在维吉尼亚州的一个培训二战非裔退伍军人的学校开办学习班，还在纽约市的公共电视台播放 AP 课程的教学片。随后的二三十年时间里,AP 课程不断得到补充，直到形成现在的 34 门考试课程 .

考试现状

根据美国大学理事会的年度报告,1995 年全美国有 493 263 位学生参加了 767 881 人次的 AP 考试,1999 年的考试人次迅速突破 100 万,2003 年的考试人数超过 100 万，共有 1 017 396 位学生参加了 1 737 231 人次的考试。

近 6 年来，每年参加考试的平均人数递增 10% 以上，考试的人次以每年平均 12% 以上的速度增长。2003 年 5 月全美参加 AP 考试的考生中的 14.3%，即 145 600 名学生，因为通过 3 门以上的 AP 考试而获得不同级别的荣誉称号、获颁证书。其中,33 435 人考了 5 门，平均 3.5 分以上，获得 AP 杰出学者奖。

最不可思议的是，2003 年 5 月，参加 8 门以上 AP 考试、平均成绩达到 4 分以上的学生就有 2 157 人！他们被授予 AP 国家学者奖这一最高荣誉。中学生一年选修并参加 8 门以上的 AP 考试，其学业负担远远超过绝大多数顶尖大学的在校大学生。

美国大学理事会 2002 的年度报告列出了美国前 200 所收到 AP 成绩最多的大学，得州大学奥斯汀分校名列榜首，共有 8 603 名考生向该大学提交了 27 488 门考试成绩，平均每人提交 3.2 门成绩。排名在前的学校依次为加州大学洛杉矶分校（6 605 人 /24 569 门）、加州大学伯克利分校（5 538 人 /22 920 门）、佛罗里达大学（6 541 人 /22 145 门），加州大学圣地亚哥分校（4 980 人 /18 053 门）、德克萨斯 A&M 大学（5 420 人 /14 579 门）。

至于顶尖大学，每位学生所提交考试的门数更多。1 150 名学生向耶鲁大学提交 5 691 门成绩，平均每人 4.95 门；其他学校依次是：斯沃斯莫尔学院 4.738 门 / 人、哥伦比亚大学 4.692 门 / 人、达特茅斯学院 4.688 门 / 人、威廉姆斯学院 4.64 门 / 人、普林斯顿大学 4.63 门 / 人、宾州大学 4.605 门 / 人、泊默拿学院 4.438 门 / 人、加州理工学院 4.4 门 / 人、康奈尔大学 4.364 门 / 人、布朗大学 4.297 门 / 人、哈佛大学 4.296 门 / 人。

在这 200 所大学里，绝大多数是很好的大学，但其中也有被《美国新闻与世界报道》的大学排行榜列为三类的大学。这些三类的大学，平均每位学生也提交了近两门 AP 成绩。

考试难度

AP 课程及考试是学科考试而非托福类的语言测试。AP 考试中的生物、微积分、化学、经济、心理学、历史等是大学一年级的课程，但是外语课程就不是。根据美国大学理事会公布的 AP 课程与考试手册说明，法语、西班牙语、西班牙文学、德语、法国文学等课程，都要求学生完成“相当于大学三年六个学期的课程”。由此可以想象这些课程考试的难度。

以西班牙语的 AP 考试为例，这个考试包括听、说、读、写 4 个部分，考试时间为 3 小时，其中听力占 20%、阅读占 30%、写作占 30%、口语占 20%。听力又分为 3 个部分：第一部分，听完 6 段对话后回答 3 个问题；第二部分，听完一个约 120 个词的演讲后回答 3 道选择题；第三部分最难，考生要听完两段各 5 分钟长的讲话后再解答问题，即使听力很好的考生，一般也记不住那么长的演讲内容。

阅读部分：①阅读两篇短文后解题；②语法改错。

写作：① 10 选 1 填词，有两个段落。②写一篇 200 字以上的作文。

口语也分为两部分：第一部分是看一套 6 幅连环画，只有 2 分钟时间准备构思。然后，考生必须在 2 分钟时间内用西班牙语讲述整个故事。除了要求每一幅图画的主要内容都讲到外，还要求结构合理、用词准确、叙述流利、发音标准。口语考试用录音机来完成，考生的叙述由录音机录在磁带里。第二部分是回答问题，问题预先录在磁带里，不间断地放两遍。要求考生回答问题时，思考要透彻，表达要清晰、流利，用词要适当，语音要准确，还要求最大量地利用磁带空间（20 秒）。

西班牙文学考试的要求更高。考试时间 190 分钟，分为阅读分析题（占 40%，80 分钟）和自由解答题（占 60%，110 分钟）两大部分。考试的范围很大，可能涉及上百种文学作品。第二大部分的自由解答题要写 3 篇论文。其一，分析一首诗歌；其二，分析一个文学作品或者比较两位作家；其三，作品选段分析，评论性地分析一段节选的作品。所有作文要求用西班牙语来写作。从美国大学理事会官方公布的参考手册来看，这门考试的参考文献大约为 100 个作家的作品。因此可以说，准备的范围很大。也许根本没有一个范围，学生完全要依靠长期积累的“基础”。

以下备考资料可以推荐：

1.《考试说明》。《考试说明》列为考生必读书，因为考生想要了解的东西里面都有，不仅有考试大纲，还有样题和评分示范。所以在开始准备和临考前都要重点研究考试说明。在选择任何一本辅导书时，第一个评判的标准是，该书是否按照考纲的要求来编，是否包含了绝大部分的考点。考前也需要对照考纲进行复习，做到不遗漏。

2. AP 官网上的所有自由问答题的样题，以及 AP 网上书店所热销的几本试题。

3. 选择一本适合自己的辅导书。给大家推荐普林斯顿、巴朗、皮特森出的教材。需要告知大家的是，皮特森的教材中有如何使用计算器的内容。

AP 课程需要全英文授课，才能够真正提高孩子的能力以及将来的大学学习的素质要求。

课程优势

AP 课程完全符合美国一流名校的招生理念和选材思维模式，其表现在于：

1. 增加 GPA 成绩。平均每门 AP 课程成绩可增加 GPA 分值 0.1 分。而 GPA 恰恰是美国一流大学录取学生时的第一考虑要素。GPA 是整个高中段学生综合学习能力的体现。

2. 学生学习能力和未来发展潜力的最好证明。在美国，选择参加 AP 课程学习的学生首先得通过荣誉课程，而欲进入荣誉课程的学生则必须先通过普通课程。因此，能参加 AP 课程学习的学生本身已经是优秀学生的体现，其具有充分的学习能力。由于学生在 37 门、具有大学难度的 AP 课程的选择过程中，必须考虑未来大学的专业方向，因此使得一流大学从学生所选择的课程中能充分判断和确信学生是否具有了未来专业发展方向的充分准备和成功把握。

3. 美国一流名校确信学生敢于挑战学术难度、明确学术发展方向的最重要指标。由于 AP 课程是美国大一的内容，较之中学内容，难度增加很大，因此一流大学能够轻易地从学生在中学期间是否选修 AP、选修多少门当中，判断学生挑战困难的信心和能力。

4. 可换大学学分，以便提前大学毕业或在大学学习更多自己感兴趣的其他专业和课程。美国和加拿大 90% 以上的学院和全部的大学接受 AP 考试并授予大学学分。如果在中学完成一定数目的 AP 课程学分，意味着可以提前一到两年毕业。在美国，获取一个名校的大学学分约需要 1 000 美元，而一门 AP 课程约可抵 3～6 个大学学分。所以中国学生所学的任何一门 AP 课程都有可能到美国后被转成 3～6 个学分，即 3 000 到 6 000 美元。

美国每年有 200 万高中毕业生，他们都要参加美国高考 SAT 和 AP 课程的考试。美国的初等教育是免费的，而高等教育是收费的。美国高中生会在 11 年级时完成 SAT 的考试，在 12 年级，即高中的最后一年，要做两件大事：其一，依据 SAT 的考试成绩，申请大学和奖学金；其二，选修和备考 AP 课程及考试。该项考试的目的在于，利用高中最后一年免费教育的时间，提前完成一些美国大学的学分课程及考试。否则，在大学阶段完成同样的课程和学分，要支付高昂的学费。也就是说，AP 课程及考试可以为高中生起到减免大学学分、降低大学教育成本、缩短大学教育时间的目的。另外，对学习该课程的中国学生而言，除了可获取美国大学学分、省时省钱外，还可以在国内提前解决好美国大一课程适应难的问题。

考试科目：

United States Government and Politics 美国政府与政治

Comparative Government and Politics 比较政府与政治

French Language 法语语言学

Computer Science A&AB 计算机科学 A&AB

Spanish Language 西班牙语语言学

Statistics 统计学

Calculus AB&BC 微积分 AB&BC

Chinese Language and Culture 中国语言和文化

English Literature and Composition 英语文学与写作

German Language 德语语言学

French Literature 法国文学

Japanese Language and Culture 日本语言和文化

United States History European History 欧美历史

Studio Art 美术作品

Music Theory 音乐理论

Physics B&C 物理学 B&C

Environmental Science 环境科学

Psychology 心理学

English Language and Composition 英语语言和文学

Italian Language and Culture 意大利语言和文化

Art History 美术史

Macroeconomics 宏观经济学

World History 世界史

Human Geography 人类地理

Spanish Literature 西班牙文学

Latin Literature 拉丁语文学

Latin：Vergil 拉丁文

报名考试：

AP 考试于每年 3 月前报名，5 月考试。单科考试费用：92 美元。

AP 考试的考生于 6 月底之前就可以收到成绩单。

AP 考试由美国大学理事会（The College Board）统一主持和指导，受美国教育法保护。

大多数学生是通过选修在高中开设的 AP 课程而参加考试的，也有极少数“天才型”的学生，通过自学去参加考试。

目前中国大陆每个省市基本都有 AP 考点，但考位有限，大部分中国学生还是与考 SAT 一样，需要到香港，新加坡等考场参加考试。

发展趋势：

如今 AP 考试如同 SAT 一样，在中国开始盛行起来了。打算去美国读书的学生，考了 SAT 和两门 SAT2，再加上优异的文化课成绩和一些社团活动，就很有优势了。越来越多的家庭是独生子女，促使更多的家长给孩子选择更好、更广的教育环境，所以一些先知先觉的家长想让自己的孩子再多考几门 AP 课程，让他们更加出类拔萃，于是更多的家长们也开始让自己的子女们勇往直前，AP 课程就逐渐盛行起来。

评分标准：

AP 考试采取 5 分制。一般 3 分以上的成绩即可被大多数大学接受，并且在今后上大学时折抵多至一学年的大学学分。少数顶尖大学如哈佛等，要求 4 分或 5 分才能折抵大学学分。

每一个 AP 的成绩都是按照学生对多项选择和自由作答题的回答结合起来而做出的评判。总成绩是 5 分制。多项选择部分为电脑阅卷计分，自由答卷部分为大学教授及有经验的 AP 教师阅卷，两部分分数汇总决定最终分数；

5= 非常优秀，4= 很好，3= 合格，2= 勉强合格，1= 不合格。

AP 成绩的 5 分和 4 分相当于大学成绩的 A，不过在部分高校里，AP 成绩的 4 分可能会被当作大学成绩的 B。

在许多高校里，AP 成绩的 3 分大概相当于大学成绩的 B，不过在其他一些高校中，3 分可能相当于大学成绩的 C。

以上就是 AP 考试的评分标准介绍。同学们对以上信息要做到心中有数，并要制订自己的计划进行备考复习。

第二种：英国的A-Level课程简介（General Certificate of Education Advanced Level）

英国高中课程（General Certificate of Education Advanced Level ）简称A-Level课程，它是英国的普通中等教育证书考试高级水平课程，是学生完成12～13年级的两年制大学预科的学业后所取得的普通教育证书，是英国的全民课程体系，也是英国学生的大学入学考试课程，就像我国的高考一样,A-Level课程证书几乎被所有英语授课的大学作为招收新生的入学标准。在中国开设A-Level课程旨在为中国学生提供进入国外大学的有效途径，具体目标为：培养在国内初高中成绩优秀的学生进入世界顶尖大学，培养在国内初高中成绩中等的学生进入世界一流大学，培养在国内初高中成绩一般的学生考取适合自己的大学。

1. 课程介绍

大部分英国学生都用两年的时间修完这种课程，但能力很强的学生有时也可在更短的时间内修完。学生甚至可以直接在国内自学三到四门A-Level课程然后去北京、上海、广州等地英国文化委员会参加考试。这种课程要求学生学习三门或四门主科课程并参加毕业考试，考试合格者即可进入大学就读。学生的考试成绩及其所选修的A-Level课程在很大程度上决定着能否进入理想的大学和学习所选择的学位课程。

英国的大多数中学开设的A-Level课程科目相当广泛，有文科、商科、经济、语言、数学、理科、计算、法律、媒体、音乐等。

2. 教学质量

英国国家考试局对每一个开设A-Level的高级附属中心都采取严格的教学质量控制措施。每一位教授A-Level课程的老师都经过严格的筛选和测评。同时，老师们也可以通过多种渠道得到英国国家考试局的协助和培训。为了监控分布在世界上150多个国家教育中心的教学质量，考试局已经在全球各地建立了完善的组织网络；通过其批准的高级附属中心，不定期地对教学质量进行检查和评定，从而保证每一个就读A-Level课程的学生能接受到高质量的教育。

3. 国际认可

持A-Level证书可以进入的大学有：

英国：剑桥大学、牛津大学、帝国理工学院、伦敦政治经济学院、巴斯大学、曼彻斯特大学、拉夫堡大学、利兹大学、布里斯托大学等英国所有大学。

加拿大：多伦多大学、不列颠哥伦比亚大学、麦吉尔大学、女皇大学、西安大略大学、劳伦西大学、蒙特埃里森大学、特伦特大学等大学。

澳大利亚：悉尼大学、澳大利亚国立大学、新南威尔士大学、西澳大学、蒙那什大学、卧龙岗大学、墨尔本大学等所有大学。

新西兰：奥克兰大学、梅西大学、林肯大学、怀卡托大学、马努卡理工学院等全部大学。

爱尔兰：都柏林大学三一学院、爱尔兰国家大学梅努斯学院、科克学院、戈尔威学院、都柏林学院、利默里克大学、都柏林城市大学等全部大学。

新加坡：新加坡国立大学、新加坡南洋理工大学等所有大学。

香港：所有大学。

南非：所有大学。

美国：美国一些顶级大学需要SAT成绩，但也有部分大学接受A-level成绩，而且A-level成绩在美国大学可以兑换学分。

4. 适用对象

A-Level课程适用于年龄在15～18岁之间，初中毕业以上的在校中学生或具有同等学历的职高生，通常国内A-Level学校招收的是高二毕业的学生，并要求参加相关的入学考试，由于A-Level课程包括教学及试卷习题等都是英文形式出现，所以这要求学生有较高的英文水平。

5. 课程体系

该课程体系的教学大纲、课程设置及其考试分别由英国四个主要考试局来组织：

（1）Cambridge International Examinations，剑桥国际考试局，简称CIE；

（2）Oxford Cambridge and RSA Examinations，牛津、剑桥和RSA考试局，简称OCR；

（3）Assessment and Qualifications Alliance，英国资格评估与认证联合会，简称AQA；

（4）Edexcel，英国爱德思国家职业学历与学术考试机构。

课程和考试由以上考试局设计并组织，其权威性得到了国际上的广泛认可。迄今为止，全球已有5 000多个教育机构开设了英国高中课程，每年有数百万学生参加由这些考试局组织的统一考试。由于该课程的科学性和权威性，新加坡甚至直接将该课程考试作为大学入学的全国统一考试，香港也引进该课程，作为大学入学的测试标准。

A-Level课程一般在中国开设数学、进阶数学（或称高等数学）、物理、计算机学、会计学、商业学、经济学等课程供学生选择。

应该选择哪几门课程是学生和家长都普遍关注的问题，但也是非常难回答的一个问题。英国、加拿大、爱尔兰、澳大利亚、新西兰、新加坡等英语国家没有统一的大学入学标准，虽然它们都认可A-Level证书，但是各所大学、各个专业对学生学过哪几门A-Level课程以及成绩都有不同的要求。所以怎样选择课程并没有一个唯一的答案。

学生选择课程时，一般要考虑现在自己的优势科目和将来的发展方向，即你想选择哪个大学、什么专业，从而根据他们的要求有的放矢地选课。然而，对于16～18岁的学生来说，做这样的选择也是很难的，因为自己可能还没有一个清晰的决定。建议选择适合大部分大学和专业的课程，给自己今后的发展留下比较大的选择空间。

数学、进阶数学和物理是大多数大学和专业招生时要求学的A-Level科目（只有极少数专业的学科除外，例如法学），所以建议选择这三门课。除了被广泛地接受外，学生还有其他的收益。相对于西方学生，中国学生在数理化方面的训练更为严格，基础扎实；而且学习数理化对英语能力的要求比其他科目较低，所以这样的选择能够体现中国学生的优势。

但是学生如果对将来所学专业有了清晰的选择，那么选课就必须谨慎，因为有的专业是具有特殊要求的，例如将来学习医学，现在就需要学习化学和生物学。

6. 课程结构

基础数学：中国学生在数学学科上有很大的优势，一般学生都会选择基础数学。基础数学的内容涵盖：纯粹数学、概率统计、机械学。考试以笔试的形式，分为六个模块。

进阶数学：也称为高等数学，不过和国内的高等数学知识并不相同，如进阶数学中有一部分属于线性代数的初步知识，这包括矩阵等，那些在理科方面有特长的同学，通常会选择进阶数学。

物理学：如果学生要进入大学的理工类专业，通常要选物理学。物理学的内容包括：普通物理、牛顿力学、物质、振动及波、电学与磁学、现代物理。

商科：商科类一般包括商务及环境、人与组织、市场营销、运作管理、商业会计学、决策与支持、信息学等。考试以笔试为主，题型包括简答、小论文、案例分析等。

经济学：经济学内容包括经济学基础、价格体系及公司理论、价格体系的政府干预行为、国际贸易、宏观经济学基础、宏观经济学问题、宏观经济学政策。考试以笔试为主，题型有多项选择、数据分析、结构化问题、小论文等。经济学即使对英国学生来说也是感觉最难的几门 A-Level 课程之一，但是，事实上，只要学习方法得当，而且掌握合适的应试方法，经济学拿 A 其实也并不是难事。毕竟，经济学 A 的标准甚至都不需达到 80 分，而经济学的知识点也就只有那么一些。

计算机科学：计算机科学内容包括计算机系统学、计算机通讯与软件学、结构化实践任务、系统软件技术、数据库理论、程序模块和集成信息系统、计算工程。考试以笔试为主，题型有问答及编程。

7. 部分科目

A-Level 课程包含 70 多门供学生选择，一般学生选择 3 至 4 门来学。下面列出部分科目的中英文名称以供参考：

Accounting 财会　Archaeology 考古学　Arts&Crafts 工艺品　Art:Interior Design 艺术：室内装修设计

Art:Pottery 艺术：制陶　Arabic 阿拉伯语　Art 艺术　Art:Embroidery 艺术：刺绣

Art&Design 艺术设计　History of Art 艺术史　Ancient History 古代史

Biology 生物　Bengali 孟加拉语　Business Studies 基础商务　Business&Law 商业和法律

Chinese 汉语　Chemistry 化学　Computing 电脑　Classical Civilization 古典文明

Computer Science 计算机科学　Classical Greek 古典希腊语 Communication Studies 交流及表达研究

Drama 戏剧　Dutch 荷兰语　Dance 舞蹈　Drawing&Painting 绘画

Data/Word Processing 数据 / 文字处理

Electronics 电子学　Economics 经济学　English Literature 英语文学　English Language 英语语言学

Europe History 欧洲史　Environmental Studies 环境学　Economic and Social History 经济史和社会史

European Studies 欧洲研究　Economics and Public Affairs 经济学和公共事务

French 法语　Film Studies 电影　Fashion and Textiles 时装和纺织品学　Further Mathematics 高等数学

Geography 地理　Greek 希腊语（古代和现代）Geology 地质　German 德语

General Studies 通学（一般研究）General Principles of English Law 英国法律基本原则　Government&politics 政府与政治

History of Art 美术史　History 历史　Humanbiology 人类生物学　Homeeconomics 国内经济学

Human Physiology 人体生理学

Italian 意大利语　Industrial Design 工业设计　Instrumental Music 器乐　Information Technology 信息技术

Japanese 日本语

Latin 拉丁语　Law 法律　Law and Constitutional Law 法律和宪法

Modern Greek 现代希腊语　Modern History 现代史　Mathematics 数学　Mediastudies 传媒学

Mechanics 机械学　Music 音乐　Music Technology 音乐技术

Politics 政治学　Philosophy 哲学　Photography 摄影学　Physics 物理

Physical Education 体育　Psychology 心理学　Public Affairs 公共事务 Portuguese 葡萄牙语

Performance Art 表演艺术　Punjab 旁遮普语

Religiousstudies 宗教学　Russian 俄语

Social Biology 社会生物学　Sociology 社会学　Spanish 西班牙语　Statistics 统计学

Sports Studies 运动学　Social and Environmental Biology 社会及环境生物学

Theology 神学　Technology 技术　Theatre Studies 戏剧学　Turkish 土耳其语

Urdu 乌尔都语

16th Century History 十六世纪史　19th Century History 十九世纪史

8. 学制学校

英国高中课程（A-Level）的学制为两年：

第一年称为AS水准，学生通常选择自己最擅长且最有兴趣的3～4门课，通过考试后获得AS证书。

第二年称为A2水准，学生可选择AS水准中优秀的3门课继续学习，通过考试后获得A-Level证书。

英国A-level学校，从教学质量上来看私立学校更占优势，大部分中国留学生也选择私立学校来读，不过一般都要提前一年来申请学校。中国目前也有二十几所A-level学校，每年也同样有走进剑桥、牛津等世界顶级大学的学生。

9. 考试情况

（1）考试时间：A-Level的考试将由所属的考试委员会分别于每年5～6月和10～11月在全球统一组织，成绩分别在8月和次年2月公布。

（2）考试方法：英国高中课程的考试方法非常灵活，学生可以选择分阶段测试或者一次报考所学所有课程，而且每门课程均有多次考试机会，最终成绩以最好的一次计算。

（3）考试地点：学生在就读的各地高级附属中心参加考试，自学者可以直接到英国大使馆文化教育处报名参加考试（美国、英国除外）。

（4）考试试题：A-Level的考试试题由所属的考试委员会统一命题。试卷为全英文，要求学生用英文回答。

（5）考卷评阅：A-Level的答卷将由学校采用严格的保密措施，在规定的时间内送达英国。试卷也将由所属的英国国家考试局派选专家在英国当地统一阅卷。

（6）考试成绩：A-Level的成绩分为A、B、C、D、E、U六个等级，A为最优，E为通过，U为不及格。如果学生对某门课的成绩不满意，可以选择重考，最终成绩以最好的一次为准。

（7）评分标准：与中国的考试不同，A-Level考试的及格等级E相当于百分制40分。学生达到及格成绩，就可以申请国外的大学。具体的等级与分制之间的关系如下所示：A: 80～100; B: 70～80; C: 60～70; D: 50～60; E: 40～50; U: 40以下。

（8）考试费用：每门1 000～2 000元人民币。

（9）考试内容：数学、高等数学、物理、化学、经济学（至少选择3门）。

10. 录取标准

全球不同大学、不同专业的入学标准对于A-Level的成绩要求不尽相同。概括地说，学生至少学习三门课程，只要在两门课的考试中取得 E 即可达到一些普通大学的入学标准。而对于较好的大学，则要求学生 3 门课的成绩均应达到 C 以上；而对于世界一流大学如牛津、剑桥、哈佛等名校，则要求申请学生 3 门课的成绩达到 AAA 或 AAB。

各大学对英语成绩的要求也不尽相同，剑桥、牛津等大学要求雅思 >7.0，较好的大学要求雅思 >6.5，一般的大学要求雅思 5.5 ~ 6.0。

11. 考试新规

英格兰资格及考试监督办公室提出新规定，未来命题人员在模拟命题、草拟考试大纲等工作时，可望获得至少 20 所英国大学的帮助。

所有资格考试的题目都需要大学的“批准”，尤其是需要著名研究型大学的认可，只有这样才能获得通过。

资格及考试监督办公室新规定的目的是确保考生具备该科目的必备知识并能掌握日后进大学对该科目进行深入研究的技能。

新规定让大学参与 A–Level 的命题，有望减少大学给大一新生补课的情况。

由于学生进入大学后不知道如何写论文，甚至连拼写都有问题，许多大学不得不给大一新生补课。

此前有报道说 A–Level 考试可能提早进行，但资格及考试监督办公室公布的新规定则否决了这个可能性。另外，新规定还限制了 A–Level 学生重考次数，只允许学生重考一次。

12. 其他规定

中国大陆学生在英国驻华大使馆文化教育处可以直接参加爱德思考试委员会的 A–Level 以及 CIE 考试委员会的 A–Level 考试。

费用：考试费（考试委员会收取）+ 场地使用费（180 元 / 小时，使馆收取，一般一门课的考试时间也为 6 ~ 7 小时）+ 邮寄费。

考生务必注意，由于目前在英国驻华大使馆文化教育处参加考试爱德思考试委员会的 A–Level 的同学居多，所以使馆目前可以提供实验类科目考试，但仅限物理和化学，没有生物实验，实验地点在北京巴基斯坦使馆学校。由于考 CIE A–Level 的同学太少，目前暂时不提供实验类科目的考试，所以自学 A–Level 的同学最好是选择爱德思考试委员会的 A–Level 考试。

所持证件：身份证或者护照。

第三种：国际 IB 课程简介

世界最著名的国际文凭（International Baccalaureate，简称 IB）国际课程，是在联合国教科文组织的指导规划下、专门为移动家庭子女及全世界优秀中学生统一设计的国际课程。IB 组织成立于 1967 年，总部设于瑞士日内瓦，是目前规模最大的国际教育组织。

目前全世界已有 120 多个国家的 1 700 多所 IB 成员学校同步教授 IB 课程。世界各地的 IB 学生均按照相同的教学大纲学习，参加全球统一考试，试卷的命题及评分均由 IB 总部统筹规划，试卷的批阅及考生成绩由 IB 总部统一发布。学生持有瑞士日内瓦总部颁发的全球通用之 IB 文凭，可以直接申请全世界数以千计的最高学府，完全不需要再参加当地的大学会考即可直接入学。文凭持有者在申请大学时，通常只需根据世界各国大学所公布的最低录取分数提出申请即可，使得学生在考试前就已有了明确的方向。许多大学甚至给予成绩优秀的 IB 毕业生诸多入学优惠，如直修大二（免修大一全年的课程）或免修部分大一课程等。如英国的牛津、剑桥、伦敦政经学院、帝国理工及美国哈佛、耶鲁、普林斯顿等大学均给予 IB 毕业生诸多入学优惠。另外，IB 课程在规划时不仅坚持学术应有水平，也兼顾了各国文化的尊重及学生的语言背景，所以不论学生来自英语或非英语系的国家，都可以在这个公平的体制下追求最高学术表现，升入著名学府。

IB 使命宣言

国际文凭组织的目标是培养勤学好问、知识渊博、富有爱心的年轻人。通过对多元文化的理解和尊重，他们为开创更美好、更和平的世界贡献力量。为了实现这个目标，国际文凭组织与众多的学校、政府以及其他国际组织进行合作，开发出一系列具有挑战性的国际教育项目和严格的评估制度。这些项目鼓励世界各地的学生成长为既积极进取又富有同情心的终身学习者。

IB 学生培养目标

所有国际文凭（IB）教育项目的目标均在于培养具有国际情怀的人，他们认同人类共有的博爱精神并分担守护地球的责任，帮助开创一个更美好、更和平的世界。汇佳学校学生努力使自己成为：

探究者——他们培养发展自己天生的好奇心。他们学习掌握开展探索和研究的必要技能，并在学习的过程中显示出独立自主性。他们积极主动、热爱学习，这种好学的品质将伴随他们的一生。

知识渊博的人——他们探索各种与当地或全球有关的重要概念、思想观点和问题。在探索的过程中，他们学习掌握精深的知识，并发展对广泛而均衡的各个学科的综合理解能力。

思考者——他们积极主动地以批判性和创造性的方式运用思考技能来识别和处理复杂的问题，并做出理由充分、合乎伦理的决定。

交流者——他们能够运用一种以上的语言，在多种多样的交流模式中有信心和富有创意地理解并表达思想观点及信息。他们能够有效而愉快地与他人合作。

有原则的人——他们处事正直、诚实，有强烈的公平和正义感，尊重个人、集体和社会群体。他们对自己的行动及其后果承担责任。

胸襟开阔的人——他们了解和欣赏本民族的文化和个人的历史，并对其他个人和社会群体的观点、价值观和传统采取开放和包容的态度。他们习惯于寻求和评价一系列广泛的观点，并愿意通过体验来丰富自己。

富有同情心的人——他们理解、同情和尊重他人的需要和感受。他们有个人奉献精神，通过服务和行动来改善他人的生活和环境。

敢于冒风险的人——他们有勇气并深思熟虑地面对自己不熟悉的情境和变化不定的事物，并以独立自主的精神来探索新的角色、观点和策略。他们能够勇敢和条理清楚地捍卫自己的信仰。

全面发展的人——他们理解智力、身体和情感均衡发展对于他们自己以及他人的康乐的重要性。

反思者——他们对自己的学习和经历做出缜密的思考。为了有助于自己的学习和个人发展，他们能够评估和了解自己的长处和局限性。

小学 IB-PYP 教育

IB-PYP 简介

IBO 是国际文凭组织的英文缩写，它的英文全称是 The International Baccalaureate Organization。国际文凭组织（IBO）是在联合国教科文组织登记注册的教育和考试机构。它的总部设在瑞士。国际文凭组织（IBO）建立于 1967 年。

PYP 国际课程是为 3～12 岁学生设计的，1997 年开始实施，它的前身是国际学校课程方案（ISCP），即国际学校联盟（ISA）的小学课程。20 世纪 90 年代，在 IBO 的帮助下，形成了完整的课程构架（Framework），并于 1997 年成为 IBO 的小学项目 PYP（Primary Years Program）。

PYP 课程介绍

PYP 国际课程包括“五个发展要素”“六项跨学科主题活动”“六组学科”。它强调学科交叉和主题渗透。

“五个发展要素”是：知识（Knowledge）、概念（Koncepts）、态度（Attitudes）、技能（Skills）、行动（Action）。

“六组学科”是：语言（Language）、数学（Mathematics）、社会（Social Studies）、科学与技术（Science and Technology）、艺术（Arts）、个人 / 交往 / 体育（Personal, Social and Physical Education）。

“六项跨学科主题活动”是：自我认识（Who we are）、自我表述（How we express ourselves）、自我管理（How we organize ourselves ）、生活时空（Where we are in place and time）、世界运转（How the world works）、共享地球（Sharing the planet）。

现代知识领域的扩展以及现代社会的迅猛发展已在日益改变人们对教育的概念。本指南在处理各学科之间的关系方面如采取以往的百科全书式的方法是不合时宜的。研究如何学习、如何批判性地吸取信息与各学科领域本身的知识同样重要。

21 世纪的学生所面临的选择令人目不暇接。不同层次的教育目的是培养学生具有共同的价值观并创造环境以发展他们正确的判断能力和选择能力。

小学项目（简称“PYP”）这个初等国际教育课程体系可以以各种语言教授。课程的模式采取多种渠道多种教学方式，使学生不仅在课堂上也可通过其他方式学到知识。IB 小学项目注重学生身心全方面发展，除培养学生具有一定的学科知识以外，还注重他们在社交、体育、情感和文化方面的发展。这个项目是在总结众多的国内教育和国际教育体系的研究成果和丰富经验的基础上形成的。它所提供的教育模式适用于所有这个年龄段的孩子。

初中 IB-MYP 教育

IB 初中以“新型、高品位、国际化”的教学理念为宗旨，采用了国际文凭组织为

11～16 岁的学生设计的中学项目 MYP（Middle Years Program）项目，着重培养学生对国际事务理解的能力，使他们成为有责任心的国际人才。

《国际文凭学习者的 10 个培养目标》是国际文凭项目的核心，就是要使学习者成为探究者、知识渊博的人、思考者、交流者、有原则的人、胸襟开阔的人、富有同情心的人、敢于冒险的人、全面发展的人和反思者。

MYP 中学项目的课程设计非常重视培养学生的价值观，整个项目的设计围绕 3 个基本概念进行：整体化学习、多元文化意识、交流。整体化学习强调学科之间的相互联系；多元文化意识注重培养学生对于学习、社会及民族文化的正确态度、知识和技能，在课堂教学中渗透全球观。交流是学习的基础，学生需要同时发展口头与书面的交流技巧。

中学项目还有一个重要特色，即 5 个相互作用领域，分别是：学习方法、社区与服务、人类创造、环境和健康与社会教育。这些领域以学生所学知识和技能为基础，将学习置于情景之中，使学生更深刻地理解学科知识与现实世界之间的联系。

中学项目课程模式将学生和学习方法放在中心地位。课程分为八个学科组，分别是语言 A、语言 B、数学、人文、科学、艺术、体育、技术。八个学科都具有同等的重要性，每个学科组都可以通过五个相互作用的领域联结起来，体现了中学项目跨学科的潜力以及理论联系实际、知识和实践相结合的重要性。

根据中国汇佳的实际情况，该校 MYP 初中课程根据中国初中义务教育阶段课程教学大纲、新课标标准，结合 MYP 八大学科课程标准来选择教学主题和教学资料，还参加国内各级教学主管部门组织的教学科研活动，每学期坚持参加上级教育行政部门统一组织的期末考试，以检验学科教学质量，保证中国基础教育的传统优势得到继承。他们非常重视汲取国际教育的先进理念，改进传统教学中的不足之处，为学生提供中西结合的教育，使学生在学习技能、学科知识、英语水平和活动能力等方面打下坚实的基础，为升入 DP、GAC 等国际大学预科项目做好准备，同时为将来进入世界名牌大学、成为国际成功人士打下基础。

初中的英语教学在 MYP 的实践过程中起着非常重要的作用。目前采用澳大利亚专家编写的 ESL 教材。它通过丰富的主题教学，融入英语听、说、读、写等各项语言技能的训练，通过戏剧表演、调查研究等各项活动，加强学生对语言的运用，同时加深对多元文化的理解。除英语课程之外，数学、科学、历史、地理也均采用了全英教学或双语教学，给学生提供了良好的英语氛围。

MYP 项目与传统的评估方式也有很大不同，目前采用了更科学的 GPA 评估标准和综合素质评价的方式，既重学习结果，又重学习过程；既重考试评价，又重能力评估；既重他人评价，又重自我评价，做到了中西先进理念的融合。

高中 IB-DP 教育

IB-DP 课程

IBO 先进的教学宗旨和教学思想吸引了世界各国一大批致力于国际化教育的专家、学者，组成了 IBO 强大的教研机构——IB 课程设置及考试委员会。除了注重基础知识的教学,IB 教研机构尤其注重学生素质和能力的培养以及学生兴趣的发展，其教学大纲五年更换一次，知识更新极为迅速。

华东师范大学教授、著名教育理论家钟启泉先生在《课程设计基础》一书中对国际文凭的课程体系给予了高度评价，文章中这样写道："国际中学文凭课程（International Baccalaureate Curriculum，简称 IB 课程）以它领先的教育思想和独特的课程结构，正日渐引起世人的瞩目。它的思想和实践也开始超越'国际学校'的范围，步入世界各地一些富有创新意识和兼容并蓄精神的普通高级中学。"钟启泉先生盛赞 IB 课程是一种类似"水仙花"的结构模型，充分反映了 IB 课程结构的和谐美，"这一课程设计为克服普通中等教育中科目林立、将知识割裂的支离破碎的弊端，做出了重大尝试，是现有的其他中学课程体系所不及的"。

第四种：北京亦庄实验小学的全课程简介：怎样做到"给孩子一个丰富完整的世界"

2012 年，"全课程"研发启动；2013 年，北京亦庄实验小学成为首所"全课程"实验学校；2014 年，一些勇敢的学校跟随亦庄实验小学开始了"全课程"实验；2015 年，浙江省教育厅以红头文件的形式在全省推广"全课程"。现在，越来越多的同行到亦庄实验小学参观，了解"全课程"情况。

现在，中国学校里的课程改革实验可以说很多，为什么在这么多的课程成果面前，刚刚上路的一个新探索会引起如此广泛的关注，它背后究竟蕴藏着什么样的教育秘密？

1. 基于儿童立场的主题单元框架

现在国内的学科教材，编写的主旨基本上都是从学科立场出发，完成学科知识的传递、学科能力的培养，也就是说从学科出发，再回到学科。“全课程”想来一个转向：从基于知识立场、学科立场转向基于儿童立场，包括儿童的情感需求、认知特点和生活经验，这三大要素就是“全课程”构建课程体系最基本的出发点。

儿童对世界的认识几乎都是从自我出发的——我是谁；我从哪里来，要到哪里去，怎么去；我要跟世界建立什么样的关系；我要成为怎样独特的我。所以，“我——世界——我”就成了其教材的主脉络。

例如关于春天的学习，传统教材里春天主题的设计基本上就是一个单元，四五篇诗文，孩子在一周的时间里通过这四五篇诗文来认识春天、感受春天。这种学习，春天被隔离在了教室的外面，学习跟孩子的生活是两张皮，孩子在学习中很难留下深刻的情感体验。

而“全课程”教材是如何设计春天课程的呢？孩子们要用整整一个多月时间来学习《发现春天》这一主题教材。注意，是“发现”春天，“发现”就需要去探秘、去寻找，儿童强烈的好奇心就可以得到很好的满足。我们所有的课程都有开启仪式，“春天”课程怎么开启呢？老师会要求孩子带上纸、笔，带上整个生命和情感，让眼睛更明亮，让耳朵更灵敏，让皮肤更敏锐，然后到校园里、公园里、大自然里去寻找春天，看谁找到的春天多。这个课程一开启，就让春天跟孩子紧密地融为一体。

这本教材里面有诗，有文，有画，有歌，有舞，有电影，有春游，通过这样的多维度，孩子们可以立体地感受春天。当然最后孩子们还要用多种作品、多元的形式来创造春天。春天还未结束，一年级的每个小朋友都已经画了几十幅甚至上百幅的画，由家长笔录了很多文章。这些画怎么处理？老师们正式给孩子集体印刷出版，出版社是北京亦庄实小出版社，书号没有，但是仪式很隆重，每个教室都铺上红地毯，举行首发式，然后签名售书（这人生的第一本著作基本上都卖给了家长）。

这样的课程，孩子的学习始终伴随着春天，发现春天、体验春天、创造春天，春天即课程，课程即春天。系统的、理论化的套装知识和生动的经验知识由此有机融为一体。

“全课程”实验还有一个特点，即一年级孩子的人生第一节语文课就是绘本（接下来还要学习大量的绘本），而不是通常的汉语拼音，为什么要这样安排？因为汉语拼音实在是太枯燥、太难了，如果一开始就教拼音，孩子对学习的向往、对学校的兴趣将荡然无存，而绘本故事却很好玩，孩子们很喜欢。

一年级的孩子进入校园，他最需要的是什么？是规矩和拼音吗？凭借成年人的权威和控制匆匆忙忙建立起来的规矩，对儿童是一种外在的约束，最终一定会影响他的思维和心灵。刚踏入小学校园的孩子都是忐忑不安、心存恐惧的，这个时候他最需要的是安全、自由和爱。绘本的选择，就是基于这样一种需求。绘本给儿童的想象提供了广阔的空间，好玩、有趣、从不说教。低段引入这种孩子最喜欢的文本样式，可以让孩子产生安全、自由、兴趣、热爱等情感，这是一个美好的开始，这是一个幸福的开端，孩子就这样开始了他的小学生活。

2. 横向的丰富远胜纵向的深度

教材的建立到底是往宽处着眼，还是往深处挖掘，这真是一对矛盾。中国中小学的教育，学科高度细化，细化到“老死不相往来”，“井水不犯河水”，这样做的最大优势也是最大问题就是越学越深，每一个学科都成了学科的深井。每一位老师只研究一门学科，必然教得越来越深，课标专家、学科专家也都站在学科角度拼命为自己的学科争课时、争容量，增加知识的难度，这样带来的一个巨大问题就是：孩子的压力越来越大，负担越来越重。

学科过度深化，必然超出孩子的认知水平。心理学家说，对于儿童而言，他把一个棒棒糖送给你，和一个亿万富翁给你一千万是差不多的。这就是儿童的世界，他们的认知自成体系，当他们的心理和思维还没有达到你那个水准的时候，深挖无济于事，而是要尽量在他的认知基础上往宽处拓展，因为未来生命的楼宇建设得越高，就越需要宽广的地基。有了广阔的知识背景，他未来才能有往深处发展的基础。“全课程”是按大单元主题来编排的，每一个主题都由多维度来支撑，目的就是尽量在横向上拓展课程的丰富性。

3. 启动“热认知”学习方式

“全课程”大力倡导“热认知”学习方式。所谓热认知，是指学习伴随着动机、情感、情绪。与此相对的是冷认知，即单纯的知识灌输、死记硬背的学习方式，不讲求情感体验。

从儿童出发，回到儿童本身。中国的教育一直处于变革之中，这么多年来，我们对学科的研究、对教法的研究、对学法的研究多而深，但是我们对于儿童的研究、对于儿童心理和认知规律的研究少而浅。我们忘记了谁在学，忘记了我们为谁而研究，这个

"谁"就是儿童。

我们认为自己对孩子了解得很透彻，事实可能并非如此。美国做了一个实验，实验的情境是：孩子们到森林里去找藏着的小动物，看谁找得多。研究者设计了三种情况，第一种情况只提问题和要求；第二种在第一种的基础上，老师示范怎样才能找出动物；第三种在第二种的基础上，进一步教给孩子具体的捕捉方法。然后，让老师们分析，哪一种情况下孩子找到的动物最多。绝大多数老师都认为第三种情况下孩子找到的动物最多，但实际情况却恰恰相反。原来，第三种教得太细、太多了，已经把孩子的探究热情和动机给化解掉了，把孩子的好奇心和创造性给扼杀了。

每一个儿童都是一个宇宙，我们对宇宙的了解多么浅薄，我们对儿童的了解就有多么浅薄。所以，创新课程，首先要研究儿童。儿童是一切课程改革、教学改革的起点和归宿，没有第二个起点，也没有第二个归宿。"全课程"从哪里来？要到哪里去？一句话就可以回答，"全课程"从儿童出发，回到儿童本身。

选自《当代教育家》2016 年第 1 期　作者：李振村

附　丛书阅读导图

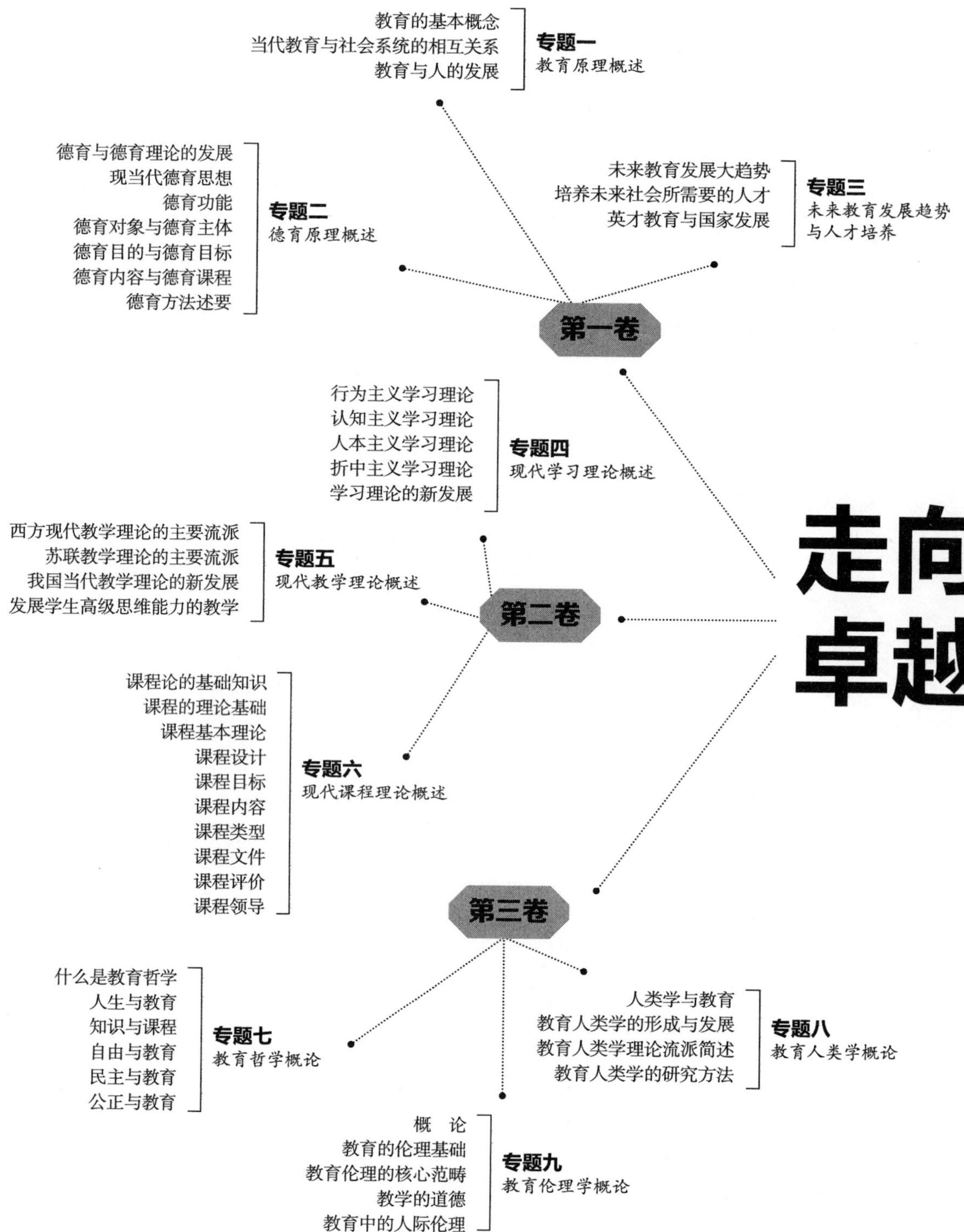

教育的基本概念
当代教育与社会系统的相互关系
教育与人的发展
专题一
教育原理概述
德育与德育理论的发展
现当代德育思想
德育功能
德育对象与德育主体
德育目的与德育目标
德育内容与德育课程
德育方法述要
专题二
德育原理概述
未来教育发展大趋势
培养未来社会所需要的人才
英才教育与国家发展
专题三
未来教育发展趋势与人才培养
第一卷
行为主义学习理论
认知主义学习理论
人本主义学习理论
折中主义学习理论
学习理论的新发展
专题四
现代学习理论概述
西方现代教学理论的主要流派
苏联教学理论的主要流派
我国当代教学理论的新发展
发展学生高级思维能力的教学
专题五
现代教学理论概述
第二卷
走向卓越
课程论的基础知识
课程的理论基础
课程基本理论
课程设计
课程目标
课程内容
课程类型
课程文件
课程评价
课程领导
专题六
现代课程理论概述
第三卷
什么是教育哲学
人生与教育
知识与课程
自由与教育
民主与教育
公正与教育
专题七
教育哲学概论
人类学与教育
教育人类学的形成与发展
教育人类学理论流派简述
教育人类学的研究方法
专题八
教育人类学概论
概　论
教育的伦理基础
教育伦理的核心范畴
教学的道德
教育中的人际伦理
专题九
教育伦理学概论

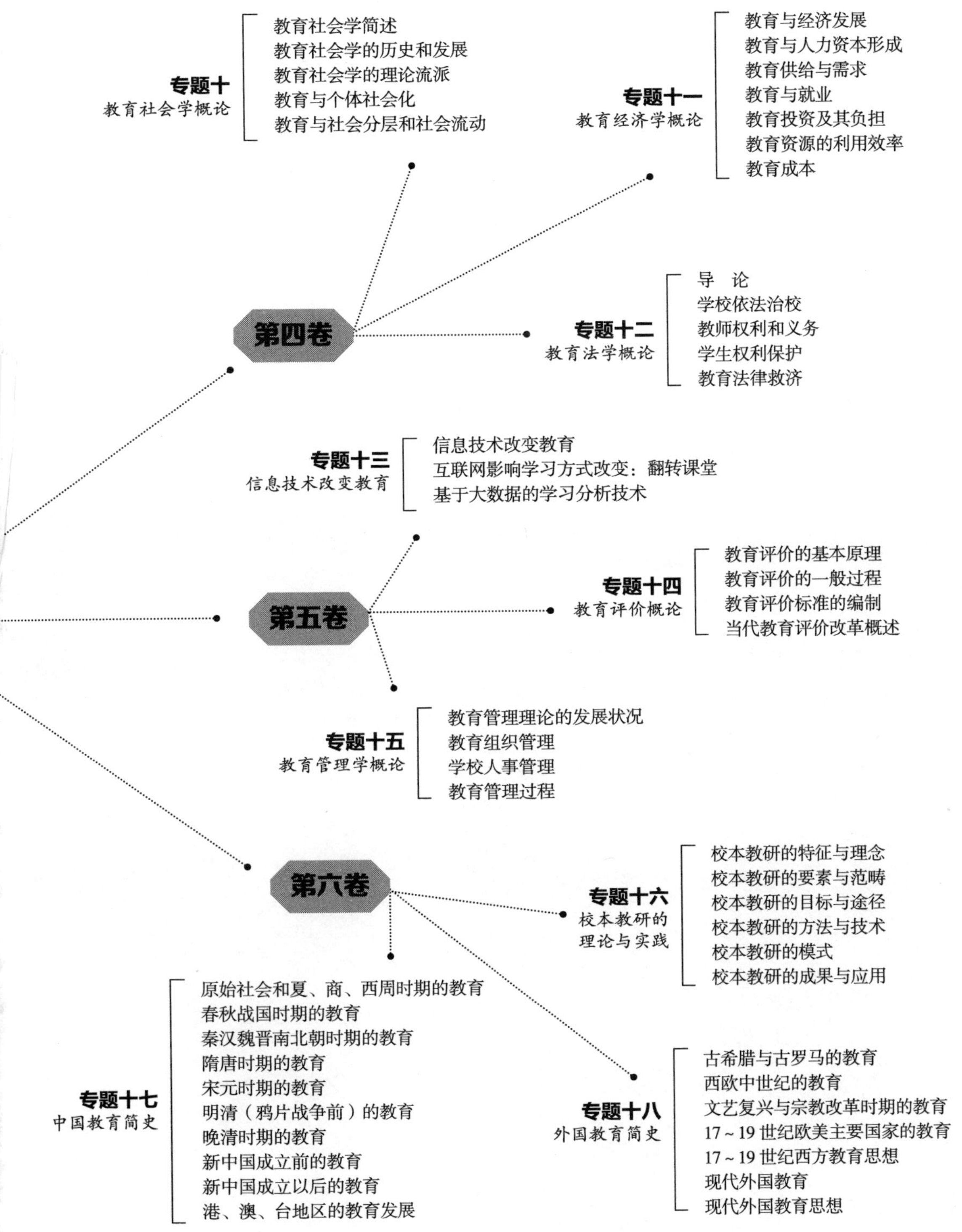

专题十
教育社会学概论
教育社会学简述
教育社会学的历史和发展
教育社会学的理论流派
教育与个体社会化
教育与社会分层和社会流动
专题十一
教育经济学概论
教育与经济发展
教育与人力资本形成
教育供给与需求
教育与就业
教育投资及其负担
教育资源的利用效率
教育成本
第四卷
专题十二
教育法学概论
导　论
学校依法治校
教师权利和义务
学生权利保护
教育法律救济
专题十三
信息技术改变教育
信息技术改变教育
互联网影响学习方式改变：翻转课堂
基于大数据的学习分析技术
第五卷
专题十四
教育评价概论
教育评价的基本原理
教育评价的一般过程
教育评价标准的编制
当代教育评价改革概述
专题十五
教育管理学概论
教育管理理论的发展状况
教育组织管理
学校人事管理
教育管理过程
第六卷
专题十六
校本教研的理论与实践
校本教研的特征与理念
校本教研的要素与范畴
校本教研的目标与途径
校本教研的方法与技术
校本教研的模式
校本教研的成果与应用
专题十七
中国教育简史
原始社会和夏、商、西周时期的教育
春秋战国时期的教育
秦汉魏晋南北朝时期的教育
隋唐时期的教育
宋元时期的教育
明清（鸦片战争前）的教育
晚清时期的教育
新中国成立前的教育
新中国成立以后的教育
港、澳、台地区的教育发展
专题十八
外国教育简史
古希腊与古罗马的教育
西欧中世纪的教育
文艺复兴与宗教改革时期的教育
17～19 世纪欧美主要国家的教育
17～19 世纪西方教育思想
现代外国教育
现代外国教育思想